Steuerrechtsbezogene Informationspflichten bei den Finanzdienstleistungen der Anlageberatung und der Anlagevermittlung

Europäische Hochschulschriften

Publications Universitaires Européennes
European University Studies

Reihe II
Rechtswissenschaft

Série II Series II
Droit
Law

Bd./Vol. 4468

PETER LANG
Frankfurt am Main · Berlin · Bern · Bruxelles · New York · Oxford · Wien

Fabian H. Hartwich

Steuerrechtsbezogene Informationspflichten bei den Finanzdienstleistungen der Anlageberatung und der Anlagevermittlung

PETER LANG
Europäischer Verlag der Wissenschaften

Bibliografische Information der Deutschen Nationalbibliothek
Die Deutsche Nationalbibliothek verzeichnet diese Publikation in der Deutschen Nationalbibliografie; detaillierte bibliografische Daten sind im Internet über <http://www.d-nb.de> abrufbar.

Zugl.: Halle-Wittenberg, Univ., Diss., 2006

3
ISSN 0531-7312
ISBN 3-631-55952-6

www.peterlang.de

Vorwort

Die vorliegende Untersuchung wurde im Sommersemester 2006 durch die juristische Fakultät der Martin-Luther-Universität Halle-Wittenberg als Dissertation angenommen. Danken möchte ich in diesem Zusammenhang den Gutachtern Herrn Prof. Dr. Armin Höland sowie Herrn Prof. Rolf Dr. Sethe für die zahlreichen konstruktiven Anmerkungen sowie die zügige Erstellung der Gutachten.

Mein besonderer Dank gilt meinem Vater, Prof. Dr. Dr. h. c. Hans-Hermann Hartwich, der mir mit seiner reichhaltigen wissenschaftlichen Erfahrung in jeder Phase der Erstellung dieser Arbeit mit Anregungen und als verständnisvoller Gesprächspartner zur Seite stand.

Danken möchte ich auch Herrn Prof. Dr. Roman Seer, der mit seinem großen Engagement im Rahmen des LL.M.-Studiengangs an der Ruhr-Universität Bochum bei mir ein nachhaltiges Interesse für das Steuerrecht geweckt hat. Dank gebührt ebenso Frau Rechtsanwältin Dr. Bettina Schleicher, die mir in den vielen Jahren der Mitarbeit in Ihrer Kanzlei einen praktischen Zugang zum Bank- und Kapitalmarktrecht vermittelt hat.

Gewidmet ist diese Arbeit meinen Eltern, die durch ihre bedingungslose Unterstützung und ihre unendliche Großzügigkeit all dies erst möglich gemacht haben und die mich in den zurückliegenden Jahren an den verschiedenen Orten immer voller Interesse und Liebe begleitet haben.

Berlin, im Juli 2006 — Fabian H. Hartwich

Inhaltsverzeichnis

Akürzungsverzeichnis

a. A.	anderer Ansicht
a. a. O	am angeführten Ort
Abs.	Absatz
Abl.	Amtsblatt der Europäischen Gemeinschaften
a. F.	alter Fassung
AG	Aktiengesellschaft, Die Aktiengesellschaft
AGBGB	Ausführungsgesetz zum Bürgerlichen Gesetzbuch
AktG	Aktiengesetz
Alt.	Alternative
Anh.	Anhang
Anl.	Anlage
Anm.	Anmerkung
AO	Abgabenordnung
Art.	Artikel
AStG	Außensteuergesetz
AT	Allgemeiner Teil
Aufl.	Auflage
AuslInvestmG	Gesetz über den Vertrieb ausländischer Investmentanteile und über die Besteuerung der Erträge aus ausländischen Investmentanteilen
Az.	Aktenzeichen
BaFin	Bundesanstalt für Finanzdienstleistungsaufsicht
BAKred	Bundesaufsichtsamt für Kreditwesen
BB	Betriebsberater
BerlinFG	Berlin-Förderungsgesetz
Beschl.	Beschluss
BewG	Bewertungsgesetz
Bd.	Band
Bearb.	Bearbeiter
Begr.	Begründung
BFH	Bundesfinanzhof
BFHE	Sammlung der Entscheidungen des Bundesfinanzhofs
BGBl.	Bundesgesetzblatt
BGB	Bürgerliches Gesetzbuch
BGH	Bundesgerichtshof
BGHZ	Sammlung der Entscheidungen des Bundesgerichtshofs in Zivilsachen
BKR	Zeitschrift für Bank- und Kapitalmarktrecht
BMF	Bundesministerium der Finanzen

BörsG	Börsengesetz
BR	Bundesrat
BR-Drucks.	Bundesrats-Drucksachen
BReg	Bundesregierung
BStBl	Bundessteuerblatt
BT	Bundestags
BT-Drucks.	Bundestags-Drucksachen
BuB	Bankrecht und Bankpraxis
BVerfG	Bundesverfassungsgericht
BVerfGE	Sammlung der Entscheidungen des Bundesverfassungsgerichts
bzw.	beziehungsweise
ca.	circa
c. i. c.	culpa in contrahendo
DAX	Deutscher Aktienindex
DAI	Deutsches Aktieninstitut e. V.
DB	Der Betrieb
DBA	Doppelbesteuerungsabkommen
DepotG	Depotgesetz
ders.	derselbe
d. h.	das heißt
DOK KOM	Dokumente der Kommission der Europäischen Gemeinschaften
DStR	Deutsches Steuerrecht
DStZ	Deutsche Steuerzeitung
DZWiR	Deutsche Zeitschrift für Wirtschafts- und Insolvenzrecht
EG	Europäische Gemeinschaft, Vertrag zur Gründung der Europäischen Wirtschaftsgemeinschaft
EGBGB	Einführungsgesetz zum Bürgerlichen Gesetzbuch
Einf.	Einführung
Einl.	Einleitung
ErbStG	Erbschaft- und Schenkungssteuergesetz
EStG	Einkommensteuergesetz
EStR	Einkommensteuer-Richtlinien
etc.	et cetera
EuGH	Gerichtshof der Europäischen Gemeinschaften
EuZW	Europäische Zeitschrift für Wirtschaftsrecht
EWG	Europäische Wirtschaftsgemeinschaft
EWiR	Entscheidungen zum Wirtschaftsrecht

EWS	Europäisches Wirtschaft- und Steuerrecht
EZB	Europäische Zentralbank
f., ff.	folgend (e), fortfolgende
FA	Finanzamt
FB	Finanzbetrieb
FFG	Finanzmarkförderungsgesetz
FG	Finanzgericht
FGO	Finanzgerichtsordnung
Fn.	Fußnote
FS	Festschrift
G	Gesetz
GbR	Gesellschaft bürgerlichen Rechts
gem.	gemäß
GewO	Gewerbeordnung
GG	Grundgesetz
ggf.	gegebenenfalls
GmbH	Gesellschaft mit beschränkter Haftung
GmbHG	Gesetz betreffend die GmbH
GmbHR	GmbH-Rundschau
grds.	grundsätzlich
GrS	Großer Senat
Hs.	Halbsatz
h. A.	herrschender Ansicht
h. L.	herrschende Lehre
h. M.	herrschende Meinung
Hdb.	Handbuch
Hrsg.	Herausgeber
i. d. F.	in der Fassung
i. d. R.	in der Regel
i. d. S.	in diesem Sinne
i. E.	im Ergebnis
i. e. S.	im engeren Sinne
insb.	Insbesondere
i. S. d.	im Sinne der/des
IStR	Zeitschrift für europäische und internationale Steuer- und Wirtschaftsberatung
i. S. v.	im Sinne von
i. V. m.	in Verbindung mit

i. w. S.	im weiteren Sinne
IPO	Initial Public Offering
Jg.	Jahrgang
JuS	Juristische Schulung
JZ	Juristenzeitung
KAGG	Gesetz über Kapitalanlagegesellschaften
Kap.	Kapitel
KapErtSt	Kapitalertragsteuer
Kennz.	Kennziffer, Kennzahl
KG	Kommanditgesellschaft; Kammergericht
KGaA	Kommanditgesellschaft auf Aktien
Komm.	Kommentar
KStG	Körperschaftsteuergesetz
KWG	Gesetz über Kreditwesen
Lfg.	Lieferung
LG	Landgericht
lit.	litera
Lit.	Literatur
Losebl.	Loseblattwerk
LSt	Lohnsteuer
LStDV	Lohnsteuer-Durchführungsverordnung
MDR	Monatsschrift für Deutsches Recht
MiFiD	Richtlinie 2004/39/EG des Europäischen Parlaments und des Rates vom 21. April 2004
MünchKomm	Münchner Kommentar zum BGB bzw. zum HGB
m. w. N.	mit weiteren Nachweisen
n. F.	neuer Fassung
Nr.	Nummer
NJW	Neue Juristische Wochenschrift
NJW-RR	NJW-Rechtsprechungs-Report-Zivilrecht
NVersZ	Neue Zeitschrift für Versicherung und Recht
NYSE	New York Stock Exchange
NZG	Neue Zeitschrift für Gesellschaftsrecht
OLG	Oberlandesgericht
OTC	over the counter (außerbörslicher Handel)
OVG	Oberverwaltungsgericht

p. V. V.	positive Vertragsverletzung
Rn.	Randnummer
RdSchr.	Rundschreiben
RegE	Regierungsentwurf
RFH	Reichfinanzhof
RG	Reichsgericht
RGBl.	Reichsgesetzblatt
RGZ	Reichsgesetzblatt in Zivilsachen
RL	Richtlinie
RIW	Recht der Internationalen Wirtschaft
Rspr.	Rechtsprechung
S.	Seite
Slg.	Amtliche Sammlung der Entscheidungen des EuGH
str.	strittig
StuB	Steuern und Bilanzen
StW	Steuer-Warte
s. u.	siehe unten
u. a.	unter anderem
unstr.	Unstrittig
usw.	und so weiter
u. U.	unter Umständen
UWG	Gesetz gegen den unlauteren Wettwerb
v.	von
VAG	Versicherungsaufsichtsgesetz
VerkProspG	Verkaufsprospektgesetz
VersR	Versicherungsrecht
VerwArch	Verwaltungsarchiv
VG	Verwaltungsgericht
vgl.	vergleiche
VO	Verordnung
Vorbem.	Vorbemerkung
WKN	Wertpapierkennnummer
WM	Wertpapiermitteilungen
WpDRiL	Wertpapierdienstleistungsrichtlinie
WpHG	Wertpapierhandelsgesetz
WPg	Die Wirtschaftsprüfung
WpÜG	Wertpapiererwerbs- und Übernahmegesetz

WuB	Entscheidungssammlung zum Wirtschafts- und Bankrecht
z. B.	zum Beispiel
ZBB	Zeitschrift für Bankrecht und Bankwirtschaft
ZEuP	Zeitschrift für Europäisches Privatrecht
ZGR	Zeitschrift für Unternehmens- und Gesellschaftsrecht
ZHR	Zeitschrift für das gesamte Handels- und Wirtschaftsrecht
Ziff.	Ziffer
ZIP	Zeitschrift für Wirtschaftsrecht und Insolvenzrechtspraxis
zit.	zitiert
ZPO	Zivilprozessordnung
zust.	zuständig

Einführung und Abgrenzung des Untersuchungsgegenstandes

Finanzdienstleistungen in den unterschiedlichsten Erscheinungsformen und mit den verschiedensten Zwecksetzungen sind zu einem bedeutenden Aktionsfeld der modernen Dienstleistungswirtschaft geworden. Vor allem die positive Vermögensentwicklung[1] in der Bundesrepublik Deutschland seit dem Ende des Zweiten Weltkriegs ist ursächlich für einen rasant gewachsenen Finanzdienstleistungsmarkt, auf dem sich in den letzten Jahren insbesondere die Finanzdienstleistungen der Anlageberatung und der Anlagevermittlung etabliert haben.

Wie *Bliesener*[2] anschaulich darlegt, sind die Zeiten, in denen Informationspflichten im Rahmen des vielschichtigen Dienstleistungsangebotes der Finanzdienstleistungswirtschaft[3] nur Hilfsfunktionen erfüllt haben, längst vorbei. Finanzdienstleistungsbezogene Informationspflichten bilden inzwischen einen wesentlichen und eigenständigen Bestandteil des Bank- und Kapitalmarktwesens. Dabei werden in den verschiedenen Bereichen des Finanzdienstleistungssektors sehr unterschiedliche Pflichten der Informationsbeschaffung, -verarbeitung, -analyse und -weitergabe identifiziert und auf die agierenden Finanzintermediäre übertragen.[4]

Der Begriff der „Informationspflicht" wird nachfolgend als Oberbegriff typisierter informationeller Handlungspflichten bei Finanzdienstleistungen verwendet.[5] Die Pflicht, eine andere Vertragspartei über entscheidungserhebliche Umstände zu informieren und sie gegebenenfalls zu beraten, wird von Teilen der zivilrechtlichen Literatur auch mit dem Begriff der „Aufklärungspflicht" als Obergriff überschrieben.[6] Im englischen

---

1 Zur Vermögensentwicklung in Deutschland seit 1945 Sethe, S. 343 ff.

2 Bliesener, S. 245.

3 Als Finanzdienstleistungen werden in den folgenden Untersuchungen solche Dienstleistungen begriffen, die von Kreditinstituten, banknahen Instituten oder Nichtbanken als Teilbereich eines Allfinanzangebots angeboten werden, vgl. Gramlich/Grill/Eller, Bank-Lexikon, S. 627 (Finanzdienstleistungen). Damit ist der hier verwendete Begriff der Finanzdienstleistung nicht mit dem aufsichtsrechtlichen Begriff, der der Aufzählung des § 1 Abs. 1a S. 2 Nr. 1-8 KWG zugrunde liegt, identisch. Damit soll hier ein weites Begriffsverständnis im Sinne des angloamerikanischen Gedankens der „Financial Services" zugrunde gelegt werden. So auch Bamberger, in: Derleder/Knops/Bamberger, § 44 Rn. 2. Als „qualifizierte Finanzdienstleistungen" sind daher gegebenenfalls auch solche Dienstleistungen eingeschlossen, die im Sinne des Wertpapieraufsichtsrechts als Wertpapierdienstleistungen und Wertpapiernebendienstleistungen i. S. d. §§ 2 Abs. 3 und 3a WpHG erfasst werden.

4 Welter, Lang, in: Welter/Lang, Rn. 1.1.

5 Für den vorliegend zu untersuchenden Bereich der Finanzdienstleistungen überzeugt es, mit Lange den Begriff der „Informationspflicht" als Oberbegriff typisierter informationeller Handlungspflichten zugrunde zu legen, vgl. zum Begriff der Informationspflicht als Oberbegriff, M. Lange S. 23 f.; Horn, WM 1999, S. 1 ff. Dies erscheint insbesondere deswegen sinnvoll, weil der Begriff der Aufklärungspflicht – wie nachfolgend im Einzelnen dargelegt wird – als eigenständiger bank- und kapitalmarktrechtlicher Terminus technicus bereits inhaltlich besetzt ist, so dass er als Oberbegriff ungenau erscheint, zur Aufklärungspflicht als typisierter Pflichtenbegriff des Bank- und Kapitalanlagerechts bei Nobbe, in: Horn/Schimansky, S. 235 ff.

6 Vgl. Rehm, S. 3 mit weiteren Nachweisen und insbesondere in Hinblick auf vertragliche Informationspflichten.

Recht wird dieser Pflichtenkreis regelmäßig als „duty of disclosure“ bezeichnet. Das französische Recht spricht von so genannten „obligation de renseignements“.

Es liegt auf der Hand, dass damit eine Vielzahl neuer rechtlicher Problemfelder entstanden ist, denen sich sowohl die Rechtsprechung als auch die rechtswissenschaftliche Literatur stellen müssen. Dabei ist das wissenschaftliche Schrifttum im Verlauf der letzten Jahre in eine kaum noch überschaubare Dimension hineingewachsen. Exemplarisch sei an dieser Stelle auf die Werke von *Welter/Lang*, *Lang*, *Bliesener*, *Lange*, *Leisch*, *Grimm* und *Koch* hingewiesen. Schwerpunkt dieser Arbeiten bilden im Wesentlichen die verschiedenen Erscheinungsformen von Informationspflichten innerhalb verschiedener Finanzdienstleistungsverhältnisse.[7]

Bemerkenswert ist, dass steuerrechtliche Gesichtspunkte im Zusammenhang mit Finanzdienstleistungen zwar gemeinhin als bedeutsam angesehen werden, spezifische Untersuchungen steuerrechtsbezogener informationeller Handlungspflichten jedoch ausstehen. So sind bislang weder die aufsichtsrechtlichen Verhaltenspflichten innerhalb des § 31 WpHG noch die vielschichtigen informationellen Handlungspflichten im Rahmen verschiedener privatrechtlicher Finanzdienstleistungsverhältnisse im Lichte etwaiger steuerrechtsbezogener Informationspflichten betrachtet worden. Die vorliegende Arbeit stellt nunmehr einen Versuch dar, diese Lücke im wissenschaftlichen Schrifttum jedenfalls teilweise zu schließen, indem sie die Finanzdienstleistungsverhältnisse der Anlageberatung und der Anlagevermittlung einer spezifischen Untersuchung in Hinblick auf steuerrechtsbezogene Informationspflichten unterzieht.

Hervorzuheben ist dabei, dass nachfolgend die Begriffe der „steuerrechtsbezogenen“, der „steuerrechtlichen“ und der „steuerlichen“ Informationspflicht beziehungsweise der informationellen steuerrechtsbezogenen Handlungspflicht synonym verwendet werden. Von entscheidender Bedeutung ist, dass darin einheitlich zum Ausdruck kommen soll, dass der inhaltliche Bezugspunkt der jeweiligen informationellen Handlungspflicht stets – unmittelbar oder mittelbar – im Steuerrecht verankert liegt.

Eine besondere rechtsdogmatische Brisanz ist diesem Untersuchungsansatz unter anderem deswegen immanent, da er zu einer Gesamtschau sehr unterschiedlicher Rechtsmaterien zwingt. So ist die Frage steuerrechtsbezogener Informationspflichten bei Finanzdienstleistungen in einem rechtlichen Spannungsfeld des Bank- und Kapitalmarktrechts, des Steuerrechts sowie berufsrechtlicher Vorgaben des Steuerberatungsrechts zu verorten. Für den Verfasser hat die vorliegende Untersuchung damit neben dem Ziel, eine aufgezeigte Lücke im Schrifttum zu schließen, vor allem auch methodisch einen besonderen Reiz. So führt der Untersuchungsgegenstand doch zum

---

[7] Der Begriff der Informationspflicht wird vorliegend als Oberbegriff „typisierter“ informationeller Handlungspflichten, wie beispielsweise der Beratungs-, Aufklärungs- und Explorationspflicht, verstanden. Zur Abgrenzung der unterschiedlichen informationellen Handlungspflichten, vgl. 1. Teil, § 1 II 1.

Zwang der Verknüpfung unterschiedlicher Rechtsgebiete des öffentlichen Rechts und des Privatrechts unter strikter Wahrung der jeweiligen rechtsdogmatischen Grundlagen. Im Vordergrund der nachfolgenden Ausarbeitungen stehen dabei die vielschichtigen Erscheinungsformen spezifisch steuerrechtsbezogener informationeller Handlungspflichten in der Anlageberatung und der Anlagevermittlung, die sich insbesondere daraus ergeben, dass diese Finanzdienstleistungen sowohl Finanzinstrumente des geregelten als auch Finanzinstrumente des so genannten „grauen" Kapitalmarktes[8] zum Gegenstand haben können.

Mit Blick auf die Praxis ist die Untersuchung steuerrechtsbezogener Informationeller Handlungspflichten vor allem unter dem Gesichtpunkt einer möglichen Haftung des Analgeberaters bzw. des Anlagevermittlers bedeutsam. So stellt eine nicht oder nicht ordnungsgemäße Erfüllung von Informationspflichten regelmäßig eine Pflichtverletzung i. S. v. § 280 Abs. 1 BGB dar, die entsprechende Haftungsfolgen auslösen kann. Die Verletzung informationeller Handlungspflichten kann darüber hinaus eine deliktische Sorgfaltspflichtverletzung i. S. d. § 823 ff. BGB darstellen. Diesbezüglich kommt als Anspruchsgrundlage insbesondere § 823 Abs. 2 BGB i. V. m. § 31 WpHG in Betracht. Schließlich kann die Nicht- oder nicht ordnungsgemäße Erfüllung von Informationspflichten durch den Finanzdienstleister Prospekthaftungsansprüche gegenüber dem Anleger begründen. Im Interesse des Untersuchungsgegenstandes konzentriert sich die nachfolgende Arbeit auf die Erörterung und Analyse steuerrechtsbezogener informationeller Handlungspflichten, so dass Gesichtspunkte des Schadensrechts unberücksichtigt gelassen werden müssen.

Die Untersuchung umfasst fünf zentrale Teile, in denen sich die aufgezeigten rechtlichen Schnittstellen widerspiegeln:

1. Teil beleuchtet zunächst den dogmatischen Hintergrund sowie den gesetzlichen Rahmen steuerrechtsbezogener Informationspflichten im Bank- und Kapitalmarktrecht, um sodann auf die spezifischen (berufsrechtlichen) Eigenarten steuerrechtsbezogener Informationspflichten einzugehen. Der 2. Teil hat eine übergreifende Untersuchung steuerrechtsbezogener informationeller Handlungspflichten im Vertragsrecht zum Gegenstand. Im 3. Teil werden die Finanzdienstleistungsverhältnisse der Anlageberatung und der Anlagevermittlung in Hinblick auf zivilrechtlich begründete, steuer-

---

8 Zum Begriff des „grauen oder Nebenkapitalmarktes" in Abgrenzung zum geregelten Kapitalmarkt bei Koch, S. 23 f. Wie *Koch* darlegt, wird dieses Marktsegment weitgehend synonym auch als freier Kapitalmarkt oder Nebenkapitalmarkt bezeichnet. Von Teilen der Literatur wird dieser Bereich des Kapitalmarktes dahingehend abgegrenzt, dass er im Wesentlichen von spezifischen Anlageprodukten der Steuersparbranche geprägt sei. Etwas missverständlich wird mit Blick auf den grauen Kapitalmarkt zum Teil vom „Markt der steuerbegünstigten Kapitalanlagen" gesprochen. So insbesondere bei Fleischmann, in: Fleischmann, S. 29 ff. Eine derartige Charakterisierung enthält jedenfalls bereits einen Hinweis darauf, dass steuerliche Informationspflichten im Zusammenhang mit Finanzdienstleistungen in diesem Marktsegment von besonderer Bedeutung sein können.

rechtsbezogene Informationspflichten untersucht. Schwerpunkt bildet hierbei die Analyse der von der Rechtsprechung und Literatur entwickelten allgemeinen Grundsätze informationeller Handlungspflichten unter der Prämisse, ob und gegebenenfalls in welcher Form sich diese auch auf steuerrechtliche Gesichtspunkte übertragen lassen. In diesem Zusammenhang sollen sodann eigene Lösungsansätze eines praktikablen Systems zivilrechtlicher steuerrechtsbezogener Informationspflichten in der Anlageberatung und der Anlagevermittlung entwickelt werden. Der 4. Teil beschäftigt sich schließlich mit dem Pflichtenkanon des § 31 WpHG, als aufsichtsrechtlichem Anknüpfungspunkt steuerrechtsbezogener Informationspflichten. Abschließend werden im 5. Teil spezifische steuerrechtsbezogene Informationspflichten im Zusammenhang mit ausgewählten Finanzinstrumenten des „geregelten“ und des „grauen“ Kapitalmarktes herausgearbeitet.

1. Teil
Einleitung

§ 1 Dogmatischer Hintergrund und rechtlicher Rahmen

Informationspflichten im Zusammenhang mit Finanzdienstleistungen bilden seit jeher dem Gegenstand umfangreicher Auseinandersetzung in Literatur und Rechtsprechung. Auch wenn in diesem Zusammenhang steuerrechtsbezogene informationelle Handlungspflichten weitgehend unberücksichtigt geblieben sind, ist ihr dogmatischer Hintergrund zunächst gerade dort zu verorten. So hat sich – jenseits des Bereiches steuerrechtsbezogener Gesichtspunkte – in den letzten Jahrzehnten ein umfangreiches und differenziertes rechtliches Gefüge herausgebildet, innerhalb dessen einem Finanzdienstleister verschiedene und zum Teil sehr komplexe informationelle Handlungspflichten auferlegt werden. Ausgehend von diesem Umstand fragt *Brandt*[9] zu Recht, warum die Rechtsordnung die eine Seite – in diesem Fall den Anleger – schützt, indem sie der anderen Seite – hier den Finanzdienstleister – entsprechende Rechtspflichten auferlegt.

I. Aufgabe und Funktion informationeller Handlungspflichten

Den Finanzdienstleistern kommt als Kapitalmarktintermediären bei der Vermittlung und der Verarbeitung anlagerelevanter Informationen eine zentrale Bedeutung zu.[10] Bemerkenswert ist in diesem Zusammenhang, dass die qualifizierte Erfüllung von Informationspflichten im Wesentlichen aus zwei Gründen erforderlich ist. Einerseits soll dem Schutz des informationell unterlegenen Investors vor unerkannten Anlagerisiken und andererseits der ökonomischen Effizienz des Kapitalmarktes gedient werden.[11] Dabei bilden Informationspflichten eine wesentliche Voraussetzung für die Funktionsfähigkeit der Kapitalmärkte.

1. Privatautonomie und Informationspflichten

Einen zentralen Ausgangspunkt in der Statuierung spezifischer informationeller Handlungspflichten im Rahmen von Finanzdienstleistungen bildet der Umstand, dass typischerweise ein Informationsgefälle zwischen den Beteiligten besteht. Kennzeichnend ist dabei regelmäßig eine strukturelle Informationsunterlegenheit des Anlegers. Dieses strukturelle Wissengefälle soll durch entsprechende informationelle Handlungspflichten jedenfalls zum Teil ausgeglichen werden.

---

9 Brandt, S. 29.

10 Grundlegend zu den Funktionsbereichen informationeller Handlungspflichten Hopt, in: Bankrechtstag 1992, S. 4 f., der die juristischen und ökonomischen Funktionen von Informationspflichten am Beispiel der Kreditinstitute aufzeigt. Hierbei wird mit einem „Juristischen" und einem „Ökonomischen" Funktionsbereich grundlegend zwischen zwei Funktionsbereichen unterschieden.

Auf Grundlage von Art. 2 Abs. 1 GG wird die Selbstbestimmung des Individuums, als wesentlicher Bestandteil der Privatautonomie, vor Eingriffen Dritter von der deutschen Rechtsordnung unter Schutz gestellt. Die Privatautonomie garantiert über die Vertragsfreiheit dem Einzelnen, selbstbestimmt vertragliche Verpflichtungen einzugehen, wobei er sich grundsätzlich selbst davon zu überzeugen hat, ob diese für ihn von Vorteil sind oder nicht.[12] Insofern stellt der Schutz der Willensfreiheit der Beteiligten hierbei eine notwendige Funktionsvoraussetzung der Privatautonomie dar.

Mit Blick auf das strukturelle Informationsgefälle im Bereich der Finanzdienstleistungen ist ein adäquater Schutz der Willensfreiheit jedoch erst durch die Statuierung spezifischer informationeller Handlungspflichten sichergestellt. Nur der Anleger, der zutreffend und vollständig über alle entscheidungsrelevanten Umstände informiert ist, ist in der Lage, seine finanziellen Interessen eigenverantwortlich gegenüber dem Finanzdienstleister durchzusetzen.[13] Über die Generalklauseln der §§ 138, 242 und 826 BGB werden dabei spezifische informationelle Handlungspflichten entwickelt, die in den jeweiligen Rechtsbereichen einen Mindeststandard an Vertragsgerechtigkeit als Bestandteil der grundrechtlich über Art. 2 Abs. 1 GG verankerten Privatautonomie gewährleisten sollen.[14]

Entscheidend ist, dass kein einheitlicher Anlegertypus unterstellt werden kann. Insofern ist der jeweilige Grad einer Informationsunterlegenheit vom konkreten Einzelfall abhängig.

Dabei ist in der Auferlegung spezieller Informationspflichten, die darauf gerichtet sind, im Interesse einer selbstverantwortlichen Entscheidung des Anlegers das Informationsgefälle zwischen den Beteiligten zu beseitigen, eine Umverteilung von Risiken zu sehen.[15] Die Informationspflicht soll dem Anleger die Risiken des Vertragsschlusses lediglich aufzeigen, damit dieser sich dann in Kenntnis der Gefahren bewusst entscheiden kann.[16]

2. Verbraucherschutz und Informationspflichten

Nicht zuletzt im Zuge der zunehmenden Europäisierung der nationalen Rechtssysteme ist ein weiterer Funktionskreis von Informationspflichten bei Finanzdienstleistungen in den Vordergrund gerückt. Die Einführung und der Ausbau des Europäischen Binnenmarktes haben die nationalen Gesetzgeber veranlasst, dem Verbraucherschutz als „Querschnittsaufgabe auf Gemeinschaftsebene“[17] einen zentralen Stellenwert einzu-

---

11 Lang, Informationspflichten, § 2 Rn. 1.
12 Lang, Informationspflichten, § 2 Rn. 20.
13 Brandt, S. 26.
14 Lang, Informationspflichten, § 2 Rn. 7 ff. unter Hinweis auf BVerfG, WM 1003, S. 2199.
15 Brandt, S. 26.
16 Brandt, S. 26.
17 Rösler, VuR 2003, S. 12.

räumen. Der Aufgabe des Verbraucherschutzes wird dabei auf den unterschiedlichen europäischen Ebenen Rechnung getragen.[18] In diesem Zusammenhang wird das Verbrauchervertrauen als ein Schlüssel im Konzept des Binnenmarktes beschrieben.[19]

Dabei stellt sich jedoch die verstärkt in den Blickwinkel der wissenschaftlicher Diskussion gerückte Frage, ob und gegebenenfalls in welcher Form sich die auf europäischer Ebene in verschiedenen Bereichen formulierten Leitgedanken des Verbraucherschutzes auch auf den kapitalmarktrechtlichen Anlegerschutz übertragen lassen.[20] Dies muss nicht zuletzt deshalb gelten, als nicht jeder Kapitalanleger seinerseits zwingend ein Verbraucher ist.[21] Wie *Armbrüster* plakativ herausarbeitet, verbleiben berechtigte Zweifel daran, ob ein Kapitalanleger, der vorhandenes und nicht benötigtes Vermögen mehren will, denselben Schutz verdient wie derjenige, der sein Geld für flüchtige Konsumgüter ausgibt.[22] Insofern gilt es im Einzelfall sehr genau zu überprüfen, ob die Wertungen des Verbraucherschutzes tatsächlich ein belastbares und zutreffendes Argument im Bereich spezifischer (informationeller) Handlungspflichten im Verhältnis zwischen Finanzdienstleister und Kapitalanleger darstellen.

Unabhängig davon kann im Zusammenhang mit dem Untersuchungsgegenstand steuerrechtsbezogener informationeller Handlungspflichten jedoch festgestellt werden, dass sich jedenfalls Berührungspunkte mit dem Gedanken des Verbraucherschutzes als Vehikel zur Schaffung eines gemeinsamen europäischen Binnenmarktes aufzeigen lassen. Dabei ist evident, dass nur ein Verbraucher, der grenzüberschreitende Lieferungen und Dienstleistungen als sicher und verlässlich betrachtet, dem Markt als Nachfrager ohne funktionsbeeinträchtigende Vorbehalte begegnet. In diesem Spektrum zeigt sich die funktionale Bedeutung von Informationspflichten im Zusammenhang mit Finanzdienstleistungen. Erst der informierte Verbraucher ermöglicht einen funktionierenden Finanzmarkt durch seine – auf Marktvertrauen aufbauende – Teilnahme als Nachfrager entsprechender Dienstleistungen.

3. Grundsatz von „caveat emptor"

Eine besondere Bedeutung im Zusammenhang mit der Einordnung informationeller Handlungspflichten kommt dem aus dem englischen Recht gewonnenen Grundsatz von „caveat emptor" zu. Der Kerngedanke dieses Grundsatzes besagt, dass grundsätzlich jede Partei für die Beschaffung der zu einem Vertragsschluss erforderlichen Informationen selbst verantwortlich ist, sofern nicht spezifische Gründe eine abweichen-

---

18 Oppermann, Rn. 2038 f.

19 Welter, Lang, in: Welter/Lang, Rn. 1.25.

20 Zum Spannungsfeld von Anlegerschutz und Verbraucherschutz im Blickwinkel des europäischen Verbraucherschutzrechts, Armbrüster, ZIP 2006, S. 406 ff.; Sethe, S. 114 ff.

21 Beispielhaft zum Begriff und der Unterscheidung von „retail customer" (Kleinanleger) und „professional customer" im Verständnis der Wertpapierdienstleistungsrichtlinie 2004/39/EG (MiFiD), vgl. 4. Teil § 1 I 8.

22 Armbrüster, ZIP 2006, S. 408.

de Informationsverantwortung bedingen.[23] „Caveat emptor" ist eine Begriffsbildung englischer Juristen, die kein Vorbild in den römischen Rechtsquellen hat und die heute für den allgemeinen Grundsatz der Wachsamkeit im Geschäftsverkehr steht.[24] Letztlich postuliert der Grundsatz ein vertragsrechtliches Gebot der Eigenverantwortlichkeit von Vertragsparteien im Hinblick auf die Beschaffung und Bewertung von Informationen bei einem Rechtsgeschäft. Damit befindet sich der Grundsatz von „caveat emptor" auf den ersten Blick in einem eklatanten strukturellen Spannungsfeld mit einer Auferlegung von Informationspflichten im Rahmen von Finanzdienstleistungsverhältnissen.

Entscheidend ist jedoch, dass der Grundsatz von „caveat emptor" in seiner Ausschließlichkeit ein frühes Stadium der Rechtsentwicklung kennzeichnet, in dem Geschäftsbeziehungen noch einfach waren, d. h. Kaufverträge typischerweise in Anwesenheit beider Parteien gleichzeitig geschlossen und erfüllt wurden und ein Käufer folglich Gelegenheit hatte, sich von der Qualität der Ware zu überzeugen. Aufgrund komplexer gewordener Handelsbeziehungen, in denen der Abschluss und die Erfüllung von Verträgen nicht mehr gleichzeitig stattfinden, insbesondere Distanzgeschäfte geschlossen werden oder ein Kauf nach einer Warenprobe oder Warenbeschreibung erfolgt, kann sich eine Vertragspartei nicht mehr selbst von der Qualität und Beschaffenheit der Ware überzeugen. In dieser Situation wird es nunmehr als unbillig empfunden, ihr das alleinige Risiko etwaiger Qualitäts- und Beschaffenheitsmängel aufzuerlegen. Vor diesem Hintergrund bilden seit jeher so genannte „implied terms" ein in verschiedenen vertragsrechtlichen Konstellationen greifendes System an Ausnahmen, in denen eine aus Treu und Glauben abgeleitete Risikozuweisung den Grundsatz von „caveat emptor" modifiziert.[25] Dieses System bedeutet, übertragen auf den Bereich der Informationsverantwortlichkeit, dass zwar nach dem Grundsatz von „caveat emptor" jede Vertragspartei regelmäßig selbst dafür verantwortlich ist, sich über den Vertragsgegenstand zu informieren. Etwas anderes gilt jedoch für eine Reihe von Konstellationen, in denen beispielsweise nur ein Vertragspartner über entsprechende Informationen verfügt oder eine Vertragspartei auf ein spezifisches Fachwissen ihres Vertragspartners vertraut.[26]

Unter Berücksichtigung dieser systematischen Differenzierung des Grundsatzes von „caveat emptor" zeigt sich, dass er nicht als Gegensatz zu den Aufgaben und Funktionskreisen informationeller Handlungspflichten in Finanzdienstleistungsverhältnissen im vorbezeichneten Verständnis angesehen werden kann. Vielmehr verkörpert er eine Grundwertung, die veranschaulicht, dass jeder Eingriff in die Informationslastenvertei-

---

[23] Ausführlich zur Entwicklung und Bedeutung des Grundsatzes von „caveat emptor" Schneider, S. 111 ff.
[24] Schneider, S. 111.
[25] Schneider, S. 116.
[26] Schneider, S. 116.

lung eines Finanzdienstleistungsverhältnisses einer notwendigen Rechtfertigung im Sinne untechnischer „implied terms“ bedarf.

4. „Ökonomischer“ Funktionsbereich

Aus ökonomischer Funktionsperspektive[27] gibt es im Wesentlichen zwei Schwerpunkte herauszustellen. Hierbei steht zunächst – wie bereits angedeutet – die Funktion der ökonomischen Effizienz des Kapitalmarktes im Vordergrund. Ein leistungsfähiger und effizienter Kapitalmarkt ist eine unverzichtbare Voraussetzung für die Entfaltung und Nutzung der wirtschaftlichen Produktivkräfte einer Volkswirtschaft.[28] Dabei werden auf dem Kapitalmarkt Spar- und Anlagegelder in Investitionskapital transformiert, wobei Kapitalangebot und -nachfrage zum Ausgleich gebracht werden.[29] Die Transformation privater Ersparnisse in unternehmerisches Risiko deckt dabei nicht nur den Kapitalbedarf einzelner Unternehmen. Zudem wird durch die Verteilung der Investitionsmittel Wachstum und Strukturwandel in der Volkswirtschaft gefördert. Wichtige Voraussetzung für eine Beteiligung der Bevölkerung an diesem bedeutsamen Transformationsprozess bildet die Information des einzelnen Anlegers, der sein privates Vermögens in den volkswirtschaftlichen Dienst der Kapitalmärkte stellen soll. Insofern haben die Existenz und Qualität von Informationsvermittlung am Kapitalmarkt einen erheblichen Einfluss auf die gesamtwirtschaftliche Leistungsfähigkeit.[30]

Die ökonomische Betrachtung zeigt einen weiteren Funktionsansatz auf. Über die Einhaltung angemessener und hinreichender Mindeststandards in der Informationsorganisation ist das Schadensrisiko im Verhältnis zum Kunden zu minimieren. Insbesondere vor dem Hintergrund kostenintensiver Haftungsfolgen im Zusammenhang mit unzureichender Information erschließt sich diese Funktion zweckmäßiger Informationsstrukturen für den Finanzdienstleister. Die Implementierung professioneller Informationsstandards ist zudem mit Blick auf die Schadensverteilung geboten. Über eine Kostenüberwälzung der Informationsleistung auf den Kunden oder durch Schaffung von Berufsversicherungsstrukturen kann das Risiko informationeller Handlungspflichten auf breitere Kreise verteilt werden. Maßgeblich ist dabei, dass die Funktionsfähigkeit der Kapitalmärkte auch eine Begrenzung der informationellen Handlungspflichten erfordert, da Informationsverarbeitung und -vermittlung Kosten verursachen, die einen leistungsfähigen Markt und eine effiziente Kapitalverwendung gerade behindern.[31]

---

27 Zur ökonomischen Analyse zivilrechtlicher Pflichtenkreise, Schäfer/Ott, S. 327 ff.

28 Brandt, S. 40.

29 Brandt identifiziert in diesem Zusammenhang drei wesentliche Ausprägungen: die Risikotransformation (Risiko unternehmerischer Investition wird auf viele Anleger verteilt); die Summentransformation (Zusammenfassung kleiner Anlagebeträge zu großen Investitionssummen) und die Fristentransformation (fungibler Verfügbarkeit und Austauschbarkeit des Anlagekapitals) , S. 40 f.

30 Brandt, S. 302 mit Verweis auf Canaris, S. 479 f.

31 Brandt, S. 302.

II. Gesetzliche und nicht kodifizierte informationelle Handlungspflichten

Pflichten zur Information im Rahmen von Finanzdienstleistungen werden auf dogmatisch sehr unterschiedlichen Ebenen angeknüpft. Grundsätzlich ist hierbei zwischen den gesetzlich verankerten und den vertraglich begründeten Informationspflichten zu differenzieren. Beide Bereiche gilt es nachfolgend in Hinblick auf steuerliche Informationspflichten zu untersuchen.

1. Informationspflichten nach dem Wertpapierhandelsgesetz

Einen zentralen Anknüpfungspunkt für Informationspflichten bei Finanzdienstleistungen bilden die gesetzlich kodifizierten Handlungs- und Verhaltenspflichten. Diese finden sich an unterschiedlichen Stellen bank- und kapitalmarktrechtlicher Gesetze. Neben den so genannten Wohlverhaltensregeln der §§ 31, 32 WpHG sind hierbei vor allem die Vorschriften für Finanztermingeschäfte nach § 37 d WpHG[32] sowie gesetzliche Regelungen zur Prospekthaftung nach § 44 BörsG[33], der § 121 Investmentgesetz[34] und die Vorschriften der §§ 8c, 8g, 13, 13a Wertpapier-Verkaufsprospektgesetz[35] zu nennen. Darüber hinaus ist auf das Anlegerschutzverbesserungsgesetz vom 28. Oktober 2004 und dabei insbesondere die darin enthaltenen – ab 1. Juli 2005 greifenden – Prospektpflichten für gesellschaftsrechtlich strukturierte Beteiligungsmodelle am grauen Kapitalmarkt hinzuweisen.[36]

Mit Blick auf den vorliegenden engeren Untersuchungsansatz steuerlicher Informationspflichten im Bereich der gesetzlichen kodifizierten Informationspflichten soll jedoch lediglich die Vorschrift des § 31 WpHG den Gegenstand der weiteren Untersuchungen bilden. So liefern die dort kodifizierten Verhaltenspflichten konkrete Anknüpfungspunkte für entsprechende informationelle Handlungspflichten. Am Rande soll im Rahmen eines Exkurses zur Prospekthaftung auf die Vorgaben der oben genannten Regelungen des Wertpapier-Verkaufsprospektes eingegangen werden.

2. Zivilrechtliche Informationspflichten in Finanzdienstleistungsverhältnissen

Im Bank- und Kapitalmarktrecht werden informationelle Handlungspflichten nicht nur aus dem Gesetz abgeleitet. Bemerkenswert ist dabei, dass es in zivilrechtlicher Hinsicht keine – der wertpapieraufsichtsrechtlichen Norm des § 31 WpHG – entsprechende Vorschrift gibt, die einem Anlageberater oder Anlagevermittler spezifische informationelle Handlungspflichten auferlegt. Vielmehr werden derartige

---

32 Im Rahmen des vierten Finanzmarktförderungsgesetzes wurden die Regelungen des ursprünglichen Terminrechts (§ 53 BörsG a. F.) in den Anwendungsbereich des Wertpapierhandelsgesetzes integriert.

33 Hierzu insbesondere Schwark, in: Schwark-BörsG, §§ 45, 46 Rn. 9 ff.

34 Lang, VuR 2004, S. 201 ff.; Kaune/Oulds, ZBB 2004, 114 ff.

35 Verkaufsprospektgesetz, dazu vertiefend Grimme/Ritz, WM 1998, S. 2091f.

36 BGBl. I 2630, dazu unten, vgl. 3. Teil, § 5.

Informationspflichten an unterschiedliche zivilrechtliche Grundlagen angeknüpft. So sind in den verschiedenen dogmatischen Ausgestaltungen insbesondere vertragliche Anknüpfungen sowie quasivertragliche und deliktsrechtliche Modelle zur Gewinnung von Informationspflichten denkbar.[37] In diesem Zusammenhang sind insbesondere die steuerrechtsbezogenen Informationspflichten innerhalb der Anlageberatung sowie der Anlagevermittlung außerhalb des Regelungseinflusses des Aufsichtsregimes des Wertpapierhandelsgesetzes zu untersuchen.

§ 2 Gesetzlicher Rahmen steuerrechtsbezogener Hilfeleistung und Beratung

I. Rechtliche Grundlagen der Hilfeleistung in Steuersachen

Die Untersuchung steuerlicher Informationspflichten im Rahmen der Finanzdienstleistungen der Anlageberatung und Anlagevermittlung beinhaltet zwei wesentliche Aspekte, die ihrerseits in einem Spannungsfeld zueinander stehen. Es stellt sich zum einen die Frage, welche konkreten Pflichten steuerlicher Information dem Finanzdienstleister gegenüber dem Kunden im Rahmen des jeweiligen Geschäftskontaktes obliegen. Diesen Bereich der spezifischen informationellen Handlungspflichten, also das „rechtliche Müssen", gilt es im Rahmen der jeweiligen Finanzdienstleistungsverhältnisse[38] aufzuarbeiten. Zum anderen ist die Frage zu untersuchen, ob und in welchem Umfang durch einen Finanzdienstleister überhaupt eine derartige Hilfe in Steuersachen geleistet werden darf, d. h. der Aspekt des „rechtlichen Dürfens".

Ähnlich wie die Rechtsberatung mit dem Rechtsberatungsgesetz (RBerG) hat auch die Steuerberatung mit dem Steuerberatungsgesetz (StBerG) ihren eigenen gesetzlichen Regelungsrahmen. Ausgehend von dem Begriff der „Hilfeleistung in Steuersachen"[39] wird dabei das Recht, bestimmte steuerberatende Tätigkeiten für einen anderen auszuüben, einem diesbezüglich qualifizierten Personenkreis zugewiesen, § 2 StBerG. Nichtbefugte Personen im Sinne des Gesetzes werden zum Schutz der Allgemeinheit[40] grundsätzlich von der Steuerberatung ausgeschlossen. Sie unterfallen dem bußgeldbewährten Verbot der unbefugten Hilfeleistung in Steuersachen.

1. Steuerberatungsgesetz: Gesetzliche Schranke von Informationspflichten

Problematisch ist vor dem Hintergrund dieser gesetzlichen Grundstruktur, ob und gegebenenfalls in welcher Form sich Berührungspunkte mit dem Bereich der Informationspflichten bei Finanzdienstleistungen ergeben können. Entscheidend ist, dass es

---

[37] Sehr anschaulich zu den verschiedenen zivilrechtlichen Anknüpfungen von Informationspflichten und mit zahlreichen Nachweisen, Lang, Informationspflichten, § 5 Rn. 1 ff.

[38] Diese Untersuchung bildet Gegenstand des zweiten Teils der Arbeit „Steuerliche Informationspflichten bei Finanzdienstleistungen".

[39] Die Begriffe der „Hilfeleistung in Steuersachen" und der „Steuerberatung" sind inhaltgleich zu verwenden, Veerbeek, S. 3.

[40] Willerscheid, in: Kuhls, § 1 Rn. 2.

nicht hinnehmbar wäre, im Rahmen der konkreten Informationspflichten („rechtliches Müssen") dem Anlageberater bzw. Anlagevermittler bank- und kapitalmarktrechtliche Pflichten aufzuerlegen, bei deren Erfüllung er die Grenzen des ihm nach dem Steuerberatungsgesetz rechtlich Erlaubten („rechtliches Dürfen") zu überschreiten gezwungen wäre. So erschiene es beispielsweise rechtlich bedenklich, wenn ein nicht steuerberatungsbefugter Finanzdienstleister in Erfüllung einer kapitalmarktrechtlich begründeten, gesetzlichen oder vertraglichen Informationspflicht zum Verstoß gegen das Verbot der unbefugten Hilfeleistung in Steuersachen veranlasst würde.[41] So könnten also die Vorgaben des Steuerberatungsgesetzes gesetzliche Schranken der allgemeinen Informationspflichten bei der Anlageberatung und der Anlagevermittlung statuieren.

Zur Untersuchung dieses Problemkreises gilt es zunächst, die rechtlichen Grundlagen und Anwendungsvoraussetzungen des Steuerberatungsgesetzes zu klären. Auf dieser Basis ist sodann zu ermitteln, wie der Begriff der „Hilfeleistung in Steuersachen" zu verstehen ist und welche möglichen Schnittstellen sich mit den verschiedenen Informationspflichten im Bereich der beiden hier untersuchten Finanzdienstleistungen ergeben.

2. Systematik des rechtlichen Rahmens der Steuerberatung

Obgleich die Steuerberatung als Teil[42] der Rechtsberatung zu sehen ist, ist sie als Berufsfeld verhältnismäßig jung.[43] Dementsprechend wurde erst mit Einführung des Gesetzes über die Rechtsverhältnisse der Steuerberater und Steuerbevollmächtigen (Steuerberatungsgesetz)[44] vom 23. August 1961 das Recht der Steuerberatung grundlegend vereinheitlicht.[45] Gegenstand dieses Gesetzes bildeten jedoch zunächst berufsrechtliche Regelungen zur Berufszulassung und der Berufsausübung, vergleichbar der BRAO für Rechtsanwälte bzw. der WPO für Wirtschaftsprüfer.

Erst mit dem 3. Gesetz zur Änderung des Steuerberatungsgesetzes vom 24. Juni 1975[46] ist der Anwendungsbereich des Gesetzes erweitert und in seiner Struktur dem Rechts-

---

41 Zu den Steuerberatungsbefugnissen eines „Vermögensberaters", OLG Thüringen, OLG-NL 2002, S. 170 ff.; Verstoß eines Anlagevermittlers gegen die Vorgaben des StBerG, jedoch mit Blick auf wettbewerbsrechtliche Aspekte, OLG Frankfurt, DStRE 2002, S. 1045 f.

42 BVerfG, NJW, 1989, S. 269 ff.; BGH, BGHZ 49, 244 ff.

43 Geschichtliche Entwicklung der steuerberatenden Berufe bei Pausch, DStR 1978, S. 313 ff.

44 BGBl. I S. 1301, in Kraft getreten zum 1. November 1961.

45 Erste Schritte in der Entwicklung der Steuerberatung liegen in der Zeit um 1919. So sah die damalige RAO vor, dass die Oberfinanzpräsidenten bestimmte Personen zur Vertretung von Steuerpflichtigen zulassen konnten. Diese Vorgaben bildeten jedoch ebenso wenig eine gesetzliche Absicherung des Berufes des Steuerberaters wie das Reichsgesetz über die Zulassung von Steuerberatern vom 6. Mai 1933, das vielmehr als bloßes Rassengesetz nationalsozialistischer Prägung zu sehen ist. Zu der weiteren Entwicklung bei Mittelsteiner in: Mittelsteiner/Pausch/Kumpf, S. 1 ff.

46 BGBl. I S. 1509.

beratungsgesetz angeglichen worden. Insbesondere wurden im ersten Teil allgemeine Vorschriften über die Hilfeleistung in Steuersachen eingeführt. In diesem Zusammenhang wurde nunmehr klar festgelegt, welche Tätigkeiten als Hilfeleistung in Steuersachen einem qualifizierten Anbieterkreis vorbehalten sein sollten. Korrespondierend dazu wurde ein explizites, bußgeldbewährtes Verbot der unbefugten Hilfeleistung in Steuersachen in § 5 StBerG verankert. Ein Verstoß gegen § 5 StBerG liegt danach dann vor, wenn jemand ohne jegliche Befugnis Steuerrechtshilfe leistet oder mit beschränkter Befugnis seinen Befugnisbereich verlässt.[47]

Anfang der achtziger Jahre ergingen zwei grundlegende Entscheidungen des Bundesverfassungsgerichts[48], die die Verbotsvorgaben des Steuerberatungsgesetzes als zum Teil mit dem Grundrecht der freien Berufswahl aus Art. 12 Abs. 1 GG unvereinbar erklärten.[49] In der Folge wurden die Ausnahmen vom Verbot der unbefugten Hilfeleistung in Steuersachen nach § 6 StBerG neu gefasst. Trotz zahlreicher europarechtlich-[50], vereinigungs-[51] und standesrechtlich[52] bedingter Änderungen ist die Grundsstruktur des Steuerberatungsgesetzes bis heute im Wesentlichen unverändert geblieben.

Ausweislich der Regelungen der §§ 2-4 i. V. m. §§ 35-48 StBerG dürfen damit nur fachlich qualifizierte und persönlich zuverlässige Personen zur Steuerrechtshilfe zugelassen werden.[53] Diese Vorgabe dient zum einem dem Schutz der Allgemeinheit.[54] Zum anderen werden die zu Steuerrechtshilfe befugten Personen gegen den Wettbewerb derer geschützt, die keinem Berufs- und Gebührenrecht oder ähnlichen im Interesse der Steuerrechtspflege gesetzten Schranken unterliegen.[55]

3. „Hilfeleistung in Steuersachen“

Den zentralen Anknüpfungspunkt im Steuerberatungsgesetz bildet die so genannte „Hilfeleistung in Steuersachen“ (§ 1 StBerG). Anders als das Rechtsberatungsgesetz, nach dem eine Dienstleistung für Dritte, die sich auf den Bereich der allgemeinen Rechtsberatung bezieht, gemäß Art. 1 § 1 RBerG als „Besorgung fremder Rechtsangelegenheiten einschließlich der Beratung“ bezeichnet wird, werden entsprechende Tä-

---

47 Willerscheid, in: Kuhls § 160 Rn. 3.

48 Urteil des BVerfG vom 18. Juni 1980, BVerfGE 54, 301 und Urteil des BVerfG vom 27. Januar 1982, BVerfGE 59, 302.

49 Festgestellt wurde unter anderem, dass es mit Art. 12 Abs. 1 GG unvereinbar sei, einer Person, die die Kaufmannsgehilfenprüfung bestanden hatte, zu untersagen, geschäftsmäßig Belege zu kontieren.

50 Insbesondere das 5. Gesetz zur Änderung des StBerG vom 13. Dezember 1990, BGBl. I S. 2756.

51 Gesetz zur Entlastung der Familien und zur Verbesserung der Rahmenbedingungen für Investitionen und Arbeitsplätze (Steueränderungsgesetz 1992), BGBl. I S. 297.

52 6. Gesetz zur Änderung des Steuerberatungsgesetz vom 24. Juni 1994, BGBl. I S. 1387.

53 In diesem Zusammenhang ergänzend § 4 BRAO und §§ 5- 24 WPO.

54 Willerscheid, in: Kuhls, § 1 Rn. 2.

55 BGH, NJW 1955, S. 422 ff.

tigkeiten auf dem Gebiet des Steuerrechts als „Hilfeleistung in Steuersachen" definiert.[56]

Als Steuersachen sind alle Angelegenheiten erfasst, die Steuern i. S. v. § 3 Abs. 1 AO betreffen und die unmittelbar oder mittelbar mit der Verwirklichung von Steuertatbeständen und Steuerstraf- und Ordnungswidrigkeitentatbeständen in Zusammenhang stehen.[57] Steuersachen i. S. v. § 1 Abs. 1 und 2 StBerG sind solche des Rechts der Bundesrepublik Deutschland sowie des Rechts der Staaten der Europäischen Union und des Europäischen Wirtschaftsraumes.

Der Begriff der Hilfeleistung wird weit gefasst. Es wird darunter jede unterstützende Tätigkeit zur Erfüllung steuerlicher Pflichten oder der Wahrnehmung steuerlicher Rechte Dritter verstanden.[58] Maßgeblich ist, dass unter Hilfeleistung somit eine Tätigkeit zu verstehen ist, die gegenüber einer anderen Person oder Einrichtung erbracht wird, in die der Hilfeleistende nicht eingegliedert ist.[59] Der Begriff der Hilfeleistung in Steuersachen ist anhand objektiver Kriterien zu bestimmen und nicht eng auszulegen.[60] Die Hilfeleistung muss konkret und auf den Einzelfall bezogen sein. Damit sind allgemeine, vom Sachverhalt losgelöste Tätigkeiten, wie die Publikation steuerjuristischer Fachliteratur oder eine diesbezügliche Vortrags- und Lehrtätigkeit, nicht vom Steuerberatungsgesetz erfasst.[61]

Der Gesetzgeber grenzt in § 33 StBerG verschiedene Kernfelder der Hilfeleistung in Steuersachen voneinander ab. Er unterscheidet zwischen den Begriffen der „Beratung" sowie der „Vertretung und Hilfe bei der Bearbeitung der Steuerangelegenheiten und der Erfüllung der steuerlichen Pflichten".

a. Beratung i. S. v. § 33 StBerG

Als Beratung in diesem Sinne ist die Unterrichtung eines Ratsuchenden über die Rechtslage im Einzelfall sowie über die zu ergreifenden Maßnahmen zu verstehen.[62] Dabei ist auch die Beratung in weniger bedeutsamen steuerrechtlichen Angelegenheiten erfasst.[63] In Abgrenzung zu der – steuerberatungsgesetzlich nicht erfassten – all-

---

56 Der Begriff der Hilfeleistung ist aus den §§ 107, 107a AO a. F. übernommen worden und stellt inhaltlich keine Abweichung von „Besorgung fremder Angelegenheiten" dar, Johnigk, in: Chemnitz, Art. 1 § 1 Rn. 78.

57 Tipke, in: Tipke/Kruse, § 107 AO Rn. 11.

58 Tipke, in: Tipke/Kruse, § 80 AO, Rn. 56.

59 Dementsprechend stellt eine entsprechende Tätigkeit des Arbeitnehmers gegenüber seinem Arbeitgeber keine Hilfeleistung im Sinne der Bestimmung dar, vgl. § 107 a Abs. 2 Nr. 10 AO a. F., Gehre, in: Gehre, § 1 Rn. 5.

60 Gehre, in: Gehre, § 1 Rn. 6.

61 Zur diesbezüglichen Behandlung softwaretechnischer Programme zur Unterstützung in Steuerangelegenheiten, Willerscheid, in Kuhls, § 1 Rn. 5.

62 Gehre, in: Gehre, § 1 Rn. 6.

63 BFH, BStBl. 82 II, 43.

gemeinen Belehrung, bezieht sich die Beratung auf einen konkreten, dem Ratgebenden vorgelegten Sachverhalt.

Dies ist ein für die vorliegende Untersuchung bedeutsamer Punkt. Denn in dieser Erscheinungsform der Hilfeleistung in Steuersachen könnte eine Schnittstelle mit dem Bereich der Informationspflichten im Rahmen von Finanzdienstleistungen liegen. Wie bereits dargestellt, bildet die „Beratungspflicht" eine der zentralen informationellen Handlungspflichten innerhalb der Finanzdienstleistungen. Auf Grundlage des entwickelten Begriffsverständnisses beinhaltet eine derartige Beratungspflicht neben der Pflicht zur Mitteilung relevanter Tatsachen auch die Pflicht zu deren Bewertung durch den Beratungsschuldner im Interesse des Beratungsgläubigers. Vor diesem Hintergrund könnte sich jedenfalls dann ein rechtliches Spannungsfeld ergeben, wenn steuerrechtliche Gesichtspunkte des Beratungsgläubigers als Bestandteil entsprechender, finanzdienstleistungsrechtlicher Beratungspflichten zu qualifizieren wären.

b. Vertretung und Hilfe in Steuerangelegenheiten i. S. v. § 33 StBerG

Mit Blick auf das zu untersuchende Problemfeld der Informationspflichten bei Finanzdienstleistungen ist die Vertretung und Hilfe in Steuerangelegenheiten weniger bedeutsam. Deswegen sei sie nur der Vollständigkeit halber erwähnt. Dieser Bereich beinhaltet im Wesentlichen die Hilfeleistung bei der Erfüllung von Buchführungsangelegenheiten, bei der Bearbeitung von Steuerangelegenheiten und der Erfüllung steuerlicher Pflichten sowie die Hilfeleistung in Steuerstraf – und Bußgeldsachen.

4. Besorgung fremder Rechtsangelegenheiten i. S. d. RBerG

Die Abgrenzung der Hilfe in Steuersachen i. S. d. StBerG und der Besorgung fremder Rechtsangelegenheiten i. S. d. RBerG gestaltet sich mitunter schwierig. Häufig treffen Gesichtspunkte des Steuerrechts mit solchen des allgemeinen Rechts zusammen.[64] Bedeutsam ist die sorgfältige Abgrenzung beider Bereiche jedoch insbesondere mit Blick auf die entsprechende Erlaubnis nach Art. 1 § 1 RBerG bzw. § 2 StBerG und für die von der Erlaubnispflicht befreiten Personen, soweit die Ausnahmeregelungen nach beiden Gesetzen voneinander abweichen.

In Rechtsprechung und Literatur ist umstritten, anhand welcher Kriterien die Abgrenzung von Steuer- und Rechtsberatung zu erfolgen hat.[65] Zusammenfassend ist festzustellen, dass eine Hilfeleistung in Steuersachen nach dem Steuerberatungsgesetz jeden-

[64] Zu den Abgrenzungsschwierigkeiten zwischen Steuerberatung und Rechtsberatung ausführlich bei Schorn, Rechtsberatung, S. 218 ff.

[65] BGH, NJW 1986, S. 1051; BGH, DB 1971, S. 1478; LG Wuppertal, MDR 1969, S. 572; Kuhls in: Kuhls, § 33 Rn. 33 ff.; Rennen, in: Rennen/Caliebe, Art. 1 § 4 RBerG, Rn. 18, Schorn, Rechtsberatung, S. 218 ff.

falls dann vorliegen soll, wenn bei der Beratung steuerliche Aspekte überwiegen. Dagegen handelt es sich um eine allgemeine Rechtsbesorgung, wenn nichtsteuerrechtliche, sondern allgemeine rechtliche Gesichtspunkte im Vordergrund stehen.[66] Die diesbezügliche Bestimmung ist anhand einer objektiven Betrachtung vorzunehmen, die sich am Gegenstand des Auftrags zu orientieren hat.[67] In Zweifelsfällen, in denen steuerliche Fragen mit solchen des allgemeinen Rechts zusammentreffen, sind überdies die subjektiven Vorstellungen des Auftraggebers mit einzubeziehen.[68]

Kern der vorliegenden Untersuchungen bildet das Problemfeld steuerlicher Informationspflichten in Anlageberatung und Anlagevermittlung. Anknüpfungsgegenstand innerhalb verschiedener Informationsbeziehungen sind demnach im Wesentlichen steuerrechtliche Gesichtpunkte. Dementsprechend sind es vor allem spezifische Vorschriften des Steuerberatungsgesetzes, die im Rahmen der Bestimmung von Existenz, Umfang und Reichweite steuerlicher Informationspflichten innerhalb dieser Finanzdienstleistungen den relevanten Beurteilungsmaßstab festlegen. Dennoch gilt es im Einzelfall zum Anwendungsbereich des Rechtsberatungsgesetzes abzugrenzen.

5. Befugnis zur Hilfeleistung in Steuersachen

Ausweislich der Vorschrift des § 2 StBerG und entsprechend dem gesetzlichen Verbot nach § 5 Abs. 1 S. 1 StBerG darf die Hilfeleistung in Steuersachen geschäftsmäßig nur von einem diesbezüglich befugten Personenkreis erbracht werden. Grundsätzlich entspricht diese Norm dem Art. 1 § 1 RBerG. Dementsprechend ist ebenso wie im Bereich der allgemeinen Rechtsberatung für die geschäftsmäßig betriebene Steuerrechtshilfe eine spezifische Befugnis zwingend notwendig.[69] Die Hilfeleistung in Steuersachen ist dann als geschäftsmäßig anzusehen, wenn sie in selbständiger Tätigkeit und mit der Absicht der Wiederholung gleichartiger Leistungen erfolgt.[70]

Dabei ist eine Befugnis nach § 2 S. 2 StBerG unabhängig davon zwingend, ob die geschäftsmäßige Hilfeleistung im Haupt- oder im Nebenberuf, entgeltlich oder unentgeltlich ausgeübt wird.[71] Während Steuerberater und Steuerbevollmächtigte ihre Steuerberatungsleistung typischerweise im Hauptberuf erbringen, erfolgt die Hilfe in Steuersachen z. B. bei Anlageberatung oder Vermögensverwaltung durch Kreditinstitute oder andere Finanzdienstleister zumeist nebenberuflich.

---

66 Weth, in: Henssler, Art. 1 § 4 RBerG, Rn. 12.

67 In diesem Sinne Rennen, in: Rennen/Caliebe, Art. 1 § 1 4 RBerG, Rn. 21. Anders VGH Mannheim, BB 1971, S. 65, wonach vielmehr der subjektive „Handlungsantrieb" des Auftraggebers das maßgebliche Abgrenzungskriterium bilden soll.

68 Weth, in: Henssler, Art. 1 § 4 RBerG, Rn. 12.

69 Die diesem Regelungsregime immanente Einschränkung der freien Berufswahl i. S. v. Art. 12 Abs. 1 GG ist durch übergeordnete Interessen des Gemeinwohls gerechtfertigt, vgl. BVerfGE 21, 173.

70 Willerscheid, in: Kuhls, § 2 Rn. 4; BFH, BStBl. 73 II, 743.

71 Ausnahmsweise ist insbesondere in den Fällen des § 6 StBerG eine Befugnis entbehrlich.

a. Unbeschränkte Hilfeleistung in Steuersachen

Gemäß § 3 StBerG steht den in dieser Vorschrift abschließend aufgeführten Personen die so genannte Befugnis zur uneingeschränkten Hilfeleistung in Steuersachen zu.[72] Sie haben ihre persönliche Geeignetheit und ihre fachliche Qualifikation in einem staatlichen Zulassungs- und Prüfungsverfahren nachzuweisen. In diesem Zusammenhang sind neben den Steuerberatern, Steuerbevollmächtigen und den Steuerberatungsgesellschaften auch Rechtsanwälte, Wirtschaftsprüfer, vereidigte Buchprüfer sowie ihre jeweiligen Zusammenschlüsse zu erwähnen.

b. Beschränkte Hilfeleistung in Steuersachen

Während die in § 3 StBerG enumerierten Befugnisträger zur unbeschränkten Hilfeleistung berechtigt sind, enthält die Vorschrift des § 4 StBerG eine so genannte Befugnis zur beschränkten Hilfeleistung in Steuersachen. Den dort genannten Personen und Vereinigungen steht nur ausnahmsweise eine nach Leistungsgegenstand und Leistungsempfänger eingeschränkte Befugnis zu. Vereinendes Merkmal der im Katalog des § 4 StBerG aufgeführten Personen ist, dass die steuerliche Hilfeleistung regelmäßig eine notwendige Hilfstätigkeit im „Rahmen" einer andersartigen Hauptaufgabe darstellt. Die Hilfstätigkeit hat ferner mit der Hauptaufgabe in einem engen, unmittelbaren Zusammenhang zu stehen.[73] Der konkrete Umfang der beschränkten Steuerberatungsbefugnis bestimmt sich nach dem jeweiligen Funktionskreis des Berechtigten. Die beschränkten Befugnisträger nach § 4 StBerG, die außerhalb des Rahmens ihrer Befugnis geschäftsmäßige Hilfe in Steuersachen leisten, verstoßen ihrerseits gegen das Verbot der unbefugten Hilfeleistung in Steuersachen nach § 5 Abs. 1 S. 1 StBerG.

Im Bereich der Finanzdienstleistungen sind als beschränkt Hilfeleistungsbefugte insbesondere Vermögensverwalter (§ 4 Nr. 5 StBerG), Unternehmer, die ein Handelsgewerbe betreiben (§ 4 Nr. 5 StBerG), inländische Kreditinstitute (§ 4 Nr. 4, Nr. 12 StBerG), Vermittler von Bausparverträgen (§ 4 Nr. 14 StBerG) sowie Anbieter und Vermittler von Altersvorsorgeverträgen (§ 4 Nr. 16 StBerG) von Relevanz. Auf den Anwendungsbereich des § 4 StBerG soll an späterer Stelle im Einzelnen eingegangen werden.[74]

---

72 Abweichende Regelungen können sich gegebenenfalls aus den jeweiligen Verfahrensordnungen ergeben, Gehre, in: Gehre, § 3 Rn. 2.

73 Meurers, in: Kuhls, § 4 Rn. 4.

74 Dazu unter 1. Teil, § 2 II 1., 2.

6. Rechtsfolgen einer Verbotsverletzung i. S. v. § 5 StBerG

Die Rechtsfolgen einer Verletzung des Verbotes aus § 5 StBerG liegen in vier Bereichen. Das Finanzamt kann zunächst als regelmäßig zuständige Stelle[75] die Hilfeleistung in Steuersachen nach § 7 Abs. 1 StBerG ausdrücklich untersagen.[76] Hierbei ist ein Verschulden des Betroffenen nicht erforderlich. Daneben besteht die Möglichkeit Verstöße gegen § 5 Abs. 1 StBerG gemäß § 160 Abs. 1 StBerG bußgeldrechtlich zu verfolgen. Die bußgeldrechtliche Ahndung setzt jedoch ausdrücklich ein Verschulden des Betroffenen voraus. Abhängig vom Ausmaß des Verschuldens und der Schwere des Verschuldens kann eine derartige Ordnungswidrigkeit mit einer Geldbuße bis zu 5.000,00 Euro belegt werden.[77]

Wettbewerbsrechtlich bietet sich die Möglichkeit, gegen einen Wettbewerber, der nicht zur geschäftsmäßigen Hilfeleistung in Steuersachen befugt ist oder seine beschränkten Befugnisse überschreitet, nach dem UWG[78] auf Unterlassung vorzugehen. Eine diesbezügliche Klagebefugnis steht neben den zur Hilfeleistung befugten Personen (Befugnisträger) und ihren Vereinigungen (Steuerberatungsgesellschaften und Lohnsteuerhilfevereine) insbesondere auch ihren jeweiligen Berufsverbänden (Steuerberaterkammer, u. Ä.) zu.[79] Ein schuldhaftes Verhalten des Wettbewerbers ist keine Voraussetzung eines derartigen Unterlassungsanspruches.[80]

Abschließend ist vertragsrechtlich, vergleichbar der Rechtsberatung, ein Geschäftsbesorgungsvertrag, der unter Verstoß gegen § 5 StBerG auf die Erbringung unbefugter Hilfeleistung in Steuersachen gerichtet ist, nach § 134 BGB nichtig.[81]

7. Zwischenfazit: Gang und Abgrenzung der weiteren Untersuchung

Gegenstand der weiteren Untersuchung soll ausschließlich die Steuerberatung außerhalb der steuerberatenden Berufe bilden. Charakteristisch für den Bereich der Informationspflichten bei Finanzdienstleistungen ist, dass er Berührungspunkte mit der Steuerberatung aufweist. Dabei sind die Finanzdienstleistungsunternehmen regelmäßig nicht zur uneingeschränkten Hilfeleistung in Steuersachen nach § 3 StBerG befugt. Anknüpfungspunkt bilden somit neben den mit beschränkter Steuerberatungsbefugnis ausgestatteten Personen und Vereinigungen solche, die unbefugt Steuerhilfe leisten.

---

75 Grundsätzlich ergibt sich diese Zuständigkeit aus § 164 StBerG. In einigen Bundesländern sind besondere Finanzämter oder besondere Straf- und Bußgeldsachenstellen eingerichtet worden.

76 Prozessrechtlich sind Bevollmächtigte und Beistände, die verbotswidrig tätig werden, im Steuer- und Finanzgerichtsverfahren nach § 80 Abs. 5 AO, § 62 Abs. 2 S. 2 FGO zurückzuweisen.

77 Willerscheid, in: Kuhls, § 6 Rn. 23 f.

78 Auf Grundlage der Vorschriften des §§ 1, 12 UWG alte Fassung.

79 BGH, BGHZ 79, 390 ff.; BGH, GRUR 1972, S. 607.

80 Vergleich in diesem Zusammenhang die werbende Tätigkeit eines Anlagevermittlers, als Verstoß gegen die Vorgaben des StBerG, OLG Frankfurt, DStRE 2002, S. 1045 f.; OLG Karlsruhe, OLGR Karlsruhe 1999, S. 292 ff.

81 BGHZ 132, 231 f.; OLG Koblenz, NJW 1991, S. 430 f.; OLG Hamm, DStR 1995, S. 1407 ff.

Damit sollen Angehörige der steuerberatenden Berufe, d. h. unbeschränkt zur Hilfeleistung in Steuersachen befugte Personen (§ 3 StBerG), bei den nachfolgenden Überlegungen unberücksichtigt gelassen werden. Somit erscheint es sinnvoll, insbesondere Steuerberater und Rechtsanwälte, die gelegentlich im Vertrieb von Kapitalanlagen finanzdienstleistend tätig werden, aus den nachfolgenden Untersuchungen auszuklammern.[82]

II. Beschränkte Hilfeleistung in Steuersachen bei Finanzdienstleistungen

Im Kreis derer, die nach § 4 StBerG zur beschränkten Hilfeleistung in Steuersachen befugt sind, finden sich eine Reihe von Personen und Vereinigungen wieder, die typischerweise finanzdienstleistend d. h. in Anlageberatung und Anlagevermittlung, tätig werden.[83] In diesem Zusammenhang sind insbesondere Unternehmer und Kreditinstitute sowie Vermögensverwalter zu nennen. Dabei ergibt sich der konkrete Umfang der jeweiligen Befugnis aus den in der entsprechenden Norm verankerten persönlichen und sachlichen Grenzen.[84]

1. Steuerberatung durch Unternehmer gemäß § 4 Nr. 5 StBerG

Ausweislich der Regelung des § 4 Nr. 5 StBerG ist es einem Unternehmer, der ein Handelsgewerbe betreibt, erlaubt, seinen Kunden Hilfe in Steuersachen zu leisten. Diese hat im unmittelbaren Zusammenhang mit einem Geschäft zu erfolgen. Die originäre Zielgruppe der Vorschrift wurde an den Kaufmannsbegriff der §§ 1 ff. HGB angeknüpft. Mit Blick auf den Regelungszweck des § 4 Nr. 5 StBerG legen Rechtsprechung und Literatur jedoch zunehmend einen umfassenden Unternehmerbegriff zugrunde.[85]

Hintergrund der Vorschrift bildet die Überlegung, dass Unternehmer in gewissen Bereichen im Rahmen ihrer Berufsausübung zwangsläufig mit den steuerrechtlichen Angelegenheiten anderer in Berührung kommen.[86] So können sie ihren unternehmerischen Aufgaben nur dann pflichtgemäß nachkommen, wenn sie bei der Betreuung ihrer Kunden auch steuerliche Überlegungen in ihre Handlungsweisen einfließen las-

---

82 Zum Bereich der finanzdienstleistenden Tätigkeiten (Anlagevermittlung) von Steuerberatern, Bihr, DStR 1984, S. 229f.; OLG Sachsen-Anhalt, Urt. vom 25. April 2002.

83 Exemplarisch zu den Steuerberatungsbefugnissen eines „Vermögensberaters", OLG Thüringen, OLG-NL 2002, S. 170 ff.; Verstoß eines Anlagevermittlers gegen die Vorgaben des StBerG mit Blick auf wettbewerbsrechtliche Aspekte in OLG Frankfurt, DStRE 2002, S. 1045 f.

84 Gehre, in: Gehre, § 4 Rn. 1.

85 OLG Oldenburg, DB 1978, S. 85 begreift „alle kaufmännischen oder sonstigen gewerblichen Unternehmer i. S. d. § 5 Nr. 1 RBerG" als Kreis der zur beschränkten Steuerberatung befugten Handelsgewerbetreibenden. So auch Schmidt, DB 1978, S. 1917; Weth, in: Henssler, Art. 1 § 5 RBerG Rn. 9.

86 RStBl. 1935, S. 1529; Gesetzesbegründung zu Art. 1 § 5 RBerG. So auch Karsten Schmidt, der die Vorschrift als „Konsequenzen aus Ausstrahlungen einer gewerblichen Tätigkeit" sieht, DB 1978, S. 86 f.

sen. Exemplarisch wird hierbei die Geschäftstätigkeit von Versicherungsunternehmen, Handelsmaklern, Bausparkassen und insbesondere Banken genannt.[87] Entscheidend ist hier, dass regelmäßig auch Anlageberater und Anlagevermittler als Finanzdienstleister unter den inzwischen wohl herrschenden weiten Unternehmerbegriff des § 4 Nr. 5 StBerG zu subsumieren sind. So kommen diese Berufsgruppen im Rahmen ihrer Berufsausübung typischerweise mit den steuerrechtlichen Belangen ihrer Kunden in Berührung. Erfolgt die Anlageberatung bzw. die Anlagevermittlung durch ein inländisches Kreditinstitut, greift die Befugnisregelung des § 4 Nr. 12 StBerG.[88]

Die Regelung des § 4 Nr. 5 StBerG enthält dabei eine „dreifache Begrenzung" der Steuerberatungserlaubnis: hinsichtlich des Personenkreises („Unternehmer"), hinsichtlich des inhaltlichen Beratungsumfanges („unmittelbarer Zusammenhang") und hinsichtlich des Adressatenkreises („Kunden").[89]

Von der beschränkten Befugnis des Unternehmers erfasst ist eine erlaubnispflichtige Hilfeleistung in Steuersachen, die in „unmittelbarem Zusammenhang" mit dem Hauptgeschäft des Handelsgewerbes steht.[90] Wesentliches Kriterium ist hierbei, dass es sich bei der Hilfeleistung um eine im Rahmen des Hauptgeschäfts sich vollziehende, dem Zweck des Hauptgeschäfts dienende Nebentätigkeit handelt.[91] *Schmidt* spricht in diesem Zusammenhang davon, dass ein so genanntes notwendiges Hilfsgeschäft vorliegen muss.[92] Mithin darf die Hilfe in Steuersachen nicht selbst Hauptgeschäft oder wesentlicher Bestandteil der eigentlichen Berufsaufgabe sein.[93] Leistungsempfänger der Steuerberatung nach § 4 Nr. 5 StBerG müssen Kunden des Unternehmers sein. In diesem Sinne müssen jedoch auch schon potenzielle Geschäftspartner des Unternehmers in der Anbahnungsphase als derartige „Kunden" eingeschlossen werden.[94]

Maßgeblich ist, dass die Steuerhilfe zwar nur nebengeschäftlichen Charakter haben darf und in einem engen inneren Zusammenhang mit den eigentlichen unternehmerischen Hauptaufgaben stehen muss, dennoch kann sie im konkreten Einzelfall auch sehr komplexe steuerliche Sachverhalte zum Gegenstand haben.

---

87 Verbeek, S. 71.

88 Dazu 1. § 3 II 2.

89 Verbeek, S. 71.

90 In einer richtungsweisenden Entscheidung des BFH aus dem Jahre 1979 sind die Finanzierungsberechnungen eines Bauunternehmers, die unter Berücksichtigung der persönlichen steuerlichen Situation der potenziellen Wohnungserwerber erstellt worden wären, als unzulässige Steuerberatung eingeordnet worden. So sei die eigentliche Bauunternehmertätigkeit auch ohne eine derartige Finanz- und Steuerberatung sinnvoll durchführbar, BStBl. 1979 II, S 591 ff.. In diesem Sinne auch Meurers, in: Kuhls, § 4 Rn. 39.

91 BGHSt 6, 134.

92 Schmidt, DB 1978, S. 1917 ff.

93 BGH, NJW 1987, S. 1323; BGH, DB 1981, S. 980; OLG Düsseldorf, StB 1983, S. 40; Meurers, in: Kuhls § 4 Rn. 39 mit weiteren Nachweisen.

94 Meurers, in: Kuhls § 4 Rn. 39.

2. Steuerberatung durch Kreditinstitute gemäß § 4 Nr. 12 StBerG

Als „Unternehmen, die ein Handelsgewerbe betreiben", fallen Kreditinstitute ebenfalls in den Anwendungsbereich des § 4 Nr. 5 StBerG.[95] Spezialgesetzlich werden inländische Kreditinstitute jedoch ausdrücklich von der Vorschrift des § 4 Nr. 12 StBerG erfasst. Wie *Verbeek* anschaulich herausarbeitet, sehen sich insbesondere die Kreditinstitute im Rahmen ihrer Geschäftsbeziehungen häufig mit steuerlichen Gesichtspunkten ihrer Kunden konfrontiert.[96] So erfordern die Eigenarten des Bankgeschäfts regelmäßig eine gründliche Auseinandersetzung mit steuerlichen Gesichtspunkten und haben häufig einen ausschlaggebenden oder jedenfalls mitbestimmenden Einfluss auf die Anlage- oder Kreditentscheidung eines Kunden.[97] In diesem Sinne und vor dem Hintergrund der Tatsache, dass die Kreditinstitute maßgebliche Erbringer von Finanzdienstleistungen sind, gilt es, die möglichen Inhalte einer zulässigen Steuerberatung durch diese „Unternehmergruppe" exemplarisch herauszuarbeiten.

Die Inhalte der steuerlichen Betreuung durch Kreditinstitute lassen sich in Abhängigkeit von ihrer Intensität in zwei Kernbereiche aufteilen: die bloße Hilfeleistung in steuertechnischen Problemen einerseits sowie die steuergestaltende Beratung andererseits.[98] Als Hilfeleistung in steuertechnischen Problemen ist eine Vielzahl unterschiedlicher Tätigkeiten der Kreditinstitute denkbar.[99] Neben der technischen Kundenunterstützung in Gestalt der Erstellung ordnungsgemäßer Beleg- und Nachweisunterlagen[100] ist die Hilfestellung bei der Inanspruchnahme bestimmter Steuervergünstigungen, Steuerermäßigungen oder Steuerbefreiungen herauszustreichen.[101]

Deutlich komplexer stellt sich der Bereich möglicher steuergestaltender Beratung dar. Hierbei ist von einem Intensitätsstufenverhältnis dreier möglicher Beratungsschritte auszugehen. Zunächst kann eine allgemeine Information über die steuerlichen Besonderheiten des beabsichtigten Bankgeschäftes erfolgen. Darüber hinaus besteht die Möglichkeit einer substantiierten Analyse der steuerlichen Auswirkungen unter Berücksichtigung der konkreten steuerlichen Situation des Kunden und der etwaigen Suche nach alternativen Vermögensvorsorgestrategien. Letztlich kann das Kreditinstitut den Kunden bei der Verwirklichung eines spezifischen Anlage- oder Kreditgeschäftes unter Berücksichtigung seiner konkreten Steuersituation unterstützen.[102]

---

[95] Daneben unterfallen die inländischen Kreditinstitute dem Befugnistatbestand des § 4 Nr. 12 StBerG. Diese Regelung ist auf die inzwischen weggefallenen Vorschriften der §§ 36 c und 36 d EStG zurückzuführen. In diesem Zusammenhang Meurers,in: Kuhls, § 4 Rn. 92.

[96] Verbeek, S. 98.

[97] In diesem Sinne, Verbeek, S. 99.

[98] Nach Verbeek, S. 99 f.

[99] So auch Verbeek, S. 99.

[100] Beispielsweise Kapitalertragsteuerbescheinigungen, Ertragsdokumentationen für die Einkommensbesteuerung, Depotaufstellungen für Einkommen- und Erbschaftsteuerzwecke.

[101] Beispielsweise die Geltendmachung von Ansprüchen aufgrund von Doppelbesteuerungsabkommen.

[102] Zu der Reichweite möglicher Steuerberatung durch Kreditinstitute, Verbeerk, S. 98 ff.

Im Verhältnis zum Kunden reichen die zulässigen Elemente einer Hilfeleistung in Steuersachen durch das Kreditinstitut damit über die grundsätzliche Auskunft[103], die Warnung[104] bis hin zur komplexen steuerlichen Aufklärung und Beratung[105]. In diesem Sinne ist nicht nur die Aufklärung eines Kunden über eine bei Bankgeschäften anfallende Umsatzsteuer oder über die Kapitalertragsteuer von der beschränkten Befugnis zur Hilfeleistung in Steuersachen durch Kreditinstitute erfasst.[106] Vielmehr kann auch eine detaillierte steuerliche Beratung bei der Vermittlung einer steuersparenden Beteiligung im Ausland vom Rahmen des § 4 Nr. 5 StBerG bzw. § 4 Nr. 12 StBerG gedeckt sein.[107]

Rechtliche Grenzen findet die Steuerberatung durch Kreditinstitute dort, wo der erforderliche direkte sachliche Zusammenhang mit einem konkreten, vom Kunden beabsichtigten oder bereits durchgeführten Geschäft endet.[108]

Verbeek hebt jedoch hervor, dass die Kreditinstitute den durch das Steuerberatungsgesetz eröffneten Rahmen zulässiger Steuerhilfe regelmäßig nicht vollständig ausschöpfen.[109] Vielmehr sei eine defensive Steuerberatungsstrategie festzustellen. Es werden drei wesentliche Gründe genannt, aufgrund derer sich die Kreditinstitute hinsichtlich einer Ausweitung ihrer Steuerberatungsaktivitäten zurückhielten. Ein zentrales Problem liege in qualitativen und quantitativen Personalengpässen. Danach steht in der Privat- und Firmenkundenbetreuung nur begrenztes steuerrechtliches Know-how zur Verfügung.[110] Weiterhin wird die Kostenintensität der Einführung entsprechender Standards auf dem Gebiet des Steuerrechts hervorgehoben. Abschließend scheuten die Kreditinstitute die wachsende Gefahr der Haftung für Beratungsfehler und wehrten sich gegen eine Ausweitung der steuerlichen Beratung. Die entsprechende Haftung würde in dem Maße steigen, in dem die Kreditinstitute auch die steuerlichen Verhältnisse des Kunden mit in ihre Empfehlungen einfließen ließen.[111]

---

103 Einkommensteuerliche Freibeträge, Abzugsfähigkeit von Zinsen, etc.

104 Spekulationsfristen bei Wertpapierverkäufen.

105 Kapitalertragsteuerrechtliche Behandlung von Wertpapiererträgen, Quellenbesteuerung ausländischer Aktien- und Anleiheerträge, Anrechnungsmöglichkeiten ausländischer Quellensteuer auf die deutsche Steuer, Steuerberechnungen im Zusammenhang mit dem Vertrieb steuersparender Anlageprodukte.

106 Gehre, in: Gehre § 4 Rn. 10.

107 Verbeek, S. 79.

108 Philipowski, Rechts- und Steuerberatung durch Banken, BI 6/1979, S. 29 ff.

109 Verbeek, S. 100, unter Verweis auf den Bundesverband Deutscher Banken e.V.

110 Gemm, Unternehmensberatung durch Sparkassen, Sparkasse 1979, S. 246 ff.; Verbeek mit umfassenden Erläuterungen zur Ausbildung und Schulung von Bankangestellten, S. 101 f.

111 Philipowski, Rechts- und Steuerberatung durch Banken, BI 6/1979, S. 29 ff.; S. 225 ff.; Verbeek, S. 104.

3. Exkurs: Steuerberatung durch Vermögensverwalter, § 4 Nr. 4 StBerG

Gemäß § 4 Nr. 4 StBerG ist der Verwahrer und Verwalter fremden, zu treuen Händen oder zu Sicherungszwecken übereigneten Vermögens zur beschränkten Hilfeleistung in Steuersachen befugt. Bemerkenswert ist in diesem Zusammenhang, dass die Vorschrift des § 4 Nr. 4 StBerG ihrem Wortlaut nach gewisse Ähnlichkeiten mit der Regelung des § 2 Abs. 3a Nr. 1 WpHG aufweist. Danach wird die „Verwahrung und die Verwaltung von Wertpapieren für andere" gemeinhin als Depotgeschäft verstanden.[112] Das Depotgeschäft ist jedoch gerade nicht erfasst.

Nach allgemeiner Ansicht zielt die Vorschrift des § 4 Nr. 4 StBerG jedoch auf die verschiedenen Erscheinungsformen der Vermögensverwaltung ab.[113] Dies erklärt sich zum einen aus dem Gesetzeszusammenhang als auch aus dem in der Regelung verankerten Zusatz „fremden oder zu treuen Händen oder zu Sicherungszwecken übereigneten Vermögens". Dabei soll es entscheidend auf eine eigene Dispositionsbefugnis des Verwaltenden ankommen.[114] Eine derartige Dispositionsbefugnis ist jedoch innerhalb eines Depotgeschäftsverhältnisses gerade nicht vorgesehen, sondern vielmehr charakteristisch für die Vermögensverwaltung.[115] Uneinheitlich wird jedoch der dieser Vorschrift zugrunde gelegte Begriff des Vermögensverwalters beurteilt. So gibt es grundsätzlich weder einen gesetzlichen Berufsstand des Verwahrers oder Verwalters von Vermögen, noch ist eine entsprechende Legaldefinition für die unterschiedlichen Erscheinungsformen der Vermögensverwahrung oder Vermögensverwaltung im Steuerberatungsgesetz vorhanden.[116] Einigkeit besteht jedenfalls darüber, dass neben der amtlichen Vermögensverwaltung[117] auch die rechtsgeschäftliche Vermögensverwaltung unter die Norm zu fassen ist. Diese ist als typische Finanzdienstleistung nachfolgend von besonderem Interesse. Wie bereits im Rahmen der Begriffsklärung herausgearbeitet werden konnte, bildet das entscheidende Charakteristikum der Vermögensverwaltung unabhängig von der rechtsgeschäftlichen Ausgestaltung im Einzelfall – in Abgrenzung zu den verwandten Finanzdienstleistungen – der weitgehende Gestaltungs- und Entscheidungsspielraum des Vermögensverwalters.

Wie *Verbeek* überzeugend darlegt, bedarf es keiner großen Phantasie um festzustellen, dass mit dem Erwerb, der Nutzung und der Veräußerung fremden Vermögens im Rahmen der Vermögensverwaltung zahlreiche steuerliche Fragen verbunden sind.[118] Dabei gibt die Vermögensverwaltung dem Verwalter die Befugnis zur Steuerhilfe nur „hinsichtlich des verwalteten" Vermögens. Diese Beschränkung der Steuerberatungs-

---

112 Vergleiche dazu, Beck, in: Schwark, § 2 WpHG, Rn. 38.
113 Meurers, in: Kuhls, § 4 Rn. 27.
114 Meurers, in: Kuhls, § 4 Rn. 28 f.
115 Zum Depotgeschäft, vergleiche 1. Teil, IV. 1.
116 Gehre, in: Gehre, § 4 Rn. 7.
117 Aufgrund gesetzlicher Regelung, behördlicher oder gerichtlicher Anordnung, letztwilliger Verfügung oder Vertrags unter Lebenden.
118 Verbeek, S. 70.

befugnis entspricht im Wesentlichen den Vorgaben der Abgabenordnung aus § 34 Abs. 3 AO. Danach hat der Vermögensverwalter die steuerlichen Pflichten zu erfüllen, „soweit seine Verwaltung“ reicht.

Eine Besonderheit ergibt sich für den Bereich der amtlichen Vermögensverwaltung. Mitunter sind steuerliche Pflichten des Verwalters oder des gesetzlichen Vertreters ausdrücklich geregelt.[119] In einem solchen Fall bilden die Vorgaben den Maßstab für die Befugnis dieser Personen zur Steuerrechtshilfe.[120] Relevant sind in diesem Zusammenhang insbesondere Buchführungs-, Erklärungs-, Mitwirkungs-, Auskunfts- und Zahlungspflichten.

Im Bereich der rechtsgeschäftlichen Vermögensverwaltung finden sich dagegen derartige Anhaltspunke, aus denen ein Maßstab zu gewinnen wäre, nicht. Daher wird zum Teil vertreten, eine generell uneingeschränkte Steuerberatungsbefugnis des Verwalters hinsichtlich des verwalteten Vermögens anzunehmen.[121] In diesem Fall wären jedoch an denjenigen, dem der Steuerpflichtige die Vermögensverwaltung einschließlich der Erledigung seiner diesbezüglichen steuerlichen Angelegenheiten übertragen hat, letztlich keine höheren Qualifikationsanforderungen zu stellen, als an den Steuerpflichtigen selbst.[122] Eine derartige Auffassung würde jedoch der Schutzfunktion des Steuerberatungsgesetzes – insbesondere hinsichtlich spezifischer Qualitätsanforderungen an die hilfeleistende Person – nicht gerecht werden. Vielmehr unterhöhlt sie die Befugnisbeschränkung des § 4 Nr. 4 StBerG. Die beschränkte Hilfeleistungsbefugnis des Vermögensverwalters umfasst daher lediglich die im Rahmen der Vermögensverwaltung erforderlichen Tätigkeiten, d. h. solche, die mit der Vermögensverwaltung in unmittelbarem Zusammenhang stehen. Insofern bilden der vertragliche Auftrag des Vermögensinhabers sowie Art, Umfang und Zusammensetzung des Vermögens den relevanten Maßstab für den Umfang der Hilfeleistungsbefugnis im Einzelfall.[123]

Damit kann das Recht zur Steuerhilfe des Vermögensverwalters nach § 4 Nr. 4 StBerG im konkreten Fall deutlich über die Befugnisse des Unternehmers i. S. v. § 4 Nr. 5 StBerG hinausgehen. Die steuerliche Hilfeleistung des Vermögensverwalters kann neben einer gestaltenden steuerlichen Beratung im Rahmen bereits durchgeführter oder anstehender Vermögensdispositionen auch eigenständige Dokumentations- und Deklarationspflichten beinhalten. Exemplarisch sind in diesem Zusammenhang die Ermittlung der Vermögenseinkünfte, die Erstellung der steuerlich relevanten Aufzeichnun-

---

119 Insbesondere § 34 Abs. 3 AO.
120 Meurers in: Kuhls, § 4 Rn. 33.
121 Meurers, in: Kuhls, § 4 Rn. 34 f.
122 Zur großzügigen Auslegung der Vorschrift des § 4 Nr. 4 StBerG durch die Finanzgerichte, BFH, VIII R 217/79, n. v.
123 Verbeek, S. 63 ff.

gen und Dokumentationen im Rahmen der Steuererklärung sowie gegebenenfalls die Stellung von Anträgen zu nennen.[124]

4. Auswertung und Stellungnahme

Eine Vielzahl gewerblicher Tätigkeiten im Bereich der Finanzdienstleistungen, u. a. die Anlageberatung und die Anlagevermittlung, bewegt sich an einer Schnittstelle, in der neben bank- und kapitalmarktspezifischen Aspekten auch steuerliche Gesichtspunkte eine erhebliche Bedeutung haben. Korrespondierend dazu gibt es im Geschäftsverhältnis mit dem jeweiligen Kunden ein entsprechend umfassendes Informationsbedürfnis. In Ansehung dieser Tatsache hat der Gesetzgeber über die Befugnisnorm des § 4 StBerG hinaus einer Reihe qualifizierter Personen und Vereinigungen das Recht zur beschränkten Hilfeleistung in Steuersachen eingeräumt. Der Umfang und die Reichweite der konkreten Befugnis ergeben sich zwar aus der jeweiligen Vorschrift und dem zugrunde liegenden Sachverhalt. Übergreifend ist jedoch festzustellen, dass das Steuerberatungsgesetz dem qualifizierten Dienstleister einen beachtlichen Raum zur Steuerberatung eingeräumt hat. Grundsätzlich ist der Rahmen der eingeschränkten Befugnis zur Hilfeleistung in Steuersachen zwar horizontal stark eingeschränkt. Er eröffnet im Einzelfall jedoch vertikal – zum Teil – tiefgehende Beratungsbefugnisse.

Damit sind auch zwei wesentliche Aspekte hervorzuheben. Zum einen haben steuerrechtliche Gesichtspunkte im Rahmen der Anlageberatung und der Anlagevermittlung einen erheblichen Stellenwert. Zum anderen lässt das Steuerberatungsgesetz deutliche Spielräume für eine Steuerberatung auch außerhalb der steuerberatenden Berufe.

Die gesetzlichen Bestimmungen des rechtlichen „Dürfens“ der Hilfeleistung in Steuersachen sind damit untersucht. Offen und nach wie vor problematisch ist, ob und inwieweit steuerliche Gesichtspunkte Gegenstand spezifischer Informationspflichten bei den Finanzdienstleistungen der Anlageberatung bzw. -vermittlung – im Sinne einer Rechtspflicht – zu sein haben, d. h. die Frage des rechtlichen „Müssens“.

Bemerkenswert ist insoweit, dass sich die Finanzdienstleister ihrerseits mit steuerrechtlichen Informationen gegenüber dem Kunden zurückhalten wollen. Dennoch lässt die Motivationslage des Informationsschuldners zunächst keine Rückschlüsse auf das rechtliche „Müssen“ zu, d. h. auf den Umfang und die Reichweite entsprechender Informationspflichten. Die in diesem Zusammenhang vorgebrachten Gründe – insbesondere die Vermeidung von Haftungsrisiken für Beratungsfehler – sind jedoch bei der

---

[124] Meurers, in: Kuhls, § 4 Rn. 34. Überdies ist der Vermögensverwalter teilweise sogar berechtigt, seinen Auftraggeber im Rahmen der Steuerrechtsdurchsetzungsberatung hinsichtlich der steuerlichen Gesichtspunkte, die das verwaltete Vermögen betreffen, vor den Finanzbehörden und Finanzgerichten zu vertreten, BFH, VIII R 217/79.

Untersuchung der tatsächlichen Inhalte konkreter Informationspflichten auf vertraglicher oder gesetzlicher Grundlage einzubeziehen.[125]

[125] Jedenfalls könnte sich hieraus die Zurückhaltung erklären, mit der die Literatur steuerlichen Informationspflichten bei Finanzdienstleistungen begegnet.

2. Teil
Steuerrechtsbezogene Informationspflichten im Vertragsrecht

§ 1 Steuerrechtsbezogene Informationspflichten – Stand der Diskussion

Grundsätzlich entstehen steuerliche Pflichten kraft objektiven öffentlichen Rechts durch Verwirklichung eines Tatbestandes, an den der Gesetzgeber nach §§ 3, 38 AO eine Steuerpflicht knüpft. Eine Abgabenlast entsteht somit nicht, weil ein Rechtsträger diese will oder sich diese zurechnen lassen will. Dementsprechend können auch Steuerrechtsfolgen, d. h. Steuerlasten, als solche nicht Bestandteil von vertraglichen Verpflichtungen sein.[126] In diesem Zusammenhang stellt *Koller* zutreffend fest, dass sich eine Vertragspartei grundsätzlich nicht um die steuerlichen Belange des Vertragspartners zu kümmern hat, welche sich aus einer konkreten Vertragsgestaltung ergeben.[127]

Ausnahmsweise können einer Partei gegenüber ihrem Vertragspartner jedoch steuerliche Informationspflichten in Gestalt von Auskunfts-, Aufklärungs, oder Beratungspflichten obliegen. Hervorzuheben ist jedoch, dass es sich hierbei um eine Ausnahme vom vorstehend dargelegten „Grundsatz" handelt, nach dem steuerliche Gesichtspunkte ausschließlich in der Sphäre der betroffenen Vertragspartei selbst zu verorten sind. Diese Ausnahme ist mithin durch qualifizierte Umstände zu rechtfertigen.

Dabei könnten die Steuergesetze selbst als öffentlich-rechtliche Quelle entsprechender Informationspflichten herangezogen werden. Daneben könnten entsprechende Informationspflichten auch vertragsrechtlich angeknüpft und entweder Gegenstand vertraglicher Hauptleistungspflichten oder – als vorrangiger Anwendungsfall – auch Gegenstand vertraglicher Nebenleistungspflichten sein.[128] Hierbei könnte unter anderem das Wissen bzw. Nichtwissen einer Vertragspartei um steuerrechtliche Gesichtspunkte einen möglichen Ausgangspunkt derartiger vertraglicher Informationspflichten bilden.

I. Steuerliche informationelle Leistungspflichten im Vertragsrecht

1. Informationelle Hauptleistungspflichten im Vertragsrecht

Grundsätzlich können steuerliche Informationspflichten als Gegenstand entsprechender Vereinbarungen selbstverständlich Bestandteil vertraglicher Hauptleistungspflichten sein. Regelmäßig bilden derartige steuerbezogene informationelle Hauptleistungspflichten – insbesondere vor dem Hintergrund der Vorgaben des Steuerberatungsgesetzes – jedoch im Wesentlichen lediglich einen Bestandteil der

[126] Einführende Darstellung der steuerrechtsbezogenen Nebenpflichten im Recht der Leistungsstörungen bei Walz, BB 1991, S. 880 ff. Sehr aufschlussreiche Ausführungen zum Spannungsfeld von Vertragsgestaltung und Steuerrecht bei Sontheimer, S. 1 ff.

[127] Koller, ZSchR. 112/1, S. 174 (1993) mit Ausführungen zum schweizerischen Recht, die jedoch im Kern auf das deutsche Recht zu übertragen sind.

Vertragsbeziehungen zwischen Angehörigen der steuerberatenden Berufe und ihren Kunden. Wie bereits im Rahmen der Untersuchungen zum Steuerberatungsgesetz ausgeführt, sollen jedoch gerade diese Personengruppen bei den Untersuchungen ausgenommen werden.[129] Demzufolge bleiben steuerbezogene informationelle Hauptleistungspflichten bei den nachfolgenden Ausführungen weitgehend unberücksichtigt.

Dagegen müssen steuerrechtsbezogene Nebenpflichten im Vertragsrecht einer genaueren Untersuchung unterworfen werden. Dieser Fokus ist dem Untersuchungsschwerpunkt steuerlicher Informationspflichten bei der Anlageberatung und der Anlagevermittlung geschuldet. Dabei sind die informationellen Handlungspflichten von Anlageberater und Anlagevermittler zu betrachten. Hier bilden spezifische Finanzdienstleistungen den Schwerpunkt der vertraglichen Leistungsbeziehung und gerade nicht die Erteilung steuerlicher Informationen. Derartige Finanzdienstleistungen werden jedoch regelmäßig nicht von solchen Personen erbracht, die ihrerseits zur unbeschränkten Hilfeleistung in Steuersachen befugt sind. Mit Blick auf das Steuerberatungsgesetz sind damit weniger die Pflichtenkreise unbeschränkt Hilfeleistungsberechtigter als die nicht oder lediglich beschränkt Hilfeleistungsbefugter von Interesse.

2. Steuerbezogene informationelle Nebenpflichten im Vertragsrecht

Wie *Walz* kritisch bemerkt, ist der Problemkreis steuerrechtsbezogener Nebenpflichten im Vertragsrecht bisher in der Literatur nicht zusammenhängend und systematisch aufbereitet worden.[130]

Nebenpflichten sind als so genannte Hilfspflichten zu begreifen, die funktionell einer Hauptleistungspflicht zugeordnet sind und diese ergänzen. Dabei können sie sich aus einer zugrunde liegenden Parteivereinbarung oder aus besonderen gesetzlichen Vorschriften ergeben. Zentrale rechtliche Anknüpfung für eine Vielzahl unterschiedlicher Nebenpflichten ist der § 242 BGB.[131] Ein Schuldner hat demnach so zu leisten, wie „Treu und Glaube" es gebieten. In diesem Sinne hat er den Leistungserfolg vorzubereiten, herbeizuführen und zu sichern. Er hat sich so zu verhalten, dass Schädigungen des Gläubigers vermieden werden. In diesem Sinne treffen den Schuldner diverse vertragsspezifische Nebenpflichten.[132] Im Einzelnen kann es sich – abhängig von Inhalt

---

[128] Walz, BB 1991, S. 880.

[129] Vergleiche dazu, 1. Teil, § 2 I 1.

[130] Walz, BB 1991, S. 880. Gegenstand der vorliegenden Untersuchung soll jedoch insbesondere die Einordnung und Funktion steuerrechtsbezogener Nebenpflichten im Bereich der Finanzdienstleistungen sein.

[131] Heinrichs, in: Palandt, § 242 Rn. 23.

[132] Im Rahmen des § 242 BGB ist dabei zwischen so genannten selbständigen und unselbständigen Nebenpflichten zu differenzieren. Selbständige Nebenpflichten zeichnen sich dadurch aus, dass sie trotz ihrer Unterordnung unter eine Hauptleistungspflicht einen selbständig einklagbaren Erfüllungsanspruch gewähren. In diesem Zusammenhang sind exemplarisch Aufklärungs- und Mitwirkungspflichten zu nennen, Heinrichs, in: Palandt, § 242 Rn. 25. Dagegen dienen unselbständige

und Natur des jeweiligen Schuldverhältnisses – um Informations-, Mitwirkungs-, Obhuts- und vergleichbare Pflichten handeln.[133]

Im Zuge der Schuldrechtsmodernisierung ist das gesetzliche Schuldverhältnis nunmehr in § 241 BGB kodifiziert und über § 311 Abs. 2 BGB ausdrücklich auf den vorvertraglichen Bereich ausgedehnt worden. Dabei sind die bisher einzig aus § 242 BGB abgeleiteten Pflichten über § 241 Abs. 2 BGB präzisiert worden. So ist die Verpflichtung zur Rücksicht auf die Rechte, Rechtsgüter und Interessen des anderen Teils nunmehr ausdrücklich im Gesetz postuliert.[134] In diesem Sinne hat sich hinsichtlich der Pflichtenrechtslage nichts Wesentliches geändert.[135] Was vorher lediglich unter die wenig subsumtionsfähige Generalklausel von „Treu und Glauben" zu fassen war, ist nunmehr – bei materiell gleichem Kern – unter Heranziehung von § 241 Abs. 2 BGB einzuordnen.[136] Der § 311 Abs. 2 Nr. 1-3 BGB erstreckt die Rechte und Pflichten des Schuldverhältnisses nunmehr auch schon auf die Anbahnung von Vertragsverhandlungen, die Anbahnung eines Vertrages und ähnliche geschäftliche Kontakte. Damit ist nunmehr klargestellt, dass sich Informationspflichten nicht nur als Nebenpflichten eines Vertrages, sondern bereits vorvertraglich im gesetzlichen Schuldverhältnis der Vertragsanbahnung ergeben können.[137] In diese Sinne sollen in der vorliegenden Untersuchung über die hier als vertragliche Nebenpflichten bezeichneten Handlungspflichten auch die vorvertraglichen Handlungspflichten eingeschlossen werden.

Roth stellt heraus, dass Friktionen zwischen dem öffentlichen Steuerrecht und dem Privatrecht in den Privatrechtsverhältnissen durch die Anerkennung von Nebenpflichten und Ausgleichsansprüchen auf Grundlage von § 242 BGB ausgeglichen werden können.[138] So haben Schuldverhältnisse als übergreifender Rahmen für Haupt- und Nebenpflichten neben den privatrechtlichen auch andere – hier öffentlich-rechtliche – Wertungswurzeln, z. B. solche des Steuerrechts.[139] In diesem Sinne kann eine „Kom-

---

Nebenpflichten lediglich der Sicherung und der Abwicklung des Hauptleistungsanspruches. Diese Pflichten sind nicht selbständig einklagbar. Ihre Verletzung vermag gegebenenfalls jedoch zu einem Anspruch aus Vertragsverletzung oder culpa in contrahendo führen. Heinrichs, in: Palandt, § 242 Rn. 25.

133 Heinrichs, in: Palandt, § 242 Rn. 23.

134 Dazu Leisch, S. 109 mit weiteren Ausführungen und Nachweisen.

135 Zum Rechtsgrundsatz von „caveat emptor" vgl. 1. Teil § 1 I 1.

136 Leisch, S. 109.

137 Heinrichs, in: Palandt, vor § 311 BGB, Rn. 1 f.

138 Roth, in: MünchKomm, § 242 Rn. 104.

139 Zumeist wird im Spannungsfeld des Grundsatzes von Treu und Glauben nach § 242 BGB und den Regelungen des deutschen Steuerrechts lediglich das Problem thematisiert, ob und inwieweit dieses Rechtsinstitut im Besteuerungsverfahren Besteuerung Geltung haben soll. Hierbei wird jedoch zumeist auf das konkrete Steuerschuldverhältnis zwischen dem Steuerpflichtigem und der Finanzverwaltung abgestellt, Kreibich, zum Grundsatz von Treu und Glauben im Steuerrecht, S. 1 ff; Teichmann, in: Soergel, § 242 Rn. 103 ff.; Hohloch, in: Erman, § 242, Rn. 195.

patibilisierung“ von Privat- und Steuerrecht aus Treu und Glauben über § 242 BGB erfolgen.[140]

In diesem Sinne ist auch der Bundesgerichtshof in einer Entscheidung aus dem Jahre 1972 zu sehen. Darin wird ausdrücklich eine mögliche Existenz steuerbezogener, informationeller Handlungspflichten als Bestandteil vertraglicher Nebenpflichten anerkannt. Im Zusammenhang mit den vertraglichen Informationspflichten eines Architekten im Bereich steuerlicher Fragen führt der Bundesgerichtshof[141] aus:

> *„(...) Allerdings treffen den Architekten als „Sachwalter“ des Bauherrn gewisse vertragliche Nebenpflichten zur Aufklärung und Beratung unter rechtlichen Gesichtspunkten.“ (Urteil v. 13. November 1972, VII ZR 197/71)*

3. Steuerrechtsbezogene Informationspflichten in der Rechtsprechung

Grundsätzlich sind zunächst steuerrechtsbezogene informationelle Nebenpflichten denkbar, die ihren Ursprung originär im jeweiligen schuldrechtlichen Verhältnis der Vertragsparteien finden. Die enge Verzahnung von privatwirtschaftlichem Verkehr und der damit verbundenen steuerlichen Belastung hat in verschiedenen zivilrechtlichen Vertragsverhältnissen grundsätzlich zur Anerkennung steuerrechtsbezogener Nebenpflichten geführt.[142] Dabei sind im Folgenden neben den informationellen Nebenpflichten ebenso die vorvertraglichen informationellen Handlungspflichten erfasst.

Die Rechtsprechung hat sich bereits verschiedentlich mit steuerlichen Informationspflichten im Zusammenhang mit Finanzdienstleistungen beschäftigt. Dabei gibt es eine Reihe von Entscheidungen, in denen sich unter anderem der Bundesgerichtshof mit steuerrechtsbezogenen informationellen Nebenhandlungspflichten in sehr unterschiedlichen rechtsgeschäftlichen Zusammenhängen auseinander gesetzt hat.

---

[140] Roth, in: MünchKomm, § 242 Rn. 104. Weiterhin wurde ein Rückgriff auf die Wertungen des § 242 BGB in Zusammenhang mit der so genannten frustrierten Vermögensplanung diskutiert, so Schmidt, in: Staudinger § 242, Rn. 1362 ff. mit weiteren Nachweisen, jedoch mit Blick auf das Rechtsinstitut des Wegfalls der Geschäftsgrundlage a. F. Ausgangspunkt bildete die Konstellation, in der durch eine Änderung der Gesetzgebung die Vermögensplanung eines Anleger insofern „frustriert“ wurde, als er geringere Erträge aus Pfandbriefen generierte, als ursprünglich geplant. Auf Grundlage des ursprünglich aus § 242 BGB abgeleiteten Rechtsinstitutes des „Wegfalls der Geschäftsgrundlage“ wurde erwogen, entstandene Nachteile ganz oder teilweise auf den Vertragspartner (in diesem Fall die emittierende Bank) abzuwälzen. So insbesondere Turiaux, BB 1993, S. 843 ff.; Bayer, WM 1994, S. 489 ff. Problematisch erscheint jedoch, wie sich diese Konstellation vor dem Hintergrund der Schuldrechtsreform und der damit einhergehenden Überführung dieses Instituts in die Vorschrift des § 313 BGB darstellt.

[141] BGHZ 60, 1 ff., NJW 1973, S. 237 ff.

[142] Waltz, BB 1991, S. 884.

a. BGH, VII ZR 221/62 („Sparvertrag")[143]

Als richtungsweisend muss hierbei eine Entscheidung des Bundesgerichtshofes aus dem Jahre 1964 gesehen werden. Diese beschäftigt sich mit der steuerlichen Beratungspflicht einer Bank gegenüber ihrem Kunden, mit dem sie einen (zum damaligen Zeitpunkt) steuerbegünstigten Sparvertrag geschlossen hatte.[144] Während der Laufzeit des Sparvertrages wurden die steuerrechtlichen Rahmenbedingungen durch den Gesetzgeber verändert. Durch eine Übertragung des Sparguthabens auf ein anderes Konto – vor der Steueränderung steuerunschädlich – verlor der Kunde seine Steuervorteile. In der Folge musste er einen Betrag in Höhe von damals 2.354,00 DM an das Finanzamt abführen. Die Steuerpflicht wäre nicht ausgelöst worden, wenn der Kunde sein Sparguthaben auf dem ursprünglichen Konto belassen hätte. Dabei hat der Bundesgerichtshof steuerbezogene Informationspflichten der Bank als vertragliche Nebenpflicht im Rahmen des Sparvertragsverhältnisses angenommen. Er stellt wie folgt fest:

> *„(...) Dem Berufungsgericht ist darin zuzustimmen, daß die **Beklagte gehalten war, den Kläger auf die Änderung des § 42 EStDVO hinzuweisen.** Es bedarf keiner Erörterung, inwieweit eine Bank ihren Kunden beim sonst üblichen Kontokorrentverkehr zu beraten hat; denn in jedem Fall sind vorliegend solche Beratungspflichten der Beklagten durch den Sparvertrag vom 20. März 1957 begründet worden." (BGH, Urteil vom 16. April 1964, VII ZR 221/62)*

Zur Begründung dieser steuerlichen Informationspflicht führt der Bundesgerichtshof aus:

> *„(...) **Der Staat wendet sich mit seiner Aufforderung zum steuerbegünstigten Sparen an die Allgemeinheit und damit auch an eine große Zahl geschäftsungewandter Personen. Diese bedürfen der Beratung,** zumal es sich um ein Sachgebiet handelt, das verwickelt und schwer übersehbar ist. Es liegt in der Natur der Sache, daß jene **Beratung von denjenigen übernommen wird, mit denen der Sparvertrag abzuschließen ist. Das sind gemäß § 32 EStDVO die Kreditinstitute,** an die der Staat die Steuerpflichtigen verwiesen hat. Erklärt sich ein Kreditinstitut zum Abschluß eines derartigen Sparvertrages bereit, so kann sich der Kunde darauf verlas-*

---

[143] BGH, Urteil v. 16. April 1964, WM 1964, S. 609 f.

[144] Vorliegend handelte es sich um einen steuerbegünstigten Sparvertrag zur Förderung des sozialen Wohnungsbaus. Ursprünglich konnten – auf Grundlage des damaligen § 42 EStDVO – derartige Kapitalansammlungsverträge auf ein anderes Bankunternehmen steuerneutral übertragen werden.

sen, daß er hierbei über die Einzelheiten unterrichtet und sachgemäß beraten wird." (BGH, Urteil vom 16. April 1964, VII ZR 221/62)

Von besonderer Bedeutung ist diese Entscheidung weiterhin aus dem Grund, dass sie Rückschlüsse auf den Umfang steuerlicher Informationspflichten zulässt. Darüber hinaus wird unterstrichen, dass den Beratungsschuldner sogar eine eigenständige Pflicht zur Selbstinformation in steuerrechtlichen Fragen trifft. In diesem Zusammenhang heißt es:

*„(...) **Die Beklagte [Bank] hätte bei einer solchen Lage auf andere Weise dafür sorgen müssen, daß sie von entscheidenden Gesetzesänderungen auf jenem Gebiet [Steuerrecht] sofort unterrichtet wurde**. Das konnte z. B. dadurch geschehen, daß ein Vorstandsmitglied das Bundesgesetzblatt selbst darauf prüfte oder die einschlägigen Zeitschriften las (...)"(BGH, Urteil vom 16. April 1964, VII ZR 221/62)*

Die vorliegende Entscheidung ist in Hinblick auf steuerrechtsbezogene Informationspflichten im Bereich der Finanzdienstleistungen aus verschiedenen Gründen aufschlussreich. Zunächst werden durch den Bundesgerichtshof eigenständige informationelle Handlungspflichten im Bereich des Steuerrechts als vertragliche Nebenpflichten identifiziert. Dabei wird von steuerrechtsbezogenen Unterrichtungs- und Beratungspflichten gesprochen. Diese treffen den Finanzdienstleister auf der Grundlage eines Sparvertrages als Informationsschuldner. In der modernen Terminologie bank- und kapitalmarktrechtlicher Informationspflichten wird man aus heutiger Sicht wohl sinngemäß von einer qualifizierten Pflicht zur Aufklärung und, allenfalls nachrangig, einer Pflicht zur Beratung sprechen müssen. Eine solche Einordnung erscheint insbesondere mit Blick auf den vom Bundesgerichtshof postulierten Umfang nebst dem angenommenen Inhalt der steuerrechtsbezogenen Informationspflicht gerechtfertigt. Dabei soll der Informationsschuldner im Wesentlichen zur Mitteilung relevanter steuerrechtsbezogener Tatsachen – hier Änderung der Steuerrechtslage – verpflichtet sein.

Weiterhin ist die Entscheidung hinsichtlich der Anknüpfung der identifizierten informationellen steuerrechtsbezogenen Nebenpflichten aufschlussreich. So werden drei Merkmale herausgearbeitet. Erstens handelt es sich bei Sparvertragskunden regelmäßig um geschäftsungewandte Verbraucher. Diese hätten – im Gegensatz zum sachverständigen Kreditinstitut – in dem *„verwickelten und schwer überschaubaren Sachgebiet"* des Steuerrechts grundsätzlich keine Kenntnisse. Das Kreditinstitut verfügt dagegen über eine überlegene steuerrechtliche Sach- und Rechtskenntnis.

Im Rahmen einer Änderung der EStDVO im Jahre 1958 wurde nunmehr festgelegt, dass Steuervorteile bei einer Kontenübertragung verloren gehen.

Ferner wird hinsichtlich der Anknüpfung entsprechender Informationspflichten auf die Geschäftsmodalitäten steuerbegünstigter Sparverträge und auf die diesbezüglich in § 42 EStDVO geregelten Rahmenbedingungen verwiesen. Dabei seien die Kreditinstitute als Vertragspartner derartiger steuerbegünstigter Sparverträge vorgesehen. Somit treffe sie auch die Informationslast hinsichtlich der steuerrechtlichen Gesichtspunkte. Damit leitet der Bundesgerichtshof letztlich die vertraglichen steuerlichen Informationspflichten mittelbar aus steuerrechtlichen Vorschriften, d. h. aus öffentlichem Steuerrecht ab.

Abschließend begründet der Bundesgerichtshof die Existenz steuerrechtsbezogener Informationspflichten damit, dass es für das Kreditinstitut offenkundig gewesen sei, dass es dem Kunden um den Steuerspareffekt des Sparvertrages gegangen sei. Diese Interessenlage des Kunden hätte dem Kreditinstitut bewusst sein müssen. Dementsprechend hätte es ihn vor der steuerschädlichen Handlung warnen müssen.

b. OLG Hamburg, 14 W 72/86[145] („Lebensversicherungskredit")

Das OLG Hamburg hat sich in seinem Beschluss vom 22. Oktober 1986 mit den Informationspflichten eines Kreditinstitutes gegenüber einem Kreditnehmer im Zusammenhang mit dem Abschluss eines Lebensversicherungskredites auseinander gesetzt. Dabei hat das OLG Hamburg bestätigt, dass informationelle Nebenpflichten gegebenenfalls auch steuerliche Gesichtpunkte einschließen können. Es führt wie folgt aus:

> *„(...) Im Rahmen ihrer vorvertraglichen Verhandlungsverhältnisse schuldete mithin die Klägerin der Beklagten **umfassende Beratung und Aufklärung über die steuerlichen Konsequenzen** der Vertragsaufspaltung. Gerade **weil die gewählte Konstruktion ganz wesentlich auf den Gesichtspunkt der Steuerersparnis** abgestellt ist, der steuerliche Effekt jedoch nur dann eintritt, wenn besondere Voraussetzungen in der Person des Kunden vorliegen, die steuerrechtliche Seite andererseits komplex und daher für den Kunden kaum durchschaubar ist, **traf die Klägerin hier eine besonders intensive Beratungs- und Aufklärungspflicht.**" (OLG Hamburg, Beschl. v. 22. Oktober 1986, 14 W 72/86)*

In diesem Beschluss[146] werden dabei in Hinblick auf die Anknüpfung steuerrechtsbezogener Informationspflichten zwei wesentliche Komponenten deutlich. Zum einen ergibt sich eine steuerrechtliche Informationspflicht daraus, dass das beabsichtigte Rechtsgeschäft offenkundig nur unter Einbeziehung steuerlicher Effekt wirtschaftlich

---

145 OLG Hamburg, Beschluss v. 22. Oktober 1986, WM 1986, S. 1431 f.

146 Mit Anmerkungen zu diesem Beschluss und umfangreichen, instruktiven Ausführungen zum Lebensversicherungskredit Reifner, ZIP 1988, S. 817 ff.

sinnvoll ist. Zum anderen wird entscheidend herausgestellt, dass die steuerrechtliche Seite des Geschäftes für den durchschnittlichen Kunden mangels eigener Kompetenz kaum nachvollziehbar ist. Vorliegend tritt ihm jedoch eine „Universalbank mit umfassender Kompetenz für Finanzdienstleistungen aller Art“ gegenüber, die ihrerseits tatsächlich – oder jedenfalls in zu erwartender Weise – über eine entsprechende steuerrechtliche Sach- und Rechtskompetenz verfügt.

In diesem Sinne ist auch eine Entscheidung des Bundesgerichtshofs vom 9. März 1989[147] zu sehen, in der im Wesentlichen die Einschätzungen des OLG Hamburg bestätig werden. Gegenstand der Entscheidung bildeten hier die Informationspflichten einer Bank im Zusammenhang mit einem an eine Kapitallebensversicherung gekoppelten Konsumentenkredit.

c. BGH, VII ZR 197/71[148] („Architekt“)

Gegenstand des Urteils des Bundesgerichtshofes vom 23. November 1972 waren steuerliche Informationspflichten eines Architekten in Gestalt einer Aufklärungspflicht über Steuervergünstigungen. In der zugrunde liegenden Sachverhaltskonstellation hatten die Kläger ein Baugrundstück erworben, das mit einem steuerbegünstigten Einfamilienhaus bebaut werden sollte. Die erstrebte Steuerbegünstigung lag in einer Grunderwerbsteuerfreiheit. Diese Grunderwerbesteuerfreiheit wurde jedoch ausweislich der Vorgaben des II. Wohnungsbaugesetzes[149] nur dann gewährt, wenn das Bauobjekt eine bestimmte Wohnflächen-Höchstgrenze (damals 156 qm) nicht übersteigt. Der Kläger hatte einen Architekten mit der Planung und Bauleitung dieses Einfamilienhausbauvorhabens beauftragt.

Nachdem der Architekt die Wohnfläche zunächst mit 142 qm angegeben hatte, hatte das fertig gestellte Haus – nach Ausbau der Dachbodenräume – letztlich eine Gesamtwohnfläche, die die steuerbegünstigte Wohnflächen-Höchstgrenze von 156 qm überschritt. Daraufhin wurden die Kläger zu einer Grunderwerbesteuernachzahlung in Höhe von 6.923,25 DM herangezogen. Im Verfahren gegen den beauftragten Architekten machten sie Schadensersatzansprüche wegen der Verletzung nebenvertraglicher Informationspflichten – in Gestalt einer Aufklärungspflicht über die Voraussetzungen der Grunderwerbsteuerpflicht – geltend.

In dem Berufungsverfahren vor dem OLG Bremen ist zunächst festgestellt worden, dass den Architekten steuerbezogene informationelle Handlungspflichten als vertragliche Nebenpflichten nach § 242 BGB des Architektenvertrages treffen. So müsse ein mit der Errichtung eines Einfamilienhauses beauftragter Architekt die wichtigsten insoweit bestehenden steuerrechtlichen Vorschriften kennen. Weiterhin müsse er mit

---

147 BGH, Urteil v. 9. März 1989, III ZR 169/87, ZIP, 1989, S. 558.
148 BGH, Urteil v. 13. November 1972, NJW 1973, S. 237 ff.
149 In Verbindung mit der 2. Berechnungsverordnung.

dem Bauherrn erörtern, ob die vom Gesetzgeber vorgesehenen steuerlichen Vorteile wahrgenommen werden könnten und sollten. Diesen sehr weitreichenden steuerlichen Informationspflichten hat sich der Bundesgerichtshof zwar entgegengestellt. So stellt er klar:

> *„(...) Der Architekt braucht grundsätzlich nicht von sich aus mit dem Bauherrn zu erörtern, ob dieser steuerliche Vergünstigungen in Anspruch nehmen will."(BGH, Urteil vom 23. November 1972, VII ZR 197/71)*

Dennoch sieht auch der Bundesgerichtshof, dass den Architekten als „Sachwalter" des Bauherrn gewisse „vertragliche Nebenpflichten zur Beratung und Aufklärung unter rechtlichen Gesichtspunkten" treffen. Dazu führt er einschränkend aus:

> *„(...) Weiß der Architekt aber, daß der Bauherr eine steuerliche Vergünstigung (hier: Grunderwerbsteuerfreiheit) in Anspruch nehmen will, (...), so muß der Architekt dafür sorgen, daß diese Höchstgrenze nicht überschritten wird. (...) Muß sich dem Architekten nach den gesamten **Umständen des Falles die Erkenntnis aufdrängen, daß der Bauherr solche steuerlichen Vergünstigungen erstrebt**, so muß der **Architekt von sich aus klären**, was der Bauherr will, und sich dann danach richten."(BGH, Urteil vom 23. November 1972, VII ZR 197/71)*

Als Anknüpfung der steuerrechtsbezogenen Informationspflichten begreift der Bundesgerichtshof die Nebenpflichten des Architektenvertrages. Aus diesem Vertrag können unter qualifizierten Umständen steuerliche Aufklärungs- und Beratungspflichten abzuleiten sein. Bemerkenswert ist hierbei, dass der Bundesgerichtshof jedenfalls dann einen solch qualifizierten Umstand annimmt, wenn für den Architekten das Steuersparinteresse seiner Kunden offenkundig ist. Ist eine derartige „Evidenz" gegeben, muss der Architekt seinerseits eine steuerbezogene informationelle Klärung herbeiführen.

d. BGH, XI ZR 4/88[150] ("Anlagevermittler")

In seinem Urteil vom 27. September 1988 hat sich der Bundesgerichtshof mit den informationellen Handlungspflichten eines Anlagevermittlers im Zusammenhang mit dem Vertrieb von Beteiligungen an einer Bauherrengemeinschaft befasst. Trotz gegenteiliger Angaben im Prospekt war dem Beteiligungskonzept, aufgrund seiner spezifi-

[150] BGH, Urteil v. 27. September 1988, ZIP 1988, S. 1464 ff.

schen Ausgestaltung, die Vorsteuererstattung versagt worden. [151] Es galt zu klären, ob der beklagte Anlagevermittler gegen seine Informationspflichten verstoßen habe, nicht auf die Bedenken hinzuweisen, die aus umsatzsteuerlicher Sicht gegen die Gestaltung des Bauherrenmodells bestanden. Grundsätzlich werden in der vorliegenden Sachverhaltskonstellation steuerrechtliche Gesichtspunkte („Steuervorteile") als Gegenstand der Chancen und Risiken einer Kapitalanlage begriffen. In diesem Zusammenhang führt der Bundesgerichtshof aus:

> *„(...) Die Kläger waren zu dieser Erwartung um so mehr berechtigt, als sich die Beklagte als Vermögensanlageberatungsunternehmen bezeichnet hatte und in dem von ihr bei den Vertragsverhandlungen verwendeten Prospekt damit geworben hatte, daß alle beteiligten Unternehmen über Erfahrungen bei der Planung und Realisierung von Bauvorhaben im Bauherrenmodell verfügten. Die Kläger haben ferner unwidersprochen vorgetragen, daß die Herabsetzung des Gesamtaufwandes durch* ***Erreichen der Vorsteuererstattung ein Hauptargument der Beklagten bei den Vermittlungsgesprächen*** *gewesen sei und für den Entschluß der Kläger, der Bauherrengemeinschaft beizutreten, entscheidende Bedeutung gehabt habe." (BGH, Urteil v. 27. September 1988, XI ZR 4/88)*

Anknüpfungspunkte einer steuerrechtsbezogenen Informationspflicht leitet der Bundesgerichtshof in der vorliegenden Entscheidung zum einen daraus ab, dass der Vermittler unter Werbung mit den „Steuervorteilen" (Vorsteuerabzugsberechtigung) das Beteiligungsmodell angepriesen hatte. Zum anderen wird in der Entscheidung herausgestellt, dass der Vermittler als erfahrenes Vermögensanlageberatungsunternehmen aufgetreten sei. Bei einem solchen Vertragspartner seien entsprechende Steuerrechtskenntnisse – oder jedenfalls die Einholung einer fachmännischen Unterstützung – vorauszusetzen. Dazu der Bundesgerichtshof wie folgt:

> *„(...) War der Beklagten zur Zeit der Verhandlungen mit den Klägern erkennbar, daß* ***die Erreichung des Vorsteuerabzuges steuerrechtlich fraglich sein könne, war sie zumindest***

[151] In diesem Zusammenhang hat das Gericht festgestellt, dass der Anlagevermittler möglicherweise Umsatzsteuerrechtliche Bedenken in der Konzeption des Bauherrenmodells hätte benennen müssen. Auf Grundlage der steuerrechtlichen Konstruktion musste sich dem Vermittler die Frage aufdrängen, ob der vorgesehene gewerbliche Zwischenmieter selbst noch ein nennenswertes wirtschaftliches Risiko tragen sollte und ob, falls dies zu verneinen war, seine Einschaltung nicht ein Missbrauch rechtlicher Gestaltungsmöglichkeiten zur Erreichung der Vorsteuererstattung war. Dies führt – wie sich auch in diesem Fall bejahen sollte – dazu, dass die Konzeption umsatzsteuerrechtlich nicht anerkannt werden konnte (§ 42 AO). War der Beklagten zur Zeit der Verhandlungen mit den Klägern erkennbar, daß die Erreichung des Vorsteuerabzuges steuerrechtlich fraglich sein könne, war sie zumindest verpflichtet, die Kläger auf diesen Umstand und die Möglichkeit, den Rat eines Steuerrechtsfachmanns einzuholen, hinzuweisen.

verpflichtet, die Kläger auf diesen Umstand und die Möglichkeit, den Rat eines Steuerrechtsfachmanns einzuholen, hinzuweisen.“ (BGH, Urteil v. 27. September 1988, XI ZR 4/88)

Unter Bezugnahme auf vorangehende Urteile[152] des Bundesgerichtshofes wird weiterhin darauf verwiesen, dass die Verletzung steuerrechtsbezogener informationeller Nebenpflichten eines Vertrages entsprechende Haftungsfolgen auslösen kann.[153]

e. BGH, V ZR 165/89[154] („Eigenschaft i. S. v. § 459 Abs. 2 BGB a. F.“)

Im Zusammenhang mit dem Verkauf einer Eigentumswohnung hat sich der Bundesgerichtshof in seinem Urteil vom 26. April 1991 zum einen mit der Frage beschäftigt, ob Steuervorteile eine zusicherungsfähige Eigenschaft im Sinne der § 459 Abs. 2 BGB a. F. darstellen. Zum anderen setzt er sich mit etwaigen steuerrechtsbezogenen Informationspflichten eines Immobilienverkäufers gegenüber dem Käufer auseinander.

In dem zugrunde liegenden Sachverhalt wurde Anfang April 1987 eine in Berlin belegene Eigentumswohnung zum Preis von 134.830 DM verkauft. Der Verkäufer[155] hatte dabei ausdrücklich darauf hingewiesen, dass Berliner Eigentumswohnungen in den ersten beiden Jahren mit jeweils zehn Prozent der Anschaffungskosten steuermindernd abgesetzt werden könnten. Aufgrund einer Änderung des Steuerrechts[156] waren jedoch die erhöhten Abschreibungen bei Anschaffungen nach dem 31. Dezember 1986 im Fall der Vermietung der Immobilie ausgeschlossen worden. Dementsprechend lehnte das zuständige Finanzamt eine Eintragung des entsprechenden Steuerfreibetrages auf der Lohnsteuerkarte des Käufers ab.

Daraufhin verlangten die Käufer klageweise die Rückzahlung des Kaufpreises sowie Ersatz der Vertragskosten, Zug um Zug gegen Rückübertragung des Kaufgegenstandes. Als Rechtsgrundlage dieses Begehrens wurde auf ein fahrlässiges Verschulden bei Vertragsschluss abgestellt. Entscheidend für das Klägerbegehren war damit insoweit die Frage, ob die erstrebten Steuervorteile zusicherungsfähige – und in diesem Fall zu-

---

[152] BGH, Urteil vom 30. Oktober 1987 - V ZR 144/86, WM 1988, 48 f.

[153] Dazu der BGH in seiner Entscheidung: *„(...) Die Beklagte kann sich nicht darauf berufen, daß der Prospekt die Wendung enthält, daß eine "Haftung für den Eintritt der projizierten Steuervorteile" nicht übernommen werde. Auf diese Erklärung kommt es, auch wenn sie Vertragsinhalt geworden sein sollte, schon deshalb nicht an, weil sie die Haftung für den angestrebten steuerlichen Erfolg betrifft, nicht die Haftung für die Verletzung von Pflichten zur Aufklärung über die Chancen und Risiken einer Beteiligung an dem geplanten Vorhaben (...)“ (BGH, Urteil v. 27. September 1988, XI ZR 4/88).*

[154] BGH, Urteil v. 26. April 1991, BGHZ 114, 263 ff., WM 1991, S. 1171 f.

[155] In dem Sachverhalt sind die Aussagen von dem Sohn der Beklagten getroffen worden. Das Gericht hat jedoch klargestellt, dass die Beklagten für die Aussagen ihres Sohnes nach § 278 BGB einzustehen hätten.

[156] Vergleiche §§ 15 und 15 b Berlin FG i. d. F. des WohneigFG vom 15. Mai 1986, BGBl. I 730.

gesicherte –Eigenschaft im Sinne des § 459 Abs. 2 BGB a. F. darstellten. In einem solchen Fall wäre diese Vorschrift als vorgehende Sonderregelung für die Haftung des Verkäufers einschlägig gewesen. In Klarstellung seines Urteils vom 6. März 1987[157] führt der Bundesgerichtshof dabei wie folgt aus:

> „ *(...) Zusicherungsfähige Eigenschaften einer Kaufsache sind bei Steuervorteilen des Erwerbs nach EStG 1981 § 7b und BerlinFG §§ 15, 15b nur die in der Sache selbst liegenden Voraussetzungen, nicht die Rechtsfolge einer Ermäßigung der persönlichen Steuerschuld und ihre anderweitigen Voraussetzungen.*"

Dabei macht der Bundesgerichtshof deutlich, dass die bloße Darlegung der Abschreibungsmöglichkeiten für die verkaufte Eigentumswohnung im Hinblick auf die steuerliche Berlin-Förderung keine zusicherungsfähige Eigenschaft der Kaufsache zum Gegenstand gehabt hat, auf welche sich die hier verletzte Offenbarungspflicht bezog. Grundsätzlich sind zusicherungsfähige Eigenschaften einer Kaufsache im Sinne von § 459 Abs. 2 BGB a. F. auch ihre wirtschaftlichen und rechtlichen Beziehungen zur Umwelt, sofern sie Brauchbarkeit oder Wert der Sache beeinflussen. Diese rechtlichen Umweltbeziehungen müssen jedoch ihren Grund in der Sache selbst haben. Entscheidend ist, dass sie nicht an Umstände in der Person des Erwerbers anknüpfen dürfen. Übertragen auf den zugrunde liegenden Sachverhalt bedeutet diese Einschränkung Folgendes: Zusicherungsfähige Eigenschaft der Kaufsache bei Steuervorteilen nach § 7 b EStG 1981 und § 15 BerlinFG ist nicht die aus dem Gesetz folgende Ermäßigung der persönlichen Steuerschuld selbst.[158] Dies liegt darin begründet, dass die Möglichkeit erhöhter Absetzungen nach § 7 b EStG 1981, § 15 BerlinFG für den Erwerber immer auch von den Erwerbsmodalitäten abhing, d. h. an Umstände in der Person des Erwerbers anknüpft. Vorliegend lag jedoch der Nachteil des Klägers gerade in der Existenz der seit dem 1. Januar 1987 verschärften, nicht objektgebundenen, sondern erwerbergebundenen Voraussetzungen des Steuervorteils. Diese waren weder Eigenschaften der Sache, noch haben sie eine zuvor vorhandene Eigenschaft der Kaufsache aufgehoben oder verändert.

---

[157] BGH, Urt. v. 6. März 1987, V ZR 200/85, BGHZ 79, 183, WM 1987, S. 1041 ff.

[158] Der BGH führt dazu aus: „*(...) Denn die Steuerbegünstigung der § 7 b EStG 1981, § 15 BerlinFG haftet weder wie ein dinglicher Verwaltungsakt (z. B. die Artfeststellung als Einfamilienhaus oder Zweifamilienhaus gemäß § 179 AO, § 19 Abs. 3 Nr. 1, § 75 Abs. 1 Nr. 4 und 5 BewG) der Sache selbst an, noch hat sie ihren Grund ausschließlich in der Sachbeschaffenheit oder Lage. Erhöhte Absetzungen des Erwerbers waren vielmehr nur bei bestimmten entgeltlichen Anschaffungen von inländischen Einfamilienhäusern, Zweifamilienhäusern und Eigentumswohnungen statthaft, die zu mehr als 66 2/3 v. H. Wohnzwecken dienten (§ 7 b Abs. 1 Satz 1 und 4 EStG 1981, § 11 d Abs. 1 EStDV).*"

Hinsichtlich der Einordnung von Steuervorteilen als zusicherungsfähige Eigenschaft nach § 459 Abs. 2 BGB a. F. ist demnach nach objekt- und erwerbergebundenen Voraussetzungen eines Steuervorteils zu differenzieren.

Im Zusammenhang mit den steuerlichen Informationspflichten eines Immobilienverkäufers führt der Bundesgerichtshof in seiner Entscheidung weiterhin aus:

> *„(...) Wer als* ***Verkäufer für eine Immobilie wirbt und dabei Steuervorteile einer Anlage- oder Kaufentscheidung herausstellt oder in konkrete Finanzierungsvorschläge einbezieht, muß Voraussetzungen, Hinderungsgründe und Ausmaß der Steuervorteile richtig und so vollständig darstellen****, daß bei dem Kunden oder Käufer über keinen für seine Entscheidung möglicherweise wesentlichen Umstand eine Fehlvorstellung erweckt wird (BGHZ 74, 103, 111 f; BGH, Urt. v. 25. November 1981, IVa ZR 286/80, NJW 1982, 1095 f; v. 2. Februar 1983, IVa ZR 118/81, NJW 1983, 1730; Senatsurt. v. 20. November 1987, V ZR 66/86, WM 1988, 95 f). Gegen diese Sorgfaltspflicht hat Horst F. verstoßen; denn er hätte darauf hinweisen müssen, daß gemäß § 15 und § 15 b BerlinFG i. d. F. des WohneigFG die erhöhten Berlin-Absetzungen bei Anschaffungen nach dem 31. Dezember 1986 im Falle der Vermietung ausgeschlossen waren." (BGH, Urteil v. 26. April 1991, V ZR 165/89)*

Grundsätzlich müssen danach steuerliche Gesichtspunkte Gegenstand der informatorischen Verkäuferpflichten sein, sofern der Verkäufer mit Steuervorteilen werbend auftritt. Ferner war in der zugrunde liegenden Konstellation für den Verkäufer offenkundig, dass für den Käufer die steuerlichen Vorteile ein zentrales Kaufkriterium bildeten. Weiterhin führt der Bundesgerichtshof als Anknüpfung für eine entsprechende Informationshaftung aus, dass sich der Verkäufer[159] den Klägern als Anlage- und Wirtschaftsberater eingeführt habe. Damit habe er den Anschein eigener Sach- und Rechtskunde auch für die von ihm berührten Steuerfragen gegeben. Aus Sicht des Käufers hätte eine notwendige steuerliche Sach- und Rechtskenntnis auf Seiten des Verkäufers vorliegen müssen.

f. ArbG Frankfurt, 4 Ca 3589/95 [160] („Arbeitsverhältnis")

Im Arbeitsrecht wird die Problematik steuerlicher Informationspflichten von Rechtsprechung und Literatur in verschiedenen Zusammenhängen diskutiert. Von besonde-

---

[159] Hier der eingeschaltete Sohn der Beklagten.

[160] ArbG Frankfurt, Urteil vom 21. November 1995 – 4 Ca 3589/95 (nicht veröffentlicht). Vergleiche Weber/Ehrich/Burmester, Handbuch der arbeitsrechtlichen Aufhebungsverträge, Teil 1, Rn. 77 f.

rem Interesse ist hierbei die Frage, ob den Arbeitgeber steuerliche Informationspflichten gegenüber dem Arbeitnehmer im Rahmen des jeweiligen Arbeitsverhältnisses treffen. Bemerkenswert ist diesbezüglich eine Entscheidung des ArbG Franfurt vom 21. November 1995. Gegenstand dieser Entscheidung ist die Besteuerung von Abfindungen gemäß § 3 Nr. 9 EStG infolge des Abschlusses arbeitsrechtlicher Aufhebungsverträge.[161] Hinsichtlich steuerrechtlicher Informationspflichten des Arbeitgeber wie hierbei folgt ausgeführt:

> *„Eine **Aufklärungspflicht des Arbeitgebers und eine Haftung im Falle falscher Auskunft besteht jedoch dann, wenn der Arbeitgeber aufgrund seiner überlegenen Sachkunde ohne weiteres zu entsprechenden Auskünften und der Arbeitnehmer zur sachgerechten Entscheidung erkennbar nur nach entsprechender Aufklärung im Stand ist.** (...) Eine Aufklärungspflicht bestünde auch dann, wenn der Arbeitnehmer im Rahmen von Vertragsaufhebungsverhandlungen gegenüber dem Arbeitgeber zum Ausdruck bringt, **daß er – der Arbeitnehmer – steuerlichen Rat benötigt, und der Arbeitgeber sich bereit erklärt, das aufgeworfene steuerliche Problem durch Rechtsrat für den Arbeitnehmer zu lösen.**" (ArbG Frankfurt, Urt. vom 21. November 1995 – 4 Ca 3589/95)*

Einschränkend jedoch betont das Arbeitsgericht, dass hinsichtlich der steuerrechtlichen Aspekte arbeitsrechtlicher Aufhebungsverträge Folgendes gelten müsse: Bestünden bei einem Arbeitnehmer Unklarheiten hinsichtlich der steuerrechtlichen Folgen, so müsse er diese entweder in den Verhandlungen mit dem Arbeitgeber ansprechen oder es obliege ihm selbst, vor der Vertragsunterzeichnung fachkundigen Rat einzuholen.[162]

In diesem Sinne ist auch eine Entscheidung des Bundesarbeitsgerichtes vom 25. Juni 2002[163] zu sehen. Darin lehnt das Gericht eine Schadensersatzpflicht des Arbeitgebers infolge unzureichender steuerlicher Aufklärung ab. In dem Verfahren hatte sich der Arbeitgeber verpflichtet, während der Altersteilzeit des Arbeitnehmers dessen Arbeitsentgelt auf einen Prozentsatz des um die gesetzlichen Abzüge verminderten Arbeitsentgelts aufzustocken. In der Zusage hat das Bundesarbeitsgericht jedoch nicht ohne weiteres die Verpflichtung des Arbeitgebers gesehen, die steuerliche Mehrbelastung zu übernehmen, die dadurch entsteht, dass zwar der Aufstockungsbetrag selbst steuerfrei

---

[161] Grundsätzlich ist ein Teil einer Abfindung gemäß § 3 Nr. 9 EStG bis zur Höhe des ausgewiesenen Freibetrages einkommensteuerfrei. Voraussetzung ist jedoch, dass der Abfindungsbetrag dem Arbeitnehmer innerhalb eines Kalenderjahres zufließt. Der Restbetrag unterliegt einer privilegierten Besteuerung nach §§ 24, 34 EStG. Wird hingegen der Abfindungsbetrag auf zwei Kalenderjahre aufgeteilt, führt dies regelmäßig zu einer Versteuerung des über dem Freibetrag liegenden Abfindungsrestbetrages mit dem vollen Steuersatz.

[162] Weber/Ehrich/Burmester, Handbuch der arbeitsrechtlichen Aufhebungsverträge, Teil 1, Rn. 79.

[163] BAG, Urteil vom 25. Juni 2002 - 9 AZR 155/01.

bleibt, sich der Steuersatz aber für das zu versteuernde Einkommen erhöht. Dabei habe den Arbeitgeber auch keine diesbezügliche steuerrechtliche Aufklärungspflicht getroffen.[164]

g. BGH, II ZR 202/02[165] („Gründungskommanditist")

In seiner Entscheidung vom 14. Juli 2003 hat sich der Bundesgerichtshof mit den informationellen Handlungspflichten von Gründungskommanditisten gegenüber neu eintretenden Gesellschaftern auseinander gesetzt. Dem Sachverhalt lag eine als Publikums- und Abschreibungsgesellschaft konzipierte GmbH & Co. KG zugrunde. Das Geschäftsmodell dieser Gesellschaft beruhte auf den Vorgaben des „Entwicklungshilfe-Steuergesetz 1968". Danach bestand die Möglichkeit, für Kapitalanlagen in so genannten Entwicklungsländern, zu denen damals Spanien mit den Kanarischen Inseln zählte, den steuerpflichtigen Gewinn mindernde Bewertungsabschläge vorzunehmen und Rücklagen zu bilden (§ 1 Abs. 1 EHStG 1968). Im Rahmen des Zweiten Steuerrechtsänderungsgesetzes 1971 vom 10. August 1971[166] wurde jedoch der ursprünglich bis zum 31. Dezember 1972 reichende Begünstigungszeitraum eingeschränkt. So durften Maßnahmen nicht zur Entstehung oder Erhöhung eines Verlustes führen, es sei denn, sie erfolgten „nachweislich in Erfüllung einer am Schluss des 31. Dezember 1970 bestehenden rechtsverbindlichen Verpflichtung".[167]

Für das durch die Gesellschaft beabsichtigte Bauprojekt auf den Kanarischen Inseln wurde zwischen den Gründungsgesellschaftern und einem spanischen Architekten am 22. September 1971 ein schriftlicher Generalunternehmervertrag mit einer Gesamtinvestitionssumme von 46 Mio. DM abgeschlossen. Dieser Vertrag wurde auf den 24. November 1970 zurückdatiert.

---

164 Im Einzelnen führt das BAG zu den steuerlichen Informationspflichten wie folgt aus: *„(...)Voraussetzung und Umfang der Aufklärungspflichten ergeben sich aus dem Grundsatz von Treu und Glauben (§ 242 BGB). Dabei sind die Interessen der Vertragsparteien unter Berücksichtigung aller Umstände des Einzelfalles gegeneinander abzuwägen. Maßgeblich sind die erkennbaren Informationsbedürfnisse des Arbeitnehmers einerseits und die Beratungsmöglichkeiten des Arbeitgebers andererseits. In der Regel muss sich der Arbeitnehmer, bevor er eine Vereinbarung in bezug auf sein Arbeitsverhältnis abschließt, über die Folgen einer solchen Vereinbarung Klarheit verschaffen. Gesteigerte Informationspflichten des Arbeitgebers können sich jedoch ergeben, wenn der Abschluss einer Vertragsänderung auf seine Initiative zurückgeht. Dann kann der Arbeitgeber den Eindruck erwecken, er werde auch die Interessen des Arbeitnehmers wahren und ihn nicht ohne ausreichende Aufklärung erheblichen, atypischen Risiken aussetzen (vgl. für einen Aufhebungsvertrag BAG 17. Oktober 2000 - 3 AZR 605/99 - AP BGB § 611 Fürsorgepflicht Nr. 116 = EzA BGB § 611 Fürsorgepflicht Nr. 59). Der Kläger hat nicht behauptet, der Abschluss der Vereinbarung sei auf Initiative der Beklagten zurückgegangen. Im Hinblick auf frühere Veröffentlichungen des Betriebsrats bestand auch kein erkennbares Informationsbedürfnis. Schließlich ging es nicht um außerordentliche Risiken, sondern nur um vorübergehende verhältnismäßig geringfügige Beeinträchtigungen."* (BAG, Urteil vom 25. Juni 2002 - 9 AZR 155/01).

165 BGH, Urteil v. 14. Juli 2003, WM 2003, S. 1818 ff.

166 BGBl. I 1971, S. 1272.

167 § 1 Abs. 7, § 11 Abs. 2 EHStG i. d. F. des Zweiten Steuerrechtsänderungsgesetzes 1971.

In der Folge wurden durch die Gründungsgesellschafter weitere Gesellschafter – so auch der spätere Kläger – als Kommanditisten geworben. Der im Vertrieb dieser Gesellschaftsanteile verwandte Prospekt führte unter den Überschriften *"Von grundsätzlichem Interesse"* und *"Steuervorteil ohne Einschränkung"* aus, dass *„die Steuervorteile auf den gesetzlichen Vorschriften des Entwicklungssteuerhilfegesetzes von 1968"* basierten und diese Beteiligung *„von den Einschränkungen des Kabinettsbeschlusses vom 17. Dezember 1970 nicht berührt"* würde.

Zunächst erkannte das zuständige Betriebsstättenfinanzamt für die Jahre 1971 und 1972 verlusterhöhende Rücklagen nach dem EHStG in einer Größenordnung von insgesamt etwa 23 Mio. DM an. Dies führte – nach Mitteilungen an die Wohnsitzfinanzämter der einzelnen Kommanditisten – zu Minderungen der jeweiligen Einkommensteuerschuld. Nach vor Fertigstellung des Bauprojektes geriet die Gesellschaft in Vermögensverfall. Im Zuge einer in diesem Zusammenhang durchgeführten Betriebsprüfung wurde mit Prüfungsbericht vom 15. Juli 1979 die von der Gesellschaft vorgenommene Bildung von Rücklagen für unzulässig erklärt, weil der das Datum vom 24. November 1970 tragende schriftliche Generalunternehmervertrag offensichtlich nicht ernst gemeint und (vermutlich) rückdatiert gewesen sei.

In der Folge wurde der Kläger durch sein zuständiges Finanzamt zur Zahlung von Hinterziehungszinsen in Höhe von 32.108,00 DM im Zusammenhang mit der eingegangenen Beteiligung an der Abschreibungsgesellschaft herangezogen. Klageweise wandte er sich daraufhin an die Gründungskommanditisten. Er berief sich insbesondere darauf, dass er der Gesellschaft nicht beigetreten wäre, wenn die Gründungsgesellschafter in hinreichender Form ihren steuerrechtlichen Aufklärungspflichten nachgekommen wären.

Der Bundesgerichtshof stellt in seinem Urteil dazu wie folgt fest:

> *„(...)Den* ***Gründungskommanditisten als Vertragspartnern der neu eintretenden Gesellschafter obliegt die Verpflichtung zur sachlich richtigen und vollständigen Aufklärung über*** *das mit einem Beitritt verbundene Risiko (BGHZ 79, 337, 343), worunter insbesondere auch Risiken der* ***steuerlichen Anerkennungsfähigkeit*** *des konkreten Anlagemodells fallen." (BGH, Urteil v. 14. Juli 2003, II ZR 202/02 (...) Gerade* ***angesichts der steuerrechtlichen Unsicherheiten des Anlageerfolgs war eine umfassende Aufklärung auch über negative Umstände, die den Vertragszweck vereiteln konnten*** *(Sen. Urt. v. 10. Oktober 1994 a. a. O., S. 2193; Sen. Urt. v. 29. Mai 2000 - II ZR 280/98, NJW 2000, 3346),* ***unverzichtbar*** *und von den Gründungskommanditisten als Vertragspartnern der An-*

leger geschuldet." (BGH, Urteil v. 14. Juli 2003, II ZR 202/02)

Grundlage der steuerlichen Informationspflicht in Gestalt einer Aufklärungspflicht bilden in der Entscheidung *„aus der Anbahnung von Vertragsverhandlungen entstandene Pflichten"*. Diese treffen die ursprünglichen Gesellschafter gegenüber den neu eintretenden Gesellschaftern als vorvertragliche Aufklärungspflicht aus dem Gesellschaftsvertragsverhältnis. In der vorliegenden Sachverhaltskonstellation ist aufgrund der Rückdatierung des Generalunternehmervertrages ein spezifischer informationeller Sorgfaltsmaßstab für die Gründungsgesellschafter heranzuziehen. Dennoch lässt sich grundlegend feststellen, dass in dieser Entscheidung die „Werbung mit steuerlichen Vorteilen" – wie über den Prospekt ausdrücklich betrieben – ihrerseits bereits Anknüpfung entsprechender informationeller Nebenpflichten bildet. Überdies sind die Neukommanditisten der Gesellschaft einzig unter der „evidenten" Prämisse der Steuerersparnis beigetreten.

II. Zwischenfazit: Steuerrechtsbezogene Nebenpflichten im Vertragrecht

In zusammenfassender Auswertung der untersuchten Urteile sind verschiedene Aspekte festzustellen. Zunächst ist auffällig, dass in sehr unterschiedlichen Sachverhaltsgestaltungen steuerrechtsbezogene informationelle Nebenpflichten in Vertragsverhältnissen bzw. diesbezügliche vorvertragliche Sorgfaltspflichten von der Rechtsprechung identifiziert werden. Ebenso vielschichtig sind die steuerrechtlichen Gesichtspunkte, die im Einzelfall Gegenstand dieser Informationspflichten bilden. Bemerkenswert erscheint weiterhin, dass der Umfang und die Reichweite steuerlicher Informationspflichten sehr unterschiedlich beurteilt werden. Dabei wird zum Teil eine bloße Hinweispflicht, zum Teil jedoch auch eine Aufklärungs- bis hin zu einer Beratungspflicht hinsichtlich steuerlicher Gesichtspunkte gesehen.

Obgleich sich die vorliegenden Entscheidungen in ihren tatsächlichen Anknüpfungen sehr unterschiedlich darstellen, sind ihnen dennoch zwei wesentliche Gesichtspunkte gemein: Sämtliche Entscheidungen erkennen steuerrechtsbezogene Nebenpflichten in Gestalt informationeller Handlungspflichten grundsätzlich an. Daneben lassen sich, abstrakt gesehen, wiederkehrende Auslöser derartiger steuerlicher Informationspflichten erkennen. Diese Auslöser gilt es nunmehr zu identifizieren und zu systematisieren. Auf dieser Grundlage könnte sich sodann eine grundsätzliche Aussage darüber treffen lassen, unter welchen Voraussetzungen sich steuerrechtsbezogene informationelle Nebenpflichten in einem Vertragsverhältnis ergeben.

§ 2 Systematisierung steuerrechtsbezogener Informationspflichten im Vertragsrecht

Die vorangehend herausgearbeiteten Konstellationen steuerrechtsbezogener informationeller Handlungspflichten in vertraglichen Beziehungen lassen sich zum Zwecke der transparenten und praktikablen Bestimmung entsprechender Pflichten in Vertragsverhältnissen zu typisierende Fallgruppen systematisieren.

I. Fallgruppen steuerrechtsbezogener Informationspflichten

Grundsätzlich ist festzustellen, dass die steuerlichen Belange einer Vertragspartei originär ihrer individuellen Risikosphäre zuzuordnen sind. Demzufolge lassen sich vertragliche Pflichten des Vertragspartners – sofern nicht ausdrücklich etwas anderes vereinbart worden ist – hinsichtlich dieser „fremden" steuerlichen Belange nur unter besonderen Umständen konstruieren. Dabei können derartige informationelle Handlungspflichten – wie dargelegt – in Gestalt vertraglicher Nebenpflichten oder vorvertraglicher Sorgfaltspflichten vorliegen. Im Hinblick auf steuerliche Informationspflichten einer Vertragspartei stellt sich dabei insbesondere die Frage, unter welchen Umständen von derartigen Pflichten als Bestandteil vertraglicher Nebenpflichten bzw. vorvertraglichen Sorgfaltspflichten ausgegangen werden kann.

In Ahnlehnung an die aufgezeigten Konstellationen lassen sich für den Bereich der Finanzdienstleistungen im Lichte der Rechtsprechung fünf Fallgruppen[168] systematisieren: 1. Steuerrechtliche Tatbestände mit so genannter Doppelwirkung[169]; 2. Die überlegene (steuerrechtliche) Sach- und Rechtskenntnis einer Vertragspartei; 3. Werbung mit steuerrechtlichen Gesichtspunkten; 4. Zivilrechtliche Ausstrahlung öffentlichrechtlicher Normen; 5. Evidente Einbeziehung steuerrechtlicher Gesichtspunkte.

1. 1. Fallgruppe: Steuerrechtliche Tatbestände mit so genannter Doppelwirkung

Die erste Fallgruppe knüpft unmittelbar an steuerrechtliche Tatbestände an.[170] Anerkanntermaßen können auch Rechtsprinzipien und -wertungen anderer – hier solche des Steuerrechts – über die Wertungen von Treu und Glauben nach § 242 BGB bzw. § 241 Abs. 2 BGB in Vertragsverhältnisse bzw. nach § 311 Abs. 2 BGB in den vorvertraglichen Bereich hineinwirken. Regelmäßig geschieht dies in Gestalt von Nebenpflichten,

---

[168] Dem entgegen Koller, der zwar – allerdings im schweizerischen Recht – ebenfalls drei Kernkonstellationen identifiziert: die Werbung mit Steuervorteilen, die Sachnähe einer Vertragspartei sowie die überlegene Sach- und Rechtskenntnis, in: ZSchR. 112/1, S. 174 (1993).

[169] Zum Begriff der Doppelwirkung eine Steuertatbestandes in öffentlich-rechtlicher und zivilrechtlicher Hinsicht, vgl. 2. Teil, § 2 I 1.

[170] Hierbei gilt es zu berücksichtigen, dass die jeweiligen Mitwirkungstatbestände ihrerseits nicht selbst als Rechtsgrundlage zivilrechtlicher informationeller Handlungspflichten heranzuziehen sind, vgl. 1. Teil, § 3 IV 1.

die einer Vertragspartei über die vertragliche Hauptleistungspflicht hinaus auferlegt werden. Im Rahmen steuerlicher Mitwirkungspflichten werden privatrechtliche Personen in das Besteuerungsverfahren eines Dritten einbezogen. Dies gilt insbesondere für die steuerlichen Mitwirkungspflichten im Steuererhebungsverfahren. Diese öffentlich-rechtlichen Mitwirkungspflichten greifen dabei nicht unerheblich in das zivilrechtliche Vertragsverhältnis zwischen dem Steuerabzugsverpflichteten und dem Ertragsgläubiger ein. Insofern ist diesen Steuertatbeständen letztlich eine rechtliche „Doppelnatur", mit öffentlich-rechtlicher sowie zivilrechtlicher Komponente, immanent. Wesentlichen Einfluss hat die zivilrechtliche Komponente dieser Doppelnatur auf den Bereich der vertraglichen Nebenpflichten. Ausweislich der Vorgaben aus Treu und Glauben ist jede Vertragspartei gehalten, Schäden von der jeweils anderen Vertragspartei fernzuhalten.

Eine entsprechende Konstellation ist beispielsweise dann gegeben, wenn eine Vertragspartei auf Grundlage einer (öffentlich-rechtlichen) Norm des Steuerrechts zur Mitwirkung in dem Steuererhebungsverfahren eines Dritten – mit dem eine eigene vertragliche Bindung besteht – eingebunden wird.[171] Hierbei ist insbesondere an die Quellensteuerverfahren der §§ 38 ff., 43 ff. EStG zu denken.[172]

2. 2. Fallgruppe: Überlegene steuerliche Sach- und Rechtskenntnis

Die zweite Fallgruppe knüpft an die jeweiligen Vertragsparteien an. Nebenpflichten aus § 242 BGB bzw. vorvertragliche Sorgfaltspflichten i. S. v. § 311 Abs. 2 BGB können eine Vertragspartei dann treffen, wenn sie über eine überlegene Sach- und Rechtskenntnis verfügt. Hintergrund bildet die Überlegung, einem Ungleichgewicht zwischen Vertragsparteien zu begegnen, das in einer Wissens- und Erfahrungsdisproportionalität begründet liegt. Regelmäßig werden dabei der überlegenen Vertragspartei konkrete informationelle Handlungspflichten als Bestandteil zivilrechtlicher Nebenpflichten auferlegt. Diese Grundsätze sind direkt auf den Bereich des Steuerrechts zu übertragen. Verfügt somit eine Vertragspartei über überlegene steuerrechtliche Sach- und Rechtskenntnis, treffen sie diesbezüglich gegebenenfalls entsprechende Informationspflichten gegenüber dem Vertragspartner aus § 242 BGB bzw. vorvertragliche Handlungspflichten.

Als Teil dieser Fallgruppe sind überdies Fälle der „hypothetischen" überlegenen Sach- und Rechtskenntnis zu betrachten. Hypothetisch ist eine überlegene Sach- und Rechtskenntnis dann, wenn ein Vertragspartner aufgrund seiner Funktion oder spezifischen Rolle theoretisch über entsprechende Kenntnisse verfügen müsste.[173] In einer solchen

---

171 Zu den steuerlichen Mitwirkungspflichten vgl. 2. Teil § 3.

172 Zu der praktischen Anwendung der Fallgruppe im Rahmen der Anlageberatung und der Anlagevermittlung, vgl. 3. Teil § 6.

173 Koller betrachtet ähnliche Fallgestaltungen als eigene Grundkonstellation, Koller, ZSchR. 112/1, S. 174 (1993).

Fallgestaltung kann es ausnahmsweise geboten sein, der Vertragspartei, die objektiv über Kenntnisse verfügen müsste, die Risikolast zu übertragen.[174]

Eine solche Konstellation liegt beispielsweise in solchen Fällen vor, in denen ein Steuerberater seinem Mandanten – nicht in seiner Funktion als Steuerberater, sondern als Anlagevermittler – gegenübertritt und ihm eine steueroptimierte Kapitalanlage des „grauen" Kapitalmarktes vermittelt.

3. 3. Fallgruppe: Werbung mit steuerrechtlichen Gesichtspunkten

Als dritte Fallgruppe ist die Werbung mit steuerrechtlichen Gesichtspunkten herauszustreichen.[175] Konkret kann hierbei diejenige Vertragspartei (informationelle) steuerliche Nebenpflichten treffen, die ihrerseits mit besonderer Fachkunde an den Vertragspartner herangetreten ist. Diese Fallgestaltung ist insbesondere im Bereich des Kapitalanlagerechts und damit letztlich bei Finanzdienstleistungen zum Teil von besonderer Relevanz. Dies gilt vor allem für personengesellschaftsrechtlich ausgestaltete Beteiligungsmodelle am so genannten Grauen Kapitalmarkt. Neben den klassischen Anlageprodukten der geregelten Kapitalmärkte werden dabei Kapitalanlagemodelle angeboten, deren Konzeptionsschwerpunkt auf steuerrechtlichen Erwägungen beruht. Wesentlicher Bestandteil (des Erfolges) eines solchen Anlageproduktes bilden steuerliche Gesichtspunkte. Diese liegen sowohl auf Ebenen der Beteiligungsgesellschaft als auch auf der Ebene des jeweiligen Anlegers. Die Kapitalbeschaffung derartiger Produkte ist regelmäßig im so genannten Kapitalanlagevertrieb – regelmäßig Anlagevermittlung und Anlageberatung – organisiert. Dabei wird die steuerrechtliche Gestaltung häufig als werbendes Konzeptionsmerkmal in die Vertriebsstrategie mit einbezogen. Ein derartig werbendes Einbeziehen steuerrechtlicher Gesichtspunkte einer Vertragspartei kann in solchen Konstellationen zu entsprechenden steuerlichen Informationspflichten als Nebenpflichten im Sinne vom § 242 BGB bzw. vorvertraglichen Sorgfaltspflichten führen.

Exemplarisch sei in diesem Zusammenhang auf Fälle verwiesen, in denen ein Anlagevermittler ausdrücklich die steuerlichen Merkmale einer Kapitalanlage als „Verkaufsargument" gegenüber dem Anleger einsetzt.[176]

---

[174] Zu der praktischen Anwendung der Fallgruppe im Rahmen der Anlageberatung und der Anlagevermittlung, vgl. 3. Teil § 6.

[175] Im Zusammenhang mit dem Verkauf einer Immobilie hat der Bundesgerichtshof in seinem Urteil vom 26. April 1991 bereits festgestellt, dass derjenige, der als Verkäufer für eine Immobilie wirbt und dabei Steuervorteile einer Anlage- oder Kaufentscheidung herausstellt oder in seine konkreten Finanzierungsvorschläge einbezieht, Voraussetzungen, Hintergründe und Ausmaß der Steuervorteile richtig und vollständig darstellen muss, BGHZ 114, 263 f. Dazu auch Frisch, Rn. 256.

[176] Zu der praktischen Anwendung der Fallgruppe im Rahmen der Anlageberatung und der Anlagevermittlung, vgl. 3. Teil § 6.

4. 4. Fallgruppe: Zivilrechtliche Ausstrahlung öffentlich-rechtlicher Normen

Die vierte Fallgruppe knüpft an die so genannte zivilrechtliche Ausstrahlung öffentlich-rechtlicher Normen an. Wie bereits dargelegt, wirken Rechtsprinzipien und -wertungen anderer Rechtsgebiete über Treu und Glauben in Vertragsverhältnisse hinein. Dies gilt jedoch nicht nur – wie bereits innerhalb der 1. Fallgruppe erfasst – für den öffentlich-rechtlichen Bereich des Steuerrechts. Vielmehr kann sich eine derartige „Ausstrahlungswirkung" in das Zivilrecht unter qualifizierten Voraussetzungen auch für nicht originär steuerrechtliche Normen des öffentlichen Rechts ergeben. Dabei gelten hinsichtlich der dogmatischen Aufhängung der Ausstrahlungswirkung die gleichen innerhalb der 1. Fallgruppe entwickelten Grundsätze. Die Ausstrahlung ins Vertragsverhältnis vollzieht sich regelmäßig nach § 242 BGB und wirkt sich, wie dargestellt, gleichsam auf den vorvertraglichen Bereich aus. Dabei können öffentlich-rechtliche Normen vertragskonkretisierend und als Auslegungshilfe vertraglicher Pflichten dienen. Bedeutsam können in diesem Zusammenhang insbesondere solche öffentlich-rechtlichen Normen sein, die ihrerseits (steuerrechtsbezogene) informationelle Handlungspflichten auferlegen.

Beispielhaft sind hier solche Konstellationen zu nennen, in denen ein Wertpapierdienstleistungsunternehmen seinem Kunden im Zusammenhang mit einer Wertpapierdienstleistung eine Anlageberatung anbietet, im Rahmen derer sie den öffentlich-rechtlichen Pflichten des § 31 WpHG unterliegt. Die wertpapieraufsichtsrechtliche Vorschrift des § 31 WpHG ist ihrerseits Grundlage für die Verpflichtung des Wertpapierdienstleisters zu einer qualifizierten steuerrechtsbezogenen Aufklärung.[177]

5. 5. Fallgruppe: Evidente oder ausdrückliche Einbeziehung steuerlicher Gesichtspunkte

Als fünfte Fallgruppe ist – unter anderem in Anlehnung an die Ausführungen des Bundesgerichtshofes in der Sparvertragsentscheidung[178]– die so genannte Evidenz oder ausdrückliche Einbeziehung zu nennen. In diesem Sinne können in Konstellationen, in denen eine Vertragspartei steuerrechtliche Gesichtspunkte offenkundig als wesentlichen Bestandteil des Vertragsverhältnis begreift oder eine derartige Einbeziehung ausdrücklich erklärt wird, über die Regelungen von Treu und Glauben nach § 242 BGB bzw. §§ 241 Abs. 2, 311 Abs. 2 BGB derartige Aspekte Gegenstand nebenvertraglicher informationeller Handlungspflichten bzw. vorvertraglicher Sorgfaltspflichten sein.

---

[177] Zu den steuerrechtsbezogenen Informationspflichten nach dem WpHG vgl. 4. Teil § 2. Zu der praktischen Anwendung der Fallgruppe im Rahmen der Anlageberatung und der Anlagevermittlung, vgl. 3. Teil § 6

[178] BGH, WM 1664, S. 609 ff. hinsichtlich eines steuerbegünstigten Sparvertrages.

Ein Fall der ausdrücklichen Einbeziehung liegt insbesondere dann vor, wenn ein Anleger mit dem erklärten Ziel an seinen Anlageberater herantritt, dass er spezifische steuerliche Folgen durch seine Investitionsentscheidung herbeiführen oder gerade verhindern möchte. Ein Fall der Evidenz ist hingegen in einer solchen Konstellation zu sehen, in der ein Anlagevermittler gegen Jahresende an einen Freiberufler herantritt und unter Hinweis auf die drohende Steuerlast ein spezifisches Finanzinstrument anbietet.[179]

II. Fazit: Steuerrechtsbezogene Nebenpflichten im Vertragsrecht

Wie vorstehend herausgearbeitet, entstehen steuerliche Pflichten kraft objektiven öffentlichen Rechts durch Verwirklichung eines Tatbestandes. Mithin können Steuerrechtsfolgen, d. h. Steuerlasten, als solche auch nicht Bestandteil von vertraglichen Verpflichtungen sein. In diesem Sinne ist schuldrechtlich an dem Grundsatz festzuhalten, dass sich eine Vertragspartei grundsätzlich nicht um die steuerlichen Belange ihres Vertragspartners zu kümmern hat. Ausnahmsweise können eine Vertragspartei jedoch steuerliche Informationspflichten in Gestalt vorvertraglicher und vertraglicher informationeller Nebenhandlungspflichten treffen. Anhand der erarbeiteten Fallgruppen steuerrechtsbezogener Nebenpflichten im Vertragsrecht kann nunmehr für ein konkretes Vertragsverhältnis im Einzelfall ermittelt werden, ob steuerliche Gesichtspunkte ausnahmsweise Gegenstand spezifischer Handlungspflichten sein können. Hierbei ist stets auf die fünf Fallgruppen der steuerrechtlichen Tatbestände mit so genannter Doppelwirkung, der überlegenen (steuerrechtlichen) Sach- und Rechtskenntnis einer Vertragspartei, der Werbung mit steuerrechtlichen Gesichtspunkten, der zivilrechtlichen Ausstrahlung öffentlich-rechtlicher Normen und der evidenten oder ausdrücklichen Einbeziehung steuerrechtlicher Gesichtspunkte zu rekurrieren.

Auf Grundlage dieser Fallgruppen kann damit ermittelt werden, ob steuerrechtsbezogene informationelle Handlungspflichten ausnahmsweise Gegenstand einer zivilrechtlichen Sonderbeziehung sind. Der Inhalt und die konkrete Reichweite steuerlicher Informationspflichten sind abhängig vom konkreten Einzelfall im Sinne eines beweglichen Systems für das jeweilige vorvertragliche oder vertragliche Schuldverhältnis zu bestimmen.[180]

---

[179] Zu der praktischen Anwendung der Fallgruppe im Rahmen der Anlageberatung und der Anlagevermittlung, vgl. 3. Teil § 6.

[180] Zu dem Inhalt und der konkreten Reichweite steuerlicher Informationspflichten, vgl. 4. Teil § 1 IV § 2 III, § 3 III.

§ 3 Exkurs – Steuerrechtsbezogene Mitwirkungspflichten[181]

I. Mitwirkungspflichten und steuerliche Informationspflichten

Im Rahmen der Untersuchung der Steuerberatungsbefugnisse von Anlageberatern und Anlagvermittlern nach dem Steuerberatungsgesetz ist bereits an verschiedenen Stellen aufgezeigt worden, dass es eine Reihe spezifischer steuerrechtlicher Mitwirkungspflichten im Besteuerungsverfahren des Kunden geben kann.[182] Wie *Herrler*[183] am Beispiel der Mitwirkung von Banken bei der Besteuerung ihrer Kunden dokumentiert, kommt den steuerlichen Mitwirkungspflichten im Bereich der Finanzdienstleistungen eine besondere Bedeutung zu. So verlangt die Erfüllung dieser Pflichten vom Finanzdienstleister die Vornahme spezifischer Handlungen gegenüber den Finanzbehörden, vor allem jedoch gegenüber dem jeweiligen Kunden.

Hervorzuheben sind in diesem Zusammenhang insbesondere die Mitwirkungspflichten im Rahmen der Steuererhebung. Diese berühren unmittelbar das Geschäftsverhältnis zwischen dem Finanzdienstleister und dem Kunden unter dem Regime steuerrechtlicher Vorgaben. Aus diesem Grund gewinnen die steuerlichen Mitwirkungspflichten eine eigenständige Bedeutung für das Untersuchungsfeld steuerlicher Informationspflichten bei Finanzdienstleistungen. Denkbar wäre es, aus den steuerrechtlichen Mitwirkungspflichten, die das Geschäftsverhältnis mit dem Kunden berühren, eigenständige steuerliche Informationspflichten abzuleiten.[184]

Ausweislich der Regelung des Art. 108 GG obliegt es den Finanzbehörden, die Steuern zu verwalten. Dabei sind sie nach § 85 S. 1 AO verpflichtet, die Steuern nach Maßgabe der Gesetze gleichmäßig festzusetzen und zu erheben. Die Finanzbehörden sind damit verpflichtet, die im Sinne von § 38 AO entstandenen Steueransprüche geltend zu machen. Auf Grundlage der Befugnisse der Abgabenordnung und der jeweiligen Einzelsteuergesetze sind die in diesem Zusammenhang erforderlichen Ermittlungen durchzuführen.[185] Im Rahmen dieses Besteuerungsverfahrens hat der Gesetzgeber den Steuerpflichtigen in zahlreichen Regelungen unmittelbar seinerseits in die Pflicht genommen.[186] Insbesondere bei der Sachverhaltsaufklärung im Steuerverfahrensrecht liegt die Last damit nicht einseitig bei den Finanzbehörden. Der Steuerpflichtige ist vielmehr selbst zur weitgehenden Mitwirkung verpflichtet. Der wesentliche Grund dafür ist darin zu sehen, dass sich alle steuerlich relevanten Sachverhalte regelmäßig in der Sphäre des Steuerpflichtigen ereignen. Die Finanzbehörden sind jedoch ihrerseits auf eine Kenntnis dieser Sachverhalte angewiesen, um die kraft Gesetz entstandenen

---

[181] Sehr instruktiv die Ausführungen Herrlers zu den steuerlichen Mitwirkungspflichten Dritter im Besteuerungsverfahren, Herrler, S. 1 ff.

[182] Beachte insbesondere die steuertechnischen Hilfeleistungsbefugnisse der Kreditinstitute.

[183] Herrler, S. 1 ff.

[184] Im Ergebnis dazu, 1. Teil § 3 IV 3.

[185] Im Zusammenhang mit der steuerlichen Betriebsprüfung im Rechtsstaat, Tipke, S. 48 ff.

[186] Vergleiche dazu die in den §§ 92 ff. AO statuierten Beweismittel.

Steueransprüche durchzusetzen.[187] Als wirksamste und ökonomisch sinnvollste Konzeption der Sachverhaltsaufklärung kommt in diesem Zusammenhang der Mitwirkung des Steuerpflichtigen eine entscheidende Funktion zu.

Zentraler Mitwirkungsverpflichteter ist naturgemäß der Steuerpflichtige selbst. In seiner Person verwirklichen sich die subjektiven und objektiven Merkmale der Tatbestände, an die das Gesetz die steuerliche Leistungspflicht knüpft.[188] Gemäß § 33 Abs. 1 AO ist er als so genannter Steuerpflichtiger bezeichnet.[189] Um Beweisnotstand oder Beweislosigkeit im Steuerverfahren zu vermeiden, ist es dem öffentlichen Interesse an der Gleichmäßigkeit der Besteuerung geschuldet, den Kreis der Mitwirkungspflichten jedoch über den Steuerpflichtigen hinaus zu erweitern.[190] In diesem Sinne hat der Gesetzgeber festgelegt, dass auch die in den §§ 93 ff. AO als „andere Personen" bezeichneten Dritten zur Mitwirkung verpflichtet sein können. Im Wege dieser Verpflichtung sollen Kenntnisse und Fähigkeiten dieses Personenkreises – von dem vermutet wird, er könne bei der Erforschung der Wahrheit dienlich sein – für die Steuerermittlung, -festsetzung und -erhebung in einer fremden Steuersache nutzbar gemacht werden.[191]

II. Steuerrechtsbezogene Mitwirkungspflichten der Kreditinstitute

Als „andere Personen" im steuerrechtlichen Sinne der §§ 93 ff. AO sind insbesondere die Kreditinstitute von den Mitwirkungspflichten in der Besteuerung Dritter betroffen. Grundsätzlich sind die Kreditinstitute in der Abgabenordnung zwar den anderen mitwirkungspflichtigen Dritten gleichgestellt.[192] Die Mitwirkungspflichten sind hinsichtlich der Kreditinstitute jedoch schon deswegen von besonderer Bedeutung, da regelmäßig jeder Steuerpflichtige mit einem Kreditinstitut in Geschäftsverbindung steht. Diese besondere Rechtsbeziehung[193] zwischen Kreditinstitut und Kunde hat sich der Steuergesetzgeber für die steuerliche Sachverhaltsaufklärung und die Steuererhebung zunutze gemacht. So können gerade die Kreditinstitute als Adressaten entsprechender

[187] Kruse, Steuerrecht, Allgemeiner Teil, S. 207.
[188] Herrler, S. 2.
[189] Darüber hinaus begreift das Gesetz nunmehr auch denjenigen als Steuerpflichtigen, der für eine Steuer haftet, eine Steuer für Rechnung eines Dritten einzubehalten hat oder andere durch Steuergesetze auferlegte Verpflichtungen zu erfüllen hat.
[190] Maßgeblich ist jedoch, dass die nach § 33 Abs. 2 AO – in einer fremden Steuersache nach den §§ 92 ff. AO – Mitwirkungspflichtigen nicht in diesem Sinne „Steuerpflichtige" sind.
[191] Herrler, S. 3.
[192] Maßgeblich insoweit, dass die Abgabenordnung – entgegen der weit verbreiteten Annahme – kein spezifisches „Bankgeheimnis" kennt. In Anlehnung an den so genannten Bankenerlass von 1949 in der Fassung von 1979 (BStBl. I 1979, S. 590) ist jedoch der § 30 a AO eingeführt worden. Danach haben die Finanzbehörden auf das besondere Vertrauensverhältnis zwischen den Kreditinstituten und ihren Kunden „besondere Rücksicht" zu nehmen". Ausführlich und mit weiteren Nachweisen Seer, in: Tipke/Lang § 21 Rn. 195 ff.
[193] Zum besonderen Verhältnis von Banken und ihren Kunden – Steuerrecht und Bankgeheimnis – sehr anschaulich bei Selmer, S. 101f. mit weiteren Nachweisen.

Mitwirkungspflichten, aufgrund ihrer „datenträchtigen“ Beziehung zum Kunden, einen erheblichen Beitrag im Besteuerungsverfahren liefern.[194]

Der Schwerpunkt der Mitwirkungspflichten der Kreditinstitute liegt im Bereich der Sachverhaltsaufklärung. Regelmäßig treffen diese Pflichten die Kreditinstitute lediglich funktionsunspezifisch als „andere Person“ im Sinne der Abgabenordnung. So macht sich die Finanzverwaltung lediglich die besagte „datenträchtige Geschäftsbeziehung“ mit dem jeweiligen Bankkunden zunutze.

Neben diesen Mitwirkungspflichten der Kreditinstitute im Bereich der steuerlichen Sachverhaltsaufklärung sind jedoch die spezifischen Pflichten der Kreditinstitute im Rahmen der Steuererhebung von besonderem Interesse. Charakteristisch für derartige Mitwirkungspflichten der Kreditinstitute ist, dass nur sie als „qualifizierte Dritte“ betroffen sind. In Zusammenhang mit diesen spezifischen, steuererhebungsbezogenen Mitwirkungspflichten hat der Gesetzgeber eine recht weitgehende Inpflichtnahme von Kreditinstituten verankert. [195] Dies gilt insbesondere hinsichtlich der Verpflichtung zur Steuereinbehaltung und Steuerabführung. Mit Blick auf den Untersuchungsgegenstand steuerlicher Informationspflichten bei Finanzdienstleistungen könnten sich daraus mittelbare oder unmittelbare Rückschlüsse ergeben.

Verdeutlichen lässt sich der Zweck- und Funktionskreis der steuerhebungsbezogenen Mitwirkungspflichten insbesondere am Beispiel der Besteuerung der Einkünfte aus Kapitalvermögen nach § 20 EStG. Ähnlich wie mit dem „Steuerabzug vom Arbeitslohn“ (Lohnsteuer) i. S. d. §§ 38 ff. EStG hat der Gesetzgeber auch im Rahmen der Besteuerung von Kapitalvermögen eine quellenbezogene Steuererhebungsform gewählt. Unter dem Begriff der so genannten Kapitalertragsteuer findet sich in den §§ 43 ff. EStG der „Steuerabzug vom Kapitalertrag“. Ebenso wie die Lohnsteuer ist die Kapitalertragsteuer eine Art vorausgezahlte eigene Einkommensteuer und damit gerade keine eigenständige Steuerart.[196] Der Zweck der Vorschriften der §§ 43 ff. EStG liegt in der Erleichterung und der Sicherstellung der steuerlichen Erfassung von Kapitalerträgen.[197] Dabei werden die Kapitalerträge bereits bevor sie dem Steuerpflichtigen zufließen einem Steuerabzug an der Quelle unterworfen.[198] Als Quelle ist hierbei der Schuldner[199] bzw. die Auszahlungsstelle[200] der Kapitalerträge zu begreifen. Grundsätz-

---

[194] Herrler, S. 6.

[195] Seit dem 29. Oktober 1997 sind die Finanzdienstleistungsinstitute i. S. v. § 45 Abs. 1 S. 3 KStG i. V. m. § 53 b Kreditwesengesetz den Kreditinstituten im Rahmen der Kapitalerträge mit Steuerabzug gleichgestellt.

[196] Gegebenenfalls auch vorausgezahlte Körperschaftsteuer, Weber-Grellet, in: Schmidt § 43 Rn. 1.

[197] Von Beckerath, in: Kirchhof § 43 Rn. 1.

[198] Obgleich der Kapitalertragsteuerabzug grundsätzlich die Steuerpflicht der Kapitalerträge voraussetzt, werden zum Teil auch steuerfreie Erträge dem Abzug unterworfen. So beispielsweise nach § 3 Nr. 40 EStG oder § 8b Abs. 1 KStG, Littmann/Bitz/Pust, § 43 Rn. 5.

[199] Der Steuerabzug ist in den Fällen des § 43 Abs. 1 S. 1 Nr. 1 bis 4, 7a und 7b EStG vom Schuldner der Kapitalerträge vorzunehmen.

lich ist zwischen dem Steuerschuldner (Empfänger der Kapitalerträge) – seinerseits Gläubiger der Kapitalerträge – und dem Abzugsverpflichteten – regelmäßig Schuldner der Kapitalerträge – zu unterscheiden.[201]

Wie bereits dargelegt, hat der Steuerabzug in vielen Fällen nicht durch den Schuldner der Kapitalerträge, sondern durch die auszahlende Stelle im Sinne von § 44 Abs. 1 S. 4 EStG zu erfolgen. Als auszahlende Stelle sind hierbei inländische Kreditinstitute oder inländische Finanzdienstleistungsinstitute zu verstehen. Der Steuerabschlag wird in diesem Fall direkt von der jeweiligen Auszahlungsstelle einbehalten. Grundsätzlich trifft die Auszahlungsstelle neben einer Abführungspflicht eine Bescheinigungspflicht nach § 45 a EStG. Sie hat dem betroffenen Kunden danach auf Verlangen eine so genannte Kapitalertragsteuerbescheinigung auszustellen.[202] Diese Steuerbescheinigung ist für den Kunden als Steuerpflichtigen wiederum im Rahmen seines Erhebungsverfahrens nach § 36 Abs. 2 Nr. 2 S. 2 EStG notwendig. Nur über diese Bescheinigung kann er sich die bereits durch den Abzug gezahlte Einkommensteuer anrechnen lassen.

Maßgebliche Bedeutung kommt in diesem Zusammenhang den jeweiligen Steuerfreibeträgen zu.[203] Diesen Freibeträgen ist gemäß § 44a EStG nicht erst im Veranlagungsverfahren, sondern bereits im Steuerabzugsverfahren Rechnung zu tragen. Hintergrund dieser Regelung bildet die gesetzgeberische Überlegung, Zinsbelastungen des Steuerpflichtigen zu vermeiden und den Verwaltungsaufwand mit Blick auf etwaige Rückerstattungen zu begrenzen.[204] Übersteigen die Kapitalerträge den Freibetrag nach § 20 Abs. 4 EStG und den Werbungskostenpauschbetrag nach § 9 a S. 1 Nr. 2 EStG nicht, ist der Steuerabzug regelmäßig nicht vorzunehmen. Wesentliche Voraussetzung dafür ist, dass der Gläubiger der Kapitalerträge einen entsprechenden Freistellungsauftrag i. S. v. § 44a Abs. 2 S. 1 Nr. 1 EStG erteilt.[205] Der Freistellungsauftrag ist ein privatschriftlicher Auftrag des Gläubigers an den Auszahlungs- oder Abzugspflichtigen (z. B. die Bank nach § 44 Abs. 1 S. 4 EStG), bis zum steuerfreien Höchstbetrag keine Kapitalertragsteuer einzubehalten.[206] Der Antrag wird beim Abzugspflichtigen eingereicht, dort aufbewahrt und gegebenenfalls nach § 45d EStG vom Bundesamt für Finanzen überprüft.[207] Bei Nichtbeachtung oder verspäteter Einreichung nach abzugsgekürzter Auszahlung ist eine Erstattung durch den Abzugsverpflichteten nach

200 Der Steuerabzug ist in den Fällen des § 43 Abs. 1 S. 1 Nr. 7 bis 8 und S. 2 EStG von der die Kapitalerträge auszahlenden Stelle vorzunehmen

201 Mitunter ist der Abzugspflichtige als Haftungsschuldner zu qualifizieren, so dass er gegebenenfalls als Steuerschuldner i. S. v. § 33 Abs. 1 AO in Anspruch genommen werden kann.

202 Die Bescheinigung hat in den Fällen des § 43 Abs. 1 S. 1 Nr. 1-4, 7 EStG grundsätzlich der Schuldner der Kapitalerträge zu erteilen.

203 Sparer-Freibertrag in Höhe von gegenwärtig 1.370,00 €, Werbungskostenpauschbetrag in Höhe von gegenwärtig 51,00 € sowie Freibetrag nach § 24 KStG.

204 Weber-Grellet, in: Schmidt, § 43 Rn. 3.

205 Ausnahmsweise eine Nichtveranlagungs-Bescheinigung des für den Gläubiger zuständigen Wohnsitzfinanzamtes nach § 44a Abs. 2 S. 1 Nr. 2 EStG.

206 Sehr informativ zum Freistellungsauftrag bei Eisendick, FR 1998, S. 49 ff.

207 Weber-Grellet, in: Schmidt, § 44a Rn. 23.

§ 44 b Abs. 5 EStG vorgesehen. An dieser Stelle sei weiterhin auf die in § 24 c EStG verankerte Pflicht zur Erstellung einer Jahressteuerbescheinigung als Beispiel für eine im Einkommensteuerrecht verankerte Mitwirkungspflicht hingewiesen.

Anhand dieses steuerrechtlich differenzierten Verfahrens der Quellenbesteuerung von Kapitaleinkünften lässt sich die Tragweite steuerrechtsbezogener Mitwirkungspflichten für das privatrechtliche Verhältnis zwischen der Bank und ihrem Kunden eindrucksvoll veranschaulichen. Dabei könnte mit Blick auf die vielschichtigen bankseitigen, mitwirkungsbegründeten – und mittelbar zivilrechtlichen wirkenden – Handlungspflichten ein entsprechendes Informationsbedürfnis des Kunden zu sehen sein. So erscheint es problematisch, dass ein steuerrechtlich unerfahrener Kunde ohne weitere Informationen mit den dargelegten steuerrechtsbegründeten Abläufen durch seine Bank konfrontiert wird.

Bemerkenswert ist eine Entscheidung des Bundesgerichtshofes vom 15. Juli 1997 – bestätigt durch Beschluss[208] des Bundesverfassungsgerichts – hinsichtlich der Bearbeitungskosten entsprechender Freistellungsaufträge. Dabei wird bezüglich des Freistellungsverfahrens klargestellt, dass Vergütungsverlangen von Kreditinstituten für die Bearbeitung steuerrechtlicher Freistellungsaufträge von Kunden unzulässig sind.[209] In diesem Zusammenhang führt der Bundesgerichtshof wie folgt aus:

> *„Mit der Verwaltung (...) von Freistellungsaufträgen erfüllt die beklagte Bank eine ihr vom Staat im öffentlichen Interesse auferlegte Pflicht (...) Sie schließt die Entgegennahme und Beachtung von Freistellungsaufträgen ein." (BGH XI ZR 269/96).*

Der Bundesgerichtshof unterstreicht ferner, dass die Vorlage eines Freistellungsauftrages keineswegs die Inanspruchnahme einer Dienstleistung des Kreditsinstitutes durch den Kunden darstellt. Die Vorlage des Freistellungsauftrages sei vielmehr Tatbestandsvoraussetzung für die Abstandnahme vom Steuerabzug. Dem Kreditinstitut steht es nicht frei, einen entsprechenden Auftrag abzulehnen.[210] Zur Begründung weist der Bundesgerichtshof darauf hin, dass jeder Rechtsunterworfene die Aufwendungen, die ihm zur Erfüllung seiner dem Staat gegenüber bestehenden (steuerrechtlichen) Pflichten entstehen, als Teil seiner Gemeinkosten selber zu tragen hat. Es soll ihm nicht möglich sein, die durch staatliche Organe aufgebürdeten (Steuer-)Verwaltungsaufgaben vertraglich in eine Dienstleistung umzudeuten. Folglich soll es

---

208 BVerfG, 1 BvR 1821/97, DB 1997, S. 2113 f.

209 Im Ausgangsverfahren war ein Verbraucherschutzverein gegen die Praxis eines Kreditinstitutes vorgegangen, das auf Grundlage seiner AGB für die Bearbeitung von Freistellungsaufträgen eine Bearbeitungspauschale in Höhe von 12,00 DM p. a. verlangt hatte. Nach abschlägigen Urteilen des LG Mannheim und des OLG Karlsruhe ist der Klägerin mit ihrem Begehren durch den BGH Recht gegeben worden (BGHZ 136, S. 261, DB, 1997, S. 2016).

210 Das Wahlrecht zur Stellung eines Freistellungsauftrages ist rein steuerrechtlicher Natur.

auch nicht möglich sein, die Kosten für das Abzugsverfahren auf diesem Wege auf Dritte abwälzen.[211]

III. Bedeutung der Mitwirkungspflichten für die Informationspflichten

Wie vorliegend – exemplarisch im Rahmen der §§ 43 ff. EStG – herausgearbeitet, greifen die steuerlichen Mitwirkungspflichten der Finanzdienstleistungsunternehmen zum Teil sehr massiv in das zivilrechtliche Verhältnis mit dem jeweiligen Kunden ein. Dies gilt zum einen für den Bereich der sachverhaltsbezogenen Mitwirkungspflichten. Zum anderen erfolgt im Rahmen der Steuererhebung eine nachhaltige Einbindung der Finanzdienstleistungsunternehmen in das Besteuerungsverfahren ihrer Kunden.

In der Praxis haben die gesetzlichen Mitwirkungspflichten beispielsweise für den Inhaber einer verbrieften Kapitalforderung gegen ein inländisches Unternehmen folgende Auswirkungen. Ohne erteilten Freistellungsauftrag hat das Kreditinstitut – als auszahlende Stelle – im Falle einer Zinsausschüttung einen Steuerabzug vom Kapitalertrag vornehmen. Damit werden 20 % des Zinsertrages als Steuerabschlag einbehalten und an das jeweilige Finanzamt abgeführt. Der Kunde erhält somit lediglich 80 % der Zinsrendite seiner Vermögensanlage ausbezahlt. Auf Verlangen ist ihm eine Bescheinigung über den Steuerabzug durch sein Kreditinstitut auszustellen. Erst mittels dieser Bescheinigung kann er sich die bereits durch Abzug gezahlten Steuern im Veranlagungsverfahren anrechnen lassen. Legt er keine Bescheinigung vor, wird die bereits bezahlte Steuer nicht angerechnet und damit beim Steuerpflichtigen letztlich doppelt berücksichtigt. Hat der Kunde hingegen von vornherein einen Freistellungsauftrag bei seinem Kreditinstitut gestellt, so werden ihm – sofern seine persönlichen Freibeträge nicht überschritten werden – die Zinserträge in voller Höhe ausgezahlt.

Nicht zuletzt in dieser Sachverhaltskonstellation dokumentieren sich die weitreichenden steuerrechtlichen Gesichtspunkte, die der Gesetzgeber über steuerliche Mitwirkungspflichten in das zivilrechtliche Geschäftsverhältnis von Finanzdienstleistungsunternehmen und Kunde hineinträgt. Bemerkenswert erscheint dabei die Argumentation des Bundesgerichtshofes[212], der die steuerlichen Mitwirkungspflichten als „durch staatliche Organe aufgebürdete Verwaltungsaufgaben" betrachtet, deren entstehende Kosten als nicht abwälzbare, selbst zu tragende „Gemeinkosten" des Pflichtigen einzuordnen sind.

Somit stellen sich konsequenterweise die Folgefragen, ob, gegebenenfalls durch wen und in welcher Form der betroffene Finanzdienstleistungskunde seinerseits über die –

---

[211] BGHZ 136, S. 261, DB 1997, S. 2016 f.

[212] BGHZ 136, S. 261, DB, 1997 S. 2016 f. im Zusammenhang mit dem Kapitalertragsteuerabzugsverfahren.

mit den jeweiligen Mitwirkungspflichten einhergehenden – steuerlichen Gesichtspunkte zu informieren ist.

1. Informationspflichten aus steuerlichen Mitwirkungspflichten?

Die vorstehend entwickelten Nebenpflichten liegen unmittelbar in einem spezifischen Schuldverhältnis begründet. Daneben sind steuerbezogene informationelle Handlungspflichten denkbar, die unmittelbar an eine steuerrechtliche Mitwirkungspflicht, d. h. an einen steuerrechtlichen Mitwirkungstatbestand, angeknüpft werden.

Das deutsche Steuerrecht kennt eine Reihe von steuerlichen Mitwirkungspflichten im Besteuerungsverfahren, die neben dem Steuerpflichtigen selbst auch Dritte treffen.[213] In diesem Zusammenhang haben vor allem – wie oben herausgearbeitet – die Mitwirkungsverpflichtungen im Steuererhebungsverfahren einen besonderen Stellenwert. Sie greifen auf recht massive Weise in das privatrechtliche Verhältnis zwischen dem Mitwirkungsverpflichteten und seinem Vertragspartner ein. Wesentliche Erscheinungsformen dieser Art der steuerlichen Mitwirkungspflicht in der Steuererhebung bilden die verschiedenen Steuerabzugsverfahren. Derartige „Quellensteuerverfahren" kennt das Gesetz im Zusammenhang mit der Besteuerung von Einkünften aus Kapitalvermögen (Steuerabzug vom Kapitalertrag, §§ 43 ff. EStG), der Besteuerung von Einkünften aus nichtselbständiger Arbeit (Lohnsteuerverfahren, §§ 38 ff. EStG), dem Steuerabzugsverfahren bei Bauleistungen (§§ 48 ff. EStG) sowie dem Steuerabzug bei beschränkt Steuerpflichtigen (§§ 50 a EStG ff.) im Rahmen von Doppelbesteuerungsabkommen. Diesen verschiedenen Abzugsverfahren ist Folgendes gemein: Den Abzugsverpflichteten treffen auf Grundlage der steuergesetzlichen Vorgaben einerseits Pflichten gegenüber der öffentlichen Hand. Andererseits treffen ihn jedoch auch Pflichten gegenüber dem jeweiligen Vertragspartner. Fraglich erscheint nunmehr, ob und gegebenenfalls in welcher Form sich steuerrechtsbezogene (informationelle) Nebenpflichten im Vertragsverhältnis „auf Grundlage" gesetzlicher, steuerlicher Mitwirkungspflichten ergeben können. In diesem Zusammenhang könnte an steuerliche Informationspflichten als quasi „Annexpflichten" der jeweiligen steuerrechtlichen Mitwirkungstatbestände gedacht werden.

2. Sonderfall: Mitwirkungsbezogene Nebenpflichten im Arbeitsverhältnis

Anders als das Verfahren des Steuerabzugs vom Kapitalertrag ist das Lohnsteuerverfahren bereits auf seine zivilrechtlichen Auswirkungen hin untersucht worden. Dabei wird das konkrete Arbeitsvertragsverhältnis hinsichtlich der unmittelbaren und mittelbaren arbeitnehmer- und arbeitgeberseitigen Pflichten aus dem Lohnsteuerverfahren

---

[213] Vergleich steuerliche Mitwirkungspflichten bei Finanzdienstleistungen, vgl. 1. Teil, § 3 I.

beleuchtet.[214] *Söllner*[215] spricht in diesem Zusammenhang von einer so genannten „Doppelnatur" der im Rahmen des Lohnsteuerverfahrens relevanten Arbeitgeberpflichten des Einkommensteuergesetzes. Diese Doppelnatur lässt sich in den Fällen veranschaulichen, in denen dem Arbeitgeber seinerseits Fehler im Abzugsverfahren unterlaufen. Zum einen haftet er unter den Voraussetzungen des § 42 d EStG dem Finanzamt gegenüber. Zum anderen kann er unter Umständen vom Arbeitnehmer auf Schadensersatz in Anspruch genommen werden.[216] Einschlägige Anspruchsanknüpfung bilde hierbei die Verletzung einer vertraglichen Nebenpflicht des Arbeitsvertrages.[217] Dabei wird die Generalklausel des § 242 BGB mit den objektivrechtlichen Zwecken des Steuerrechts in Gestalt des Lohnsteuerverfahrens harmonisiert.[218]

3. Stellungnahme: Übertragung auf Finanzdienstleistungsrechtsverhältnisse

Übertragen auf das Abzugsverfahren beim Kapitalertrag könnten sich in Anwendung der entwickelten Ansätze im Lohnsteuerverfahren die folgenden Schlüsse ziehen lassen. Es könnte unter anderem erwogen werden, aus der erörterten „Doppelfunktion" der Mitwirkungstatbestände in den Steuerabzugsverfahren eine diesbezügliche steuerliche Informationspflicht des Abzugspflichtigen gegenüber dem Steuerpflichtigen abzuleiten. Eine steuerliche Informationspflicht könnte als Nebenpflicht im Sinne des § 242 BGB innerhalb des jeweils zugrunde liegenden Finanzdienstleistungshauptgeschäftes zu verorten sein.[219] Diese Nebenpflicht könnte sich aus der Auslegung und Konkretisierung der vertraglichen Pflichten unter Berücksichtigung der öffentlichrechtlichen Vorgaben und Wertungen des Steuerabzugsverfahrens ergeben.

Eine derartige Qualifizierung könnte mit Blick auf die Argumentation des Bundesgerichtshofs und des Bundesverfassungsgerichts zu den Grundlagen der §§ 43 ff. EStG begründet werden.[220] Wenn die Gerichte ausdrücklich hervorheben, dass es sich bei dem Abzugsverfahren um eine „durch staatliche Organe aufgebürdete Verwaltungsaufgabe" handelt und den Verpflichteten als Teil seiner „Gemeinkosten" treffen, dann manifestiert sich jedenfalls darin, dass dem Verpflichteten (Finanzdienstleistungsunternehmen) bewusst ein „Sonderopfer" abverlangt wird. In diesem Zusammenhang könnten den Finanzdienstleister neben dem „Sonderopfer" des technischen Steuerabzugverfahrens möglicherweise auch Begleit- und Nebenpflichten treffen. Ein Bestand-

[214] Stolterfroth, DStJG 9, S. 175 ff. (1986), Schaub, Arbeitsrechtshandbuch, § 71 IV Rn. 12, S. 364; Giloy, zu Abwehrmaßnahmen des Arbeitnehmers bei unberechtigtem Steuerabzug vom Arbeitslohn, S. 2104; Roth, in: MünchKomm, § 242, Rn. 176 mit weiteren Nachweisen.

[215] Söllner, in: MünchKomm, § 611, Rn. 187.

[216] Vergleiche etwa BAG, DB 1960, S. 642 f.

[217] Obgleich der Arbeitgeber in Erfüllung von Verwaltungsaufgaben tätig wird, haftet er nicht nach Amtshaftungsgrundsätzen, Walz, BB 1991, S. 880.

[218] Walz, BB 1991, S. 880.

[219] Abgestellt wird in diesem Zusammenhang insbesondere auf die vertraglichen Vereinbarungen, die den Finanzdienstleistungen im konkreten Fall zugrunde liegen.

[220] BGHZ 136, S. 261, DB 1997 S. 2016 f. im Zusammenhang mit dem Kapitalertragssteuerabzugsverfahren.

teil dieser Nebenpflichten könnte eine Informationspflicht, in Gestalt einer Aufklärungspflicht, sein. Diese könnte aus dem jeweiligen Steuerabzugstatbestand abzuleiten sein. Die entsprechende Pflicht hinge quasi als „Annexpflicht" an der Durchführung des Steuerabzugsverfahrens.

In diesem Sinne könnte sich auch mit dem Sinn und Zweck des Freistellungsverfahrens im Rahmen des Kapitalertragsteuerabzugsverfahren i. S. d. §§ 43 ff. EStG argumentieren lassen. Erklärtes Interesse des Gesetzgebers ist es – wie oben ausgeführt –, durch Einbeziehung der jeweiligen Freibeträge bereits auf Ebene der Steuererhebung eine Entlastung der Finanzbehörden zu erreichen. Hintergrund ist die Überlegung, dass ansonsten etwaige steuerlich einbehaltene und abgeführte Kapitalerträge zu einem späteren Zeitpunkt des Besteuerungsverfahrens zu berücksichtigen und gegebenenfalls zurückzuerstatten wären. Dieser Sinn und Zweck einer Verwaltungsentlastung ist jedoch nur dadurch zu erreichen, dass große Teile der betroffenen Steuerpflichtigen in ein Freistellungsverfahren einbezogen werden. Eine solche „Einbeziehung" erscheint insbesondere durch den jeweiligen Abzugsverpflichteten, d. h. gegebenenfalls eben das entsprechende Finanzdienstleistungsunternehmen, möglich. Grundvoraussetzung für diese „Einbeziehung" könnte eine notwendige Informationspflicht des Finanzdienstleistungsunternehmens über die Existenz entsprechender Freistellungsmöglichkeiten in Gestalt einer Hinweis- oder Aufklärungspflicht sein. Im Zusammenhang mit dem Abzugsverfahren könnte dies vor allem deshalb sinnvoll erscheinen, da Gelder eines Steuerpflichtigen im Rahmen seines privatrechtlichen Finanzdienstleistungsverhältnisses durch den Vertragspartner (Abzugsverpflichteten) einbehalten werden, ohne dass ihm gegenüber ein entsprechend erklärender Hinweis erfolgt. Somit liegt ein grundsätzliches Informationspotenzial auf der Hand.

Fraglich erscheint jedoch, ob die Informationslast den Abzugsverpflichteten als Bestandteil seiner steuerlichen Mitwirkungspflicht – beispielsweise in Gestalt einer vertraglichen Nebenpflicht – treffen soll. Selbst wenn man die Pflichten aus dem Abzugsverfahren als solche mit einer „Doppelnatur" einordnet, ist die Ableitung einer unmittelbaren steuerlichen Informationspflicht aus den jeweiligen Normen abzulehnen. Die einkommensteuerrechtlichen Vorschriften zur Mitwirkung im Verfahren der Steuererhebung „übertragen" Verwaltungsaufgaben auf einen privaten Dritten. Dieser wird jedoch nicht als Beliehener oder auf vergleichbare Weise zu einer Behörde erhoben. Vielmehr werden ihm einzelne, klar definierte Aufgaben übertragen. Die einzelnen Normen der Mitwirkung sehen ihrerseits jedoch an keiner Stelle entsprechende Informationspflichten des Abzugspflichtigen vor. Vor diesem Hintergrund vermag es nicht zu überzeugen, unter Verweis auf den Bestand ausdrücklicher Mitwirkungspflichten weitergehende – nicht geregelte – „Mitwirkungsinformationspflichten" zu konstruieren. Gerade in einem sensiblen Bereich wie der Steuererhebung bedarf es einer klaren rechtlichen Zuordnung von Handlungspflichten. Steuerliche Informationspflichten sind dabei dem Abzugspflichtigen nicht als gesetzliche Handlungspflichten auferlegt.

Anders als in arbeitsvertraglichen Verhältnissen liegt den Rechtsverhältnissen der Finanzdienstleistungen überdies keine der „arbeitgeberseitigen Fürsorgepflicht" vergleichbare Grundhandlungspflicht zugrunde.

Zusammenfassend ist damit festzustellen, dass sich zwar grundsätzlich steuerrechtsbezogene Vertragsnebenpflichten aus steuerlichen Mitwirkungspflichten ableiten lassen. Es finden sich im Ergebnis jedoch keine zwingenden Anhaltspunkte, nach denen steuerliche Informationspflichten als vertragliche Nebenpflichten unmittelbar aus den steuerlichen Mitwirkungspflichten abzuleiten sind. Dieses Ergebnis lässt zunächst offen, ob die steuerrechtlichen Wertungen entsprechender Mitwirkungspflichten über die Regelungen von Treu und Glauben nach § 242 BGB in ein Vertragsverhältnis hineinwirken können und damit gegebenenfalls Anknüpfung etwaiger – auch informationeller – Nebenpflichten oder vorvertraglicher Handlungspflichten sein können. Diesbezüglich sei auf die herausgearbeitete 1. Fallgruppe im Bereich steuerrechtsbezogener Informationspflichten in Vertragsverhältnissen verwiesen.[221]

[221] Zur Bedeutung steuerrechtsbezogener Mitwirkungspflichten mit Blick auf zivilrechtliche steuerliche Informationspflichten („zivilrechtliche Ausstrahlungswirkung"), vgl. 2. Teil, § 2 I 1.

3. Teil
Steuerrechtsbezogene Informationspflichten in Anlageberatung und Anlagevermittlung

Nachfolgend gilt es nunmehr, die Finanzdienstleistungsverhältnisse der Anlageberatung und der Anlagevermittlung unter zivilrechtlichem Blickwinkel auf spezifische steuerrechtsbezogene Informationspflichten zu untersuchen.

§ 1 Abgrenzung und Gang der Untersuchung

Als Ausgangspunkt in der Untersuchung zivilrechtlich begründeter steuerlicher Informationspflichten in der Anlageberatung und der Anlagevermittlung ist auf die privatrechtliche Sonderbeziehung, d. h. insbesondere das jeweilige Vertragsverhältnis zwischen Finanzdienstleister und Kunden, abzustellen. Dabei können Informationspflichten im weitesten Sinne entweder Gegenstand einer vertraglichen Hauptleistungspflicht oder auch Bestandteil vertraglicher Nebenpflichten sein. Insofern bedarf es jedoch zunächst der Abgrenzung der untersuchten Finanzdienstleistungen der Anlageberatung und Anlagevermittlung zu anderen, zum Teil ähnlichen Finanzdienstleistungsverhältnissen.

I. Anlageberatung und Anlagevermittlung: Einordnung und Abgrenzung

Die Finanzdienstleistungswirtschaft bietet eine Vielzahl unterschiedlicher Dienstleistungen an, die der private Kunde unmittelbar oder mittelbar zum Aufbau, der Bewirtschaftung und zur Absicherung seines Vermögens in Anspruch nehmen kann.[222] Ihnen gemeinsam ist die Betreuung oder Mitbetreuung fremder Vermögensinteressen durch einen gewerblichen Dienstleister. Da diese zum Teil verwandten Finanzdienstleistungen[223] sich mitunter in ihren Erscheinungsformen ähneln, sind sie zunächst voneinander abzugrenzen.[224] Eine derartige Abgrenzung ist insbesondere mit Blick auf die genaue Bestimmung der konkreten rechtlichen Ausgestaltung entsprechender Informationspflichten unabdingbar. Zentraler Unterschied zwischen diesen Dienstleistungen ist der Grad der Verantwortung des jeweiligen Finanzdienstleisters gegenüber dem Kunden. Dieser Grad an Verantwortung wiederum spiegelt sich im Umfang und

---

[222] Feyerabend, in: Martinek/Semler, § 42 Rn. 1.

[223] In diesem Zusammenhang behauptet Ekkenga, dass es sich bei der Anlageberatung gerade nicht um eine Finanzdienstleistung handelt, so Ekkenga in: MünchKomm zum HGB, Band 5, Effektengeschäft, Rn. 78. Mit Blick auf ein weites Begriffsverständnis im Sinne des angloamerikanischen Gedankens der „Financial Services" ist dem jedoch nicht zustimmen, vgl. Bamberger in: Derleder/Knops/Bamberger, § 44 Rn. 2. Zum Begriff der Finanzdienstleistung als Oberbegriff für Leistungen, die von Kreditinstituten und banknahen Instituten oder Nichtbanken angeboten und als Teilbereich des Allfinanzangebots zu verstehen sind sehr informativ bei Gramlich/Grill/Eller, Bank-Lexikon, S. 627 (Finanzdienstleistungen).

[224] Der hier verwendete Begriff der Finanzdienstleistung ist nicht mit dem aufsichtsrechtlichen Begriffsverständnis identisch, das der Aufzählung des § 1 Abs. 1a S. 2 Nr. 1-8 KWG zugrunde liegt.

in der Reichweite spezifischer Informationspflichten gegenüber dem jeweiligen Kunden wider.[225]

1. Anlageberatung

Abstrakt gesehen ist die Anlageberatung als der interessengerechte und vom Anlegerinteresse geleitete Ausgleich von Erfahrungs-, Wissens- und Beurteilungsdefiziten beim Anleger mit dem Ziel eines für den Anleger optimalen wirtschaftlichen Ergebnisses des Anlagegeschäfts zu verstehen.[226] In diesem Sinne beinhaltet die Anlageberatung die gewollte und auf Grundlage besonderer Sachkunde durchgeführte Information und bewertende Beurteilung bestimmter Anlageformen unter besonderer Berücksichtigung der individuellen Verhältnisse des Anlegers.[227] Dabei kann sich die Anlageberatung alternativ oder kumulativ auf das jeweilige Anlageprodukt, die persönliche und wirtschaftliche Situation des Anlegers, allgemeine volkswirtschaftliche Fragen oder steuerrechtliche Gesichtspunkte beziehen.[228] Gegenstand kann dabei eine konkret vom Anleger beabsichtigte oder eine zunächst noch unbestimmte Kapitalanlage sein.[229] Wie *Bamberger* plakativ beschreibt, besteht die typische Konstellation der Anlageberatung darin, dass der nicht oder wenig informierte Anleger den Rat einer fachkundigen Person in Anspruch nimmt, um das Risiko einer beabsichtigten Anlage für sein Vermögen zu minimieren.[230]

Die Anlageberatung kann sich auf verschiedene Finanzinstrumente als Anlageobjekte beziehen. Die fortwährende Weiterentwicklung von Finanzprodukten erfordert dabei eine ständige Anpassung der Anforderungen an die Anlageberatung. Abhängig von ihrer konkreten Ausgestaltung im Einzelfall kann die Anlageberatung neben dem jeweiligen Anlageprodukt die persönliche und wirtschaftliche Situation des Anlegers, allgemeine volkswirtschaftliche Fragen sowie steuerrechtliche Gesichtspunkte zum Gegenstand haben.[231]

Neben den „klassischen" Anlageobjekten wie Aktien und fest- oder variabel verzinslichen Wertpapieren sowie Geschäften im Swap-, Termin- und Optionsmarkt sind in diesem Zusammenhang auch andere Finanzprodukte außerhalb von Wertpapieren,

---

[225] Lang, Informationspflichten, § 4 Rn. 40.
[226] Bamberger, in: Derleder/Knops/Bamberger, § 44 Rn. 20.
[227] In diesem Zusammenhang der BGH, WM 1993, S. 1238 ff.: *„(...) Einen Anlageberater wird der Kapitalanleger im allgemeinen hinzuziehen, wenn er selbst keine ausreichenden wirtschaftlichen Kenntnisse und keinen genügenden Überblick über wirtschaftliche Zusammenhänge hat. Er erwartet dann nicht nur die Mitteilung von Tatsachen, sondern insbesondere deren fachkundige Bewertung und Beurteilung (...) Als unabhängiger individueller Berater, dem ein weitreichendes persönliches Vertrauen entgegengebracht wird, muss er besonders differenziert und fundiert beraten."*
[228] Kienle, in: Schimansky/Bunte/Lwowski, Band 3, § 110 Rn. 1.
[229] Bamberger, in: Derleder/Knops/Bamberger, § 44 Rn. 3.
[230] Bamberger, in: Derleder/Knops/Bamberger, § 44 Rn. 3.
[231] Kienle, in: Schimansky/Bunte/Lwowski, § 110 Rn. 1.

Geldmarktinstrumenten und Derivaten denkbar. In diesem Sinne sind vor allem spezifische Finanzinnovationen und unternehmerische Beteiligungen in Gestalt geschlossener Fondsmodelle hervorzuheben, die aus dem Anwendungsbereich des Wertpapierhandelsgesetzes – §§ 2 Abs. 1, 1a, 2, 2a, 2b WpHG – herausfallen.[232] Damit ist die Anlageberatung sowohl in Gestalt einer aufsichtsrechtlich erfassten Wertpapiernebendienstleistung als auch als eigenständige Finanzdienstleistung am freien Kapitalmarkt denkbar.

Das Problemfeld spezifischer Informationspflichten in der Anlageberatung ist im deutschen Recht tief verankert. Dies manifestiert sich bereits in entsprechenden Entscheidungen des Reichsgerichts.[233] Darin sind bereits vor knapp einem Jahrhundert die Notwendigkeiten einer sorgfältigen Beratung des Anlegers durch eine Bank mit entsprechenden Haftungsfolgen gesehen worden.

2. Anlagevermittlung

Im Rahmen der Anlagevermittlung kann grundsätzlich zwischen Vermittlungsgeschäften im Auftrage des Anlegers und solchen im Auftrage des Emittenten unterschieden werden.[234] Vermittlungsgeschäfte im Auftrag des Anlegers, die entweder die Vermittlung von Abschlussgelegenheiten am Kapital- oder Terminmarkt oder den Abschluss eines Kauf- oder Verkaufsgeschäfts zwischen dem Anleger und einem Dritten bezwecken, werden aufsichtsrechtlich als Wertpapierdienstleistungen qualifiziert.[235] Anders dagegen die Anlagevermittlung im Auftrage des Emittenten. Als Anlagevermittler wird dabei derjenige verstanden, der gewerblich für eine bestimmte Kapitalanlage im Interesse des Kapitalsuchenden und mit Rücksicht auf die ihm versprochene Provision den Vertrieb übernommen hat.[236] Die Anlagevermittlung kann sich auf die verschiedensten Finanzinstrumente, z. B. Aktien, sonstige Wertpapiere und insbesondere Anteile an personengesellschaftsrechtliche ausgestalten Fondsmodellen, beziehen.[237] Von besonderer Bedeutung ist die Anlagevermittlung im Rahmen des Vertriebs von Kapi-

---

232 In diesem Sinne auch Kienle, in: Schimansky/Bunte/Lwowski, § 110 Rn. 1.

233 RGZ 27, 118 ff.; RGZ 42, 125 ff.; RG Bank-Archiv 15, 144 ff.

234 Ekkenga, in: MünchKomm zum HGB, Band 5 Effektengeschäft, Rn. 79.

235 Anlagevermittlung, § 2 Abs. 3 Nr. 4 WpHG bzw. Abschlussvermittlung, § 2 Abs. 3 Nr. 3 WpHG. Zu den spezifischen wertpapieraufsichtsrechtlichen Pflichten des Anlagervermittler, vgl. 4. Teil § 1 I Nr. 5.

236 Koch, S. 81. Der Bundesgerichtshofs definiert den Begriff des Anlagevermittler in seinem Urteil vom 13. Mai 1993 wie folgt, *„Dem Anlagevermittler, der für eine bestimmte Kapitalanlage im Interesse des Kapitalsuchenden und auch mit Rücksicht auf die ihm versprochene Provision den Vertrieb übernommen hat, tritt der Anlageinteressent selbständiger gegenüber (...) Der zwischen Anlageinteressent und einem solchen Anlagevermittler abgeschlossene Vertrag zielt lediglich auf Auskunftserteilung. Er verpflichtet den Vermittler zu richtiger und vollständiger Information über diejenigen tatsächlichen Umstände, die für den Anlageentschluss des Interessenten von besonderer Bedeutung sind." BGH , WM 1993, S.1238 f.* Die Anlagevermittlung regelmäßig als die Vermittlung von Kapitalanlagen im Rahmen des so genannten Kapitalanlagevertriebs bezeichnet, Schäfer, S. 3.

237 Bamberger, in: Derleder/Knops/Bamberger, § 44 Rn. 5.

talanlagen und im Interesse des Kapitalsuchenden am so genannten „grauen" oder „ungeregelten" Kapitalmarkt.[238] Die Anlagevermittlung ist ebenso wie die Anlageberatung als Finanzdienstleistung im weiteren Sinne zu bezeichnen, d. h. als Dienstleistung, die der private Kunde zum Aufbau, zur Bewirtschaftung und Absicherung seines Vermögens benötigt und in Anspruch nimmt.[239] Der wesentliche Unterschied zur Anlageberatung liegt in der spezifischen Interessenausrichtung des Anlagevermittlers, die aus dem Zweck seiner Tätigkeit resultiert. So agiert der Anlagevermittler vor allem im Interesse eines Dritten, für dessen Investitionsvorhaben er Kapital zu sammeln versucht. Er tritt für den Dritten mit Werbung und anpreisenden Informationen gegenüber dem die Vermittlung in Anspruch nehmenden Anleger auf.[240]

Die Anlagevermittlung im Vertrieb von Kapitalanlagen am grauen oder ungeregelten Kapitalmarkt ist grundsätzlich keinen spezifischen aufsichtsrechtlichen, anlegerschützenden Regelungen unterworfen.[241]

3. Abgrenzung zu sonstigen Finanzdienstleistungen[242]

a. Vermögensverwaltung

Die Vermögensverwaltung ist als die Verwaltung einzelner in Anlageinstrumenten angelegten Vermögen für andere mit Entscheidungsspielraum zu verstehen.[243] Maßgeb-

---

238 Zum Begriff des „grauen Kapitalmarktes" als Marktsegment ohne spezifische aufsichtsrechtliche, anlegerschützende Vorschriften bei Koch, S. 22 ff. Im Rahmen des 4. Teils soll ausführlicher auf begriffliche Abgrenzungen eingegangen werden.

239 Bamberger, in: Derleder/Knops/Bamberger, § 44 Rn. 2.

240 Bamberger, in: Derleder/Knops/Bamberger, § 44 Rn. 5.

241 Teilweise wird jedoch vertreten, Anlagevermittler generell an die Vorgaben der §§ 31 ff. WpHG zu binden. Dies wird unter Verweis auf den Zweck der Verhaltensregeln des Wertpapierhandelsgesetzes begründet, das Vertrauen der Anleger in die Effizienz und Funktionstüchtigkeit des Kapitalmarktes zu stärken. So bei Hadding in: FS- Schimanky, S. 67 ff.; Lang, Informationspflichten, § 4 Rn. 35. Zu diesem Problemfeld jedoch an späterer Stelle, 4. Teil, § 3 I 2 b.

242 Hier ist insbesondere die Abgrenzung zur Vermögensverwaltung und dem Financial Planning von Bedeutung. Bei den wertpapieraufsichtsrechtlichen Wertpapierdienst- bzw. Wertpapiernebendienstleistungen des Effekten-, Depot- und Kreditgeschäftes handelt es sich um solche Dienstleistungen, deren Abgrenzung im Regelfall keine größeren Schwierigkeiten bereitet. Das Effektengeschäft i. S. d. § 2 Abs. 3 Nr. 1 – 4 WpHG wird aufsichtsrechtlich grundsätzlich als die gewerbsmäßige Anschaffung und Veräußerung von Wertpapieren für andere verstanden. Hierbei sind mit dem Kommissionsgeschäft, dem Festpreisgeschäft, der Abschlussvermittlung und der Anlagevermittlung vier Arten von Effektengeschäften mit verschiedenen vertraglichen Beziehungen zu unterscheiden. Dagegen ist als Depotgeschäft, das wertpapieraufsichtsrechtlich nach § 2 Abs. 3a Nr. 1 WpHG als Wertpapiernebendienstleistung eingeordnet wird, die Verwahrung und Verwaltung von Wertpapieren für andere zu verstehen. Als Kreditgewährung hingegen werden solche Rechtsverhältnisse verstanden, in denen einem Kunden ein Darlehen oder ein Kredit gewährt wird, der zur Finanzierung einer vom Darlehensgeber durchgeführten Wertpapierdienstleistung bestimmt ist. Derartige Kreditgewährungen werden wertpapieraufsichtsrechtlich von § 2 Abs. 3a Nr. 2 WpHG erfasst.

243 Diese Definition orientiert sich am Wortlaut der Vorschrift des § 2 Abs. 3 Nr. 6 WpHG (vgl. § 1 Abs. 1a S. 2 Nr. 3 KWG), der die Vermögensverwaltung als „Finanzportfolioverwaltung" legaldefiniert.

lich ist dabei, dass der Vermögensverwalter – im Gegensatz zum Anlageberater und Anlagevermittler – die Entscheidung über die Anlage respektive die Verwendung von Vermögenswerten im Interesse des Anlegers selbständig und nach eigenem Ermessen trifft.[244] Charakteristikum der Vermögensverwaltung ist neben dieser eigenen Dispositionsbefugnis des Vermögensverwalters die Ausgestaltung der Dienstleistung als Dauerschuldverhältnis. Anders als die Anlageberatung, die auf die Beratung im Einzelfall bezogen ist, beinhaltet die Vermögensverwaltung eine ständige Verpflichtung des Verwalters, sich um das zur Verwaltung überlassene Kundenvermögen zu kümmern.[245]

Regelmäßig schließen Vermögensverwalter und Kunde einen so genannten Vermögensverwaltungsvertrag. Darin verpflichtet sich der Verwalter, das anvertraute Vermögen im Interesse des Kunden zu verwalten und zu vermehren.[246] Überdies wird zwischen den Parteien in diesem Vertrag eine anvisierte Anlagestrategie festgelegt.[247] Daneben werden regelmäßig bestimmte Anlagerichtlinien vereinbart, im Rahmen derer der Vermögensverwalter die Vermögensverwaltung vorzunehmen hat.[248] In diesem Zusammenhang treffen den Vermögensverwalter eine Reihe von Informationspflichten gegenüber dem Kunden, die sich von den entsprechenden Pflichten des Anlageberaters oder des Anlagevermittlers unterscheiden können.[249]

Nach § 2 Abs. 3 Nr. 6 WpHG (Finanzportfolioverwaltung) wird die Verwaltung einzelner in Wertpapieren, Geldmarktinstrumenten oder Derivaten angelegter Vermögen für andere mit Entscheidungsspielraum als Wertpapierdienstleistung erfasst.[250] In diesem Fall finden auch auf den Vermögensverwalter die Verhaltenspflichten der §§ 31 ff. WpHG Anwendung.

b. Financial Planning

Unter „Financial Planning"[251] – häufig auch als strategische Finanzplanung oder Vermögensstrukturberatung bezeichnet – wird grundsätzlich die systematische Strukturierung vollständiger Privatvermögen im Rahmen eines koordinierten Planungs- und Beratungsprozesses verstanden.[252] Charakteristisch ist hierbei ein ganzheitliches Beratungsvorgehen.[253] Im Wege der Erfassung sämtlicher Vermögensgegenstände, Verbindlichkeiten, Einnahmen und Ausgaben sowie der persönlichen Verhältnisse

---

244 Zum Begriff der Vermögensverwaltung bei Balzer, S. 1 ff.
245 Roll, S. 35.
246 Balzer, in: Derleder/Knops/Bamberger, § 45 Rn. 1.
247 Balzer, in: Derleder/Knops/Bamberger, § 45 Rn. 1.
248 Assmann, in: Assmann/Schneider, § 2 Rn. 66.
249 Müller, in: Schäfer/Müller, Rn. 198.
250 Jung, BB 1998, S. 651.
251 Zum Begriff des Financial Plannings und seinen diversen Synonymen bei Tilmes, S. 15 f.
252 Lammer, S. 15 ff.; Schaubach, ÖBA 2003, S. 904 ff.; Richter, S. 115 ff.; Balzer, in: Welter/Lang, Rn. 6.1. mit weiteren Nachweisen.
253 Richter, S. 47 f.

wird zunächst eine umfassende Vermögensbestandsanalyse beim Kunden vorgenommen. Auf dieser Grundlage schließt sich dann eine komplexe Beratungsleistung an. Diese beinhaltet neben der Analyse, Planung und Dokumentation regelmäßig auch die Umsetzungsbegleitung mit dem Kunden.[254] Im Kern zielt das Financial Planning darauf ab, mit dem Kunden ein strukturiertes Bild seiner Vermögenssituation zu erarbeiten und unter Berücksichtigung verschiedener persönlicher, rechtlicher und steuerrechtlicher Faktoren ein maßgeschneidertes Vermögensvorsorge- und Vermögensoptimierungskonzept zu entwickeln.[255]

Den Dienstleistungserbringer des Financial Planning treffen umfassende Informationspflichten in Gestalt spezifischer Explorations-, Aufklärungs-, Beratungs- und auch Dokumentationspflichten.[256]

Das Financial Planning weist grundlegende Berührungspunkte und zum Teil auch Überschneidungen mit der Anlageberatung auf. Anders als das Financial Planning ist die Anlageberatung jedoch regelmäßig an einem konkreten Anlagebegehren des Kunden im Einzelfall ausgerichtet.[257] Dabei wird der individuellen Vermögenssituation des Kunden nur insoweit Rechnung getragen, als dies im Rahmen einer anlage- und objektgerechten Beratung erforderlich ist. Damit beinhaltet die Anlageberatung regelmäßig eine konkrete, produktbezogene Empfehlung. Demgegenüber zielt das Financial Planning im Kern auf die reine Beratungsleistung ohne jede „Transaktionskomponente".[258] Dennoch ergeben sich in der Umsetzungsphase des Financial Planning Überschneidungen zwischen den beiden Finanzdienstleistungen, da es regelmäßig zu konkreten Handlungsempfehlungen und Produktvorschlägen gegenüber dem Kunden kommt.[259]

Das Financial Planning fällt – auch durch ein Wertpapierdienstleistungsunternehmen i. S. v. § 2 Abs. 4 WpHG erbracht – nicht in den Anwendungsbereich des Wertpapierhandelsgesetzes. So stellt diese Finanzdienstleistung weder eine Wertpapier- noch eine Wertpapiernebendienstleistung i. S. d. WpHG dar.[260] Damit finden auch die in den §§ 31 ff. WpHG verankerten Verhaltenspflichten keine unmittelbare Anwendung.[261]

---

254 Balzer, in: Welter/Lang, Rn. 6.1.

255 Lammer, S. 135 ff.

256 Balzer, in: Welter/Lang, Rn. 6.19 ff.

257 Tilmes, S. 37 ff.

258 Balzer, in: Welter/Lang, Rn. 6.5.

259 In der Praxis sind die jeweiligen Dienstleistungen nur schwer voneinander abgrenzbar. Dies zeigt sich insbesondere dann, wenn überdies die „Vermögensberatung" unzutreffenderweise als weitere, eigenständige Finanzdienstleistung identifiziert wird, so Balzer in: Welter/Lang, Rn. 6.5. Klarer im einheitlichen Verständnis Hopt, S. 1 ff.; Kienle, in: Schimansky/Bunte/Lwoski, § 111 Rn. 1.

260 Balzer, ZBB 2003, 177 ff.

261 So auch Balzer, in: Welter/Lang, Rn. 6.14.

II. Ermittlung und Bestimmung spezifischer steuerlicher Informationspflichten

Wie im 2. Teil herausgearbeitet, sind die steuerlichen Umstände einer Vertragspartei im Zivilrecht grundsätzlich Bestandteil der jeweiligen eigenen spezifischen Risikosphäre.[262] Damit hat sich grundsätzlich – schuldrechtlich gesehen – jede Vertragspartei um ihre eigenen steuerlichen Belange und nicht um die des Vertragspartners zu kümmern. Dieser Grundsatz gilt auch in der Anlageberatung und Anlagevermittlung.

Insofern ist innerhalb dieser Finanzdienstleistungsverhältnisse anhand eines „Zwei-Stufen-Modells" das Vorliegen – 1. Stufe („ob") – sowie der Umfang – 2. Stufe („wie") – etwaiger steuerrechtsbezogener Informationspflichten zu bestimmen.

Dem zweistufigen Ansatz folgend ist auf einer ersten Stufe zunächst zu ermitteln, ob steuerliche Informationspflichten ausnahmsweise als Bestandteil des Pflichtenkanons einer Vertragspartei innerhalb der Anlageberatung bzw. der Anlagevermittlung zu identifizieren sind.

In diesem Zusammenhang soll untersucht werden, ob mit Blick auf die Anlageberatung einerseits sowie die Anlagevermittlung andererseits die im 2. Teil entwickelten fünf Fallgruppen steuerrechtsbezogener informationeller Handlungspflichten herangezogen werden können.[263]

Sodann gilt es, für die zweite Stufe anhand der von der Rechtsprechung und Literatur entwickelten informationellen Handlungspflichten in der Anlageberatung und der Anlagevermittlung zivilrechtliche Maßstäbe zu gewinnen, mittels derer sich der spezifische Umfang steuerrechtsbezogener Informationspflichten für das jeweilige Finanzdienstleistungsverhältnis bestimmen lässt.

In diesem Zusammen ist zu untersuchen, ob sich die von Rechtsprechung und Literatur entwickelten Pflichtenstandards innerhalb der jeweiligen Vertragsverhältnisse auf die Eigenarten steuerrechtlicher Gesichtspunkte übertragen lassen. Insbesondere ist zu überprüfen, ob es unter Berücksichtigung der Eigenarten des Steuerrechts spezifischer Anwendungsmodifikationen bedarf und ob gegebenenfalls spezifische Einschränkungen und Pflichtenausschlüsse greifen. Abschließend sollen die entwickelten eigenen Ansätze anhand typisierter Anwendungsbeispiele dokumentiert und illustriert werden.

---

262 Zu den allgemeinen Aspekten steuerlicher Belange im Vertragsrecht, 2. Teil.

263 Zu den verschiedenen Fallgruppen, ihren Herleitungen und Voraussetzungen, 2. Teil, § 2 I.

§ 2 Steuerrechtsbezogene Informationspflichten in der Anlageberatung

I. Rechtsverhältnis zwischen Anleger und Anlageberater

Bei der Untersuchung der zivilrechtlichen, informationellen Handlungspflichten des Anlageberaters ist – untechnisch formuliert – zwischen der Anlageberatung im engeren Sinne und der Anlageberatung im weiteren Sinne zu unterscheiden.[264] Im Zentrum der nachfolgenden Untersuchungen soll die Anlageberatung im engeren Sinne – als eigenständige Dienstleistung – mit eigenen vertraglichen Grundlagen und spezifischen informationellen Handlungspflichten stehen.

1. Die Anlageberatung „im engeren Sinne"

Die typische Konstellation, die der Anlageberatung im engeren Sinne zugrunde liegt, ist – wie auch *Brandt*[265] herausarbeitet –, dass eine fachunkundige Person dem fachkundigen Finanzdienstleister[266] gegenübertritt und um eine Beratung zum Zwecke der Vermögensanlage nachsucht.[267] Informationspflichten bilden hierbei den zentralen Bestandteil der Rechtsbeziehung zwischen den Parteien. Wenn im Folgenden von der Anlageberatung gesprochen wird, ist diese Rechtsbeziehung zugrunde gelegt.

Privatrechtliche Grundlage eines Anlageberatungsverhältnisses bildet regelmäßig ein so genannter Anlageberatungsvertrag. Dieser ist als selbständiger Beratungsvertrag entweder – wenn entgeltlich – als Geschäftsbesorgungsvertrag[268] i. S. v. § 675 Abs. 1 BGB, oder – bei Unentgeltlichkeit – als Auftrag[269] i. S. v. § 662 BGB zu qualifizieren.[270] Die Rechtsprechung hat frühzeitig klargestellt, dass die Vereinbarung eines zu zahlenden Entgeltes nicht die notwendige Voraussetzung für den Abschluss eines Anlageberatungsvertrages bildet.[271]

Das Zustandekommen des Anlageberatungsvertrages richtet sich nach §§ 145 ff., 133 ff. BGB. Der Abschluss des Anlageberatungsvertrages ist formfrei.[272] In Rechtsprechung und Literatur ist anerkannt, dass der Anlageberatungsvertrag auch stillschwei-

---

264 Zur Grundkonstellation der Anlageberatung, vgl. 1. Teil, § 1 IV.

265 Brandt, S. 90.

266 Kreditsinstitut, freier Anlageberater, etc.

267 Bamberger, in: Derleder/Knops/Bamberger, § 44 Rn. 17.

268 Regelmäßig in der Form eines Dienstvertragsverhältnisses i. S. d. §§ 611 ff. BGB bzw. wenn ausnahmsweise Erfolg geschuldet, als Werkvertragsverhältnis i.S.d. §§ 631 ff. BGB. In diesem Sinne Grimm, S. 25.

269 BGH, NJW 1999, S. 1541 ff.

270 Zu der rechtlichen Qualifikation des Anlageberatungsverhältnisses Arendts, Anlageberatung, S. 12 ff. mit weiteren Nachweisen.

271 BGH, NJW 1983, S. 1730 f.; BGH, WM 1984, S. 1075 f.; BGH, WM 1985, S. 450 f.

272 Krimphove, S. 5. Damit kann er mündlich, schriftlich, fernmündlich, durch Fax oder elektronisch abgeschlossen werden.

gend durch konkludentes Verhalten zustande kommen kann.[273] Die Rechtsprechung geht regelmäßig schon dann vom konkludenten Abschluss eines Beratungsvertrages aus, wenn ein Kreditinstitut ein Beratungsgespräch aufnimmt und dieses Beratungsgespräch eine konkrete Anlageentscheidung des Kunden zum Gegenstand hat.[274] Diesbezüglich werden in Teilen der Literatur Zweifel geäußert und ein derart konkludent geschlossenes Anlageberatungsvertragsverhältnis als Fiktion kritisiert.[275] Zu richtigen Ergebnissen gelangt man jedoch, indem man das Verhalten der Beteiligten im Einzelfall schlicht am Maßstab allgemeiner schuldrechtlicher Gesichtspunkte überprüft. Danach gilt es zu beurteilen, ob ein rechtsgeschäftliches Schuldverhältnis vorliegt oder nicht. Problematisch ist hierbei regelmäßig einzig die Frage, ob bei den Parteien ein entsprechender Wille der Rechtsbindung vorhanden ist.[276] Maßgeblich ist hierbei, wie sich das Verhalten der Beteiligten bei Würdigung der Umstände für den objektiven Betrachter darstellt.[277] Als zentrales Kriterium ist im Rahmen der Anlageberatung darauf abzustellen, ob die beabsichtigten Informationen – für den potenziellen Informationsschuldner erkennbar – aus Sicht des Kunden von erheblicher Bedeutung sind und sie als Grundlage wesentlicher Entschlüsse oder Maßnahmen der Vermögensvorsorge dienen sollen.[278] Indizien für einen entsprechenden Rechtsbindungswillen sind ferner die Sachkunde oder das eigene wirtschaftliche Interesse des Finanzdienstleisters.[279]

Als Anlageberatung im weiteren Sinne ist dagegen lediglich eine Beratungskonstellation im Zusammenhang mit einer sonstigen Finanzdienstleistung zu verstehen. Damit stellt eine solche Beratung letztlich gar keine eigenständige Anlageberatung im originär finanzdienstleistungsrechtlichen Sinne dar. Vielmehr liegt eine sonstige Finanzdienstleistung als vertragliches Hauptgeschäft vor, aus der sich – regelmäßig im Rahmen von vertraglichen Nebenpflichten[280] – informationelle Handlungspflichten für den Finanzdienstleister ergeben können. In diesem Zusammenhang sind insbesondere die Finanzdienstleistungen des Effektengeschäftes (Kommissionsgeschäft, Festpreisgeschäft, Abschlussvermittlung, Anlagevermittlung), des Depotgeschäftes, des Kreditgeschäftes und der Vermögensverwaltung zu nennen.[281] Daneben können sich auch aus laufenden Geschäftsbeziehungen[282] entsprechende Informationspflichten ergeben. In solchen Konstellationen der „Anlageberatung im weiteren Sinne" sind etwaige Infor-

[273] So insbesondere von jeher der Ansatz der Rechtsprechung, BGHZ 7, 371; BGH, WM 1979, S. 530 f.; BGHZ 100, 117; BGH, WM 1993, S. 1455 f.; OLG Hamburg, WM 1999, S. 1875.
[274] BGHZ, 100, 117.
[275] So auch Roth, in: Assmann/Schütze, § 12 Rn. 18; Lang, Informationspflichten § 5 Rn. 6 zum Stand der Diskussion und mit zahlreichen Literaturnachweisen.
[276] Grimm, S. 24 mit Verweis auf BGH, NJW 1968, S. 1874; BGH, NJW 1971, S. 1404 f.
[277] BGHZ 21, 107.
[278] So auch die Leitformel des Bundesgerichtshofes, seit BGHZ 7, 371 ff.
[279] Grimm, S. 24 mit weiteren Nachweisen.
[280] Schäfer, in: Schwintowski/Schäfer, § 18 Rn. 4.
[281] Arendts, S. 20. Zur vertragsrechtlichen Ausgestaltung der jeweiligen Dienstleistung, 4. Teil, § 1 1-5.
[282] Informatorische Handlungspflichten im Zusammenhang mit laufenden Geschäftsbeziehungen BGH, WM 1996, S. 630.

mationspflichten somit lediglich Annexpflichten einer das Hauptgeschäft betreffenden vertraglichen Hauptleistungspflicht in Gestalt von Nebenpflichten.[283]

Entscheidend ist jedoch, dass im Einzelfall stets zu untersuchen ist, ob überdies – da selbstverständlich jederzeit möglich – ein (konkludenter) Anlageberatungsvertrag geschlossen worden ist. Liegt ein solcher Vertrag vor, ist wiederum von einer originären Anlageberatung im engeren Sinne auszugehen.

2. Die Anlageberatung als „besonderes" Finanzdienstleistungsverhältnis

Die Anlageberatung weist in Hinblick auf informationelle Handlungspflichten wesentliche Besonderheiten im Vergleich zu anderen Finanzdienstleistungen auf. So bilden Informationspflichten der unterschiedlichsten Ausprägungen gerade den Gegenstand der vertraglichen Hauptleistungspflicht des Anlageberaters. Das Anlageberatungsverhältnis zielt seinem Grunde nach auf die Vornahme informationeller Handlungspflichten ab. Es handelt sich also diesbezüglich um ein „besonderes" Finanzdienstleistungsverhältnis. Damit ist das vertragliche Dienstleistungsverhältnis der Anlageberatung in Hinblick auf den Untersuchungsgegenstand steuerlicher Informationspflichten von besonderem Interesse.

Im Gegensatz dazu ist der Gegenstand der vertraglichen Hauptleistungspflichten nahezu sämtlicher anderer gängiger Finanzdienstleistungsverhältnisse die „Beschaffung" von Finanzinstrumenten im weitesten Sinne.[284] Im Zentrum dieser Vertragsverhältnisse steht damit gerade nicht die Erbringung von Informationsleistungen als vertragliche Hauptleistungspflicht. Dies lässt sich exemplarisch anhand eines Überblicks über die gängigen Finanzdienstleistungen dokumentieren.

Innerhalb der Anlagevermittlung schuldet der Finanzdienstleister beispielsweise im Rahmen seiner Hauptleistungspflicht als Makler den Nachweis einer Abschlussgelegenheit bzw. die Vermittlung eines Vertragsverhältnisses. Als Hauptleistungspflicht im Effektengeschäft ist die gewerbsmäßige Anschaffung und Veräußerung von Wertpapieren für andere im Wege der Kommission nach § 675 BGB, §§ 383 ff. HGB, als Festpreisgeschäft i. S. v. §§ 433 ff. BGB oder im Rahmen eines Maklerverhältnisses i. S. d. §§ 652 ff. BGB, §§ 93 ff. HGB zu identifizieren. Namentlich liegt die geschuldete Hauptleistungspflicht des Kommissionärs in dem Kauf oder Verkauf von Wertpapieren im eigenen Namen und für Rechnung des Kunden. Im Festpreisgeschäft wird im Kern die Übergabe und Übereignung der Finanzprodukte an den Kunden geschuldet. Die Hauptleistungspflicht in der Vermögensverwaltung besteht in der Verwaltung

[283] Dabei kann sich eine Anlageberatungspflicht beispielsweise als Nebenpflicht aus Effektenkommissions-aufträgen (§§ 383 ff. HGB, 18 ff. DepotG), einem Depotvertrag (BGH, WM 2001, 1718, aus Festpreisgeschäften oder gegebenenfalls – so weit anerkannt – aus einem allgemeinen Bankvertrag ergeben, Schäfer, in: Schwintowski/Schäfer, § 18 Rn. 4.

und Vermehrung anvertrauten Vermögens. Auf Grundlage eines Geschäftsbesorgungsverhältnisses der §§ 675 Abs. 1, 611 BGB beinhaltet die Tätigkeit des Vermögensverwalters regelmäßig die Durchführung eines objektiv fremden Geschäfts in fremdem Interesse im Rahmen vereinbarter Anlagerichtlinien. Dagegen wird im Rahmen eines Depotgeschäftsverhältnisses die Verwahrung von Wertpapieren für andere gegen Entgelt geschuldet.

Vertragliche Informationspflichten sind innerhalb der aufgezeigten vertraglichen Rechtsbeziehungen im Bereich der Finanzdienstleistungen regelmäßig nicht als vertragliche Hauptleistungspflichten einzuordnen. Informationelle Handlungspflichten stellen in diesen Vertragsverhältnissen – sofern nicht ausdrücklich etwas anderes vereinbart worden ist – lediglich Nebenpflichten der eigentlichen Hauptleistungspflicht dar. Dabei können diese informationellen Handlungspflichten entweder als vertragliche Nebenpflichten oder über §§ 311 Abs. 2, 241 Abs. 2 BGB als vorvertragliche Sorgfaltspflichten zu berücksichtigen sein.

Auf Grundlage der Wertungen von Treu und Glauben nach § 242 BGB sind dabei unterschiedliche Informationspflichten denkbar.[285] Abhängig von der jeweiligen vertraglichen Ausgestaltung des Grundverhältnisses zwischen dem Finanzdienstleister und seinem Kunden können die informationellen Handlungspflichten als Aufklärungs-, Beratungs-, Hinweis-, Warn- und Nachforschungspflichten den Informationsschuldner im nebenvertraglichen Bereich treffen.

Letztlich kann festgehalten werden, dass Informationspflichten der unterschiedlichsten Art den zentralen Gegenstand der Vertragsbeziehung in der Anlageberatung bilden. Insofern ist das Anlageberatungsvertragsverhältnis hinsichtlich informatorischer Handlungspflichten ein „besonderes" Dienstleistungsverhältnis im Bereich der Finanzdienstleistungen.

II. Ausgestaltung zivilistischer Informationspflichten in der Anlageberatung

Die zivilrechtlichen Informationspflichten in der Anlageberatung sind im Grundsatz nicht ausdrücklich kodifiziert. Als zentrale Anknüpfung dieser Informationspflichten sind in der Anlageberatung damit in erster Linie die ausdrücklich oder konkludent vereinbarten Regelungen des zugrunde liegenden Vertragsverhältnisses heranzuziehen.[286] Darüber hinaus können sich ergänzende Pflichten aus dem Grundsatz von „Treu und

[284] Dagegen anders bei den Wertpapiernebendienstleistungen der Kreditgewährung nach § 2 Abs. 3a Nr. 2 WpHG und der Anlageberatung nach § 2 Abs. 3a Nr. 3 WpHG.

[285] Zu der Bedeutung von § 242 BGB als rechtlicher Anknüpfung vertraglicher Nebenpflichten, vgl. 2. Teil, § 2.

[286] Bamberger, in: Derleder/Knops/Bamberger, § 44 Rn. 105.

Glauben“ nach § 242 BGB sowie den Regelungen der §§ 241 Abs. 2, 311 Abs. 2 BGB ergeben.[287]

1. Vertragliche Informationspflichten aus dem Anlageberatungsvertrag

In der Anlageberatung im engeren Sinne dienen, wie dargelegt, die Vereinbarungen des Beratungsvertrages als vorrangige Erkenntnisquelle. Grundsätzlich beinhaltet ein Anlageberatungsvertrag die Verpflichtung des Finanzdienstleisters zu einer umfassenden Beratung und Aufklärung des Kunden über alle wesentlichen Umstände, die mit der Kapitalanlage zusammenhängen.[288] Als Zweck eines Anlageberatungsvertrages ist dabei im Kern der interessengerechte und vom Kundeninteresse geleitete Ausgleich von Erfahrungs-, Wissens- und Beurteilungsdefiziten beim Kunden zum Zwecke der Erzielung eines für diesen bestmöglichen wirtschaftlichen Anlageergebnisses zu identifizieren. Maßgeblich ist jedoch, dass die konkrete Ausgestaltung der jeweiligen informationellen Handlungspflichten von den (vertraglichen) Umständen des Einzelfalles abhängt.[289]

Wie *Arendts*[290] griffig feststellt, ist der Anlageberatungsvorgang als spezifischer Kommunikationsprozess zu begreifen. In diesem Sinne sind als Hauptleistungspflicht auf Grundlage des spezifischen Anlageberatungsvertrages regelmäßig drei wesentliche Pflichtenelemente von Bedeutung: die Exploration, die Aufklärung, die Beratung.[291] Überdies ergibt sich aus dem Beratungsverhältnis noch die Verpflichtung des Anlageberaters zur Abgabe einer konkreten Anlageempfehlung.[292] Neben diesen ausdrücklich oder konkludent vereinbarten informationellen Hauptleistungspflichten können – wie bereits angedeutet – über §§ 241 Abs. 2, 311 Abs. 2. 242 BGB (informationelle) Nebenpflichten in Konkretisierung der Grundsätze von Treu und Glauben treten.

2. Informationelle Kernhandlungspflichten in der Anlageberatung

Anknüpfend an die unterschiedlichen Phasen des Anlageberatungsprozesses lassen sich regelmäßig vier informationelle Kernpflichtenelemente des Anlageberaters herausstellen: die Exploration, die Aufklärung und die Beratung. Daneben kann sich aus dem Vertrag noch die Abgabe einer Anlageempfehlung ergeben. Die konkrete Ausgestaltung dieser Handlungspflichten weist zum Teil Überschneidungen mit den im Rah-

---

[287] Gegebenenfalls unter der Berücksichtigung des Grundsatz von „caveat emptor“, vgl. diesbezüglich 1. Teil § 1 I 3.
[288] Bamberger, in: Derleder/Knops/Bamberger, § 44 Rn. 105.
[289] BGH, WM 1993, S 1455 ff.; Köndgen, NJW 1992, S. 2263 f.
[290] Arendts, S. 17.
[291] Dagegen große Teile der Literatur, die den Beratungsprozess lediglich als zweistufigen Prozess der „objektiven“ Aufklärung einerseits, gefolgt von dem „wertenden“ Rat andererseits begreifen. So unter anderem Grimm, S. 25; Steuer in: FS-Schimansky, S.793 ff. mit weiteren Nachweisen. Wieder anders Lang, der den „klassischen“ Beratungsvorgang skizzenhaft in vier verschiedene Phasen einteilt, Lang, Informationspflichten § 3 Rn. 12 f.
[292] Bamberger, in: Derleder/Knops/Bamberger, § 44 Rn. 105.

men der Begriffsklärung erläuterten typisierten informationellen Handlungspflichten im Bank- und Kapitalmarktrecht auf.[293]

a. Exploration

Erster Schritt der Anlageberatung bildet ein so genannter „Explorationsvorgang".[294] Dieser Pflichtenkomplex kann letztlich als Vorfeldpflicht zu den zwei folgenden Handlungsschritten verstanden werden. Aufklärungs- und Beratungspflicht sind spiegelbildlich zur individuellen Situation des jeweiligen Kunden zu sehen.[295] Dementsprechend sind zunächst durch gezielte Befragung der Wissensstand, die wirtschaftliche Situation und die Risikobereitschaft des Kunden zu ermitteln.[296] Ziel der Exploration ist es, ein Kundenbild zu erstellen, an dem sich die Aufklärung und die Beratung auszurichten haben.[297] Umfang und Intensität der Anlageberatung hängen wesentlich von der Anlagemotivation, den persönlichen Verhältnissen sowie der Beratungsbedürftigkeit des Kunden ab.[298]

b. Aufklärung

In einem zweiten Schritt ist der Kunde über alle relevanten Umstände aufzuklären. Dabei ist die Aufklärung im Sinne einer bloßen Mitteilung von Tatsachen zu verstehen. Sie ist an den zutage getretenen und erfragten Informationsmängeln des Kunden auszurichten.[299] Die Aufklärungspflicht ist inhaltlich darauf gerichtet, den Kunden über die von ihm nachgefragten oder vom Finanzdienstleister angebotenen Finanzprodukte, deren Ausgestaltung und Risiken zu informieren.[300] Gegenstand der Aufklärung ist somit grundsätzlich die Weitergabe entscheidungsrelevanter Tatsachen, die für den Kunden zur selbständigen Beurteilung der maßgeblichen geschäftlichen Risiken erforderlich sind.[301] Als entscheidungserheblich sind dabei grundsätzlich solche Tatsachen zu begreifen, an denen der Kunde sein Verhalten ausgerichtet hätte, sofern ihm diese bekannt gewesen wären.[302] Im Gegensatz zu der Beratung enthält die Aufklärung gerade keine subjektive Empfehlung, sondern ist dem Grunde nach neutral gehalten.[303].

---

293 Zu den typisierten informationellen Handlungspflichten des Bank- und Kapitalmarktrechts, 1. Teil, § 1 II 1.

294 Schon frühzeitig hat auch die Rechtsprechung festgestellt, dass die Intensität der Beratung von der Situation (hier Aufklärungsbedürftigkeit) des Kunden abhängt. Unter anderem in BGH, NJW 1981, S. 1440 f.; BGH, NJW-RR 1986, S. 205 ff.

295 OLG Frankfurt am Main, WM 1994, S. 2106 f.

296 Horn, ZBB 1997, S. 139 ff.

297 Ausführlich zum Pflichtenprofil der Explorationspflicht, 1. Teil, § 1 II 1 d.

298 Krimphove, S. 10 f.

299 Bamberger in: Bamberger/Knops/Derleder, § 44 Rn. 116.

300 Balzer, WM 2000, S. 441 f.

301 Horn, ZBB 1997, S. 139 ff.

302 Roth in: Assmann/Schütze, § 12 Rn. 15 ff.

303 Berger, ZBB 2001, S. 238 ff.

c. Beratung

In einem dritten Schritt ist der Kunde interessengerecht zu beraten. Der Anlageberater schuldet eine anleger- und objektgerechte Beratung, die auf die persönlichen – explorierten – Verhältnisse des Anlegers zugeschnitten ist. Sie muss sämtliche Eigenschaften und Risiken der Anlage zum Gegenstand haben, die für den Anleger von Bedeutung sind.[304] Die Beratungspflicht beinhaltet – anders als die Aufklärungspflicht – die Erteilung eines Rates, die Abgabe einer Empfehlung oder Warnung. Sie ist somit darauf gerichtet, aus Tatsachen und Umständen Schlussfolgerungen, Prognosen und Werturteile zu bilden und diese dem Kunden mitzuteilen.[305] Wesen der Beratungspflicht ist damit eine Kombination aus Tatsacheninformation und Empfehlung.[306] Die Aufklärung als Pflicht zur Mitteilung entscheidungserheblicher Tatsachen bildet somit einen notwendigen Bestandteil der Beratung.[307]

Typischerweise gestaltet sich ein Beratungsvorgang als mehrstufiger Prozess. Dieser lässt sich in verschiedene Phasen einteilen.[308] In neuen Modellen werden hierbei regelmäßig drei Grundphasen identifiziert: Anwendungs-, Präsentations- und Kontrollphase.[309] In der Anwendungsphase obliegt es dem Berater unter Berücksichtigung des Kundenprofils, individuelle Handlungsalternativen und Lösungsvorschläge zu entwickeln. In der folgenden Präsentationsphase sind die entwickelten Handlungsalternativen und Lösungsansätze dem Kunden zu vermitteln. Dabei sind sämtliche relevanten Tatsachen darzustellen und zu erläutern. Abschließend gilt es in einer Kontrollphase, die mit Blick auf die Kundensituation entwickelte Lösung nochmals im Lichte der Kundenreaktion zu überprüfen. Ähnlich wie im Rahmen der Aufklärung sind bei der Beratung ebenfalls verschiedene Vorfeld- und Begleitpflichten von Relevanz.[310]

d. Abgabe einer Empfehlung

Abschließend beinhaltet ein Anlageberatungsvertragsverhältnis regelmäßig die Verpflichtung, eine konkrete Anlageempfehlung auszusprechen.[311] Dabei ist auf Grundlage der explorierten Kundendaten und in Anschluss an die Aufklärung und Beratung eine „maßgeschneiderte" Handlungsempfehlung durch den Anlageberater auszusprechen.

---

304 BGH, WM 1993, S. 1455 f.; WuB I G 4.9.93 (Schwark).
305 Canaris, Bankvertragsrecht, Rn 101; Vortmann, Aufklärungs- und Beratungspflichten Rn. 2; Hadding in: FS-Schimansky, S. 67 ff. mit weiteren Nachweisen.
306 Lang, Informationspflichten, § 3 Rn. 10.
307 Balzer, WM 2000, S. 44.
308 Bliesener, § 11 I 2 b, S. 249.
309 Rost, S. 25; Bliesener, S. 249; Lang, Informationspflichten, § 3 Rn. 12 ff.; dagegen Balzer, der mit der Informationsweitergabe und der Bewertung lediglich zwei Kernphasen identifiziert, WM 2000, S. 441.
310 Ausführlich zu den Phasen des Beratungsvorganges, Lang, Informationspflichten, § 3 Rn. 12 ff.
311 Bamberger, in: Bamberger/Knops/Derleder, § 44 Rn. 117.

e. Warnpflicht

Teilweise als originärer Bestandteil der Beratungspflicht eingeordnet, ist als eigenständige informationelle Handlungspflicht neben der Aufklärungspflicht, deren wesentlicher Kern grundsätzlich auf die bloße Mitteilung von Tatsachen beschränkt ist, eine so genannte Warnpflicht zu sehen.[312] Zweck einer derartigen Pflicht ist, den Kunden davor zu schützen, durch bestimmte Umstände, die er selbst nicht erkennen kann, Schäden zu erleiden.[313] Die Warnpflicht kann sich auf die Mitteilung von Tatsachen beziehen und somit in ihrer Erscheinungsform deckungsgleich mit der Aufklärungspflicht sein. Anders verhält es sich jedoch dann, wenn das Ziel einer Warnung beispielsweise darin liegt, den Kunden von einem bestimmten Rechtsgeschäft abzuhalten. In diesem Fall hat die Warnung weniger aufklärerischen, als vielmehr beratenden Charakter, da ihr jedenfalls ein wertendes Element immanent ist.[314]

f. Bewegliches System der Pflichten

Es ist allgemein anerkannt, dass sowohl der Inhalt als auch die Reichweite von Informationspflichten bei Finanzdienstleistungen nicht allgemein zu bestimmen sind. Unabhängig von der jeweiligen dogmatischen Anknüpfung sind die Informationspflichten vielmehr von den Umständen des Einzelfalles abhängig. So ergibt sich der Umfang entsprechender Pflichten aus Faktoren wie der Art, der Dauer und der Intensität der Informationslage. Aufgrund dieser Umstände ist von einen so genanntem „beweglichen System" der Informationspflichten zu sprechen.[315] In diesem Zusammenhang ist umstritten, welche Parameter es in das entsprechende System einzustellen gilt, um im konkreten Einzelfall Umfang und Intensität der gebotenen Informationspflichten adäquat ermitteln zu können.[316]

Im Kern sind dabei jedoch vier zentrale Kriterien weitgehend unumstritten.[317] Zum ersten muss stets das Element einer Aufklärungsbedürftigkeit des Kunden vorliegen. Nur über die konkrete Aufklärungsbedürftigkeit lassen sich Bestehen und Reichweite einer Informationspflicht bemessen.[318] Zweitens ist die Erkennbarkeit dieser Aufklä-

---

312 M. Lange, S. 30. In diesem Zusammenhang spricht Vortmann von so genannten sonstigen Hinweis- und Warnpflichten als speziellen Schutzpflichten, die als so genannte Gefahrenabwendungspflichten zu verstehen sind, Vortmann, S. 3.

313 BGH, ZIP 1989, S. 563, im Zusammenhang mit der Benachrichtigungspflicht des Zahlungspflichtigen bei der Nichteinlösung einer Lastschrift.

314 Ellenberger, WM-Sonderbeilage 1/2001, S. 3.

315 Auf Grundlage der Erkenntnisse Wilburgs auch Breidenbach, S. 62 ff.; Rümker in: Bankrechtstag 1992, S. 29 ff.; Hopt, Kapitalanlegerschutz, S. 414 f.; Schäfer, Anlageberatung, S. 14 ff. Anderer Ansicht hingegen Ekkenga, der diesen Ansatz nicht nur beweisrechtlich, sondern auch in materiellrechtlicher Hinsicht für bedenklich hält, in: MünchKomm HGB, Effektengeschäft V, Rn. 175.

316 Zum Meinungsstand mit ausführlichen Erläuterungen bei Lang, Informationspflichten, § 3 Rn. 22 f.

317 Problematisiert wird jedoch auch innerhalb dieser Kriterien ihre jeweilige Gewichtung innerhalb des Systems.

318 Schäfer, in: Schwintowski/Schäfer, § 7, Rn. 109 ff.

rungsbedürftigkeit des Kunden für den Finanzdienstleister notwendiges Kriterium. Mithin können konkrete Informationen nicht geschuldet sein, wenn diese allgemein zugänglich und damit als bekannt vorauszusetzen sind oder dem Kunden gar erklärtermaßen bekannt sind.[319] Drittens muss der Informationsverpflichtete in der Lage sein, die relevanten Informationsleistungen zu erbringen. Insofern ist neben der notwendigen Kenntnis über den Gegenstand der Informationspflicht eine zweckmäßige Kommunikationsstruktur maßgeblich.[320] Abschließend ist die Intensität der Vertrauensbeziehung zwischen Kunden und Finanzdienstleister als weiterer Bestandteil im Rahmen des beweglichen Systems zu sehen. Je intensiver sich das Verhältnis zum Kunden im Einzelfall darstellt, desto umfassender können die konkreten Informationspflichten verstanden werden.[321]

g. Sorgfaltsmaßstab der Informationserbringung

An die Erbringung informationeller Handlungspflichten in der Anlageberatung ist ein spezifischer Sorgfaltsmaßstab anzulegen. Dabei ist an die Art und Weise der Pflichtenerfüllung ein ähnlicher Sorgfaltsmaßstab zu stellen, wie im Bereich der Pflichtenerfüllung nach dem Wertpapierhandelsgesetz. Das Aufsichtsrecht liefert mit den Verhaltenspflichten des § 31 WpHG und der ihre Pflichten ausfüllenden Wohlverhaltensrichtlinie[322], konkretisierende Vorgaben. Dagegen sind in privatrechtlichen Anlageberatungsvertragsverhältnissen entsprechende Anforderungen von Rechtsprechung[323] und Literatur[324] entwickelt worden. Dieser Sorgfaltsmaßstab lässt sich in einer Anforderungstrias der Wahrheit, Klarheit, und Vollständigkeit zusammenfassen.[325]

aa. Wahrheit

Der Informationsschuldner hat den Kunden wahrheitsgemäß zu informieren. Insbesondere von weiten Teilen der Literatur wird dieser Grundsatz als zentrale Prämisse aufgefasst.[326] So liegt der Zweck der Anlageberatung darin, den Kunden in die Lage zu versetzen, eine eigenverantwortliche Anlageentscheidung zu treffen. Grundlage der diesbezüglichen Entscheidung bilden wahre, d. h. ein zutreffendes Bild der Umstände vermittelnde Informationen. Maßgeblich ist im Anlageberatungsprozess die zutreffen-

---

319 OLG München, ZIP 1994, S. 125 f.

320 Lang, in: Welter/Lang, Rn. 2.49.

321 BGH, ZIP 1993, S. 997 f.; Wienecke, S. 111.

322 Nach B. Ziff. 2.2 III 1 der Wohlverhaltensrichtlinie ist ein Kunde „zutreffend, vollständig unmissverständlich sowie gedanklich geordnet und in geeigneter Weise gestaltet" zu informieren. Zu der Rechtsnatur und den Inhalten dieser Richtlinie, vgl. 3. Teil, § 1 I 7.

323 Exemplarisch dazu BGH, NJW 1993, S. 2433.

324 Dazu ausführlich Vortmann, S. 162 ff. mit zahlreichen weiteren Nachweisen.

325 Vergleiche Brandt, S. 92 ff.; Buhk, S. 71 ff.; Grimm, S. 57 ff.; Vortmann, S. 162 ff. mit weiteren Nachweisen.

326 So bei Buhk, S. 72 mit weiteren Nachweisen; in diesem Sinne aber auch die Rechtsprechung BGH, WM 1990, S. 145 f.

de Wiedergabe des Gesamtobjektes. Die Wahrheitspflicht umfasst einerseits Tatsachen, andererseits aber auch Beurteilungen und Prognosen.[327] Während Tatsachen der Wahrheit entsprechen, wenn sie zutreffend sind[328], gilt für Beurteilungen, Empfehlungen und Prognosen etwas strukturell Ähnliches. So müssen diese zur Erfüllung der Wahrheitspflicht plausibel, glaubhaft und schlüssig sein.[329] Dabei verbleibt dem Berater jedoch aufgrund des subjektiven Charakters von Beurteilung und Empfehlungen ein gewisser Ermessenspielraum.[330] Ein Werturteil ist somit dann unrichtig, wenn es eindeutig außerhalb des angemessenen Ermessenspielraum liegt.[331]

bb.Klarheit

Der Anlageberater ist verpflichtet, den Anleger individuell verständlich zu informieren. Dies gilt sowohl für schriftliche als auch für mündliche Beratungsprozesse.[332] Danach hat er sich auf dessen intellektuelle Fähigkeiten und Kenntnisse einzustellen und die Art und Weise seiner Information daran auszurichten.[333] Insbesondere die Rechtsprechung betont die Bedeutung der Tatsache, dass die relevanten Inhalte der Informationspflichten am Empfängerhorizont auszurichten sind, so dass sie vom Anleger verstanden werden.[334]

cc. Vollständigkeit

Den spezifischen Informationspflichten der Anlageberatung ist weiterhin mit Vollständigkeit nachzukommen.[335] Danach müssen sich die informationellen Handlungspflichten auf alle diejenigen Umstände beziehen, die für die Anlageentscheidung des Kunden von Relevanz sind. In diesem Sinne trifft den Anlageberater die Verpflichtung, alle für die Anlageentscheidung wesentlichen Umstände mitzuteilen. Dabei ist der Anlageberater verpflichtet, alle günstigen und ungünstigen Gesichtspunkte darzulegen.[336] Der Aspekt der Vollständigkeit hat insbesondere mit Blick auf die Entscheidungsgrundlage des Anlegers, auf deren Basis er eine eigene Anlageentscheidung treffen soll, eine erhebliche Bedeutung. So kann das Weglassen relevanter Umstände dazu führen, dem Kunden ein falsches Gesamtbild im Beratungsprozess zu vermitteln.[337] In

---

[327] Grimm, S. 57.
[328] BGHZ 123, 126; Brandt, S. 92.
[329] Kübler, ZHR 145 (1981), S. 204 ff.; Vortmann, S. 163.
[330] In diesem Sinne Brandt, S. 93, wobei sich der Ermessenspielraum antiproportional zu der Genauigkeit der vom Kunden formulierten Anlageinteressen verhält.
[331] Schäfer, S. 7.
[332] Zu der Frage der Notwendigkeit einer schriftlichen Beratungsführung, bei Buhk, S. 73 ff.
[333] Brandt, S. 93.
[334] BGH, NJW 1992, S. 1879 f.; BGH, WM 1996, S. 1214, BGH, WM 1997, S. 309 im Zusammenhang mit schriftlichen Informationen; OLG Frankfurt am Main, WM 1994, S. 542 f.
[335] BGH, WM 1983, S. 421 f.; Brandt, S. 93 f. mit weiteren Nachweisen.
[336] Vortmann, S. 163; BGH, ZIP 1983, S. 421.
[337] BGH, WM 1983, S. 421, danach darf der Anlageberater dem Anleger *nicht „wesentliche Tatsachen vorenthalten, deren Kenntnis ihn erst in die Lage versetzt hätte, das ihm aufgebürdete Verlustrisiko und die Gewinnchancen richtig einzuschätzen"*.

diesem Zusammenhang ist der Anlageberater verpflichtet, die relevanten Fakten aus allgemein zugänglichen Quellen zu ermitteln.[338] Dabei hat er auch die in Fachkreisen bekannten Wertungen und Gerüchte mitzuteilen.

h. Umfang informationeller Handlungspflichten der Anlageberatung

Grundsätzlich richten sich Inhalt und Umfang von Informationspflichten in der Anlageberatung nach dem konkreten zugrunde liegenden Anlageberatungsvertragsverhältnis. Dementsprechend variabel und flexibel stellen sich die Anforderungen an die konkreten Handlungspflichten als „bewegliches System" dar.[339] Ausgangspunkt der Bestimmung von Inhalt und Umfang informationeller Handlungspflichten in der Anlageberatung bildet jedoch nach wohl einhelliger Auffassung in Literatur und Rechtsprechung die so genannte Bond-Entscheidung[340] des Bundesgerichtshofes.[341] In dieser zentralen Entscheidung vom 6. Juli 1993 stellt der Bundesgerichtshof wie folgt klar:

> *„(...) Eine Bank hat bei der Anlageberatung den – gegebenenfalls zu erfragenden – Wissensstand des Kunden über Anlagegeschäfte der vorgesehenen Art und dessen Risikobereitschaft zu berücksichtigen („anlegergerechte" Beratung); das von ihr danach empfohlene Anlageprodukt muß diesem Kriterien Rechnung tragen („objektgerechte" Beratung)." (BGH, Urteil vom 6. Juli 1993, BGHZ, 123, 126)*

Damit wird eine klare Zweiteilung des Anforderungsmaßstabes und damit des Umfangs der informationellen Handlungspflicht in der Anlageberatung vorgenommen. Zum einen besteht die Pflicht des Anlageberaters, die persönlichen Verhältnisse des Anlegers – Anlageziele, Risikobereitschaft, Anlageerfahrung etc. – in dem Informationsprozess der Anlageberatung zu berücksichtigen. Bei dieser Informationskomponente wird von der so genannten „anlegergerechten" Beratung gesprochen. Zum anderen besteht die Verpflichtung des Anlageberaters, wahrheitsgemäß und vollständig über das jeweilige Anlageprodukt zu informieren.[342] Diese Informationskomponente ist als „anlagegerechte" Beratung zu qualifizieren.

aa. Anlagegerechte („objektgerechte") Beratung

Grundüberlegung der Rechtskonstruktion der anlagegerechten Beratung bildet das im anglo-amerikanischen Kapitalmarktrecht seit langem verankerte Prinzip des „know

[338] Grimm, S. 58.
[339] Zum Begriff des „beweglichen Systems", vgl. 3. Teil, § 2 II a f.
[340] BGHZ, 123, 126 ff.
[341] Lang, S. 36 ff.; ders, Informationspflichten, § 5 Rn. 52 ff.; Arendts, S. 41 ff.; Grimm, S. 43 ff.
[342] Vergleich Brandt, S. 107 mit weiteren Nachweisen.

your merchandise".[343] Ausgangspunkt der anlagegerechten Beratung ist das Anlageobjekt selbst. Dabei muss die Beratung diejenigen Umstände und Risiken einbeziehen, die für die Anlageentscheidung des Kunden wesentliche Bedeutung haben oder haben können.[344] Grundsätzlich ist hinsichtlich der entscheidungserheblichen Umstände zwischen allgemeinen Risiken und speziellen Risiken zu differenzieren.[345] Die allgemeinen Risiken beschreiben danach insbesondere Rahmenfaktoren der Anlage wie die Konjunkturlage und das generelle Kapitalmarktklima. Dagegen werden als spezielle Risiken spezifische Gesichtspunkte des jeweiligen Anlageproduktes wie Kurs-, Zins- und Währungsrisiken erfasst.

bb.Anlegergerechte („kundengerechte") Beratung

Ebenso in Anlehnung an die Strukturen anglo-amerikanischer Kapitalmarktrechtspraxis ist auch das Konstrukt der anlegergerechten Beratung aus einem weiteren Prinzip des so genannten „know your customer" entwickelt worden.[346] Danach ist eine ordnungsgemäße Anlageberatung auf den Kunden und dessen individuellen Bedarf zugeschnitten. Die Beratung hat sich dementsprechend nicht auf das gesamte Angebot des Marktes zu erstrecken, sondern vielmehr auf diejenigen Informationen zu beschränken, die für den jeweiligen Kunden relevant sind.[347] Auf Grundlage der explorierten Kundensituation ist somit ein individueller Beratungsmaßstab zu entwickeln.

cc. Einschränkungen des Pflichtenumfangs

Innerhalb des durch die Maßstäbe der Anleger- und Anlagegerechtigkeit bestimmten Umfangs informationeller Handlungspflichten in der Anlageberatung sind eine Reihe Faktoren zu erkennen, die die konkrete Reichweite entsprechender Pflichten im jeweiligen Beratungsverhältnis wesentlich mitbestimmen können. Diesbezüglich sind exemplarisch ein vertraglicher Pflichtenausschluss[348], mangelnde Schutzbedürftigkeit des Anlegers[349], mangelnde Sach- und Rechtskenntnis des Anlageberaters[350] sowie kollidierende Verbotsgesetze[351] zu erwähnen. Auf die für den Bereich steuerrechtsbezogener informationeller Handlungspflichten in der Anlageberatung relevanten Konstellationen wird an späterer Stelle vertieft eingegangen.

---

[343] Vgl. dazu die Ausführungen zum WpHG, 3. Teil, § 1 II 4.

[344] BGHZ 74, 103 f. = WM 1979, S. 530 f.; BGHZ 111, 314 f. = WM 1990, S. 1276; BGHZ, 123, 126 ff. = WM 1993, S. 1455 ff.; Bamberger, in: Derleder/Knops/Bamberger, § 44 Rn. 134 mit weiteren Nachweisen.

[345] Bamberger, in: Derleder/Knops/Bamberger, § 44 Rn. 135.

[346] Vgl. dazu die Ausführungen zum WpHG, 3. Teil, § 1 II 4.

[347] Ekkenga, in: MünchKomm, HGB V, Effektengeschäft, Rn. 176.

[348] Grimm, S. 237 f.

[349] BGH, WM 1992, S. 1335 f.

[350] BGH, ZIP 1998, S. 1220 f.

[351] Krimphove, S. 13.

III. Steuerrechtsbezogener Informationspflichten in der Anlageberatung

Die von Rechtsprechung und Literatur entwickelten zivilrechtlichen Pflichtengrundsätze für die Anlageberatung sind nicht unmittelbar auf den Bereich steuerrechtsbezogener informationeller Handlungspflichten übertragbar. Dies ist im Wesentlichen darauf zurückzuführen, dass den informationellen Eigenarten der Anlageberatung die Besonderheiten des Steuerrechts als Informationsfeld gegenüberstehen.

Die Begründung steuerlicher Informationspflichten in der Anlageberatung würde – den allgemeinen Grundsätzen folgend – zunächst durch ausdrückliche oder konkludente Vereinbarung derartiger Pflichten als Teil der Hauptleistungspflicht im Anlageberatungsvertrag selbst geschehen. Anhand der Maßstäbe der Kunden- und der Objektgerechtigkeit wäre zu ermitteln, ob steuerliche Gesichtspunkte in der allgemeinen oder besonderen Beschaffenheit des Anlageobjektes oder mit Blick auf die persönliche Situation des Kunden vorliegen. Wäre dies zu bejahen, würde der Anlageberater eine objektgerechte und kundengerechte „Steuerberatung" schulden, die neben der Exploration steuerlich relevanter Kundendaten insbesondere die Abgabe einer steuerrechtlichen Handlungsempfehlung für den Anleger zum Gegenstand haben müsste.

Dieses Ergebnis ist unter Berücksichtigung verschiedener berufsrechtlicher, haftungsrechtlicher, rechtlich normativer und ökonomischer Gesichtspunkte nicht haltbar. Vielmehr ist der Umfang der steuerrechtsbezogenen Informationspflichten in der Anlageberatung spezifisch zu modifizieren.

1. Stellungnahme und Lösungsansatz

Unter Berücksichtigung der von Rechtsprechung und Literatur entwickelten allgemeinen Informationspflichtengrundsätze des Anlageberaters einerseits und der spezifischen Eigenarten des „Informationsfeldes Steuerrecht" andererseits ist nachfolgend eine eigenständige Systematisierung steuerrechtsbezogener informationeller Handlungspflichten in der Anlageberatung zu entwickeln.

a. Anwendung der Fallgruppen („ob")

Wie bereits angedeutet, ist festzustellen, dass auch im Bereich der Anlageberatung steuerrechtliche Gesichtspunkte grundsätzlich, sofern nicht Gegenteiliges vereinbart ist, originärer Bestandteil der subjektiven Sphäre einer jeden Vertragspartei selbst sind. In diesem Sinne besteht auch in einem Anlageberatungsverhältnis zunächst keine originäre Pflicht einer Vertragspartei, d. h. hier des Anlageberaters, sich um die steuerrechtlichen Belange des jeweiligen Vertragspartners zu kümmern. Steuerrechtliche Gesichtpunkte bilden grundsätzlich keinen originären Bestandteil bank- und kapitalmarktrechtlicher Informationspflichten in der Anlageberatung.

Es bereitet jedoch unter Anwendung der entwickelten „Zwei-Stufen-Methodik" wenig Schwierigkeiten, für das spezifische Anlageberatungsverhältnis zu bestimmen, ob ausnahmsweise steuerrechtsbezogene Gesichtspunkte als Gegenstand informationeller Handlungspflichten des Anlageberaters zu identifizieren sind.

Obgleich Informationspflichten den Kern der Hauptleistungspflichten ausmachen, ist auch im Rahmen der Anlageberatung auf die entwickelten Fallgruppen steuerrechtsbezogener Nebenpflichten zu rekurrieren. Unter Berücksichtigung der konkreten Umstände des Vertragsverhältnisses ist dabei zu ermitteln, ob eine der – steuerrechtsbezogene informationelle Handlungspflichten begründenden – Fallgruppen (steuerrechtliche Tatbestände mit so genannter Doppelwirkung; überlegene (steuerrechtliche) Sach- und Rechtskenntnis einer Vertragspartei; Werbung mit steuerrechtlichen Gesichtspunkten; zivilrechtliche Ausstrahlung öffentlich-rechtlicher Normen; evidente Einbeziehung steuerrechtlicher Gesichtspunkte) einschlägig ist.

b. Umfang steuerlicher Informationspflichten („wie")

Auf einer zweiten Stufe ist nunmehr zu untersuchen, wie sich die Reichweite etwaiger steuerrechtsbezogener Handlungspflichten und damit ihr konkreter Umfang in der spezifischen Anlageberatungssituation darstellt.

aa. Keine steuerrechtsbezogene Beratungspflicht

Eine steuerrechtsbezogene Beratungspflicht des Anlageberaters im Finanzdienstleistungsverhältnis der Anlageberatung ist aus verschiedenen Gründen abzulehnen.

Wie *Krimphove* herausarbeitet, bilden das Rechts- und (Steuer-)beratungsgesetz eine gesetzlich normierte Grenze der Beratungspflicht im Bank- und Kapitalmarktrecht.[352] Ebenso wie die Rechtsberatung ist auch die Steuerberatung jeweils einem qualifizierten Personenkreis vorbehalten.[353] Das Rechts- wie auch das Steuerberatungsgesetz sind ihrerseits als Verbotsgesetze ausgestaltet. Vor diesem Hintergrund finden Pflichten in der Anlageberatung jedenfalls dort ihre Grenzen, wo sie den Anwendungsbereich des jeweiligen Gesetzes berühren und der Beratungsverpflichtete nicht dem qualifizierten, beratungsberechtigten Personenkreis angehört. Aus diesem Verhältnis bank- und kapitalmarktrechtlicher Informationspflichten einerseits und den gesetzlichen Vorgaben des Steuerberatungsgesetzes andererseits ergibt sich – wie bereits im Vorgriff beschrieben – insbesondere für den Bereich steuerlicher Informationspflichten in der Anlageberatung ein Spannungsfeld. Dieses Spannungsfeld ist innerhalb der steuerlichen Informationspflichten zu berücksichtigen. Ein tragfähiges Ergebnis kann somit nicht darin liegen, dem Anlageberater solche bank- und kapitalmarktrechtlichen

---

[352] Krimphove, S. 13.

[353] Zu dem Verhältnis von Rechtsberatungs- und Steuerberatungsgesetz sowie den inhaltlichen Anforderungen des Steuerberatungsgesetz, vgl. 1. Teil, § 2.

Informationspflichten aufzuerlegen, bei deren pflichtgemäßer Erbringung er in Widerspruch mit den Vorgaben des Rechtsberatungsgesetzes und insbesondere des Steuerberatungsgesetzes gerät. Namentlich erscheint es widersprüchlich, einen nicht oder allenfalls zur beschränkten Hilfeleistung in Steuersachen berechtigten Anlageberater zur Beratung seines „Kunden in Form von konkreten Auskunft und Raterteilung in steuerrechtlichen Einzelfragen und Problemen" zu verpflichten. Wie *Willerscheid* in seiner Kommentierung zu § 1 Abs. 1 StBerG[354] ausführt, ist gerade dies als Hilfeleistung in Steuersachen im Sinne vorbezeichneter Vorschriften zu verstehen.

Ferner gilt es in dem Bereich der steuerlichen Informationen die ratio legis des Steuerberatungsgesetzes zu berücksichtigen. So liegt diese nicht nur in einem berufsständischen Schutz steuerberatender Berufe. Vielmehr hat der deutsche Gesetzgeber mit dem Steuerberatungsgesetz einen rechtlichen Rahmen für die Hilfeleistung in Steuersachen geschaffen, der das Ziel eines qualitätssichernden Verbraucherschutzes und eines Schutzes der Steuerrechtspflege verfolgt. Die Ausgestaltung des Steuerberatungsgesetzes als Verbotsgesetz zielt darauf ab, in einem sensiblen und hochkomplexen Beratungsfeld wie dem Steuerrecht über gesetzliche Vorgaben einen bestimmten Beratungsmindeststandard zu gewährleisten. Insofern ist die steuerrechtsbezogene Beratung einem qualifizierten Personenkreis zugewiesen worden. Es ist sowohl mit den Prinzipien der Steuerrechtspflege als auch mit dem Leitgedanken des Verbraucherschutzes nicht vereinbar, im Bereich der Finanzdienstleistungen „Beratungsräume" für diesbezüglich im Wesentlichen unqualifizierte Personengruppen zu schaffen. Damit bilden die Vorgaben des Steuerberatungsgesetzes nicht nur eine gesetzliche Schranke spezifischer bank- und kapitalmarktrechtlicher Informationspflichten. Es erscheint auch widersinnig, über eine Ausweitung von bank- und kapitalmarktrechtlichen Informationspflichten unter der Prämisse des Anlegerschutzes die ausgewogenen verbraucherschützenden und qualitätssichernden Mechanismen des Steuerberatungsgesetzes auszuhebeln.

Wie unter Verweis auf *Rümker*[355] bereits herausgearbeitet wurde, erlangt insbesondere im Bereich steuerlicher Informationspflichten das Kriterium der betrieblichen und finanziellen Tragbarkeit derart umfänglicher informationeller Handlungspflichten eine wesentliche Bedeutung. Dabei ist es mit Blick auf die Lasten im Schuldverhältnis und unter Berücksichtigung notwendiger Qualitätsstandards nicht zu rechtfertigen, dem Finanzdienstleister eine steuerrechtliche Beratungspflicht aufzuerlegen. Vielmehr erscheint es zwingend, Inhalt und Umfang steuerrechtsbezogener Informationspflichten dort enden zu lassen, wo entsprechende Pflichten betrieblich und finanziell untragbar werden. Grundsätzlich ist die Frage der betrieblichen und finanziellen Tragbarkeit zwar letztlich nur im Einzelfall zu beantworten. Dennoch kann mit Blick auf die Entwicklung praktikabler Pflichtenanforderungen an die steuerrechtsbezogene Informationserbringung in der Anlageberatung eine allgemeine finanzielle und betriebliche

---

354 Willerscheid, in: Kuhls § 1, Rn. 6.
355 Rümker, Bankrechtstag 1992, S. 58.

Tragbarkeitsgrenze gezogen werden. Diese ist dort zu ziehen, wo dem Anlageberater in Anlehnung an die Grundsätze der anleger- und anlagegerechten Beratung eine qualifizierte steuerrechtliche Beratungsleistung abverlangt wird. Eine derartige Beratungsanforderung würde Qualitätsanforderungen an die Person des Anlageberaters stellen, die zur Folge hätten, dass letztlich nur noch ausgebildete Steuerberater, Rechtsanwälte oder Wirtschaftsprüfer zu einer adäquaten Anlageberatung befähigt wären. Dies wäre weder mit Blick auf die Interessen der Finanzdienstleistungswirtschaft noch unter Berücksichtigung der Interessen des (Privat-) Anlegers, der einen – im Verhältnis zu seiner Investitionsentscheidung – kaum zu rechtfertigenden Preis für die Anlageberatung zu zahlen hätte, haltbar.

Würden die Anforderungen an die spezifische Pflicht zur Information hinsichtlich steuerlicher Gesichtspunkte im Rahmen der Anlageberatung nicht eingeschränkt, so hätte dies für den jeweiligen Finanzdienstleister eine weitere unmittelbare im Ergebnis nicht tragbare Konsequenz. Es bestünde entweder die Notwendigkeit, fundamentales steuerfachqualifiziertes Know-how innerbetrieblich aufzubauen oder entsprechendes Wissen durch Dritte zu beschaffen. Beide Vorgehensalternativen wären nur unter massiver betrieblicher und finanzieller Belastung zu gewährleisten. Eine derart einseitige Belastung des Informationsschuldners wäre unter Berücksichtigung ökonomischer Lastenverteilungsgrundsätze nicht zu rechtfertigen.

Ferner würde mit Blick auf den komplexen und sich in ständiger Veränderung befindlichen Bereich des Steuerrechts ein nicht vertretbares Haftungsrisiko und damit eine finanzielle Mehrbelastung auf den Finanzdienstleister verlagert.

Ein weiteres Argument dafür, die steuerlichen Informationspflichten auf eine bloße Aufklärungskomponente zu beschränken, lässt sich mit Blick auf die im Zusammenhang mit dem Anlegerschutzverbesserungsgesetz in Einführung begriffenen Prospektierungsvorgaben gewinnen. Durch Änderung des Verkaufsprospektgesetzes (VerkProspG)[356] sind nunmehr auch Anbieter von Beteiligungen an geschlossenen Fonds gesetzlich verpflichtet, einen Verkaufsprospekt zu erstellen. Das Verkaufsprospektgesetz sieht vor, dass ein Verkaufsprospekt alle tatsächlichen und (steuer-)rechtlichen Angaben zu enthalten hat, die notwendig sind, um dem Anleger eine zutreffende Beurteilung des Emittenten und der Vermögensanlage zu ermöglichen. Hierbei können auch steuerrechtliche Umstände anzuführen sein, die mit Blick auf die angebotene Anlage von Relevanz sind. Diese relevanten steuerrechtsbezogenen Gesichtspunkte werden naturgemäß lediglich allgemein aufklärend für den Anleger formuliert. Wie im Zusammenhang mit der Prospekthaftung dokumentiert, ist – sofern ein ordnungsgemäßer Prospekt vorliegt – ein Anlageberater lediglich verpflichtet, den Prospekt zu übergeben und diesen im Sinne einer Aufklärung ergänzend zu erläutern.

---

[356] Mit einer umfangreichen Einführung zu den Änderungen für den grauen Kapitalmarkt, Grimm/Moritz, BB 2004, S. 1801 f.; Ziegler, DStR 2005, S. 30 ff.; Duhnkrack/Hasche, DB 2004, S.1351 ff.; Fleischer, BKR 2004, 339 ff.

Über eine Begrenzung der steuerrechtsbezogenen Informationspflichten auf eine bloße Aufklärungspflicht lässt sich somit eine Art „Gleichlauf" mit diesen Pflichtenanforderungen herstellen. [357]

Abschließend kann über eine Beschränkung der steuerrechtsbezogenen Handlungspflichten am grauen Kapitalmarkt auf eine entsprechende qualifizierte Aufklärungspflicht eine „Synchronisierung" mit den Vorgaben des § 31 WpHG erreicht werden. Dies gilt dabei sowohl hinsichtlich der konkreten steuerrechtlichen Gesichtspunkte als mit Blick auf die relevanten Maßstäbe.

Im Ergebnis trifft den Anlagerberater lediglich eine qualifizierte steuerrechtsbezogene Aufklärungspflicht im Sinne einer Mitteilung entsprechender Tatsachen unter Berücksichtigung der Situation des Anlegers. Abzulehnen ist hingegen eine weitergehende steuerrechtsbezogene Beratungspflicht, die ihrerseits eine Bewertung und Beurteilung sowie gegebenenfalls die Abgabe einer Empfehlung im Sinne einer anleger- und anlagegerechten Beratung auf dem Gebiet des Steuerrechts beinhaltet.

bb. Steuerrechtsbezogene Warnpflicht

Ungeachtet dessen, trifft den Anlageberater jedoch neben der bloßen Aufklärungspflicht, die grundsätzlich auf die bloße Mitteilung von Tatsachen beschränkt ist auch eine steuerrechtsbezogene Warnpflicht. Diese Warnpflicht kann sich auf die Mitteilung von Tatsachen beziehen und somit in ihrer Erscheinungsform mit der steuerrechtsbezogenen Aufklärungspflicht deckungsgleich sein. Anders verhält es sich jedoch dann, wenn das Ziel einer Warnung beispielsweise darin liegt, den Kunden von einem Handeln vor dem Hintergrund drohende nachteiliger steuerliche Effekte abzuhalten. In diesem Fall hat die Warnung weniger aufklärerischen, als vielmehr beratenden Charakter, da ihr jedenfalls ein wertendes Element immanent ist. Entscheidend ist jedoch, dass es sich dabei gerade nicht um eine steuerrechtsbezogene „Beratung" im oben dargelegten engeren Sinne handelt.

cc. Verweis an einen steuerlich qualifizierten Berater

Unabhängig von den vorstehend entwickelten Pflichten, steht es dem Anlageberater privatautonom selbstverständlich frei, sich innerhalb der Handlungsgrenzen des Steuerberatungsgesetzes seinerseits zu einer weitergehenden steuerlichen Beratung zu verpflichten. Da den Anlageberater jedoch lediglich eine qualifizierte Aufklärungspflicht hinsichtlich steuerrechtsbezogener Gesichtspunkte trifft, hat er – sofern er keine entsprechende Beratungsleistung erbringen kann oder will – jedenfalls die Pflicht, seinen Kunden an einen auf dem Gebiet des Steuerrechts kundigen Berater zu verweisen.

---

[357] Dieser würde sich auch mit den in diesem Zusammenhang entwickelten IDW-Standards decken, WPg 2000, S. 922 ff.

dd. Maßstab der Kunden- und Objektgerechtigkeit

Der konkrete Umfang der spezifischen steuerrechtsbezogenen qualifizierten Aufklärungspflicht des Anlageberaters ist abhängig von den Umständen des Einzelfalles auf Grundlage der Maßstäbe der Kunden- und Objektgerechtigkeit zu ermitteln. Insofern orientiert sich die Bestimmung konkreter steuerrechtlicher Informationsgesichtspunkte an den von Rechtsprechung und Literatur entwickelten Parametern innerhalb eines beweglichen Systems. Unter Berücksichtigung der beim Kunden explorierten Daten hat der Anlageberater über sämtliche hinsichtlich der Anlageentscheidung und des Anlageobjektes relevanten steuerrechtlichen Aspekte aufzuklären.[358]

ee. Schutzbedürftigkeit des Anlegers

Bestandteil einer anlegergerechten Aufklärung bildet stets die Informationsbedürftigkeit des jeweiligen Anlegers. Diese Schutzbedürftigkeit ist wesentliches Kriterium zur Bestimmung des Umfanges und der Reichweite entsprechender Informationspflichten.[359] In diesem Zusammenhang wird von Teilen der Literatur[360] und der Rechtsprechung[361] erwogen, aus dem Vorliegen steuerbezogener Anlageinteressen Rückschlüsse auf den Grad der Schutzbedürftigkeit des Anlegers zu schließen. Danach soll bei Anlegern, die aus steuerlichen Erwägungen handeln, d. h. insbesondere um Steuervorteile zu generieren, per se ein abgesenkter Schutzbedürftigkeitsmaßstab anzulegen sein. Der Grund für eine solche Wertung liege zum einen darin, dass solche Anleger in der Regel über ein höheres Einkommen verfügen und rechtsgeschäftlich und wirtschaftlich erfahrener sind als andere Anleger.[362] Zum anderen könnten diese Personen regelmäßig auf fachkundige Berater (Steuerberater) zurückgreifen.

Eine derartige Argumentation ist abzulehnen. Zunächst ist festzustellen, dass immer größeren Kreisen der Bevölkerung sehr unterschiedliche Finanzinstrumente zugänglich gemacht werden.[363] Es kann beobachtet werden, dass inzwischen auch der so genannte „Kleinanleger“, z. B. im Zusammenhang mit seiner Altersvorsorge, in steueroptimierte Kapitalanlagen investiert. Hierbei sind insbesondere die unterschiedlichen

---

[358] Zu den spezifischen steuerrechtsbezogenen Informationspflichten im Zusammenhang mit Finanzinstrumenten des geregelten und des „grauen“ Kapitalmarktes, vgl. 5. Teil § 1, § 2.

[359] Zur Schutzbedürftigkeit als Gradmesser für den Umfang von Informationspflichten in der Anlageberatung, Vortmann, S. 148 f. mit weiteren Nachweisen.

[360] Vortmann, S. 149.

[361] BGH, WM 1992, S. 1335 f.

[362] BGH, WM 1992, S. 1335 f.: *„Die Schutzbedürftigkeit von Personen, die zur Beteiligung an Optionsgeschäften Darlehen aufnehmen, kann (...) nicht generell verneint werden. Anders bei Anlegern, die Steuervorteile erstreben, kann bei solchen Personen nicht davon ausgegangen werden, dass sie über ein höheres Einkommen verfügen und in der Regel wirtschaftlich und rechtsgeschäftlich nicht unerfahren sind. Zur Beteiligung an risikoreichen Optionsgeschäften werden von gewerblichen Anlegern auch wirtschaftlich wenig erfahrene (...) Durchschnittsverdiener (...) veranlasst (...).“*

[363] In diesem Sinne auch das Kammergericht, WM 2000, S. 1329 ff.

personengesellschaftsrechtlich strukturierten geschlossenen Fondsmodelle zu nennen.[364] Unter Berücksichtigung dieses Umstandes vermag es nicht zu überzeugen, bei einem Kapitalanleger, der lediglich auch die Generierung steuerlicher Vorteile erstrebt, per se eine geringere „Schutzbedürftigkeit" anzunehmen. Die Investition in eine steueroptimierte Kapitalanlage lässt tatsächlich noch keinen Schluss auf die Erfahrenheit und die finanzielle Leistungsfähigkeit des einzelnen Anlegers zu.

Im Übrigen ist auf das grundlegende Urteil des Bundesgerichtshofs aus dem Jahre 1964 hinzuweisen. So sind in der damaligen Konstellation[365] weit reichende Informationspflichten – „Unterrichtung" und „sachgemäße Beratung" – gesehen worden. Diese Informationspflichten sind gerade wegen des evidenten Zieles des Kunden, Steuern zu sparen, begründet worden.

ff. Vertraglicher Pflichtenausschluss

Fraglich ist weiterhin, ob sich der Finanzdienstleister von vorstehend entwickelten informationellen Handlungspflichten über einen vertraglichen Ausschluss freizeichnen kann. Unter Freizeichnung ist hierbei die grundsätzliche Möglichkeit zu verstehen, spezifische Pflichten vertraglich auszuschließen oder einzuschränken. Wie Grimm zutreffend darlegt, handelt es sich bei den von der Rechtsprechung entwickelten bank- und kapitalmarktrechtlichen Informationspflichten der Finanzdienstleister am grauen Kapitalmarkt um so genannte Kardinalspflichten.[366] Diese Art von Pflichten kann aufgrund der Vorgaben des § 307 Abs. 2 Nr. 2 BGB nicht durch allgemeine Geschäftsbedingungen ausgeschlossen werden.[367]

Mit Blick auf die Vertrags- und Dispositionsfreiheit im Privatrecht ist jedoch der Grundsatz zu berücksichtigen, dass der Kunde auf vertragliche Beratungspflichten verzichten kann.[368] Insofern können Informationspflichten eines Anlageberaters gegenüber dem Anleger generell oder im Einzelfall entfallen, wenn der Anleger eine Beratungsleistung nicht wünscht oder er sicht weigert, sich beraten zu lassen.[369] Entscheidend ist jedoch, dass es sich bei der steuerrechtsbezogenen Aufklärungspflicht um eine reine Pflicht zur Mitteilung aller für das Geschäft zweckdienlichen Informationen und damit gerade nicht um eine originäre Beratungsleistung handelt. Bei dieser Aufklärungspflicht handelt es sich um die Vermittlung eines Informationsminimums, das der Anleger benötigt, um in die Lage versetzt zu werden, die Tragweite und Risi-

364 Zu den spezifischen Finanzinstrumenten des „grauen Kapitalmarktes", vgl. 1. § 2 II 1.
365 BGH, WM 1664, S. 609 ff. hinsichtlich eines steuerbegünstigten Sparvertrages.
366 Grimm, S. 237 f.
367 In diesem Sinne auch Frisch S. 137, Rn. 360. Zum Bereich des formularmäßigen Haftungsausschlusses, BGH, ZIP 2000, S. 355 ff. Im Zusammenhang mit einem formularmäßigen Beratungsverzicht im Discount-Brokerage, vgl. auch LG Köln, ZIP 1997, 1328 f.
368 Lang, Informationspflichten, § 17, Rn. 12.
369 Lang, Informationspflichten, § 17, Rn. 12. Zum Ausschluss von Informationspflichten insbesondere im Bereich des Discount-Brokerage, Kümpel, WM 1005, S. 689 ff.

ken seiner eigenen Anlageentscheidung einzuschätzen und die wirtschaftlichen Folgen seiner Entscheidung zu tragen.[370] Dieses Minimum steuerrechtsbezogener informationeller Handlungspflicht kann somit auch nicht individualvertraglich abbedungen werden.[371]

gg. Mangelnde steuerrechtliche Sachkenntnis

Es ist umstritten, wie es sich auswirkt, wenn der Informationsschuldner mangels eigener Sachkenntnis und Kompetenz nicht fähig ist, seine Informationspflichten in dem notwendigen Umfang pflichtgemäß zu erfüllen. Insbesondere im Bereich steuerlicher Informationspflichten sind Konstellationen denkbar, in denen der Anlageberater mangels steuerlicher Sach- und Rechtskompetenz nicht in der Lage ist, die diesbezüglich relevanten Umständen im Informationsprozess zu berücksichtigen.

Nach Ansicht des Bundesgerichtshofes soll der Anlageberater in einer solchen Konstellation verpflichtet sein, unmissverständlich zu erklären, dass er nicht zu einer sachgerechten Einschätzung der Umstände der Anlage in der Lage ist.[372] Es soll dem Informationsschuldner grundsätzlich auch möglich sein, sich über eine „Unwissenheitserklärung“ entsprechenden informationellen Handlungspflichten zu entziehen.[373]

Problematisch erscheint jedoch, ob es dem Anlageberater damit möglich sein soll, ohne eigenen Aufwand ihm nicht bekannte Informationsgesichtspunkte auszuklammern. Im Ergebnis würde eine derartige „Unwissenheitserklärung“ den Berater partiell von Informationspflichten befreien. Auf diese Weise besteht die Gefahr, dass das Anlageberatungsniveau inhaltlich hinter den notwendigen Mindeststandards zurückbleibt. Dementsprechend ist danach zu differenzieren, ob der Finanzdienstleister das Beratungsprodukt seinerseits in sein Angebotsprogramm aufgenommen hat. Entscheidend ist, dass in der Anlageberatung regelmäßig der Anlageberater seinerseits auf von ihm ausgewählte Anlageprodukte eingeht. Insofern soll es dem Anlageberater in diesen Fällen nicht möglich sein, sich im Wege einer „Unwissenheitserklärung“ entsprechender informationeller Handlungspflichten zu entziehen. In diesen Fällen besteht eine uneingeschränkte Pflicht, sämtliche relevanten Umstände wahrheitsgemäß, klar und vollständig im jeweiligen Auklärungsgsprozess zu berücksichtigen. Ist der Anlagebe-

---

370 Schwennicke, WM 1998, S. 1101 f.

371 Dieses Ergebnis erscheint auch insofern zweckmäßig, als sich grundsätzlich ein Pflichtengleichlauf zwischen den zivilrechtlichen Informationspflichten und den wertpapieraufsichtsrechtlichen Pflichten des § 31 WpHG ergibt. Dabei sind auch die Pflichten des § 31 WpHG als „Pflichtenminimum“ nicht vertraglich abdingbar. Dazu 4. Teil § 2 III 4.

372 BGH, WM 1996, S. 664. So auch Bamberger, in: Derleder/Knops/Bamberger, § 44 Rn. 120. , OLG Braunschweig, WM 1998, S. 375 ff.

373 Keine Aufklärungspflicht bei mangelnder Sachkunde und entsprechendem Hinweis des Finanzdienstleisters, so der BGH, ZIP 1998, S. 1220 f.

rater zu einer derart pflichtgemäßen Anlageberatung mangels ausreichender Sachkenntnis nicht in der Lage, darf er kein Anlageberatungsverhältnis eingehen.

Anhand der entwickelten Fallgruppen[374] kann ermittelt werden, ob den Anlageberater im konkreten Anlageberatungsverhältnis zwingende steuerliche Informationspflichten treffen. Kann dies bejaht werden, ist auf Grundlage der vorbezeichneten Maßstäbe der Umfang der steuerrechtsbezogenen Aufklärungspflicht zu bestimmen. Exemplarisch ist auf typische Konstellation hinzuweisen, in denen der Anlageberater über eine „hypothetisch" überlegene Sach- und Rechtskenntnis verfügt oder er mit steuerrechtlichen Gesichtspunkten wirbt. In diesen Fällen hat der Anlageberater notwendigerweise über das relevante steuerrechtliche Wissen zu verfügen. Er hat die aus dem Anlageberatungsvertragsverhältnis resultierenden steuerrechtsbezogenen Informationspflichten adäquat zu erfüllen.

2. Zwischenfazit

Im Ergebnis sind die steuerlichen Informationspflichten des Anlageberaters in einem Zwei-Stufen-Modell zu bestimmen. Dabei ist auf einer ersten Stufe auf die Fallgruppen steuerlicher Informationspflichten im Vertragsrecht zurückzugreifen („ob"). Der konkrete Umfang der steuerlichen Informationspflichten des Anlageberaters ist dann anhand der Maßstäbe der Kunden- und Objektgerechtigkeit innerhalb eines beweglichen Systems zu bestimmen („wie"). Entscheidend ist jedoch, dass den Anlageberater gerade keine steuerliche Beratungspflicht, sondern lediglich eine qualifizierte steuerliche Aufklärungspflicht trifft. Ungeachtet dessen, trifft den Anlageberater – wie herausgearbeitet – neben dieser Aufklärungspflicht eine steuerrechtsbezogene Warnpflicht, die teilweise beratende Elemente beinhalten kann. Entscheidend ist jedoch, dass es sich dabei gerade nicht um eine steuerrechtsbezogene „Beratung" im engeren Sinne handelt.

§ 3 Steuerrechtsbezogene Informationspflichten in der Anlagevermittlung

Wie bereits angedeutet, steht die Anlagevermittlung in einem engen Zusammenhang mit dem so genannten Vertrieb[375] von Anlageprodukten am „grauen" Kapitalmarkt. Als Vertrieb von Anlagen in diesem Sinne wird die Gewinnung von Anlegern durch eine Vermittlungsgesellschaft oder einen einzelnen Vermittler im Auftrag des Kapitalsuchenden verstanden.[376] Zu diesem Zweck wird zwischen dem Initiator und der Ver-

[374] Zu den Fallgruppen steuerlicher Informationspflichten: steuerrechtliche Tatbestände mit so genannter Doppelwirkung; überlegene steuerrechtliche Sach- und Rechtskenntnis; Werbung mit steuerrechtlichen Gesichtspunkten; zivilrechtliche Ausstrahlung öffentlich-rechtlicher Normen, 2. Teil, § 2 I.

[375] Mit aktuellen Entwicklungen zum Vertrieb von Kapitalanlagen am grauen Kapitalmarkt am Beispiel von Immobilienkapitalanlagen Grimm, S. 5 ff.

[376] Eisenhardt, S. 13 f.

mittlungsperson ein Vertriebsvertrag geschlossen, der den Vermittler verpflichtet, für das Projekt zu werben und dem Beteiligungsunternehmen Anleger zuzuführen.[377] Organisatorisch erfolgt dieser Vertrieb regelmäßig durch eigenständige Vertriebsgesellschaften[378], über selbständige Anlagevermittler oder auch über Kreditinstitute und Sparkassen. Bemerkenswert ist, dass insbesondere den Banken und Sparkassen eine bedeutende Rolle im Vertrieb von Fondsprodukten am grauen Kapitalmarkt zukommt. Bei einem Anteil am Fondsvertrieb von rund 56,1 Prozent des Gesamtmarktes im Jahr 2003 konnten diese Institute ein Investitionskapital von rund 5,82 Milliarden Euro bei ihren Kunden einwerben.[379] Hervorzuheben ist ferner, dass im Vertrieb von Kapitalanlagen im Einzelfall neben ein Vermittlungsverhältnis auch ein Anlageberatungsverhältnis treten kann.

I. Rechtsverhältnis zwischen Anleger und Anlagevermittler

Das konkrete Rechtsverhältnis zwischen dem Anlagevermittler und dem jeweiligen Anleger richtet sich nach den Umständen des Einzellfalls. Regelmäßig sind Vertriebsunternehmen und selbständige Vertriebsmitarbeiter entweder als Handelsvertreter i. S. v. § 84 Abs. 1 HGB, als Handelsmakler i. S. v. § 93 HGB oder als Zivilmakler i. S. d. §§ 652 ff. BGB eingeordnet.[380] Dabei ist ein Finanzdienstleister nach § 84 Abs. 1 HGB dann als Handelsvertreter einzuordnen, wenn er als selbständiger Gewerbetreibender von der Vertriebsgesellschaft ständig damit betraut ist, Kapitalanlagen zu vermitteln.[381] Handelsmakler i. S. v. § 93 HGB hingegen ist derjenige, der gewerbsmäßig für andere Personen, ohne von diesen aufgrund eines Vermittlungsverhältnisses ständig damit betraut zu sein, die Vermittlung von Verträgen über die Anschaffung und Veräußerung von Kapitalanlagen übernimmt.[382]

Im bürgerlich-rechtlichen Sinne wird zwischen Anlagevermittler und dem Anleger regelmäßig – abhängig davon, ob entgeltlich oder unentgeltlich – ein Auftragsvertragsverhältnis i. S. d. §§ 662 ff. BGB bzw. Geschäftsbesorgungsvertragsverhältnis i. S. d. §§ 675 f. BGB begründet.[383]

---

[377] Koch, S. 81.

[378] Diese eigenständigen Vertriebsgesellschaften sind regelmäßig als Kapitalgesellschaften (AG oder GmbH) organisiert. Dabei entfallen die größten Umsätze im Vertriebsbereich auf die mehrheitlich als Strukturvertrieb organisierten so genannten Allfinanzunternehmen, vgl. Koch, S. 82.

[379] Loipfinger, S. 2 ff.

[380] Sehr umfangreich und differenziert zu den unterschiedlichen rechtlichen Erscheinungsformen des Anlagevermittlers im Kapitalanlagevertrieb, Koch, S. 92 ff.

[381] Koch, S. 93 f.

[382] Koch, S. 98 f.

[383] Bamberger, in: Derleder/Knops/Bamberger, § 44 Rn. 5.

II. Zivilrechtliche Informationspflichten in der Anlagevermittlung

Anders als in der Anlageberatung besteht die Dienstleistung der Anlagevermittlung nicht in erster Linie in der qualifizierten Information des Kapitalanlegers hinsichtlich allgemeiner oder konkreter Anlagemöglichkeiten.[384] Vielmehr liegt die Kernaufgabe darin, Kapitalanlagen für einen Dritten zu vermitteln, der Kapital für sich sammelt.[385] Dementsprechend agiert der Anlagevermittler im Vertrieb von Kapitalanlagen quasi „aus dem Lager" des Kapitalsuchenden heraus. Gegenüber dem Anleger – und für diesen erkennbar – tritt ein Anlagevermittler regelmäßig werbend und anpreisend hinsichtlich der jeweiligen Kapitalanlage auf.[386]

Dennoch treffen auch den Anlagevermittler gegenüber seinem Vertragspartner eine Reihe verschiedener, vorvertraglicher und vertraglicher informationeller Handlungspflichten.[387] Diese informationellen Handlungspflichten im Anlagevermittlungsverhältnis können entweder Bestandteil eines spezifischen Auskunftsvertragsverhältnisses[388] sein oder als Element vertraglicher Nebenpflichten[389] oder vorvertraglicher Sorgfaltspflichten hergeleitet werden.[390]

In der Praxis wird bei der Anlagevermittlung häufig das Vorliegen eines so genannten Auskunftsvertrages zwischen dem Anlagevermittler und dem Anleger angenommen.[391] Dieser ist regelmäßig als Auftragsvertragsverhältnis i. S. d. §§ 662 ff. BGB bzw. als Geschäftsbesorgungsvertragsverhältnis i. S. d. §§ 675 f. BGB zu charakterisieren.[392]

In Anlagevermittlungskonstellationen liegt in der Praxis typischerweise ein stillschweigender, konkludenter Vertragsschluss vor. Vor dem Hintergrund der Wertung des § 675 Abs. 2 BGB sind im Rahmen der bloßen Rats- und Auskunftserteilung an einen Willen zum stillschweigenden Abschluss eines Vertragsverhältnisses qualifizierte Anforderungen zu stellen.[393] Die Rechtsprechung stellt hierbei auf eine Würdigung der Gesamtumstände des Einzelfalles ab. Danach sei ein Vertragsschluss dann anzunehmen, wenn die Gesamtumstände unter Berücksichtigung der Verkehrsauffassung

---

384 Zu den neuen Entwicklungen zur Anlagevermittlerhaftung, Wagner, DStR 2004, S. 1836 ff. (Teil I); ders., DStR 2004, S. 1883 ff. (Teil II); Lauer, ZAP 2004, Fach 8, S. 375 ff.

385 Bamberger, in: Derleder/Knops/Bamberger, § 44 Rn. 5.

386 Bamberger, in: Derleder/Knops/Bamberger, § 44 Rn. 5.

387 Sehr ausführlich zu den informationellen Handlungspflichten des Anlagevermittlers, Koch, S. 151 ff. Mit aktuellem Überblick, Renner, VuR 2003, S. 192 ff.

388 Zum Teil auch als Vermittlungsvertrag bezeichnet, vgl. OLG Celle, Urteil v. 22. Juni 2000, Az. 11 U 70/99.

389 Als Nebenpflicht des Maklervertrages ergibt sich nach allgemeiner Auffassung eine Aufklärungspflicht mit dem Inhalt, dem Auftraggeber alle ihm bekannten Umstände, die für seine Entscheidung von Bedeutung sein können, mitzuteilen, um ihn vor Schaden zu bewahen, Koch, S. 169. So auch BGH, NJW 1982, S. 1147 f.

390 So auch Bamberger, in: Derleder/Knops/Bamberger, § 44 Rn. 5.

391 BGH, NJW 1982, S. 1095 f.; NJW 1992, S. 2080 ff., dazu auch Koch, S. 119 f.

392 Bamberger, in: Derleder/Knops/Bamberger, § 44 Rn. 5.

393 Koch, S. 120.

und des Verkehrsbedürfnisses den Rückschluss zulassen, dass beide Teile nach dem objektiven Inhalt ihrer Erklärungen die Auskunft zum Gegenstand vertraglicher Rechte und Pflichten gemacht haben.[394] Anhand spezifischer Umstandsmerkmale ist im Sinne von Indizien für den Einzellfall zu bestimmen, ob von einem Vertragsschluss ausgegangen werden kann.[395] *Koch*[396] fasst diese Merkmale in vier typisierten Fallgruppen zusammen: Auskunftsbedürftigkeit des Anlegers,[397] wirtschaftliches Eigeninteresse des Anlagevermittlers,[398] persönliches Engagement des Vermittlers,[399] Fachwissen des Anlagevermittlers.[400]

1. Informationelle Kernhandlungspflichten in der Anlagevermittlung

Der Bundesgerichtshof definiert in seinem grundlegenden Urteil vom 13. Mai 1993 den Begriff des Anlagevermittlers und den Umfang seiner informationellen Handlungspflichten wie folgt:

> *„Dem Anlagevermittler, der für eine bestimmte Kapitalanlage im Interesse des Kapitalsuchenden und auch mit Rücksicht auf die ihm versprochene Provision den Vertrieb übernommen hat, tritt der Anlageinteressent selbständiger gegenüber (...) Der zwischen Anlageinteressent und einem solchen Anlagevermittler abgeschlossene Vertrag zielt lediglich auf Auskunftserteilung. Er verpflichtet den Vermittler zu richtiger und vollständiger Information über diejenigen tatsächlichen Umstände, die für den Anlageentschluß des Interessenten von besonderer Bedeutung sind." (BGH , WM 1993, S. 1238 f.)*

Entscheidend ist in dieser Charakterisierung, dass im Kern eines Anlagevermittlungsverhältnisses – anders als innerhalb des Anlageberatungsverhältnisses – die Verpflichtung des Informationsschuldners zur vollständigen und richtigen Information steht. Der Vermittler hat die Pflicht, dem Anleger eine Informationsgrundlage zu verschaffen, auf der dieser das Risiko seiner Anlage selbst abschätzen kann.[401] Nicht hingegen begründet das Vermittlungsverhältnis eine Pflicht zur individuellen Beratung des Anlageinteressenten.

---

394 BGH, NJW 1986, S. 180 f.; Koch, S.120.

395 BGH, NJW 1986, S. 180 f.

396 Koch S. 120 ff.

397 Die Auskunft ist für den Anleger von erheblicher Bedeutung, da sie zur Grundlage der Vermögensdisposition gemacht werden soll, BGH, NJW 1990, S.1990 f.

398 Insbesondere, wenn der Anlagevermittler wirtschaftliches Interesse am Vertragsabschluss hat, BGH, WM 1992, S. 2080.

399 Insbesondere Fälle, in denen der Vermittler eigene Zusicherungen tätigt oder eigene Garantien abgibt, BGH, WM 1992 1031 ff.

400 Anlageinteressent vertraut auf die spezifischen Fachkenntnisse des Anlagevermittlers, BGH; ZIP 2000, S. 1204 f.

401 Grimm, S. 65 mit zahlreichen Rechtsprechungsnachweisen.

a. Abgrenzung zu Anlageberatung

Insbesondere in der Literatur[402] gibt es Stimmen, die mit Blick auf die Anforderungen an die Handlungspflichten sowie die Ausgestaltung der Haftung eine klare Abgrenzung zwischen der Anlageberatung und der Anlagevermittlung aufgegeben haben oder diese nur noch eingeschränkt berücksichtigen.[403] Als zentrales Argument wird dabei angeführt, dass sich die Pflichtenkreise der Anlagevermittlung – vor allem in den Fällen, in denen ein Vermittler besonderes persönliches Vertrauen in Anspruch nimmt – weitgehend denen der Anlageberatung annäherten.[404] Im Einzelfall sei eine klare Abgrenzung nicht eindeutig durchzuführen, so dass es vielmehr zu willkürlichen Einordnungen komme.[405] Dem ist entgegenzutreten. Anlageberatung und Anlagevermittlung sind als unterschiedliche rechtsgeschäftliche Tätigkeiten zu verstehen, denen unterschiedliche Pflichtenkreise zugrunde liegen.[406]

Zwar zwingt die rechtliche Beurteilung der tatsächlichen Vermittlungssituation gelegentlich zur rechtlichen Annährung der entstandenen Pflichtenkreise an die Anlageberatung. Dies darf jedoch nicht dazu führen, dass die dogmatischen Rechtsgrundlagen der beiden unterschiedlichen Finanzdienstleistungen verwischt werden. Im Sinne der insbesondere von der Rechtsprechung entwickelten Differenzierung[407] ist daher eine eindeutige Trennung zwischen der Anlageberatung und der Anlagevermittlung vorzunehmen.

b. Exploration

Dem Anlagevermittler obliegt es, vergleichbar dem Anlageberater, zunächst das Informationsbedürfnis des Anlegers zu ermitteln.[408] Er hat somit im Rahmen einer vorgelagerten, begleitenden Explorationspflicht wesentliche, geschäftsbezogene Kundendaten zu erforschen, um auf deren Grundlage seine eigentliche Aufklärungspflicht zu

---

402 Horn, WM 1999, S. 4; Nobbe, in: Horn/Schimansky, S. 236 ff.; Schwintowski/Schäfer, § 11 Rn. 60; Frisch, ZfIR 2001, S. 875; Vortmann, ÖBA 1994, S. 579; Raeschke-Kessler, WM 1993, S. 1830 f.; Köndgen, NJW 1992, S. 2263; ders. 1987, S. 1830, Lang, Informationspflichten, § 4 Rn. 32 mit weiteren Nachweisen. Teilweise werden sogar entsprechende Tendenzen in der Rechtsprechung identifiziert – OLG Frankfurt a. M., WM 1994, S. 542; LG Bielefeld, WM 1995, S. 662; LG Traunstein, WM 1993, S. 208 –, die jedoch mit Blick auf die eindeutige Position des Bundesgerichtshof als „Ausreißer“ zu bewerten sind.

403 Buhk, S. 84.

404 BGH, ZIP 1993, S. 997; BGH, ZIP 1984, S. 1080; Schäfer, in: Schäfer/Müller, Rn. 10, Lang, Informationspflichten, § 4 Rn. 32 mit weiteren Nachweisen.

405 Brandt, S. 138 ff.

406 Kümpel, in: Kümpel/Ott 065, S. 110; Schäfer, S. 2 f.; Schwark ZHR 151 (1987), S. 334; Vortmann, Rn. 284 f.; Krimphove, S. 33 ff.; mit weiteren Nachweisen Buhk, S. 85.

407 BGH, ZIP 1982, S. 169; BGHZ 100, 117f.; BGHZ 123, 126 ff.; BGH NJW-RR 1993, S. 1114, OLG Oldenburg, WM 1987, S. 167.

408 So auch Koch S. 166 mit Herleitungshinweis auf BGH, WM 1993, S. 1238 ff. In diesem Sinne auch Grimm, S. 66.

erfüllen. Diese Explorationspflicht ist hinsichtlich ihrer Ausgestaltung mit der Pflicht zur Exploration in der Anlageberatung vergleichbar.[409]

c. Aufklärung

Mit Blick auf die typisierten Informationspflichten des Bank- und Kapitalmarktrechts ist für den Anlagevermittler – im Sinne der Rechtsprechung[410] – im Wesentlichen von einer grundlegenden Pflicht zur Aufklärung[411] auszugehen. Dabei sind nach Auffassung des Bundesgerichtshofes die konkreten Anforderungen an die spezifischen Sorgfaltspflichten abhängig vom Einzelfall und mit Blick auf das dem Vermittler entgegengebrachte Vertrauen zu bestimmen.[412] Diese Auffassung wird von der überwiegenden Literatur geteilt.[413] Leitmaxime der informationellen Handlungsanforderungen des Anlagevermittlers ist, den Anleger in die Lage zu versetzen, die Risiken seiner Investitionsentscheidung selber abschätzen zu können.[414]

d. Keine Beratungspflicht

Der Vermittler unterliegt wesentlich geringeren informationsbezogenen Pflichtenanforderungen als ein Anlageberater.[415] Ihm obliegt gerade nicht die bewertende Beurteilung einer bestimmten Anlageform und die Abgabe einer die persönlichen Verhältnisse des Anlegers berücksichtigenden konkreten Anlageempfehlung. Vielmehr ist der Anlagevermittler lediglich zur qualifizierten Aufklärung des Kunden verpflichtet. Von einer „qualifizierten" Aufklärungspflicht ist deshalb zu sprechen, weil der Vermittler zuvor explorierte Kundendaten in seinen Aufklärungsprozess mit einzubeziehen hat.

2. Sorgfaltsmaßstab der Informationserbringung

Vergleichbar der Situation in der Anlageberatung ist auch in der Anlagevermittlung ein strenger Sorgfaltsmaßstab an die konkrete Erbringung der geschuldeten informationellen Handlungspflichten zu knüpfen. So hat auch der Anlagevermittler die herausgearbeitete „Sorgfaltstrias" der Wahrheit, Klarheit und Vollständigkeit zu beachten.[416]

Bemerkenswert ist dabei, dass ein Anlagevermittler seiner Pflicht zur Vollständigkeit nicht schon dann genügt, wenn er dem Anleger schriftliche Unterlagen überlässt, aus

---

409 Zu der spezifischen Ausgestaltung der Explorationspflicht, vgl. 3. Teil § 2 II 1.
410 BGH, ZIP 1982, S. 169; BGHZ 100, 117f.; BGHZ 123, 126 ff.; BGH NJW-RR 1993, S. 1114, OLG Oldenburg, WM 1987, S. 167.
411 Zu der spezifischen Ausgestaltung der Aufklärungspflicht, vgl. 3. Teil § 2 II 1.
412 So insbesondere in BGH, BGHZ 74, 104.
413 Kümpel, in: Kümpel/Ott 065; S. 110; Schäfer, S. 2 f.; Schwark ZHR 151 (1987), S. 334; Vortmann, Rn. 284 f.; Krimphove, S. 33 ff.; mit weiteren Nachweisen Buhk, S. 85 f.
414 Unter anderem BGH, NJW 1991, S. 1108.
415 BGH, NJW-RR 1993, S. 1114 f.; Grimm, S. 65.
416 Vortmann, S. 123. Zu der konkreten Ausgestaltung der „Sorgfaltstrias", 3. Teil § 2 II 1.

denen die erforderlichen Informationen zu entnehmen sind. Vielmehr ist der Vermittler zu einer Erläuterung der Unterlagen verpflichtet.[417]

3. Umfang informationeller Handlungspflichten

Im Rahmen eines „beweglichen Systems“ der Pflichten[418] ist hinsichtlich des Umfanges der spezifischen informationellen Handlungspflichten in der Anlagevermittlung ein ähnlicher Maßstab wie bei der Anlageberatung anzulegen.[419]

a. Maßstab der Kunden- und Objektgerechtigkeit

Als Inhaltsmaßstab in Bezug auf die Kernpflicht der Aufklärung sind die bereits im Zusammenhang mit den Pflichten des Anlageberaters verwendeten Kriterien der Kundengerechtigkeit und der Objektgerechtigkeit zu stellen.[420] Zum einen besteht die Pflicht des Anlagevermittlers, im Rahmen der Kundengerechtigkeit die persönlichen Verhältnisse des Anlegers in dem Aufklärungsprozess bei der Vermittlung zu berücksichtigen. Zum anderen besteht die Verpflichtung des Anlagevermittlers, produktgerecht, d. h. wahrheitsgemäß und vollständig, über das Anlageprodukt aufzuklären.

b. Einschränkungen des Pflichtenumfangs

Ebenso wie im Rahmen der Anlageberatung gibt es auch in der Anlagevermittlung verschiedene Faktoren, die die konkrete Reichweite informationeller Handlungspflichten im jeweiligen Anlagevermittlungsverhältnis mitbestimmen.[421] Insofern ist auch hier exemplarisch auf einen vertraglichen Pflichtenausschluss, die mangelnde Schutzbedürftigkeit des Anlegers sowie die mangelnde Sach- und Rechtskenntnis des Anlagevermittlers hinzuweisen.[422]

III. Steuerrechtsbezogene Informationspflichten in der Anlagevermittlung

Anders als im Bereich der Anlageberatung lassen sich die von Rechtssprechung und Literatur entwickelten Pflichtenggrundsätze für den Anlagevermittler dem Grunde nach auch auf steuerliche Gesichtspunkte übertragen. Dies hängt im Wesentlichen damit zusammen, dass eine qualifizierte Pflicht zur Aufklärung den Kern der Informationspflichten in der Anlagevermittlung bildet.[423] Wie herausgearbeitet, wurde trifft den Vermittler – auf Grundlage der explorierten Daten – die Pflicht, die entscheidungsre-

---

417 BGH, ZIP 1983, S. 433 ff. So auch Vortmann, S. 124.
418 Dazu 3. Teil § 2 II.
419 Zu der Sorgfaltsmaßstabs-Trias der Wahrheit, Klarheit, Vollständigkeit, 4. Teil, § 2 II 1 b.
420 Hinsichtlich der Anlagevermittlung, Buhk, S. 97 ff.
421 Dazu im Zusammenhang mit der Anlageberatung, 3. Teil § 2 II 1.
422 Zu den konkreten Auswirkungen derartiger „Einschränkungen“ für den Bereich steuerrechtsbezogener Informationspflichten in der Anlagevermittlung, 3. Teil § 3 III 2.
423 Aufklärungspflicht des Anlagevermittlers, vgl. 4. Teil, § 3 I 1 a.

levanten Tatsachen, die für den Kunden zur selbständigen Beurteilung der maßgeblichen geschäftlichen Risiken erforderlich sind, weiterzugeben.

Übertragen auf steuerliche Gesichtspunkte obliegt damit dem Vermittler eine qualifizierte „steuerrechtsbezogene" Aufklärungspflicht gegenüber dem Kunden, innerhalb derer dem Kunden – auf Grundlage seiner persönlichen Situation – die entscheidungserheblichen steuerlichen Gesichtspunkte zu übermitteln sind.

1. Anwendung der Fallgruppen („ob")

Der entwickelten Zwei-Stufen-Methodik folgend, kann zunächst für das jeweilige Anlagevermittlungsverhältnis anhand der herausgearbeiteten fünf Fallgruppen unter Würdigung der Gesamtumstände ermittelt werden, „ob" steuerrechtsbezogene Informationspflichten ausnahmsweise überhaupt Gegenstand der Rechtsbeziehung zwischen Anlagevermittler und Kunden sind. Insofern lässt sich im Bereich der Anlagevermittlung uneingeschränkt auf die Fallgruppen steuerrechtsbezogener Pflichten im Vertragsrecht zurückgreifen.

2. Umfang steuerlicher Informationspflichten („wie")

Auch hinsichtlich des Umfangs und der Reichweite steuerrechtsbezogener Informationspflichten in der Anlagevermittlung kann auf die im Rahmen der Anlageberatung entwickelten Strukturen zurückgegriffen werden.

a. Maßstab der Kunden- und Objektgerechtigkeit

Der Umfang der qualifizierten Aufklärungspflicht des Anlagevermittlers innerhalb eines beweglichen Systems ist mittels der bekannten Maßstäbe zu bestimmen.[424] Damit ist der Anlagevermittler – wie auch der Anlageberater – verpflichtet, seinem Kunden die für die Investitionsentscheidung kunden- und objektbezogenen steuerrechtsbezogenen Tatsachen mitzuteilen.[425]

b. Einschränkungen des Umfangs steuerrechtsbezogener Aufklärungspflichten

Auch hinsichtlich der Einschränkungen der qualifizierten steuerlichen Aufklärungspflicht in der konkreten Vermittlungssituation ist auf die Ausführungen zum Pflichtenumfang innerhalb der Anlageberatung zu verweisen.[426] Danach können sich Modifikationen für den spezifischen Umfang der steuerrechtsbezogenen Aufklärungspflichten

---

[424] Zu den Maßstäben der Kunden- und Objektgerechtigkeit, vgl. 3. Teil § 2 III 1.

[425] Zu den spezifischen steuerrechtsbezogenen Informationspflichten im Zusammenhang mit Finanzinstrumenten des geregelten und des „grauen" Kapitalmarktes, vgl. 5. Teil § 1, § 2.

[426] Vgl. 3. Teil § 2 III 1.

ausnahmsweise aus einer eingeschränkten Schutzbedürftigkeit des Anlegers oder einem vertraglichen Pflichtenausschluss ergeben.

§ 4 Resümee – Steuerliche Informationspflichten in Anlageberatung und -vermittlung

Die spezifischen von Rechtsprechung und Literatur entwickelten Grundsätze zu den informationellen Handlungspflichten des Anlageberaters lassen sich nicht uneingeschränkt auf den Bereich steuerlicher Gesichtspunkte übertragen. Vielmehr ist unter Berücksichtigung der Eigenarten des „Informationsfeldes Steuerrecht" auf eine eigenständige Systematisierung steuerrechtsbezogener Informationspflichten in der Anlageberatung zurückzugreifen. Danach ist anhand einer Zwei-Stufen-Methodik vorzugehen. Auf einer ersten Stufe kann anhand der im 2. Teil herausgearbeiteten fünf Fallgruppen ermittelt werden, ob steuerliche Gesichtspunkte überhaupt informationeller Bestandteil des jeweiligen Anlageberatungsverhältnisses sind. Sodann ist auf Grundlage der bekannten Maßstäbe der Kunden- und Objektgerechtigkeit innerhalb eines beweglichen Systems der konkrete Umfang der steuerrechtsbezogenen Informationspflichten zu bestimmen. Vor dem Hintergrund berufsrechtlicher, haftungsrechtlicher, rechtlich normativer und ökonomischer Gesichtspunkte ist dabei der Umfang der steuerrechtsbezogenen informationellen Handlungspflichten des Anlageberaters – abweichend von den allgemeinen Pflichtengrundsätzen in der Anlageberatung – spezifisch zu modifizieren. Danach trifft den Anlageberater in Hinblick auf steuerrechtliche Gesichtspunkte lediglich eine qualifizierte Aufklärungspflicht und gerade keine steuerrechtsbezogene Beratungspflicht, die jedoch ein steuerrechtsbezogene Warnpflicht im Einzelfall einschließt..

In der Anlagevermittlung sind dagegen die von Rechtsprechung und Literatur entwickelten Pflichtengrundsätze dem Grunde nach auf den Bereich steuerrechtsbezogener Informationspflichten zu übertragen. Wiederum auf Grundlage des Zwei-Stufen-Modells ist zunächst auf der ersten Stufe – Fallgruppen – zu bestimmen, ob steuerliche Gesichtpunkte informationeller Bestandteil des Anlagevermittlungsverhältnisses sind. Danach ist auf der zweiten Stufe der Umfang der konkreten steuerrechtsbezogenen Informationspflichten zu bestimmen. Dabei können die in der Anlagevermittlung anerkannten Pflichtengrundsätze übertragen werden. Damit trifft den Anlagevermittler eine qualifizierte steuerrechtsbezogene Aufklärungspflicht. Diese überschneidet sich von Umfang und Reichweite her mit der des Anlageberaters.

Zusammenfassend kann festgestellt werden, dass im Bereich der zivilrechtlichen steuerrechtsbezogenen Informationspflichten ein weitgehender Pflichtengleichlauf innerhalb der Finanzdienstleistungsverhältnisse der Anlageberatung und der Anlagevermittlung vorliegt.[427]

[427] Zu einem im Ergebnis auch feststellbaren Pflichtengleichlauf mit den wertpapieraufsichtsrechtlichen Vorgaben des § 31 WpHG vgl. 4. Teil § 1 I 5.

§ 5 Prospekthaftung

Informationspflichten bilden auch im Rahmen der so genannten Prospekthaftung einen zentralen Baustein.[428] Verkaufprospekte stellen im Vertrieb von Kapitalanlageinstrumenten von jeher ein zentrales Informationsvehikel dar. Zum einen dienen die Prospekte dazu, für das spezielle Anlageinstrument zu werben.[429] Zum anderen wird eine umfangreiche Informationsgrundlage geschaffen, die dem Anleger für seine Investitionsentscheidung zur Verfügung steht. Die Prospekthaftung bildet eine rechtliche Sonderanknüpfung für die Haftung im Vertrieb von Anlageprodukten.[430] Dabei ist zwischen der spezialgesetzlich geregelten Prospekthaftung und der gemeinhin als bürgerlichrechtlich bezeichneten Prospekthaftung zu unterscheiden.[431]

Im Bereich der gesetzlich geregelten Prospekthaftung sind neben den seit geraumer Zeit in § 44 BörsG[432] angelegten Prospekthaftungsbestimmungen im Zusammenhang mit Anlageinstrumenten der organisierten Kapitalmärkte insbesondere die Neuregelungen des Anlegerschutzverbesserungsgesetzes vom 28. Oktober 2004 von Bedeutung. Mit Wirkung zum 1. Juli 2005 führt der Gesetzgeber eine Prospektpflicht und eine flankierende Prospekthaftung auch für am „grauen" Kapitalmarkt vertriebene Kapitalanlageinstrumente ein.[433] Über § 8 f VerkProspG n. F. werden Anbieter „anderer Vermögensanlagen"[434] verpflichtet, einen an den inhaltlichen Vorgaben des § 8 g VerkProspG n. F. ausgerichteten Verkaufsprospekt zu erstellen und zu veröffentlichen. Davon sind insbesondere Beteiligungen an geschlossenen Fondsmodellen wie Publikumskommanditgesellschaften, BGB-Gesellschaften und stillen Beteiligungen betroffen.[435]

Für die Anlageberatung bzw. Anlagevermittlung ist jedoch vor allem die bürgerlich rechtliche Prospekthaftung von Interesse, die im Kern auf den Grundprinzipien einer

---

428 Lang, in: Welter/Lang, Rn. 2.88.

429 Dabei spielen Verkaufsprospekte insbesondere im Vertrieb von Kapitalanlagen am „grauen" Kapitalmarkt eine herausragende Rolle. Dies hängt unter anderem damit zusammen, dass mangels einer geregelten und transparenten Marktplattform die Verkaufsprospekte häufig die einzige, für den Anleger zugängliche Informationsquelle darstellen.

430 Zu den dogmatischen Grundlagen und den verschiedenen Erscheinungsformen der Prospekthaftung Ellenberger, S. 1 ff.; Westa, S. 1 ff.

431 Dazu eingehend und mit zahlreichen weiteren Nachweisen Lang, in: Welter/Lang, Rn. 2.88.

432 Dazu sehr ausführlich Schwark, BörsG, §§ 45, 46, Rn. 9 ff.

433 Ziegler, DStR 2005, S. 30 ff.; Fleischer, BKR 2004, S. 339 ff.; Grimm/Moritz, BB 2004, S. 1801 ff.

434 Zu diesen Anlagen zählen nach § 8 f Abs. 1 VerkProspG n. F. vor allem öffentlich angebotene, nicht wertpapiermäßig verbriefte Anteile an Gesellschaften sowie Anteile an einem Vermögen, das ein Unternehmen in eigenem Namen für fremde Rechnung treuhänderisch verwaltet, vgl. Ziegler, DStR 2005, S. 31.

435 Ziegler, DStR 2005, S. 30 ff.

Vertrauenshaftung beruht.[436] Hierbei gilt es zwischen der Prospekthaftung im engeren Sinne sowie der Prospekthaftung im weiteren Sinne zu differenzieren.

Die Prospekthaftung im engeren Sinne schützt das typisierte Vertrauen des Anlegers auf die Richtigkeit und Vollständigkeit der von den Prospektsverantwortlichen[437] im Prospekt gemachten Angaben.[438] Dagegen knüpft die auf der Rechtsfigur der culpa in contrahendo fußende Prospekthaftung im weiteren Sinne an die Inanpruchnahme besonderen persönlichen Vertrauens durch den Anleger an. Damit werden solche Personen erfasst, die zwar nicht als Prospektverantwortliche durch ihr nach außen tretendes Mitwirken am Verkaufsprospekt einen typisierten Vertrauenstatbestand geschaffen haben, die sich jedoch im Rahmen einer Sonderbeziehung die Inhalte des Prospekts zu Eigen machen.[439]

Da im Regelfall weder der Anlageberater noch der Anlagevermittler zum Kreis der Prospektverantwortlichen gehört, ist – mit Blick auf den Untersuchungsgegenstand – die bürgerlichrechtliche Prospekthaftung im weiteren Sinne von Bedeutung. Wie *Lang*[440] treffend herausarbeitet, sind als typische Adressaten einer solchen Prospekthaftung nämlich vor allem Anlageberater und Anlagevermittler zu identifizieren. Auf Grundlage ihrer vertraglichen oder quasivertraglichen Pflicht zur Beratung oder Aufklärung über die mit einer bestimmten Anlage verbundenen Risiken haben sie gegebenenfalls für die Richtigkeit der Prospektangaben einzustehen.[441] Dies ist dann der Fall, wenn sie sich zur Erfüllung ihrer informationellen Handlungspflichten eines Prospekts bedienen und sich dadurch die in ihm enthaltenen Angaben zu Eigen gemacht haben.[442]

Mit Blick auf die Prospekthaftung lassen sich für den Bereich steuerrechtsbezogener informationeller Handlungspflichten in der Anlageberatung und der Anlagevermittlung verschiedene Schlüsse ziehen. Grundsätzlich haben beide Finanzdienstleister die Möglichkeit, sich zur Erfüllung ihrer qualifizierten steuerrechtsbezogenen Aufklärungspflicht eines Verkaufsprospektes zu bedienen. In einem solchen Fall machen sie sich – die anerkannten Grundsätze der Prospekthaftung im weiteren Sinne zugrunde

---

436 Dabei wurde die bürgerlich rechtliche Prospekthaftung vom Bundesgerichtshof zum Schutze von Kapitalanlegern entwickelt, die mittels eines Verkaufsprospekts für eine am „grauen" Kapitalmarkt vertriebenen Kapitalanlage geworben wurden. Dazu Frisch, Rn. 441 mit zahlreichen Rechtsprechungsnachweisen.

437 Der Kreis der in diesem Sinne Prospektverantwortlichen wurde durch die Rechtsprechung stetig ausgeweitet. Zu den Prospektverantwortlichen zählen insbesondere die Gründungsgesellschafter, die Initiatoren, die Treuhänder sowie die Personen, die hinter der Gesellschaft stehen und neben der Geschäftsleitung besonderen Einfluss nehmen können. Ausführlich und mit Rechtsprechungsbeispielen, Lang, in: Welter/Lang, Rn. 2.91.

438 Lang, in: Welter/Lang, Rn. 2.88.

439 Frisch, Rn. 447.

440 Lang, in: Welter/Lang, Rn. 2.93.

441 In diesem Sinne unter anderem BGH, WM 1981, S. 1021 ff.; BGH, ZIP 1982, S. 561 f.

442 Bamberger, in: Derleder/Knops/Bamberger, § 44 Rn. 40.

gelegt – die im Prospekt enthaltenen (steuerrechtlichen) Angaben zu Eigen. Vorausgesetzt, die im Prospekt enthaltenen steuerrechtlichen Angaben sind richtig und vollständig,[443] stellen sie eine taugliche Aufklärungsgrundlage dar. Insofern trifft den Anlageberater bzw. den Anlageberater die Pflicht, den Prospekt zu übergeben und die steuerrechtlichen Angaben mit Blick auf die explorierten Kundendaten („Kundenbezogenheit der Aufklärungspflicht") zu erläutern.

§ 6 Typisierte Anwendungsbeispiele steuerrechtsbezogener Informationspflichten

An einigen typisierten Beispielen sollen nachfolgend die entwickelten Ansätze steuerrechtsbezogener Informationspflichten in den Finanzdienstleistungsverhältnissen der Anlageberatung und der Anlagevermittlung in ihrer praktischen Anwendung dokumentiert werden. Dabei wird auf Grundlage des Zwei-Stufen-Modells zunächst anhand der herausgearbeiteten Fallgruppen ermittelt, ob steuerrechtsbezogene Informationspflichten ausnahmsweise Gegenstand der jeweiligen Sonderbeziehung sind. Auf einer zweiten Stufe werden sodann mittels der Maßstäbe der Kunden- und der Objektgerechtigkeit die spezifischen steuerrechtsbezogenen informationellen Handlungspflichten bestimmt. Dabei wird regelmäßig auf die im Anhang katalogisierten steuerlichen Informationspflichten zu ausgewählten Finanzinstrumenten verwiesen.

1. Filmfonds - Praxis der Finanzverwaltung und der Finanzgerichte

Gegen Ende eines für ihn wirtschaftlich erfolgreichen Jahres 2003 wendet sich ein niedergelassener Arzt an seinen Vermögensberater, der ihn bislang in Versicherungsangelegenheiten beraten hat. Der Mediziner weist darauf hin, dass er aufgrund seiner im Veranlagungszeitraum 2004 erzielten Einkünfte aus selbständiger Tätigkeit mit erheblichen Steuernachzahlungen rechnet. In diesem Zusammenhang suche er nach einer geeigneten Kapitalanlage. Der Vermögensberater rät ihm einen geschlossenen Filmfonds zu zeichnen, der seinen Gesellschaftern unter anderem beachtliche Verlustzuweisungen gewährt, mittels derer sich die zu erwartenden Nachzahlungen weitgehend vermeiden ließen. Unerwähnt lässt der Vermögensberater die ihm bereits aus der einschlägigen Fachpresse bekannte Tatsache, dass die Finanzverwaltung das dem Medienfonds zugrunde liegende Steuerkonzept bereits verschiedentlich nicht anerkannt hat und dass bereits diesbezügliche Verfahren vor Finanzgerichten anhängig sind.

Zwischen den Parteien liegt ein konkludenter Anlageberatungsvertrag vor, der mangels Entgeltlichkeit als Auftragsverhältnis i. S. v. § 662 BGB zu qualifizieren ist. Ausnahmsweise bilden hier steuerrechtsbezogene informationelle Handlungspflichten einen notwendigen Bestandteil des Vertragsverhältnisses. Es liegt die Fallgruppe der evidenten bzw. ausdrücklichen Einbeziehung steuerlicher Gesichtspunkte vor. Der An-

---

[443] Ein Prospektverantwortlicher haftet gemäß § 276 BGB bereits für fahrlässiges Verhalten, was bei einem fehlerhaften Prospekt gemäß § 280 BGB widerleglich vermutet wird, vgl. Ziegler, DStR 2005, S. 33.

leger hat ausdrücklich darauf hingewiesen, dass steuerliche Aspekte einen wesentlichen Bestanteil seiner Anlagemotivation bilden. Der Anlageberater schuldet mithin eine qualifizierte steuerrechtsbezogene Aufklärungspflicht, deren Inhalt sich an den Maßstäben der Kunden- und Objektgerechtigkeit zu orientieren hat. Im Rahmen einer objektgerechten Aufklärung hat der Anlageberater den Anleger über die allgemeinen und besonderen steuerrechtsbezogenen Umstände und Risiken zu informieren, die sich aus dem spezifischen Anlageinstrument ergeben. Insofern ist der Anleger zum einen über die steuerliche Konzeption des Fondsmodells zu informieren.[444] Zum anderen hat er den Anleger jedoch auf die ihm bekannte Einschätzung des Anlagemodells durch die Finanzverwaltung und die Finanzgerichte hinzuweisen.[445]

2. Immobilienfonds – verspäteter Gesellschaftsbeitritt

Ein Handwerksmeister erhält gegen Jahresende 1996 einen Anruf seiner Hausbank, in dem ihm eine „maßgeschneiderte" Kapitalanlage angeboten wird. Der Bankmitarbeiter weist darauf hin, dass er langjährige Erfahrung in der Betreuung von Vermögenskunden hat und sich insbesondere mit steueroptimierten Kapitalanlagen auskennt. Die angedachte Kapitalanlage – ein geschlossener Immobilienfonds – sei sowohl zu einer Reduzierung der persönlichen Steuerschuld für das ausgehende Jahr und darüber hinaus auch zur Altersvorsorge geeignet. Im Vertrauen auf die Kompetenz seiner Hausbank entschließt sich der Handwerksmeister, den angebotenen Immobilienfonds zu zeichnen. Aufgrund eines kurzfristigen Liquiditätsengpasses leistet er seine Einlage erst Anfang 1997, was – so wird ihm versichert – kein „Problem" sei. Nachdem er zunächst für das Jahr 1996 die in Aussicht gestellten Verluste zugewiesen bekommt, führt eine Prüfung des zuständigen Betriebsstättenfinanzamtes auf Ebene der Fondsgesellschaft in der Folgezeit dazu, dass ihm die negativen Einkünfte aus der Gesellschaftsbeteiligung für das Jahr 1996 aberkannt werden. Nach einer Korrektur seines Einkommenssteuerbescheids kommt es zu erheblichen Steuernachforderungen für den Veranlagungszeitraum 1996.

Die Parteien haben einen konkludenten, als Auftrag i. S. v. § 662 BGB einzuordnenden Anlageberatungsvertrag geschlossen. Den Bankmitarbeiter treffen als Anlageberater hier ausnahmsweise auch steuerrechtsbezogene Informationspflichten. Vorliegend ist sowohl die Fallgruppe der überlegenen steuerlichen Sach- und Rechtskenntnis als auch die Fallgruppe der evidenten bzw. ausdrücklichen Einbeziehung steuerlicher Gesichtpunkte einschlägig. Der Bankmitarbeiter hat ausdrücklich seine spezifischen steuerrechtlichen Kenntnisse bei der Kapitalanlage hervorgehoben. Dazu wurde der steueroptimierende Effekt der Beteiligung betont. Im Rahmen seiner qualifizierten steuerrechtsbezogenen Aufklärungspflicht hat der Bankmitarbeiter über die allgemeinen und besonderen steuerlichen Umstände und Risiken zu informieren. Dazu gehören hier zum einen die besondere steuerrechtliche Ausgestaltung des geschlossenen Im-

[444] Zu den diesbezüglichen steuerrechtlichen Einzelheiten, vgl. Anhang § 2 V 5.
[445] Dazu, vgl. Anhang § 3 IV 2.

mobilienfonds, zum anderen jedoch als allgemeiner steuerrechtsbezogener Gesichtspunkt die Art und Weise einer steuerwirksamen Beteiligung an einer unternehmerischen Kapitalanlage. Zwar wurde der Fonds im Jahr 1996 gezeichnet, steuerlich relevant wurde die Beteiligung für den – nicht bilanzierenden – Anleger jedoch für den Veranlagungszeitraum 1997, da die Einlage erst im Jahre 1997 tatsächlich erbracht wurde. Darauf hätte der Anleger im Rahmen einer objektgerechten steuerrechtsbezogenen Aufklärung hingewiesen werden müssen.

3. Schiffsfonds – Werbung mit der Tonnagebesteuerung

Ein selbständiger Vermittler von Kapitalanlagen sucht auf Empfehlung einen Neukunden, der bislang noch keine Erfahrung mit unternehmerischen Kapitalanlagen hat, auf, um ihm die Beteiligung an einem geschlossenen Schiffsfonds zu vermitteln. Als Informationsgrundlage dient ihm ein umfangreicher, durch die Initiatoren und die Vertriebsgesellschaft gestalteter Verkaufsprospekt, den er auch an den Anleger aushändigt. An verschiedenen Stellen wird im Prospekt ausdrücklich damit geworben, dass es sich bei der Fondsbeteiligung um eine besonders steueroptimierte Kapitalanlage handelt, da das durch die Gesellschaft herzustellende Schiff in seinem Geschäftsbetrieb der so genannten Tonnagebesteuerung unterliege. Im Zuge des Verkaufsgespräches, in dem der Vermittler seine langjährige Erfahrung in der Steuersparbranche betont, gelingt es dem Vermittler, den Anleger von der Kapitalanlage zu überzeugen, so dass dieser schließlich der Gesellschaft beitritt. Der Anlagevermittler erhält als Vermittlungsprovision ein Agio in Höhe von 5 % der Zeichnungssumme von der Gesellschaft.

Es ist davon auszugehen, dass Anlagevermittler und Anleger konludent einen als Auftragsvertragsverhältnis i. S. d. §§ 662 ff. BGB einzuordnen Aufkunftsvertrag geschlossen haben.[446] Ausnahmsweise ist der Anlagevermittler verpflichtet, steuerliche Umstände informationell zu berücksichtigen, da die vorliegende Konstellation unter die Fallgruppe der Werbung mit steuerlichen Gesichtspunkten zu subsumieren ist. Der Vermittler hat sich des Verkaufsprospektes, in dem ausdrücklich mit spezifischen steuerlichen Aspekten geworben wird, im Rahmen der Erfüllung seiner Informationsverpflichtungen bedient und sich damit dessen Inhalt zu eigen gemacht. Im Rahmen der nunmehr durch den Anlagevermittler geschuldeten qualifizierten steuerrechtsbezogenen Aufklärung ist der Anleger insbesondere über die spezifische Funktionsweise der Tonnagebesteuerung[447] als besonderes objektbezogenes Merkmal zu informieren.

---

[446] Hier war der Anleger aufgrund seiner Geschäftsunerfahrenheit besonders auskunftsbedürftig. Darüber hinaus hatte der Anlagevermittler aufgrund seines Provisionsbegehrens ein wirtschaftliches Eigeninteresse. Zudem hat er mit seinem besonderen Fachwissen geworben.

[447] Zu der Ausgestaltung und Funktionsweise der Tonnagebesteuerung vgl. Anhang § 2 V 4.

4. Treueaktien – Steuerpflichtiges Veräußerungsgeschäft

Im Rahmen des Börsenganges eines Unternehmens wendet sich der Anlageberater eines der konsortialführenden Kreditinstitute an einen Kunden, um ihn für die Aktie zu interessieren und ihn gegebenenfalls über die Modalitäten der Zeichnung zu informieren. Der Anlageberater verweist insbesondere auf ein genanntes Treuaktienprogramm[448], für das auch in Anzeigen und im Emissionsprospekt geworben wird. Dieses sieht vor, dass Anleger, die im Zuge des IPOs berücksichtigt werden, für zehn zugeteilte Aktien nach einem Ablauf von sechs Monaten eine Treuaktie erhalten sollen. Die Treueaktien sollen nach Ablauf der 6-Monatsfrist dem Anlegerdepot gutgeschrieben werden. Voraussetzung ist lediglich, dass die Aktien über einen Zeitraum von sechs Monaten ununterbrochen von dem jeweiligen Anleger gehalten werden. Der Anlageberater überzeugt den Anleger auf Grundlage einer Beispielsrechung, unter Berücksichtigung etwaiger Erlöse aus dem Verkauf der Treueaktien, über sein Kreditinstitut Aktien zu zeichnen.

Anlageberater und Anleger haben einen konkludenten Anlageberatungsvertrag geschlossen. Der Anlageberatungsvertrag verpflichtet den Anlageberater ausnahmsweise auch über steuerrechtliche Gesichtspunkte zu informieren, da vorliegend die Fallgruppe der zivilrechtlichen Ausstrahlung öffentlich-rechtlicher Normen einschlägig ist. Gemäß der in das Zivilrecht strahlenden wertpapieraufsichtsrechtlichen Norm des § 31 WpHG ist der Bankmitarbeiter zu einer qualifizierten steuerrechtsbezogenen Aufklärung verpflichtet.[449] Der Anlageberater ist danach verpflichtet, den Anleger über die steuerliche Behandlung von Treueaktien als Bestandteil der besonderen Umstände dieses Anlageobjekts zu informieren. Insbesondere ist der Anleger darüber aufzuklären, dass ein sofortiger Verkauf der Treuaktien nach Zuteilung eine („spekulations-„)steuerpflichtiges Veräußerungsgeschäft darstellt.[450]

5. Kapitalanlage eines Rentners

Ein Rentnerehepaar sucht seinen Bankberater auf, um mit diesem sein Vermögen – insbesondere „für die Enkel" – neu zu strukturieren. Zentraler Vermögensgegenstand des Ehepaares ist ein Mietshaus, dessen Wohnungen vermietet sind sowie ein geringes Sparguthaben.

Zwischen den Parteien liegt ein konkludent geschlossener Anlageberatungsvertrag vor. Der Bankberater ist ausnahmsweise verpflichtet, auch steuerliche Aspekte informationell zu berücksichtigen. Da das Rentnerehepaar die Vermögensrestrukturierung erklär-

---

448 Hier in Gestalt der Gewährung von Gratisaktien aus Teilen der Kapital- oder Gewinnrücklagen, die nach §§ 207 ff. AktG in Nennkapital umgewandelt werden.

449 Zum Anwendungsspektrum und den steuerrechtsbezogenen informationellen Handlungspflichten nach dem WpHG, vgl. 4. Teil § 2.

450 Zur steuerlichen Behandlung so genannter Gratis- bzw. Bonusaktien, vgl. Anhang § 1 III 1.

termaßen mit Blick auf seine Enkel durchführen möchte, greift die Fallgruppe der evidenten Einbeziehung steuerlicher Gesichtspunkte. Offensichtlich kommt es den Eheleuten gerade darauf an, eine über ihr Ableben hinaus zweckmäßige Vermögensdisposition zu treffen. Im Rahmen seiner qualifizierten steuerrechtsbezogenen Aufklärungspflicht hat der Anlageberater unter dem Blickwinkel der Kundenbezogenheit auf die erbschaftssteuerrechtliche Behandlung des Vermögens hinzuweisen. In diesem Zusammenhang ist er insbesondere verpflichtet darüber aufzuklären, dass das Erbschaft- und Schenkungsteuerrecht Vermögen sehr unterschiedlich bewertet, so dass die Erbschaftsteuerbelastung zum Teil – abhängig vom jeweiligen Wirtschaftsgut, beispielsweise Wertpapiere, Barguthaben, Grundvermögen – erheblich variieren kann. Darüber hinaus schuldet der Bankberater jedoch keine weitergehende steuerrechtliche Beratung. Vielmehr kann er auf einen steuerlichen Berater verweisen.

6. Erstanlage von Barvermögen

Ein in Vermögensfragen völlig unerfahrener Kunde wendet sich, nachdem er ein erhebliches Barvermögen geerbt hat, aufgrund der Lektüre einer Werbebroschüre „Der kompetente Vermögensberater für Finanzen/Steuern/Versicherungen“ an einen darauf namentlich erwähnten freien Vermögensberater. Er bittet diesen, ihn in der Anlage seines ererbten Vermögens zu beraten. Da der Kunde erklärt hat, dass er wenige Risiken eingehen wolle, rät der Vermögensberater zum Erwerb festverzinslicher, inländischer Anleihen.

Der zwischen den Parteien konkludent geschlossene Anlageberatungsvertrag verpflichtet den Vermögensberater vorliegend zu einer qualifizierten steuerrechtsbezogenen Aufklärung. Aufgrund der durch den Vermögensberater bekundeten besonderen Befähigung in Sachen Finanzen/Steuern/Versicherungen liegt ein Fall der überlegenen steuerlichen Sach- und Rechtskenntnis vor. Der Kunde ist darüber aufzuklären, dass die seinen Steuerfreibetrag übersteigenden Zinserträge voll zu versteuern sind. Diesbezüglich ist er ferner auf die gegenwärtige Höhe des Steuerfreibetrages[451] hinzuweisen.

7. Erwerb ausländischer Anleihen

Ein Bankberater rät seinem Kunden dazu, ausländische Anleihen zu erwerben. Diese würden insbesondere auch aus steuerlicher Sicht eine sinnvolle Kapitalanlage darstellen.

Auf Grundlage des vorliegend anzunehmenden – konkludent geschlossenen – Anlageberatungsvertrages trifft den Bankberater hier ausnahmsweise eine steuerrechtsbezogene Aufklärungspflicht. Der Berater hat durch seinen Hinweis auf die steuerlichen Vorteile der Anlageform evident steuerliche Gesichtspunkte mit in seine Dienstleis-

[451] Zur Aufklärungsbedürftigkeit von Freibeträgen, vgl. Anhang § 1 I 3.

tung einbezogen. Im Rahmen der insofern geschuldeten qualifizierten steuerrechtsbezogenen Aufklärung ist er verpflichtet, den Kunden über die steuerlichen Besonderheiten in der Behandlung ausländischer Anleihen zu informieren. Die spezifischen steuerlichen Umständen einer ausländischen Anleihe, d. h. insbesondere Fragen einer etwaigen ausländischen Quellensteuer[452], bilden einen objektbezogenen und damit aufklärungsbedürftigen steuerrechtlichen Gesichtpunkt. Daneben ist er mit Blick auf die Zinserträge über die bestehenden Freibeträge aufzuklären.

[452] Zur steuerlichen Behandlung ausländischer Anleihen, vgl. Anhang § 1 II 4.

4. Teil
Steuerrechtsbezogene Informationspflichten nach dem Wertpapierhandelsgesetz

§ 1 Grundlagen informationeller Handlungspflichten des WpHG

I. Gesetzgeberischer Ursprung des § 31 WpHG

Die Vorschriften des Wertpapierhandelsgesetzes bilden eine bedeutsame Säule im Gefüge der Rechtsgrundlagen für Informationspflichten bei Finanzdienstleistungen.[453] Dabei gilt es zu untersuchen, ob und in welchem Umfang die Pflichten nach dem Wertpapierhandelsgesetz auch Grundlage für steuerliche Informationspflichten bilden.

Wie *Assmann*[454] anschaulich ausführt, ist mit dem Wertpapierhandelsgesetz eine „neue Ära in der rechtlichen Ordnung des Kapitalmarktes" eingeleitet worden.[455] Dabei bildet das Gesetz das „Herzstück"[456] eines Normenwerkes, das als Gesetz über den Wertpapierhandel und zur Änderung börsenrechtlicher und wertpapierrechtlicher Vorschriften (zweites Finanzmarktförderungsgesetz[457]) vollumfänglich am 1. Januar 1995 in Kraft getreten ist.[458]

Nach diversen Modifikationen, Änderung und Ergänzungen[459], insbesondere im Rahmen des Dritten Finanzmarktförderungsgesetzes[460], ist das WpHG im Rahmen des Vierten Finanzmarktförderungsgesetzes vom 21. Juni 2002[461] überarbeitet worden.[462] Schließlich kam es im Rahmen des so genannten Anlegerschutzverbesserungsgesetzes

---

453 Dazu oben, 1. Teil, § 1 III 1. Zur Rechtsnatur der Vorschriften der §§ 31 ff. WpHG im weiteren Verlauf der Untersuchung

454 Assmann, in: Assmann/Schneider, Einl. Rn. 1.

455 Zur Entstehung und Weiterentwicklung des Kapitalmarktrechts unter besonderer Berücksichtigung der Vorgaben des WpHG, Kümpel, S. 15; Hopt, WM-Sonderheft 1994, S. 29 ff.; Baur, Die Bank 1997, S. 346 f.; mit diversen weiteren Nachweisen Assmann, in: Assmann/Schneider, vor Einl. Rn. 1.

456 Lang, Informationspflichten, S. 10, Rn. 16; Weber, NJW 1994, S. 2849.

457 BGBl. 1994 I, S. 1749 ff.

458 Hierbei illustriert die Begründung der Beschlussempfehlung des Finanzausschusses des Bundestages den nationalen Regelungszweck wie folgt: „(...) Der Gesetzentwurf zielt darauf ab, den Finanzplatz Deutschland an die veränderten Bedingungen auf den Finanzmärkten anzupassen und damit zugleich die internationale Wettbewerbsfähigkeit des deutschen Finanzplatzes zu fördern. Im Mittelpunkt stehen Maßnahmen zur Stärkung des Vertrauens der Kapitalanleger (...)", (BT-Drucks. 12/7918 v. 15. Juni 1994, S. 92).

459 BGBl. I, S. 1959; BGBl. I, S. 1430; BGBl. I, S. 2518; BGBl. I, S. 529; BGBl. I, S. 786 sowie im Überblick zur Entwicklung des Kapitalmarktrechts Weber, NJW 2000, S. 2061 ff., 3461 ff.

460 Gesetz zur Fortentwicklung des Finanzplatzes Deutschland, BGBl. I 1998, S. 529, dazu Pötzsch, AG 1997, S. 199.

461 BGBl. I 2002, S.2010.

462 Maßgebliche Weiterentwicklungen im Überblick bei Großmann, DB 2002, S. 2031.

zu weiteren Modifikationen.[463] Weitere Neuerungen zeichnen sich durch die anstehende Umsetzung der „neuen" Wertpapierdienstleistungsrichtlinie (MiFiD) ab.[464]

Von besonderem Interesse sind mit Blick auf den Untersuchungsgegenstand die §§ 31, 32 WpHG. Diese enthalten eine systematische Normierung so genannter „Wohlverhaltenspflichten", die wiederum ihrerseits Anknüpfungspunkt für konkrete Informationspflichten der verschiedensten Art sind.[465] Diese Verhaltensregeln sind dabei als ein wesentlicher Teilkomplex[466] im Gesamtregelungsgefüge des Wertpapierhandelsgesetzes zu begreifen. Zur Auslegung einzelner wertpapierhandelsrechtlicher Vorschriften und der Entwicklung konkreter Pflichtenkreise gebietet sich die Berücksichtigung der gesetzgebungshistorischen Zusammenhänge, der europarechtlichen Hintergründe[467] sowie der gesetzgeberischen Zwecksetzungen des nationalen Gesetzgebers.[468]

Die gesetzeshistorischen Wurzeln[469] der Wohlverhaltenspflichten für Wertpapierdienstleister finden sich auf europäischer Ebene.[470] Ausgangspunkt bildete zunächst eine Empfehlung der Kommission der Europäischen Gemeinschaft vom 25. Januar 1977[471], in der Grundsätze postuliert wurden, nach denen sich ein Wertpapierdienstleister gegenüber dem Kapitalanleger verhalten sollte. Schwerpunkt dieser Empfehlung bildeten ausdrückliche Anforderungen an die Handlungsqualität bei Wertpapiertransaktionen.[472] In Ermangelung normativer Regelungswirkung[473] kam diesen Empfehlungen jedoch nur psychologische und politische Wirkung zu.[474]

Im Jahre 1989 unternahm die Kommission der Europäischen Gemeinschaften schließlich erste Schritte[475] zur europäischen Kodifizierung entsprechender Vorschriften für

---

463 Zum Anlegerschutzverbesserungsgesetz vgl. 4. Teil § 3 II 1.

464 Richtlinie 2004/39/EG, ABl. EG Nr. L 145 vom 30. April 2004, S. 1 ff.

465 Hopt, ZHR 159 (1995), S. 135 f.

466 Kümpel in: Kümpel/Ott, 065, S. 8.

467 Vor dem Hintergrund, dass es, sich bei der Vorschrift des § 31 WpHG um so genanntes Umsetzungsrecht handelt, das im Zuge einer angestrebten Harmonisierung europarechtlicher Mindeststandards eingeführt worden ist, gilt es stets die relevanten Regelungen im Lichte der Wertpapierdienstleistungsrichtlinie auszulegen. Als allgemein anerkanntes Instrument der Auslegung tritt die richtlinienkonforme Auslegung dabei neben die regelmäßigen nationalen Methoden. Mit Blick auf den Umsetzungswillen des historischen Gesetzgebers der nationalen Durchführungsnorm ist dabei die Heranziehung europäischen Rechts als Auslegungsmittel dogmatisch zu rechtfertigen.

468 Buhk, S. 36.

469 Zum gesetzeshistorischen Weg zur EG-Wertpapierdienstleistungsrichtlinie instruktiv Buhk, S. 38 ff.

470 Richtlinie des Rates der Europäischen Gemeinschaften über Wertpapierdienstleistungen vom 10. Mai 1993 (92/22/EWG), ABl. Nr. L 141 vom 11. Juni 1993; Abdruck der Richtlinie findet sich in der AG 1993, S. 394 ff.

471 Nr. 77/354 EWG; ABl. EG Nr. L 212/37 v. 20. August 1977.

472 *„(...) Das Publikum muß zuverlässige, zutreffende, klare, ausreichende und rechtzeitig verbreitete Informationen erhalten (...)"* (ABl. EG Nr. L 212/41 vom 25.07.1977).

473 Gemäß Art. 189 EGV sind Empfehlungen der Kommission für Mitgliedsstaaten nicht bindend.

474 Hilf, in: Grabitz/Hilf, Art. 189 Rn. 82.

475 Richtlinienvorschlag der EG-Kommission vom 3. Januar 1989, Nr. 89/C 43/10; ABl. EG Nr. C 43/7 vom 22.02.1989.

Wertpapierdienstleister. Jedoch erst die EG-Wertpapierdienstleistungsrichtlinie aus dem Jahre 1993 selbst führte neben den Organisationspflichten über Artikel 11 auch Wohlverhaltenspflichten – anknüpfend[476] an die Empfehlungen aus dem Jahre 1977 – für Wertpapierdienstleister ein.[477] Der Artikel 11 liefert in einer Aufstellung von sieben Unterpunkten ein Modell von Verhaltensregeln[478], das in seiner Gesamtschau als so genannte „rules of conduct" bei Wertpapierdienstleistungen bezeichnet wird.[479] An diesem Pflichtengefüge hat sich der deutsche Gesetzgeber bei der Ausgestaltung des § 31 WpHG wesentlich orientiert.

Auf Grundlage des so genannten „Aktionsplan Finanzdienstleistungen"[480] – Financial Servies Action Plan/FSAP – hat die Europäische Kommission eine umfassende Initiative zur Überarbeitung[481] der bestehenden europarechtlichen Rahmenbedingungen im Bereich der Kapitalmärkte begonnen. Am 21. April 2004 wurde nach umfangreichen Vorarbeiten schließlich die Richtlinie 2004/39/EG verabschiedet und im Amtsblatt der Europäischen Union per 30. April 2004 veröffentlicht.[482] Bedeutsame Neuerung ist dabei insbesondere, dass die in üblicher beruflicher oder gewerblicher Tätigkeit ausgeübte Anlageberatung in Finanzinstrumenten in Zukunft nach dem jeweiligen nationalen Recht erlaubnispflichtig sein soll und – anders als bisher – als Wertpapierdienstleistung eingeordnet wird. Als ausgewählte Neuregelungen zum Anlegerschutz wird

---

476 Stellungnahme des Wirtschafts- und Sozialausschusses vom 27. November 1989, 98/C 298/03.

477 Auch der Richtlinienvorschlag der EG-Kommission vom 8. Februar 1990 verzichtete auf entsprechende Regelungen, Nr. 90/C 42/06; ABl. EG v. 22. Februar 1990 Nr. C 42/7.

478 Die Wertpapierfirma muss bei Ausübung ihrer Tätigkeit recht und billig im bestmöglichen Interesse der Kunden und der Integrität des Marktes handeln, RL 93/22/EWG v. 10. Mai 1993, Art. 11 Abs. 1 S. 4, erster Gedankenstrich. Die Wertpapierfirma muss ihre Tätigkeit mit der gebotenen Sachkenntnis, Sorgfalt und Gewissenhaftigkeit im bestmöglichen Interesse der Kunden und der Integrität des Marktes ausüben, RL 93/22/EWG v. 10. Mai 1993, Art. 11 Abs. 1 S. 4, zweiter Gedankenstrich. Die Wertpapierfirma muss über die für einen erfolgreichen Abschluss der Geschäfte erforderlichen Mittel und Verfahren verfügen, RL 93/22/EWG v. 10. Mai 1993, Art. 11 Abs. 1 S. 4, dritter Gedankenstrich. Die Wertpapierfirma hat von den Kunden Angaben über ihre finanzielle Lage, ihre Erfahrungen mit Wertpapieren und ihre mit den gewünschten Dienstleistungen verfolgten Ziele zu verlangen, RL 93/22/EWG v. 10. Mai 1993, Art. 11 Abs. 1 S. 4, vierter Gedankenstrich. Die Wertpapierfirma hat bei den Verhandlungen mit ihren Kunden alle zweckdienlichen Informationen in geeigneter Form mitzuteilen, RL 93/22/EWG v. 10. Mai 1993, Art. 11 Abs. 1 S. 4, fünfter Gedankenstrich.Die Wertpapierfirma muss sich um die Vermeidung von Interessenkonflikten bemühen und sofern diese unvermeidbar sind, dafür Sorge tragen, dass der Kunde nach Recht und Billigkeit behandelt wird, RL 93/22/EWG v. 10. Mai 1993, Art. 11 Abs. 1 S. 4, sechster Gedankenstrich. Die Wertpapierfirma hat allen für die Ausübung ihrer Tätigkeit geltenden Vorschriften im bestmöglichen Interesse ihrer Kunden und der Integrität des Marktes nachzukommen, RL 93/22/EWG v. 10. Mai 1993, Art. 11 Abs. 1 S. 4, siebter Gedankenstrich.

479 Schön, S. 26.

480 Mitteilung der Kommission, KOM (1998), 625 endg. Vom 28. Oktober 1998, teilweise in WM 1999, S. 757 ff.; KOM (1999) 232 vom 11. Mai 1999, abgedruckt in: ZBB 1999, S. 254 ff. Dazu Hopt, in: Grundmann S. 326 f.

481 Mit systematischem Überblick zu den Neuentwicklungen auf europäischer Ebene, Sethe, S. 446 ff.

482 Richtlinie 2004/39/EG des Europäischen Parlaments und des Rates vom 21. April 2004, ABl. EG Nr. L 145 vom 30. April 2004 über Märkte für Finanzinstrumente (MiFiD). Zu den wesentlichen Auswirkungen der Wertpapierdienstleistungsrichtlinie – MiFiD, Kühne, BKR 2005, S. 275 ff.

eine Unterscheidung zwischen Kleinanleger und professionellen Kunden eingeführt[483] Darüber hinaus werden die Wohlverhaltensvorschriften gegenüber dem Kleinanleger verschärft[484] und der Wertpapierdienstleister zum Abschluss einer vertraglichen „Mindestvereinbarung"[485] mit dem Kleinanleger verpflichtet.

II. Anwendungsspektrum des § 31 WpHG[486]

1. Finanzinstrumente im Sinne des WpHG

Der „Schlüsselbegriff" innerhalb der mit Blick auf das Wertpapierhandelsgesetz relevanten Finanzinstrumente ist der des so genannten Wertpapiers.[487] Der Begriff des Wertpapiers ist gesetzesspezifisch und ohne vorgängige Anleihe bei den Wertpapierbegriffen anderer Rechtsgebiete auszulegen. Hierbei ist zu berücksichtigen, dass die gesetzliche Definition des Wertpapierbegriffs nicht anhand abstrakter Begriffsmerkmale erfolgt, sondern vielmehr auf einem methodischen Ansatz aufbaut. Aufbauend auf einer katalogartigen Auflistung erfasster Beteiligungstitel werden typologische und abstrahierende Begriffsbildungselemente kombiniert.[488] Gemeinsame Voraussetzung bildet, dass es sich um Papiere, verbrieft oder unverbrieft, handelt, die geeignet sind, an einem Markt gehandelt zu werden, und die austauschbar und zirkulationsfähig sind.[489] Die Vorschrift selbst nennt neben Aktien[490], Zertifikaten, die Aktien vertreten[491] und Schuldverschreibungen[492], Genussscheine, Optionsscheine sowie Anteils-

---

483 Kleinanleger ist nach Art. 4 Abs. 1 Nr. 12 MiFiD der Kunde, der kein professioneller Kunde ist. Der Status als professioneller Kunde ist dann gegeben, wenn ein Kunde zwei von drei Kernkriterien erfüllt. Diese sind: 1. Der Kunde hat an dem relevanten Markt während der vier vorhergehenden Quartale durchschnittlich pro Quartal zehn Geschäfte in erheblichem Umfang getätigt. 2. Das Portfolio des Kunden übersteigt 500.000,00 €. 3. Der Kunde ist oder war mindesten ein Jahr in einer beruflichen Position im Finanzsektor tätig, die entsprechende Kenntnisse voraussetzt. Wird ein Kunde als professioneller Anleger eingeordnet, wird auf das Schutzniveau der für Kleinanleger relevanten Wohlverhaltensregeln in gewissem Umfang verzichtet. Dazu vertiefend Kühne, BKR 2005, S. 278 ff.

484 In diesem Zusammen sind exemplarisch die Marketing-Mitteilungen nach Art. 19 Abs. 2 der MiFiD sowie die Informations-, Hinweis- und Befragungspflichten nach Art. 19 Abs. 3-5 MiFiD zu nennen.

485 War es dem bislang geltenden Recht fremd, Inhalte eines sich auf Finanzinstrumente beziehenden Vertrages festzulegen, verlangt nunmehr Art. 19 Abs. 7 MiFiD, dass in einem Vertrag gewisse durch den Richtliniengesetzgeber bestimmte Mindeststandards festgeschrieben werden. Im Rahmen der Anlageberatung bedeutet dies beispielsweise, dass die Anlageberatung in Zukunft auf Grundlage einer schriftlichen Vereinbarung erfolgen muss, in der eine Reihe von Einzelpunkten – z. B. Beschreibung der in Betracht kommenden Finanzinstrumente, Details über Gebühren und Preise, u. Ä. – festzuschreiben sind. Dazu Kühen, BKR 2005, S. 278 f.

486 Brandt, S. 175 f.

487 Assmann, in: Assmann/Schneider, § 2 Rn. 3.

488 Assmann, in: Assmann/Schneider, § 2 Rn. 4.

489 Assmann, in: Assmann/Schneider, § 2 Rn. 3 ff.

490 Zu den Aktien zählen alle ihre Erscheinungsformen, d. h. Inhaberaktien, Namensaktien (§ 68 Abs. 1 AktG) sowie vinkulierte Namensaktien (§ 68 Abs. 2 AktG), Beck, in: Schwark, § 2 Rn. 5.

491 In diesem Sinne werden Global- und Sammelaktien sowie Jung- und Zwischenscheine (§ 8 Abs. 6 AktG) erfasst, Beck, in: Schwark, § 2 Rn. 5.

scheine an einer Kapitalanlagegesellschaft oder einer ausländischen Investmentgesellschaft.[493] Daneben werden Geldmarktinstrumente und Derivate[494] als qualifizierte Finanzinstrumente nach §§ 2 Abs. 1a, 2 WpHG vom Wertpapierhandelsgesetzes erfasst.

In negativer Abgrenzung sei an dieser Stelle daran erinnert, dass die Wohlverhaltenspflichten des WpHG gerade keine Anwendung auf Geschäfte am so genannten grauen oder freien Kapitalmarkt finden. So haben diese Geschäfte regelmäßig keine Wertpapiere oder andere – im obigen Sinne qualifizierten Finanzinstrumente – zum Gegenstand. Vielmehr werden im Wesentlichen personengesellschaftsrechtlich ausgestaltete Beteiligungskonzepte in Gestalt so genannter geschlossener Fondsmodelle angeboten.[495] Dabei werden Beteiligungen an einer Kommanditgesellschaft als Kommanditist oder eine Gesellschaft bürgerlichen Rechts mangels Fungibilität nicht als Wertpapiere oder „Aktien vergleichbare Wertpapiere" betrachtet.[496] Die Fungibilität im obigen Sinne bedingt zum einen, dass die Wertpapiere austauschbar, d. h. nach Art und Zahl der Stücke bestimmbar und innerhalb der Gattung ohne weiteres austauschbar sind. Zum anderen muss notwendigerweise die Zirkulationsfähigkeit der Wertpapiere gewährleistet sein.[497] Im Übrigen werden derartige Geschäfte häufig auch nicht durch Wertpapierdienstleistungsunternehmen im Sinne des WpHG durchgeführt.[498]

2. Wertpapier- und Wertpapiernebendienstleistungen

Der Abschnitt 6 des WpHG richtet sich mit seinen Vorgaben ausdrücklich[499] an so genannte Wertpapierdienstleistungsunternehmen[500] i. S. d. § 2 Abs. 4 WpHG, d. h. Kreditinstitute i. S. v. § 1 Abs. 1 KWG, Finanzdienstleistungsinstitute i. S. v. § 1 Abs. 1a KWG sowie Unternehmen i. S. v. § 53 Abs. 1 S. 1 KWG, die Wertpapierdienstleistungen allein oder zusammen mit Wertpapiernebendienstleistungen gewerbsmäßig[501] erbringen.[502] Die damit erfassten Wertpapierdienst- und Wertpapiernebendienstleistungen werden in den §§ 2 Abs. 3 Nr. 1-6 und Abs. 3a Nr. 1-4 WpHG legaldefiniert.

---

492 Hierbei sind sowohl von öffentlicher Hand als auch von privaten Emittenten begebene Schuldverschreibungen erfasst, soweit sie zirkulationsfähig und fungibel sind. Mithin sind unter anderem auch Null-Kupon-Anleihen, Wandel- und Gewinnschuldverschreibungen, Floating-Rate-Notes und Asset-Backed-Securities eingeschlossen, Beck, in: Schwark, § 2 Rn. 5.

493 Anteile an in- und ausländischen Investmentfonds sind nunmehr ausdrücklich von § 2 Abs. 1 aufgegriffen worden.

494 Als Derivate werden im Sinne der §§ 2 Abs. 2 Nr. 1 und 2 WpHG als Festpreis- und Optionsgeschäft ausgestalte Termingeschäfte sowie so genannte Devisentermingeschäfte betrachtet.

495 Zu den verschiedenen Erscheinungsformen geschlossener Fonds, 4. Teil, § 3 I 2.

496 Assmann, in: Assmann/Schneider, § 2 Rn. 16.

497 Dazu mit weiteren Nachweisen Beck, in: Schwark § 2 WpHG, Rn. 4.

498 Dazu ausführlich Brandt, S. 176, Fn. 750.

499 Ausdrücklich die §§ 31 Abs. 1 Einl., 32 Abs. 1 Einl., 33 Abs. 1 Einl., 34 Abs. 1 Einl., 34a Abs. 1 Einl. WpHG.

500 In den folgenden Ausführungen als Wertpapierdienstleister bezeichnet.

501 (...) oder in einem Umfang, der einen in kaufmännischer Weise eingerichteten Geschäftsbetrieb erfordert.

502 Frisch, in: Derleder/Knops/Bamberger, § 46 Rn. 27.

[503] Die Regelung des § 31 WpHG verpflichtet ein Wertpapierdienstleistungsunternehmen bei der Erbringung sämtlicher Wertpapierdienst- und Wertpapiernebendienstleistungen.[504]

Ausweislich des § 1 WpHG umfasst der Anwendungsbereich des Wertpapierhandelsgesetzes die Erbringung von Wertpapierdienst- und Wertpapiernebendienstleistungen, den börslichen und ausserbörslichen Handel mit Wertpapieren, Geldmarktinstrumenten, Derivaten und Finanztermingeschäften. Dabei kommt der Vorschrift des § 1 WpHG kein eigener Regelungsgehalt, sondern vielmehr klarstellende Funktion zu.[505] Die Anwendbarkeit der Normen des Wertpierhandelsgesetzes ergibt sich im Wesentlichen aus den Vorschriften selbst in Verbindung mit den Definitionen der §§ 2, 2a WpHG.[506]

3. Anwendbarkeit des § 31 WpHG bei Anlageberatung und -vermittlung

Wertpapieraufsichtsrechtlich wird die Anlageberatung nach § 2 Abs. 3 a Nr. 3 WpHG als die Beratung bei Anlagen in Wertpapieren, Geldmarktinstrumenten oder Derivaten begriffen.[507] Hierbei ist sie – von einem Wertpapierdienstleistungsunternehmen erbracht – im wertpapieraufsichtsrechtlichen Sinne als Wertpapiernebendienstleistung i. S. v. § 2 Abs. 3 a Nr. 3 WpHG zu qualifizieren. Damit finden die Wohlverhaltenspflichten der §§ 31 ff. WpHG auf sie nur mittelbar, d. h. wenn sie im Zusammenhang mit einer Wertpapierdienstleistung erbracht werden, Anwendung. Mit Blick auf die gegenwärtige Diskussion und in Ansehung der neuen Wertpapierdienstleistungsrichtlinie[508] ist zu erwarten, dass in Zukunft auch die reine Anlageberatung als eigenständige Wertpapierdienstleistung dem Regelungsregime der §§ 31 ff. WPHG unterworfen wird.

Hinsichtlich der Anlagevermittlung stellt sich die Situation dagegen anders dar. Schließt ein Wertpapierdienstleistungsunternehmen als Anlagevermittler Verträge über Wertpapiere, Geldmarktinstrumente oder Derivate in fremdem Namen für fremde Rechnung, so handelt es als so genannter „Abschlussvermittler" im wertpapierhandelsrechtlichen Sinne. Als Teil des Effektengeschäfts unterliegt eine solche „Abschluss-

---

503 Zur begrifflichen Abgrenzung von Wertpapierdienstleister und Finanzdienstleiser und dem Anwendungsspektrum der Vorschriften der §§ 31 ff. WpHG ausführlich, 3. Teil, § 1 I 3; Bliesener, S. 22 ff.

504 Damit werden sämtliche Wertpapierdienstleistungen und Wertpapiernebendienstleistungen als fremdnützig qualifiziert und grundsätzlich denselben Pflichtenstandards hinsichtlich informationeller Handlungspflichten unterworfen. In diesem Sinne auch Leisch, S. 117.

505 Schäfer, in: Schäfer § 1 Rn. 1.

506 Frisch, in: Derleder/Knops/Bamberger, § 46 Rn. 5.

507 Weber-Rey/Balzer, WM 1997, S. 2288 f.; Assmann, in: Assmann/Schneider, § 2 Rn. 68.

508 Zu der Bedeutung und den Inhalten der „neuen" Wertpapierdienstleistungsrichtlinie, vgl. 4. Teil § 1 I 8.

vermittlung" unmittelbar dem Regelungsregime der Vorschriften der §§ 31 ff. WpHG.[509]

Insofern ist es sowohl für den Anlageberater als auch für den Abschlussvermittler i. S. d. Wertpapierhandelsgesetzes entscheidend, ob sich aus der Vorschrift des § 31 WpHG steuerrechtsbezogene informationelle Handlungspflichten ableiten lassen.

III. Rechtsnatur der Pflichten des § 31 WpHG

Gegenstand anhaltender Kontroversen in der Literatur ist die Frage der Rechtsnatur der Vorschrift der § 31 WpHG, wobei bereits umstritten ist, ob es sich bei dieser Norm um eine des öffentlichen Rechts oder des Zivilrechts handelt.[510]

Bemerkenswert ist dabei, dass der europarechtliche Hintergrund – Umsetzung von Artikel 10 und 11 der EG-Wertpapierdienstleistungsrichtlinie – eine diesbezügliche Entscheidung offen lässt. So war es dem Umsetzungsgesetzgeber überlassen, ob er den „rules of conduct" über öffentlich-rechtliches Aufsichtsrecht oder zwingende zivil- und handelsrechtliche Vorschriften zum Teil nationalen Rechts macht.[511]

Unter Berücksichtung der herausgearbeiteten Motivlage des Umsetzungsgesetzgebers[512], der im Wesentlichen die vielschichtige Funktionsfähigkeit und Wettbewerbsfähigkeit des nationalen Kapitalmarktes im Blick hatte und „daneben" die Stärkung der Anlegerrechte erreichen wollte, vermag die Einordnung als öffentlich-rechtliche Normen zu überzeugen.[513] Zwar ist zu konstatieren, dass sich Rechtsprechung, Literatur und Gesetzgebung bei der Entwicklung tragfähiger, nationaler „rules of conduct" in einem „geistigen Mutter-Tochter-Verhältnis"[514] inspiriert haben. Ebenso ist nachvollziehbar, dass als eine Grundlage der Vorschriften des WpHG in Literatur und Recht-

509 Zum Abschlussvermittler i. S. v. § 2 Abs. 3 Nr. 3 WpHG, vgl Schäfer, in: Schäfer/Müller, Rn. 9.

510 BGH, WM 2001, S. 1758; Nobbe, in: Horn/Schimansky, Bankecht 1998, S. 235 f.; Waldeck, in: Cramer/Rudolph, S. 647 ff.; Helmschrott-Waßmer, WM 1999, S. 1853 ff. mit weiteren Nachweisen. Wesentliche Bedeutung kommt dieser Frage insbesondere in Hinblick auf das Haftungsrecht zu. So ist es für den Anleger in Hinblick auf den Pflichtenkanon des § 31 WpHG entscheidend, ob es sich hierbei um lediglich aufsichtsrechtlich relevante öffentlich-rechtliche Pflichten für den Wertpapierdienstleister mit der Folge handelt, dass sich allenfalls über eine entsprechende Drittwirkung ein Anknüpfungspunkt zivilrechtlicher Pflichtverletzungen konstruieren lässt, oder ob es sich um zivilrechtliche Vorschriften handelt, die dem Wertpapierdienstleister unmittelbare, haftungsrelevante Pflichten gegenüber dem Anleger auferlegen.

511 M. Lange, S. 305 ff.

512 3. Teil, § 1 I 4.

513 In diesem Sinne der Bundesgerichtshof zu § 31 Abs. 1 Nr. 1 WpHG, nach dessen Ansicht die Norm *„in erster Linie aufsichtsrechtlicher Natur ist, aber auch Anlegerschützende Funktion und damit Bedeutung für Inhalt und Umfang vor- und nebenvertraglicher Pflichten hat"*, BGH , ZIP 2001 S. 1581.

514 Diesen charakterisierenden Begriff verwendet insbesondere Stafflage, S. 28.

sprechung gewonnene Erkenntnisse[515] dienten, die im Zuge der Entwicklung von Informationspflichten im vorvertraglichen und vertraglichen Bereich gewonnen worden waren.[516]

Festzustellen ist jedoch, dass sich die §§ 31 ff. WpHG wohl am ehesten als pflichtenkonkretisierende Regelungen öffentlich-rechtlichen Charakters einordnen lassen.[517] Darauf lässt zum einen das System der hoheitlichen Überwachung mit entsprechenden Zwangsinstrumenten des Bundesamtes für Finanzdienstleistungsaufsicht schließen.[518] Weiterhin bestätigen die Bußgeldbewährung des § 32 WpHG[519] sowie die systematische Betrachtung im Regelungszusammenhang mit den evident öffentlich-rechtlichen Vorschriften der §§ 33, 34 WpHG jedenfalls die Einordnung des § 31 WpHG als Normen des öffentlichen Aufsichtsrechts.

Zwar sind die Verhaltensregeln des § 31 WpHG als Norm des Wertpapieraufsichtsrechts grundsätzlich öffentlich-rechtlicher Natur. Daneben ist jedoch auch eine erhebliche Bedeutung dieser Regeln für das Zivilrecht allgemein anerkannt.[520] Dabei ist von einer so genannten „Ausstrahlungswirkung" der Vorschriften in den zivilrechtlichen Bereich auszugehen.[521] Gestützt wird dieser Ansatzpunkt insbesondere mit dem Verweis auf den anlegerschützenden Hintergrund der Vorschriften des Wertpapierhandelsgesetzes.[522]

So kommt den Verhaltensregelungen eine doppelte anlegerschützende Funktion zu. Zum einen erfolgt eine präventive (öffentlich-rechtliche) Kontrolle durch die Wertpapiermarktaufsicht. Zum anderen wird auf Grundlage der zivilrechtlichen Ausstrahlungswirkung der Verhaltensregeln eine repressive Kontrolle dieser Pflichtenstandards durch die Rechtsprechung sichergestellt.[523]

Umstritten ist indes, wie die Ausstrahlung der Vorschriften der §§ 31 und 32 WpHG in das Vertragsrecht dogmatisch zu qualifizieren ist.[524] Zum Teil werden diese Vorschriften als Konkretisierung vorvertraglicher und vertraglicher Pflichten begriffen. Zum

---

515 Provokant, aber nicht ganz von der Hand zu weisen, Heinsius, der die §§ 31- 34 WpHG als „alten Wein in neuen Schläuchen" bezeichnet, WM 1996, S.423.

516 Bericht des Finanzausschusses des Deutschen Bundestages, BT-Drucks. 12/7918, S. 103, der sich inhaltlich deutlich an den Vorgaben des „Bond-Urteils" orientiert.

517 4. Teil, § 1 III.

518 Schwark, in: Schwark vor § 31, Rn. 7.

519 § 32 WpHG in Verbindung mit § 39 Abs. 1 Nr. 3 WpHG.

520 Vergleiche die Ausführungen im Rahmen von 3. Teil, § 1 I 5, „Rechtsnatur der Vorschriften der §§ 31 ff. WpHG". In diesem Sinne auch die ganz herrschende Meinung, BGH, ZIP 2001, 1580 f.; Lang, in: Informationspflichten, § 6 Rn. 9, mit weiteren Nachtweisen.

521 Nobbe, in: Horn/Schimansky, Bankrecht, S. 235 ff., mit weiteren Nachweisen.

522 Wohl herrschend, so auch Kümpel, Bank- und Kapitalmarktrecht, Rn. 8.237 ff. Anderer Auffassung jedoch M. Lange, S. 303.

523 Lang, Informationspflichten § 6 Rn. 11.

524 Zum Teil werden die Pflichten des § 31 WpHG lediglich als deliktische Schutzpflichten i. S. v. § 823 Abs. 2 WpHG begriffen.

Teil werden die Verhaltensregeln jedoch auch als Kodifikation vorvertraglicher und vertraglicher Pflichten gesehen.

Einigkeit besteht in diesem Zusammenhang nur insoweit, als ein Verstoß gegen diese Wohlverhaltensregeln jedenfalls keine Nichtigkeit des Vertragsverhältnisses zwischen Kunde und Wertpapierdienstleister nach § 134 BGB zur Folge haben soll.[525] Dies ist insbesondere damit zu begründen, dass die Nichtigkeitssanktion einen zugrunde liegenden Vertrag nur dann betrifft, wenn gesetzgeberischer Sinn und Zweck der Norm diese Rechtsfolge beabsichtigen. Ein derartiger Sinn und Zweck ist in Hinblick auf die Vorschriften der §§ 31 ff. WpHG abzulehnen.[526]

1. Kodifikation vorvertraglicher und vertraglicher Pflichten

Teile des Schrifttums begreifen die Verhaltensregeln der §§ 31, 32 WpHG als die Kodifizierung vorvertraglicher und vertraglicher Pflichten.[527] Damit wären in den Vorschriften zwingende privatrechtliche Vorgaben zu sehen. Diese würden die Vertragsparteien unmittelbar berechtigen und verpflichten. Ein derartiger Ansatz ist aus verschiedenen Gründen abzulehnen.

So handelt es sich bei den Verhaltensregeln des § 31 WpHG um eine Norm des öffentlichen Rechts, die lediglich aufsichtsrechtlichen Charakter haben. Der deutsche Gesetzgeber hat sich in Umsetzung der europarechtlichen Vorgaben der Wertpapierdienstleistungsrichtlinie in Ausnutzung seiner Spielräume bewusst dafür entschieden, die Verhaltenspflichten nicht zum unmittelbaren Gegenstand des Privatrechts zu machen. So wirken die Vorschriften des Wertpapierhandelsgesetzes vertragsrechtlich auch gerade nicht wie die ohnehin privatrechtlichen zwingenden Normen des Arbeits- und Mietrechts.[528] Diese sind von ihrer Normenstruktur schon dem Grunde nach dem Privatrecht zuzuordnen.

2. Konkretisierung vorvertraglicher und vertraglicher Pflichten

Wie *Bliesener*[529] herausarbeitet, sind die aufsichtsrechtlichen Pflichten des § 31 WpHG als ein objektiv-typisierter Mindeststandard von Verhaltenspflichten im Bereich der – aufsichtsrechtlich als Wertpapierdienstleistungen und Wertpapiernebendienstleistungen qualifizierten - Dienstleistungen zu beschreiben. Eine Einhaltung dieser Standards ist bei Ausführung entsprechender Dienstleistungen vorauszusetzen. Anders als in den Bereichen des Arbeits-, Miet- und Verbraucherschutzrechts sind diese Vorgaben zwar nicht unmittelbar privatrechtlich anzuwenden. Dennoch stellen die

---

525 Sehr ausführlich zu einer möglichen Nichtigkeit nach § 134 BGB Bliesener, 143 ff.

526 Lang, Informationspflichten § 6 Rn. 11, mit zahlreichen weiteren Nachweisen.

527 Kümpel, in: Wertpapierhandelsgesetz, S. 160 f.; Van Look, in: Vortmann, Prospekthaftung und Anlageberatung, § 1 Rn. 27; Waldeck in: Cramer/Rudolph, S. 647 f.

528 Anderer Ansicht Waldeck, in: Cramer/Rudolph, S. 647 f.

Standards rechtliche Interessenwertungen dar, die es mittelbar im Privatrecht zu berücksichtigen gilt. Eine derartige Berücksichtigung kann im Rahmen der Vertragsauslegung, unter Bezugnahme auf die Verkehrssitte und Handelsbräuche sowie insbesondere über die Grundsätze von Treu und Glauben nach § 242 BGB, geschehen.[530] Dabei erfolgt die Implementierung der aufgezeigten Standards regelmäßig über die Konkretisierung vorvertraglicher und vertraglicher Handlungspflichten in Gestalt vertraglicher Nebenpflichten. Diese vertraglichen Nebenpflichten sind in den verschiedenen vertraglichen Gestaltungen von Wertpapierdienstleistungen, d. h. im Vermittlungs-, Kommissions-, Festpreis-, Vermögensverwaltungs- und Kreditgeschäft anzutreffen.[531]

Bereits vor Inkrafttreten des Wertpapierhandelsgesetzes am 1. Januar 1995 sind von Rechtsprechung und Literatur typisierte informationelle Handlungspflichten in Gestalt vorvertraglicher und vertraglicher Nebenpflichten anerkannt gewesen. Wie bereits dargestellt, hat in der Folge die Rechtsprechung den Gesetzgeber bei der Fassung der Verhaltenspflichten der §§ 31, 32 WpHG inspiriert.[532] Dabei lehnen sich die in den §§ 31 ff. WpHG enthaltenen Verhaltenspflichten deutlich an die durch diese Rechtsprechung entwickelten Grundsätze an.[533] Damit spricht für die Einordnung der Verhaltenspflichten des Wertpapierhandelsgesetzes als vertragspflichtenkonkretisierende Vorschriften des öffentlichen Rechts auch deren gesetzgebungshistorischer Hintergrund.

Zusammenfassend ist damit festzustellen, dass die aufsichtsrechtlichen Verhaltenspflichten des § 31 WpHG innerhalb der jeweiligen Vertragsbeziehung – unabhängig von der dogmatischen Ausgestaltung im Einzelfall – vertragskonkretisierend heranzuziehen sind. Sie konkretisieren dabei gleichsam einen vertraglichen und vorvertraglichen Haftungsstandard.[534] In diesem Sinne ist mit *Brandt* davon zu sprechen, dass die in dem § 31 WpHG beschriebenen Verhaltensprinzipien als „Erkenntnisquelle" für einen allgemeinen Mindeststandard vertraglicher Verhaltens- und Sorgfaltspflichten heranzuziehen sind.[535] Mit Blick auf vertragliche informationelle Handlungspflichten der Finanzdienstleister – die aufsichtsrechtlich vom Anwendungsbereich des Wertpapierhandelsgesetzes erfasst werden – ist dabei hervorzuheben, dass Verhaltensregeln des § 31 WpHG regelmäßig über § 242 BGB als vertragliche Nebenpflichten in die jeweili-

529 Bliesener, S. 157 ff.
530 Bliesener, S. 158.
531 Darstellung der Entwicklung eines privatrechtlichen Systems von Informations- und Sachwalterpflichten bei Hopt, Kapitalanlegerschutz, S. 219 ff., Bliesener, S. 143.
532 Zum so genannten „geistigen Mutter-Tochter-Verhältnis", wie es Stafflage nennt, 3. Teil, § 1 I 5.
533 Bericht des Finanzausschusses des Deutschen Bundestages, BT-Drucks. 12/7918, S. 103; Lang, Informationspflichten, § 6 Rn. 16.
534 Bliesener, S. 158 ff.
535 Brandt, S. 189.

gen Vertragsverhältnisse und vorvertraglichen Sonderbeziehungen (§§ 241 Abs. 2, 311 Abs. 2 BGB) hineinwirken.[536]

In diesem Sinne beschreibt *Leisch* den § 31 WpHG als eine Norm, die – abhängig von der nachgefragten Dienstleistung – entweder das Schuldverhältnis der Vertragsanbahnung i. S. v. § 311 Abs. 2 BGB oder über Nebenpflichten das Vertragsverhältnis selbst ausgestaltet.[537]

Die Ausstrahlungswirkung der Verhaltensregeln in das jeweilige Vertragsverhältnis kann mithin erhebliche Folgen für den Bereich der Informationspflichten nach sich ziehen. Sind in einem Wertpapierdienstleistungsvertragsverhältnis informationelle Handlungspflichten – als Haupt- oder Nebenleistungspflicht – zu identifizieren, kann konkretisierend auf die in § 31 WpHG kodifizierten Grundsätze zu rekurrieren sein. Vor diesem Hintergrund bilden die Informationspflichten nach dem Wertpapierhandelsgesetz regelmäßig einen – über § 242 BGB und § 241 Abs. 2 BGB auch vertraglich greifbaren – Grundkanon informationeller Handlungspflichten der Finanzdienstleister.

Im Ergebnis ist zu betonen, dass die §§ 241 Abs. 2, 242 BGB zum einen ihrerseits einen originären Pflichtenkanon aufstellen. Überdies bilden diese Vorschriften das Einfallstor und Vehikel für die Verhaltenspflichten des § 31 WpHG in den vorvertraglichen und vertraglichen Bereich. In diesem Sinne ist mit *Leisch*[538] zusammenfassend festzustellen, dass die Blankettformulierung des § 241 Abs. 2 BGB – unter Berücksichtigung von Treu und Glauben i. S. v. § 242 BGB – mit dem Pflichtenstandard des § 31 WpHG auszufüllen ist. Die konkreten Pflichtenanforderungen der Vorschrift des § 31 WpHG sind aufgrund ihrer Ausstrahlungswirkung über die §§ 242, 241 Abs. 2, 311 Abs. 1 BGB als notwendiger Bestandteil derartiger vorvertraglicher und vertraglicher Sonderbeziehungen zu begreifen, die aufsichtsrechtlich vom Anwendungsspektrum des Wertpapierhandelgesetzes erfasst werden.

3. § 31 WpHG als Schutzgesetz i. S. v. § 823 Abs. 2 BGB

Der Frage der Einordnung des § 31 WpHG als Schutzgesetz im Sinne von § 823 Abs. 2 BGB wird in der wissenschaftlichen Untersuchung der Wohlverhaltensregeln ein großer Stellenwert eingeräumt.[539] Dabei qualifiziert ein weit überwiegender Teil der

---

536 Mit sehr anschaulicher und ausführlicher Dokumentation der unterschiedlichen Ansätze zur dogmatischen Konstruktion der Ausstrahlungswirkung der Vorschriften der §§ 31, 32 WpHG in das Zivilrecht in Literatur und Rechtsprechung Lang, Informationspflichten § 6 Rn. 13ff.

537 Leisch, S. 94.

538 Leisch, S. 124.

539 Ein ganz überwiegender Teil der Literatur begreift die Verhaltenspflichten des § 31 WpHG als Schutzgesetze im Sinne von § 823 Abs. 2 BGB. Ein umfassender Überblick über die verschiedenen Ansätze in der Literatur bei Lang, Informationspflichten, § 6 Rn. 20 ff. und Schwark, in: Schwark, vor § 31 WpHG, Rn. 9 f.

Literatur den § 31 WpHG als Schutzgesetz im Sinne § 823 Abs. 2 BGB.[540] Höchstrichterlich ist dieses Problem bislang offen gelassen worden.[541]

Wie *Leisch* zutreffend ausführt, ist diese Frage jedoch insbesondere aus praktischer Sicht von nachrangiger Bedeutung.[542] So stellt der § 31 WpHG – wie bereits herausgearbeitet – eine bivalente Norm[543] dar. Diese strahlt über die Vorschriften des § 242 BGB und § 241 Abs. 2 BGB in das Zivilrecht hinein und konkretisiert die vorvertraglichen und vertraglichen Pflichten der jeweiligen Sonderverbindung. Damit ist eine schutzpflichtenbegründende und schutzpflichtenkonkretisierende Funktion des § 31 WpHG im Zivilrecht bereits nachgewiesen.

4. Fazit: Bedeutung des § 31 WpHG für das Vertragsrecht

Die aufsichtsrechtliche Norm des § 31 WpHG strahlt in bestimmte Vertragsrechtsverhältnisse hinein. Über die zivilrechtlichen „Einfallstore" der § 242, 241 Abs. 2, 311 Abs. 1 BGB können die konkreten Vorgaben des Pflichtenkanons dieser Vorschrift spezifischer Bestandteil eines Vertragsverhältnisses werden. Entscheidend ist hierbei, dass eine derartige Ausstrahlung nur hinsichtlich solcher Vertragsverhältnisse in Betracht kommt, die aufsichtsrechtlich vom Anwendungsspektrum des Wertpapierhandelgesetzes erfasst werden. In diesem Sinne können die Pflichten des § 31 WpHG jedenfalls in den oben dargelegten Vertragsverhältnissen regelmäßig als notwendiger Bestandteil nebenvertraglicher und vorvertraglicher Handlungspflichten begriffen werden.

5. Verhaltenspflichten des § 31 WpHG am „grauen" Kapitalmarkt

Die Verhaltenspflichten des § 31 WpHG sind grundsätzlich auf Wertpapierdienstleistungsunternehmen in Ausübung von Wertpapierdienstleistungen und Wertpapiernebendienstleistungen anzuwenden. Anteile an personengesellschaftsrechtlich strukturierten Beteiligungsgesellschaften stellen mangels Wertpapiereigenschaft keine qualifizierten Finanzprodukte im Sinne von § 2 Abs. 1, 1a, 2 WpHG dar.[544] In diesem Sinne sind die spezifischen Vertriebsdienstleistungen am grauen Kapitalmarkt nicht als Wertpapierdienstleistungen oder Wertpapiernebendienstleistungen nach dem Wertpapierhandelsgesetz zu qualifizieren. Damit scheidet eine direkte Anwendbarkeit des

---

540 So insbesondere Assmann, in: Assmann/Schütze, § 1 Rn. 31; Koller, in: Assmann/Schneider, vor § 31 Rn. 17; Schäfer, in: Schäfer, vor § 31, Rn. 9, Schwark, in: Schwark, vor § 31 Rn. 9. Anderer Ansicht insbesondere Schön, S. 113 ff.; Vortmann, Rn. 283; Fischer/Klanten, Bankrecht, Rn. 7.45. sowie Leisch, S. 95; nach dessen Auffassung „würde eine Anerkennung des § 31 WpHG als Schutzgesetz das deliktsrechtliche Haftungssystem sprengen".

541 BGHZ 142, 345 f.

542 Leisch, S. 86 mit Verweis auf Nobbe, der mit Blick auf die wissenschaftliche Auseinandersetzung um diese dogmatische Qualifikationsfrage feststellt: „als Praktiker kann man dem Treiben je nach Stimmungslage amüsiert oder gelangweilt zusehen", Nobbe, in: Horn/Schimansky, S. 250.

543 Leisch, S. 95.

544 Assmann, in: Assmann/Schneider, § 2 Rn. 16.

Pflichtenkanons des § 31 WpHG auf Finanzdienstleistungen in diesem Marktsegment aus.[545]

Fraglich ist indes, ob die Verhaltensregeln des § 31 WpHG auf die Finanzdienstleistungen der Anlageberatung und der Anlagevermittlung außerhalb des Anwendungsbereiches des Wertpapierhandelsgesetzes analog anzuwenden sind. Die Auffassung *Kesslers*[546], der eine analoge Anwendung der Verhaltensregeln annimmt, ist abzulehnen.[547] Die analoge Anwendung einer Vorschrift setzt zunächst eine „planwidrige Regelungslücke" voraus.[548] So ist die Nichtberücksichtigung personengesellschaftsrechtlicher Beteiligungskonzepte im Anwendungsbereich des § 31 WpHG durch den Gesetzgeber keineswegs planwidrig, sondern sehr bewusst erfolgt. Dem Gesetzgeber waren die fehlenden Verhaltensvorgaben am grauen Markt im Zeitpunkt des Gesetzgebungsverfahrens im Jahre 1994 bewusst. Dies zeigt sich insbesondere darin, dass seinerzeit ein spezielles Gesetz zur Regelung von Vermögensanlagen erarbeitet wurde.[549] Der in der Folge vorgelegte Entwurf eines so genannten Vermögensanlagesetzes fand jedoch nicht die erforderliche parlamentarische Mehrheit.[550] Im Übrigen hat der Gesetzgeber im Rahmen seiner weitreichenden Novellierungen des Wertpapierhandelsgesetzes im Jahre 1997 Teile des grauen Kapitalmarktes der Wertpapieraufsicht unterworfen.[551] So sind die Verhaltensvorschriften des § 31 WpHG auf Warentermingeschäfte, Devisen und Devisentermingeschäfte sowie auf ausgewählte Derivate ausgedehnt worden. Nicht zuletzt im Zuge dieser Erweiterung des Anwendungsspektrum der gegenständlichen Verhaltensregeln wäre es dem Gesetzgeber möglich gewesen, auch Anteile an Personengesellschaften in den Anwendungsbereich des § 31 WpHG hineinzuziehen. Eine derartige Ausweitung der Vorschriften ist jedoch nicht erfolgt. Vor diesem Hintergrund besteht für eine analoge Anwendung des Pflichtenkanons von § 31 WpHG auf die Anlageberatung und die Anlagevermittlung im Zusammenhang mit Finanzinstrumenten des grauen Kapitalmarkts kein Raum.

IV. Steuerliche Informationspflichten i. R. d. § 31 WpHG – Stand der Diskussion

Unter Berücksichtigung der aufgezeigten gesetzgeberischen Hintergründe und in konkreter Auslegung der einzelnen Vorgaben des § 31 WpHG gilt es nun zu ermitteln, ob und in welcher Form steuerliche Informationspflichten im Pflichtenkanon der Norm angeknüpft und damit für die Anlageberatung und die Anlagevermittlung bedeutsam

---

545 Grimm, S. 39.
546 Kessler, VuR 1998, S. 1 ff.; in diesem Sinne auch Schäfer, RWS-Forum 1998, S. 27 ff.; Schwintowski, VuR 1997, S. 83 ff. für den Versicherungsbereich.
547 So auch Grimm, S. 41.
548 Zur Feststellung von „Lücken" im Gesetz Canaris, S. 31 ff.
549 Assmann, in: Assmann/Schneider, Einl. Rn. 5.
550 Grimm, S. 39.
551 Gesetze zur Umsetzung von EG-Richtlinien zur Harmonisierung bank- und wertpapieraufsichtsrechtlicher Vorschriften, BGBl. I 1997, S. 2518 ff.

werden können. Die Untersuchung dieses Rechtskomplexes gebietet dabei ein dreigliedriges Vorgehen.

Vorab gilt es festzustellen, ob steuerliche Informationspflichten grundsätzlich Gegenstand der in § 31 WpHG aufgezeigten Verhaltenspflichten zu sein haben. Sodann ist zu klären, welche der Pflichtenvorgaben innerhalb des vielschichtigen Gefüges von Verhaltenspflichten als Grundlage steuerlicher Informationspflichten dienen können. Abschließend ist zu analysieren, welche konkreten Anforderungen an steuerliche Informationspflichten bei Wertpapierdienstleistungen nach dem Wertpapierhandelgesetz zu stellen sind.

Dabei sind zunächst Literatur und Rechtsprechung unter dem kritischen Blickwinkel steuerlicher Gesichtspunkte im Anwendungsspektrum des § 31 WpHG aufzuarbeiten.

1. Steuerliche Informationspflichten im Blick der Rechtsprechung

Bemerkenswert – und aus diesem Grund voranzustellen – ist die Tatsache, dass sich die Rechtsprechung der Problematik steuerrechtsbezogener Informationspflichten im Rahmen des § 31 WpHG bislang nicht angenommen hat. Insofern stehen entsprechende die vorliegende Untersuchung befruchtende Entscheidungen gegenwärtig aus. Auffallend ist, dass das Wertpapierhandelsgesetz in der Rechtsprechung bislang generell nur eine untergeordnete Rolle spielt. Als Grund ist in diesem Zusammenhang neben einer praktischen Erwägung – die Vorschriften waren vielfach zeitlich noch nicht einschlägig – wesentlich das von der Rechtsprechung geprägte und weiterentwickelte Feld konkurrierender Anspruchsgrundlagen im Kapitalmarktrecht zu sehen.[552]

2. Steuerliche Informationspflichten im Blick der Wissenschaft

Anders stellt sich die Situation in der Wissenschaft dar. Im Gegensatz zur Rechtsprechung wird das Problemfeld steuerrechtsbezogener informationeller Handlungspflichten an verschiedenen Stellen berührt. Wie bereits angedeutet, ist dabei jedoch auffallend, dass die allgemeinen Pflichten des Wertpapierhandelsgesetzes zwar Gegenstand zahlreicher aktueller Dissertationen und Aufsätze sind, die steuerlichen Gesichtspunkte jedoch dort – wenn überhaupt – nur am Rande behandelt werden.

a. Steuerliche Informationspflichten innerhalb des § 31 WpHG

Kontrovers ist zunächst, ob steuerliche Informationspflichten überhaupt Gegenstand der Verhaltenspflichten des Wertpapierhandelsgesetzes sein können. In dieser grundlegenden Frage lassen sich zwei gegensätzliche Positionen identifizieren. Einerseits[553]

---

552 Frisch, in: Derleder/Knops/Bamberger, § 46, Rn. 88.

553 Schäfer, Anlageberatung, S. 78, Balzer, S. 106, Brodersen, Bank-Betrieb 1968, 95 ff., Helmschrott-Waßmer, WM 1999, S. 1860.

werden derartige Pflichten im Rahmen des § 31 WpHG grundsätzlich abgelehnt. Andererseits[554] werden steuerliche Gesichtspunkte – mit zum Teil sehr unterschiedlichen Ansätzen – als Teil des Pflichtenkanons der Vorschrift gesehen.

aa. Keine Berücksichtigung steuerlichen Gesichtspunkte

Im Zusammenhang mit den Pflichten des Vermögensverwalters[555] wird beispielsweise vertreten, dass eine generelle Berücksichtigung steuerlicher Umstände nicht aus § 31 WpHG abgeleitet werden könne. Grundsätzlich gehöre die Wahrung steuerlicher Aspekte der Vermögensanlage nicht zu den Aufgaben des Vermögensverwalters. Vielmehr müsse davon ausgegangen werden, dass dieser Bereich in die Zuständigkeit des Steuerberaters falle. Dabei habe sich die Vermögensverwaltung auf die wirtschaftliche Verwaltung zu beschränken, so dass gegebenenfalls Steuerexperten hinzugezogen werden müssten.[556]

Eine Pflicht zur Berücksichtigung von Steuerfolgen könne allenfalls dann angenommen werden, wenn im Rahmen des Vermögensverwaltungsvertrages – mithin auf zivilrechtlicher Ebene – Entsprechendes vereinbart wäre.[557] Anders sei die Sachlage gegebenenfalls dann, wenn sich eine Steuerpflicht des Kunden aus der Art der getätigten Anlage ergeben würde.[558]

Ähnlich argumentiert[559] wird im Bereich der Aufklärungs- und Beratungspflichten bei Transaktionen am „Neuen Markt[560]". Danach müsse über Steuerpflichten eines Anlegers grundsätzlich nicht aufgeklärt werden. Agiere ein Anleger aber offensichtlich mit

---

554 Frisch, in: Derleder/Knops/Bamberger, § 46, Rn. 100; ders. Zeitschrift für Immobilienrecht (ZfIR) 2001, S. 873 Arendts, S. 35; ders. DZWir 1994, S. 186, ders. ÖBA 1994, S. 251; ders. DStR 1997, S. 1649; Koller, in: Assmann-Schneider, § 31 Rn. 106, Lang, Informationspflichten, Rn. 50 f.; Ekkenga, in: MünchKomm zum HGB, Band 5 Effektengeschäft, Rn. 215, Roth, in: Assmann/Schütze § 12 Rn. 39; Vortmann, Rn. 1999, ders. WM 1993, S. 581 ff.; Schäfer, S. 68; Lange, S. 119, 127 f.; Siller, S.30; Kussmaul, BB 1998, S. 2083 f.; Steuer, in: FS-Schimansky, S. 805; nicht eindeutig: Rost, S. 78; v. Heymann, in: Assmann/Schütze, § 5 Rn. 30, jedoch nur für den Bereich vertraglicher Pflichten in der Anlageberatung.

555 Balzer, S. 106. Dagegen Roll, der im Bereich der Vermögensverwaltung steuerlichen Aspekten Beachtung schenkt (Steuerprogression, Spekulationssteuer), seine Ansätze jedoch nicht unter aufsichtsrechtlichen Gesichtspunkten verfolgt, S. 124, 125; Schödermeier, WM 1995, S. 2057; Lang, Informationspflichten, S. 492.

556 Brodersen, Bank-Betrieb 1968, S. 95.

557 Balzer, S. 106 mit einem Verweis auf v. Rechberg, der die Wahrung steuerlicher Anlegerinteressen am Beispiel der Spekulationsfrist als Gegenstand möglicher Weisungen oder Bestandteile der Anlagerichtlinien begreift.

558 Schödermeier, WM 1995, S. 2057.

559 Helmschrott-Waßmer, WM 1999, S. 1860.

560 Der „Neue Markt" wurde 1997 als viertes Segment neben dem Amtlichen Handel, Geregelten Markt und Freiverkehr an der Frankfurter Wertpapierbörse eingeführt um – dem Vorbild der amerikanischen Nasdaq-Börse – eine Handelsplattform für innovative und wachstumsorientierte Unternehmen zu eröffnen. Im Jahre 2003 ist das Marktsegment eingestellt worden, wobei einige Werte in den heutigen Tech-Dax übernommen wurden, vgl. Claussen, BB 2002, S. 105.

kurzem Anlagehorizont, sei gegebenenfalls ein Hinweis auf die geänderte Frist innerhalb der §§ 22, 23 Abs. 1 Nr. 2 EStG (Spekulationssteuer) nach einer kurzen Anlage zu verlangen.[561]

Gleichermaßen wird im Rahmen der Pflichten des Anlageberaters zum Teil vertreten[562], dass grundsätzlich keine Pflicht bestehe, auf steuerliche Besonderheiten bei der Kapitalanlage hinzuweisen. Ausnahmsweise könne nur dann etwas anderes gelten, wenn das konkrete Wertpapier speziell vom Anlageberater empfohlen worden sei.[563]

Zusammenfassend ist festzustellen, dass sich im Kreis dieser ablehnenden Ansätze ein uneinheitliches Bild zeigt. Grundsätzlich sollen steuerliche Aspekte innerhalb des § 31 WpHG zwar keine Relevanz haben. Dennoch werden zum Teil einschränkend steuerliche Gesichtspunkte exemplarisch aufgegriffen[564], denen Bedeutung innerhalb der untersuchten Wertpapierdienstleistung beigemessen wird. Dies wird beispielsweise in Hinblick auf die „Spekulationssteuer" mit einer gegebenenfalls evidenten Interessenlage des Anlegers begründet.

bb.Berücksichtigung steuerlicher Gesichtspunkte

Der wohl überwiegende Teil der Literatur[565] sieht steuerliche Informationspflichten unter bestimmten Voraussetzungen als Gegenstand des Pflichtengefüges des § 31 WpHG.

So seien für eine Anlageentscheidung des Kunden neben rechtlichen auch steuerliche Umstände wichtig.[566] Wesentliches Kriterium für den Kunden bei Wertpapiergeschäften stelle naturgemäß die Rendite dar. Maßgeblich sei hierbei die nach Steuern zu erzielende Rendite, so dass steuerliche Umstände Bestandteil entsprechender Informationspflichten zu sein hätten.[567] Als so genannte besondere Risiken der Kapitalanlage seien steuerliche Gesichtspunkte regelmäßig zu berücksichtigen.[568] Dabei wird dargelegt, dass es eine generelle Hinweispflicht auf solche steuerliche Effekte gebe, die als

561 Helmschrott-Waßmer, WM 1999, S. 1860. Dabei wird auf Schwintowski verwiesen, der im Rahmen der anleger- und objektgerechten Beratung bei Kapitallebensversicherungen steuerliche Gesichtspunkte aufgreift, vgl. Schwintowski, VuR 1997, S. 83 ff.

562 Schäfer, Anlageberatung, S. 78.

563 Schäfer, Anlageberatung, S. 78.

564 §§ 22, 23 Abs. 1 Nr. 2 EStG („Spekulationssteuer").

565 Arendts, S. 35; ders. DZWir 1994, S. 186, ders. ÖBA 1994, S. 251; ders. DStR 1997, S. 1649; Koller, in: Assmann/Schneider, § 31 Rn. 106; Lang, Informationspflichten Rn. 50 f.; Frisch, in: Derleder/Knops/Bamberger, § 46 Rn. 100; Ekkenga, in: MünchKomm zum HGB, Band 5 Effektengeschäft, Rn. 215; Roth, in: Assmann/Schütze § 12 Rn. 29; Vortmann, Rn. 1999, ders. WM 1993, S. 581 ff.; Schäfer, S. 68; Lange, S. 119, 127 f.; Kussmaul, BB 1998, S. 2083 f.; Steuer, in: FS-Schimansky, S. 805; v. Heymann, in: Assmann/Schütze, § 5 Rn. 30, jedoch nur für den Bereich vertraglicher Pflichten in der Anlageberatung, so auch Brandt, S. 98 f.

566 Arendts, DStR 1997, S. 1650.

567 Arendts, DZWir 1994, S. 186.

568 Steuer, in: FS-Schimansky, S. 805; Koller, in: Assmann/Schneider, § 31 Rn. 106.

atypische Auswirkungen einer Wertpapieranlage in der Vermögenssphäre des Kunden entstehen würden, wenn deren Kenntnis nicht ohne weiteres vorausgesetzt werden könne.[569] Weitergehend wird eine generelle Informationspflicht hinsichtlich steuerlicher Vorteile und Nachteile innerhalb des § 31 WpHG gesehen.[570]

Zur Orientierung könne dabei auf die „Faustregel" zurückgegriffen werden, nach der steuerliche Auskünfte typischerweise an Bedeutung gewinnen würden, je größer das (selbst finanzierte) Anlagevolumen sei.[571] Weite Teile der Literatur verfolgen dabei differenzierende Ansätze, nach denen zwar die Existenz steuerlicher Informationspflichten innerhalb des § 31 WpHG grundsätzlich anzuerkennen sei, ihre Reichweite und Ausgestaltung jedoch von unterschiedlichen Parametern abhängig gemacht werden müsse.

In diesem Zusammenhang wird zum einen auf die jeweils zu erbringende Wertpapierdienstleistung abgestellt.[572] Zum anderen sollen das der Wertpapierdienstleistung zugrunde liegende Wertpapier oder Wertrechte selbst als relevante Anknüpfung herangezogen werden.[573] Weiterhin werden etwaige steuerliche Informationspflichten innerhalb des Pflichtengefüges des § 31 WpHG – als Aufklärungs-[574], Beratungs-, Nachforschungs-[575], Hinweis-[576], Sorgfaltspflicht[577] – unterschiedlich verortet. Daneben solle zwischen steuerlichen Merkmalen, die in der Person des Kunden liegen, und solchen, die in dem Anlageprodukt selbst liegen, unterschieden werden.[578] Schließlich wird gefordert, dass auf die Ziele des Wertpapierdienstleistungskunden abgestellt werden müsse.[579]

Einschränkend wird zudem vertreten[580], dass steuerliche Auswirkungen beim Kunden zwar durch das Wertpapierunternehmen zu berücksichtigen wären. Dabei dürfe das Wertpapierunternehmen jedoch nicht für steuerliche Auswirkungen – sofern diese auf Änderungen des Steuerrechts beruhten – haftbar gemacht werden.

---

569 Roth, in: Assmann/Schütze § 12 Rn. 29, vorliegend jedoch nicht ausdrücklich im aufsichtsrechtlichen Sinne, sondern im Zusammenhang mit dem Pflichtenkatalog der Banken im Rahmen des Effektengeschäftes.

570 Frisch, in. Derleder/Knops/Bamberger, § 46 Rn. 100.

571 Ekkenga, in: MünchKomm zum HGB, Band 5 Effektengeschäft, Rn. 215 mit Verweis auf BGH WuB I.E.1.-13.92 mit Anmerkung Eckert, jedoch im Zusammenhang mit Informationspflichten bei der Kreditfinanzierung einer Beteiligung an einem geschlossenen Immobilienfonds.

572 Vortmann, WM 1993, S. 581 ff.

573 Steuer, in: Festschrift für Schimansky, S. 805.

574 Ekkenga, in: MünchKomm zum HGB, Band 5 Effektengeschäft, Rn. 215.

575 Arendts, S. 35.

576 Rost, S. 78.

577 Roll, S. 124, der von einer Berücksichtigung steuerlicher Gesichtspunkte als spezifische Interessen bei einer ganzheitlichen Anlagestrategie spricht.

578 Ablehnend dazu Ekkenga, in: MünchKomm zum HGB, Band 5 Effektengeschäft, Rn. 215.

579 Lang, Informationspflichten, S. 219.

580 Lang, Informationspflichten, S. 219, der davon spricht, dass die steuerliche Seite des Kunden „nach Möglichkeit" vom Wertpapierdienstleister zu berücksichtigen sei.

Im Folgenden sollen die differenzierenden Ansätze in Hinblick auf ihre dogmatischen Anknüpfungen und unter Berücksichtigung der herausgearbeiteten steuerlichen Gesichtspunke untersucht werden.

b. Steuerrechtliche Anknüpfungen innerhalb des § 31 WpHG

Die verschiedenen Ansätze rekurrieren im Rahmen der jeweiligen Verhaltenspflichtentatbestände des § 31 WpHG auf sehr verschiedene steuerliche Aspekte im Allgemeinen und sehr unterschiedliche Steuertatbestände im Besonderen.[581]

Dabei wird zunächst auf die Besteuerung privater Veräußerungsgeschäfte nach §§ 22, 23 Abs. 1 Nr. 2, 4 EStG eingegangen.[582] So werde dieser Steuertatbestand unmittelbar durch die Transaktion bestimmter Wertpapiere innerhalb bestimmter Fristen als so genannte „Spekulationssteuer" ausgelöst.[583] Diese Art der Steuer müsse schon deswegen Berücksichtigung finden, da sie sich unmittelbar auf den Erfolg einer Anlage auswirke.[584]

Daneben müssten – im Falle ihrer Relevanz – Doppelbesteuerungsabkommen (DBA) Gegenstand steuerlicher Informationspflichten sein.[585] Dies bedeute, dass über Funktion und Auswirkung eines Doppelbesteuerungsabkommen in Hinblick auf ein ausländisches Wertpapier aufzuklären sei. Ebenso müsse jedoch auch auf eine mögliche Vermeidung doppelter steuerlicher Belastungen nach Maßgabe eines Doppelbesteuerungsabkommen eingegangen werden.[586]

Zudem sei über eine relevante Quellenbesteuerung der mit einer Kapitalanlage erwirtschafteten Erträge in Gestalt von Zinserträgen zu informieren.[587] In diesem Zusammenhang sei insbesondere auf diesbezügliche Vorteile von Auslandsanleihen hinzuweisen.[588] In diesem Zusammenhang müsse gegebenenfalls eine Hinweispflicht

---

581 An dieser Stelle sei bereits darauf hingewiesen, dass im Zusammenhang mit entsprechenden Pflichten am „Grauen Kapitalmarkt" – 4. Teil § 3 III 2 b. bb. – auch das Problem der so genannten „Anerkennungsrisiken" diskutiert wird. Dabei wird auf den Aspekt der Anwendung durch die Finanzbehörden und letztlich die Beurteilung von Steuertatbeständen durch die Finanzgerichte abgezielt. So müssten ernst zu nehmende Bedenken der Finanzverwaltung gegen steuerliche Konzepte von Kapitalanlagen dargelegt werden. Dies schließe eine Hinweispflicht auf etwaige laufende Finanzgerichtsverfahren hinsichtlich einer steuerlichen Anerkennung ein. Dazu Arendts, DStR 1997, S. 1650 ff., Arendts, S. 35.

582 Helmschrott-Wassmer, WM 1999, S. 1860.

583 Ekkenga, in: MünchKomm zum HGB, Band 5 Effektengeschäft, Rn. 215.

584 Schödermeier, WM 1995, S. 2057.

585 Vortmann, S. 169, Rn.373; ders. WM 1993, S. 585; Rost, S. 78; Ekkenga, in: MünchKomm zum HGB, Band 5 Effektengeschäft, Rn. 215; anderer Ansicht ausdrücklich Schäfer, in: Haftung für fehlerhafte Anlageberatung, S. 68.

586 Ekkenga, in: MünchKomm zum HGB, Band 5 Effektengeschäft, Rn. 215.

587 Zur steuerlichen Bedeutung der Quellenbesteuerung im Rahmen mit steuerrechtlichen Mitwirkungspflichten, 1. Teil, § 3 I.

588 Ekkenga, in: MünchKomm zum HGB, Band 5 Effektengeschäft, Rn. 215.

hinsichtlich etwaiger Schwierigkeiten der Rechtsausübung im Ausland gesehen werden.[589]

Überdies wird das Wahlrecht im Rahmen des § 20 Abs. 2, S. 1 Nr. 4 EStG als Anknüpfung steuerlicher Informationspflichten dargestellt.[590] Maßgeblich sei dabei die Abgrenzung zwischen der Besteuerung nach der so genannten Emissions- respektive der Marktrendite bei bestimmten Kursdifferenzgeschäften.[591]

Abschließend sollen wesentliche Steueränderungen Berücksichtigung innerhalb der steuerlichen Informationspflichten finden.[592] Dies müsse sich zum einen auf Änderung in der Steuergesetzgebung[593] als auch auf Änderungen in der Handhabungspraxis der Finanzverwaltung beziehen.

c. Verortung steuerlicher Informationspflichten i. R. d. § 31 WpHG

So verschiedenartig die steuerlichen Gesichtspunkte sind, die von der Literatur im Zusammenhang mit den Pflichten des § 31 WpHG aufgegriffen werden, so unterschiedlich werden auch die entsprechenden Anknüpfungspunkte innerhalb des Pflichtenregelungsgefüges der Vorschrift verortet.

Teilweise wird vertreten, dass steuerliche Aspekte innerhalb der Interessenwahrungspflicht des § 31 Abs. 1 Nr. 1 WpHG aufzuhängen seien.[594] So müsse beispielweise in Hinblick auf die Besteuerung über § 23 EStG von einer unmittelbaren Berücksichtungspflicht, als Teil der generellen Interessenwahrungspflicht, des Vermögensverwalters ausgegangen werden.[595] Zu begründen sei diese grundsätzliche Pflicht damit, dass sich diese Steuer unmittelbar auf den Erfolg einer Anlage auswirke.[596]

Andererseits sollen steuerliche Gesichtpunkte Gegenstand einer besonderen Hinweispflicht des Wertpapierdienstleisters als Bestandteil der Informationspflicht nach § 31

---

589 Roth, in: Assmann/Schütze, § 12 Rn. 39.

590 Ekkenga, in: MünchKomm zum HGB, Band 5 Effektengeschäft, Rn. 215, zu der steuerlichen Behandlung des „Bond-Strpping" bei Kußmaul, BB 1998, S. 2085 ff.

591 3. Teil, § 2 I 4 c bb.

592 Siller, S. 30; Koller, in: Assmann/Schneider, § 31 Rn. 106; Rost, S. 78.

593 Koller, in: Assmann/Schneider, § 31 Rn. 106; anderer Ansicht wohl Lang, der jedenfalls eine Haftung des Wertpapierdienstleisters für etwaige steuerliche Auswirkungen beim Kunden nicht haftbar machen möchte, Informationspflichten, S. 219, Rn. 50.

594 Im Zusammenhang mit den Pflichten des Vermögensverwalters, Schödermeier, WM 1995, S. 2057; Roll, S. 124.

595 Schödermeier, WM 1995, S. 2057. Dagegen Lang, der eine derartige Pflicht ohne „explizite Absprachen" zwischen Vermögensverwalter und Anleger grundsätzlich ablehnt, da diese Pflicht nicht mehr vom Zweck der Vermögensverwaltung gedeckt sei, Informationspflichten, S. 492, Rn. 4.

596 Schödermeier, WM 1995, S. 2057.

Abs. 2 Nr. 2 WpHG sein.[597] Diese werde dadurch ausgelöst, dass es sich bei diesen steuerlichen Merkmalen regelmäßig um spezielle in dem jeweiligen Finanzinstrument verhaftete Risiken handele.[598] Ähnlich argumentiert der Teil der Literatur, der derartige Aspekte – als gegebenenfalls „relvantes Risiko“[599] – im Rahmen einer spezifischen Informationspflicht nach § 31 Abs. 2 Nr. 2 WpHG verankert sieht. In diesem Zusammenhang wird auch von einer diesbezüglichen Aufklärungspflicht des Wertpapierdienstleisters gesprochen.[600] In diesem Sinne ist auch die so genannte Pflicht zur Unterrichtung über steuerliche Gesichtspunkte als besondere anlageobjektbezogene Risiken zu sehen.[601]

Weiterhin wird gelegentlich von einer Warnpflicht des Wertpapierdienstleistungsunternehmens hinsichtlich steuerlicher Aspekte gesprochen.[602] Diese müsse insbesondere dann greifen, wenn in Bezug auf die steuerliche Konzeption einer Anlage bestimmte „Anerkennungsrisiken“ bestünden.[603]

In weiteren Teilen der Literatur werden steuerliche Gesichtspunkte als Bestandteil der Explorations- oder Nachforschungspflicht im Sinne des § 31 Abs. 2 Nr. 1 WpHG betrachtet.[604] Eine derartige Nachforschungspflicht sei zum Teil dahingehend zu sehen, dass der Wertpapierdienstleister sich über die Steuerprogression seines Kunden zu informieren habe, um eine Interessenwahrung innerhalb der Vermögensverwaltung sicherzustellen.[605] Hierbei wird der Aspekt der steuerlichen Belastung des Kunden unter anderem als ermittlungsnotwendiger Maßstab der Risikofähigkeit begriffen.[606]

Darüber hinaus wird eine Nachforschungspflicht dahingehend gesehen, dass einen Wertpapierdienstleister die Pflicht treffe, Entwicklungen des Steuerrechts im Allgemeinen und die steuerlichen Risiken einzelner Finanzinstrumente im Besonderen zu „erforschen“.[607] Diese „Nachforschungspflicht“ ist jedoch weniger als Explorationspflicht im engeren Sinne zu verstehen. Vielmehr ist sie als eine Art „Vorpflicht“ des

---

597 Roth, in: Assmann/Schütze, § 12 Rn. 39; Arendts, DStR 1997, S. 1650; Vortmann, WM 1993, S. 585; Rost, S. 78; Schäfer, S. 68, der ausnahmsweise eine Hinweispflicht hinsichtlich steuerlicher Besonderheiten bei ausländischen Wertpapieren annimmt.

598 Vortmann, WM 1993, S. 585.

599 Koller, in: Assmann/Schneider, § 31 Rn. 106.

600 Ekkenga, in: MünchKomm zum HGB, Band 5 Effektengeschäft, Rn. 215; Lang, Informationspflichten, S. 219, Rn. 50, Arendts, S. 42, ders. DZWir, 1994, S.185 ff.

601 Steuer, in: FS-Schimansky, S. 805.

602 Arendts, S. 34.

603 Arendts, S. 34.

604 So beispielsweise Brandt, S. 98, im Zusammenhang mit den Pflichten des Anlageberaters, der die steuerlichen Gesichtspunkte beim Kunden als Bestandteil der Einkommens- und Vermögensverhältnisse zu erfragen hätte.

605 Hierzu nicht eindeutig Roll, S. 124.

606 Lang, Informationspflichten, S: 185, Rn. 40, im Zusammenhang mit den Explorationsinhalten des Teil B Ziffer 2.1. der Richtlinie des BAWe zu §§ 31, 32 WpHG sowie S. 170, Rn. 5 in Hinblick darauf, ob für den Kunden auch Abschreibungsobjekte als Anlageinstrumente in Frage kommen.

607 Arendts, DStR 1997, S. 1650.

Wertpapierdienstleisters aus § 31 Abs. 2 Nr. 2 WpHG zur „Selbstinformation" zu begreifen.

d. Anknüpfung an spezifische Wertpapierdienstleistungen

Grundsätzlich postuliert der § 31 WpHG allgemeine Verhaltenspflichten für Wertpapierdienstleistungsunternehmen bei Ausführung ihrer Wertpapierdienstleistung oder Wertpapiernebendienstleistung, so dass steuerliche Informationspflichten als allgemeiner Bestandteil des Pflichtenkanons eingeführt werden.[608] Bei Wertpapierdienstleistungen käme es letztlich auf die zu erzielende Rendite an. Hierbei handele es sich um die Rendite nach Steuern, so dass auch über steuerliche Umstände und Auswirkungen aufzuklären sei.[609] Zum Teil wird in der Literatur hinsichtlich entsprechender Pflichten jedoch auch an die jeweilige, spezifische Wertpapierdienstleistung bzw. Wertpapiernebendienstleistung angeknüpft.

Dabei erfolgt eine Auseinandersetzung mit steuerlichen Informationspflichten im Zusammenhang mit der Vermögensverwaltung als Hauptanwendungsfall der nunmehr als Wertpapierdienstleistung ausgestalteten Finanzportfolioverwaltung nach § 2 Abs. 3 Nr. 6 WpHG.[610]

Daneben sollen steuerliche Gesichtspunkte in dem Pflichtenkreis der Anlageberatung, die über § 2 Abs. 3a WpHG als Wertpapiernebendienstleistung geregelt ist, Berücksichtigung finden.[611]

Schließlich heißt es auch, dass im Rahmen des Effektengeschäftes und damit letztlich in den Regelungsspektren der Wertpapierdienstleistungsformen des § 2 Abs. 3 Nr. 1-3 (Kommissionsgeschäft, Eigenhandel, „Abschlussvermittlung") die mit dem Erwerb oder der Veräußerung verbundenen steuerlichen Vor- und Nachteile zu erläutern seien.

e. Anknüpfung an den zugrunde liegenden Finanztitel

Grundsätzlich wird vertreten, dass als zentralem Anknüpfungspunkt zur Bestimmung steuerlicher Informationspflichten einzig auf den zugrunde liegenden Finanztitel abgestellt werden müsse.[612] Zur Begründung wird angeführt, dass die steuerlichen Vor- und Nachteile nur dann unmittelbar mit der Transaktion verbundenen seien und damit der notwendige Zusammenhang mit der Wertpapierdienstleistung bestehe.[613] Maßgebli-

---

608 Arendts, S. 42; nicht mit eindeutiger Stellungnahme, aber Hinweis auf die Problematik Rost, S. 78.

609 Arendts, S. 42.

610 Balzer, S. 106, Roll, S. 124, Lang, Informationspflichten, S. 492, Schödermeier WM 1995, S. 2057.

611 Vortmann, S. 169, Rn. 373, Arendts, DZWir 1994, S. 185, Steuer, in: FS-Schimansky, S. 805.

612 Ekkenga, in: MünchKomm zum HGB, Band 5 Effektengeschäft, Rn. 215.

613 Ekkenga, in: MünchKomm zum HGB, Band 5 Effektengeschäft, Rn. 215.

ches Kriterium müsse dabei sein, ob die betroffenen Wertpapiere oder Wertrechte eine besondere steuerliche Behandlung erführen.[614] Vor diesem Hintergrund gelte es zu ermitteln, ob das jeweilige Wertpapier einer „besonderen steuerlichen Behandlung" unterliege. In diesem Zusammenhang wird auf die Besteuerung unterschiedlicher Wertpapiere eingegangen.

Hierbei müsse bei ausländischen Anleihen auf deren spezielle, immanente steuerliche Risiken hingewiesen werden.[615] Zu verweisen sei in diesem Zusammenhang insbesondere auf die Bedeutung der Doppelbesteuerungsabkommen.[616]

Weiterhin werden Null-Cupon-Anleihen hervorgehoben, bei denen sich als Folge des so genannten „Bond-Strippings" unmittelbare steuerliche Konsequenzen im Rahmen der Besteuerung von Kursdifferenzgeschäften ergeben würden.[617]

Überdies wird auf die besondere steuerliche Behandlung von Aktien hingewiesen. Da diese – bei An- und Verkauf innerhalb einer bestimmten Frist – der so genannten Spekulationssteuer unterfielen, könne dies gegebenenfalls Anknüpfungspunkt einer informationellen Handlungspflicht sein.[618]

f. Berücksichtigung steuerlicher Umstände in der Person des Kunden

Regelmäßig wird im Zusammenhang mit etwaigen steuerlichen Gesichtspunkten auf das Wertpapier oder Wertrecht als solches abgestellt. Offen bleibt damit, ob auch solche steuerlichen Umstände berücksichtigt werden müssten, die in der Person des Kunden verankert sind. Exemplarisch sind in diesem Zusammenhang Tatbestandsmerkmale von Einkunftsarten und Steuerfreibeträge zu nennen.

Zum einen wird vertreten, dass die steuerlichen Merkmale, die – losgelöst vom relevanten Finanztitel – im Wesentlichen in der Sphäre des Kunden lägen, nicht Gegenstand steuerlicher Informationspflichten zu sein hätten. [619] Diese Ansicht wird damit begründet, dass ohne einen umfassenden „Einblick in die Einkommens- und Vermögensverhältnisse" diese steuerlichen Gesichtspunkte regelmäßig nicht vom Wertpapierdienstleister beurteilt werden könnten. Dies müsse auch dann gelten, wenn die entsprechende Kenntnis für eine Anlageentscheidung des Kunden ausschlaggebend sei.

---

[614] Ekkenga, in: MünchKomm zum HGB, Band 5 Effektengeschäft, Rn. 215.

[615] Arendt, DZWir 1994, S. 186; Ekkenga, in: MünchKomm zum HGB, Band 5 Effektengeschäft, Rn. 215; Schäfer, Aufklärungspflichten, S. 68; Vortmann, WM 1993, S. 585; anders Bamberger, in: Derleder/Knops/Bamberger, § 44 Rn. 147, der eine derartige Pflicht grundsätzlich nicht sieht.

[616] Vortmann, WM 1993, S. 585.

[617] Ekkenga, in: MünchKomm zum HGB, Band 5 Effektengeschäft, Rn. 215.

[618] Helmschrott-Waßmer, WM 1999, S. 1860; Roll, S. 125; Ekkenga, in: MünchKomm zum HGB, Band 5 Effektengeschäft, Rn. 215.

[619] Schödermeier, WM 1995, S. 2057; Ekkenga, in: MünchKomm zum HGB, Band 5 Effektengeschäft, Rn. 215.

Dies würde sich daraus ergeben, dass der Wertpapierdienstleister kein Steuerberater sei[620].

Diesem Ansatz hält eine andere Auffassung einschränkend entgegen, dass kundenbezogene steuerliche Gesichtspunkte nur bedingt Bestandteil der Informationspflichten nach § 31 WpHG sein könnten.[621] Schwierigkeiten bereitet dabei die Bestimmung, welche steuerlichen Gesichtspunkte – die in den Umständen des Kunden verankert liegen – Gegenstand entsprechender Informationspflichten zu sein hätten. Zur Konkretisierung erfolgt eine Negativabgrenzung über die exemplarische Herausarbeitung verschiedener steuerlicher Merkmale, die notwendig Gegenstand von Informationspflichten zu sein hätten. Dabei wird unter anderem auf eine Hinweispflicht hinsichtlich der Möglichkeit verwiesen, statt steuerpflichtiger Kapitalerträge steuerfreie Kursgewinne nach Ablauf der Spekulationsfrist zu generieren. Überdies sei gegebenenfalls auf die steuerlichen Vorteile des „Bond-Strippings“ hinzuweisen.[622]

Abschließend wird die Auffassung vertreten, dass auch solche steuerlichen Merkmale zu berücksichtigen seien, die in den steuerlichen Umständen des Kunden liegen.[623] Zur Begründung wird angeführt, dass es notwendig sei, spezifische Interessen des Kunden bei einer ganzheitlichen Anlagekonzeption zu berücksichtigen. Darunter fielen neben allgemeinen Wünschen, Vorstellungen und der Mentalität des Kunden auch dessen Vermögenssituation, sein Einkommen und die damit verbundene Steuerprogression. Die persönliche Steuerprogression stelle einen – von den spezifischen Merkmalen eines Anlageproduktes losgelösten – steuerlichen Gesichtpunkt dar, der eindeutig in der spezifischen Vermögenssphäre des Kunden liegt. Eine Einbeziehung der steuerlichen Umstände in den Bereich steuerlicher Informationspflichten würde somit eine deutliche Ausweitung entsprechender Pflichten bedeuten. Ein derartiger Ansatz sei zudem die Konsequenz der Explorationspflicht nach § 31 Abs. 2 Nr. 1 WpHG. Im Rahmen dieser Pflicht seien schließlich auch steuerliche Aspekte auf Seiten des Kunden zu „explorieren“.[624] Dementsprechend müssten auch steuerliche Auswirkungen von Wertpapierdienstleistungen in der Sphäre des Kunden berücksichtigt werden.

g. Anknüpfung an die Anlageziele des Kunden

Weiterhin wird vertreten, dass aus den Anlagezielen des Kunden selbst auf eine Pflicht zur Information über steuerliche Merkmale geschlossen werden müsse.[625] Maßgebliches Kriterium sei dabei, ob sich aus der Art der Anlage und der Motivation des Anlegers ergebe, dass die Anlage vornehmlich unter steuerlichen Gesichtspunkten erfol-

---

620 Ekkenga, in: MünchKomm zum HGB, Band 5 Effektengeschäft, Rn. 215.
621 Ekkenga, in: MünchKomm zum HGB, Band 5 Effektengeschäft, Rn. 215.
622 Kussmaul, BB 1998, S. 2083; Ekkenga, in: MünchKomm zum HGB, Band 5 Effektengeschäft, Rn. 215.
623 Roll, S. 124.
624 Brandt, S. 98, im Zusammenhang mit den Pflichten des Anlageberaters.
625 Helmschrott-Waßmer, WM 1999, S. 1860; Lang, Informationspflichten, S. 219.

ge.[626] Wäre eine solche Intention des Anlegers zu erkennen, sollte das Wertpapierdienstleistungsunternehmen die steuerlichen Auswirkungen – so weit möglich – berücksichtigen. Als Argument wird damit auf eine – über die Ziele des Anlegers ermittelte – besondere Bedeutung der steuerlichen Aspekte als Hintergrund der Wertpapierdienstleistung abgestellt.

Exemplarisch wird dabei auf einen Anleger verwiesen, der erkennbar nach einer kurzen Anlagedauer strebt. Dieser sei auf die relevante Einjahresfrist zwischen An- und Verkauf im Rahmen der Spekulationssteuer hinzuweisen.[627]

h. Problem: Zivilrechtlicher und aufsichtsrechtlicher Pflichtenkreis

In der wissenschaftlichen Auseinandersetzung wird in Hinblick auf steuerliche Aspekte zum Teil keine klare Grenze zwischen den aufsichtsrechtlichen Pflichtenkreisen des Wertpapierhandelsgesetzes und etwaigen zivilrechtlichen Pflichtenkreisen gezogen. Eine derartige Trennung ist jedoch aus dogmatischer wie auch praktischer Sicht unerlässlich.

Als Bestandteil des Aufsichtsrechts muss die Vorschrift des § 31 WpHG eine Identifikation und Typisierung sowie praktikable Anwendung der jeweiligen Informationsleistungen bieten. Dabei werden über die Norm informationelle Mindeststandards für den Sektor des Wertpapierdienstleistungsgeschäfts geschaffen, die selbst im Bereich des Dicount-Brokerage nicht unterschritten werden dürfen.[628]

Neben die gesetzlichen Pflichten des WpHG können selbstverständlich auch vertragliche Pflichten treten, aufgrund derer ein Wertpapierdienstleistungsunternehmen bestimmte Leistungen schuldet.[629] Im Zivilrecht bilden dabei regelmäßig ein ausdrücklich oder konkludent geschlossener Vertrag oder angelehnte Sorgfaltpflichten einen wesentlichen Anknüpfungspunkt etwaiger Handlungspflichten, die im Wege individueller Auslegung der zivilrechtlichen Sonderverbindung zu bestimmen sind. Dabei können die aufsichtsrechtlichen Vorgaben des § 31 WpHG allenfalls im Rahmen der Vertragsauslegung herangezogen werden.[630]

Ungeachtet dieser dogmatisch notwendigen Abgrenzung wertpapieraufsichtsrechtlicher und zivilrechtlicher Pflichtenkreise kann es hinsichtlich der spezifischen Ausges-

---

[626] Lang, Informationspflichten, S. 219, mit Verweis auf Frisch, ZfIR 2001, S. 877, der jedoch die Haftung bei fremdfinanzierten Beteiligungen an geschlossenen Immobilienfonds untersucht. Diese Beteiligungen stellen als personengesellschaftsrechtliche Gesellschaftsanteile keine Wertpapiere im Sinne des WpHG dar.
[627] Helmschrott-Waßmer, WM 1999, S. 1860.
[628] Bliesener, § 13, S. 303.
[629] Vermerk Sonderrundschreiben Nr. 266 des Bundesverbandes deutscher Banken vom 14.07.1994, S. 2.
[630] Bamberger, in: Derleder/Knops/Bamberger, § 44 Rn. 105.

taltung steuerrechtsbezogener Handlungspflichten durchaus zu einer Art Pflichtengleichlauf von Aufsichts- und Zivilrecht kommen.[631]

i. Auswertung und Stellungnahme

Zusammenfassend liefert die Untersuchung der wissenschaftlichen Literatur in Hinblick auf den Aspekt steuerlicher Informationspflichten im Rahmen des Wertpapierhandelsgesetzes ein uneinheitliches Bild. So ist zunächst festzustellen, dass innerhalb der sehr breit gefächerten Auseinandersetzung über die Verhaltenspflichten des § 31 WpHG die Beschäftigung mit steuerlichen Aspekten zurückhaltend erfolgt. Dennoch ist davon auszugehen, dass der wohl überwiegende Teil der Literatur steuerliche Gesichtspunkte im Kanon der Pflichten verankert sieht. Selbst die Stellungnahmen, die grundsätzlich eine derartige Pflicht ablehnen, schränken diesen Standpunkt regelmäßig in Hinblick auf einzelne spezielle steuerliche Merkmale ein.

In der Auseinandersetzung mit steuerlichen Informationspflichten ist auffallend, dass sich die verschiedenen Ansätze diesem Themenkomplex auf sehr unterschiedliche Weise nähern. Nur vereinzelt werden steuerliche Gesichtspunkte als grundsätzlicher Bestandteil des Pflichtenkanons des § 31 WpHG begriffen.

Zum Teil werden entsprechende Gesichtspunkte an eine spezifische Wertpapierdienstleistung bzw. Wertpapiernebendienstleistung, zum Teil jedoch auch an eine spezielle Handlungspflicht innerhalb des § 31 WpHG angeknüpft. Im letztgenannten Bereich stellt die Mehrheit der Verfasser auf die Informationspflicht nach § 31 Abs. 2 S. 2 WpHG ab. In diesem Zusammenhang erfolgt eine Untersuchung überwiegend im Rahmen der Finanzportfolioverwaltung nach § 2 Abs. 3 Nr. 6 WpHG, der Anschaffung und Veräußerung von Wertpapieren i. S. d. § 2 Abs. 3 Nr. 1-3 WpHG sowie der Anlegeberatung als Wertpapiernebendienstleistung nach § 2 Abs. 3a WpHG.

Übergreifend wird das gegenständliche Finanzinstrument ins Zentrum der Ausführungen gerückt. Dabei gilt es hervorzuheben, dass entsprechende steuerliche Informationspflichten regelmäßig aus einem Zusammenspiel von Finanzinstrument und jeweiliger Wertpapierdienstleistung oder Verhaltenspflicht entwickelt werden.

Relevante steuerliche Gesichtspunkte sollen regelmäßig solche sein, die unmittelbar mit dem jeweiligen Finanzinstrument verbunden sind oder sich jedenfalls unmittelbar aus der jeweiligen Wertpapierdienstleistung ergeben. Generell werden steuerliche Merkmale in der Person des Kunden unberücksichtigt gelassen.

Auffallend erscheint weiterhin die Tatsache, dass zum Teil keine klare Trennung aufsichtsrechtlicher und zivilrechtlicher Pflichtenkreise vorgenommen wird. Dabei wer-

[631] Dazu vgl. Zusammenfassung Ziff. 14.

den steuerliche Aspekte, wie dargelegt, im Zusammenhang mit den unterschiedlichen Wertpapierdienstleistungen diskutiert, wobei nicht immer eindeutig zu bestimmen ist, ob die jeweilige Verhaltenspflicht tatsächlich aus dem Kanon des § 31 WpHG abgeleitet wird oder vielmehr auf Grundlage eines entsprechenden Schuldverhältnisses konstruiert wird.

V. Pflichtenkanon der Vorschrift des § 31 WpHG

Unter Berücksichtigung der dargelegten Ansätze von Literatur und Rechtsprechung gilt es nunmehr, den Tatbestand des § 31 WpHG unter dem Blickwinkel steuerlicher Informationspflichten zu untersuchen und systematisch zu erfassen.

1. Die Interessenwahrungspflicht des § 31 Abs. 1. Nr. 1 WpHG

Ausweislich der Regelung des § 31 Abs. 1 Nr. 1 WpHG hat ein Wertpapierdienstleistungsunternehmen seine Dienstleistungen mit der erforderlichen Sachkenntnis, Sorgfalt und Gewissenhaftigkeit im Interesse seiner Kunden zu erbringen. Diese so genannte Trias[632] der „Sachkenntnis, Sorgfalt und Gewissenhaftigkeit" hat der deutsche Gesetzgeber wortgleich aus dem Art. 11 Abs. 1 S. 4, 2. Spiegelstrich EG-Wertpapierrichtlinie übernommen. Grundsätzlich setzt sich die Vorschrift aus dieser „Maßstabstrias" einerseits und dem Merkmal des Kundeninteresses andererseits zusammen.[633]

Anders als der Richtliniengesetzgeber hebt der § 31 Abs. 1 Nr. 1 WpHG jedoch nicht das „bestmögliche Interesse des Kunden" sowie die „Integrität des Marktes" hervor und betont, dass der Wertpapierdienstleister verpflichtet sei, „recht und billig" zu handeln. Dieses ergibt sich nicht nur aus der Vorschrift selbst, sondern wird auch aus dem Willen des Gesetzgebers deutlich.[634] Dennoch lassen die Gesetzgebungsmaterialien keinen eindeutigen Schluss zu, warum die Regelung des § 31 Abs. 1 Nr. 1 WpHG so viel „vager"[635] als die europarechtliche Vorgabe ausgestaltet ist. Bedeutung und konkreter Inhalt dieser Vorschrift sind somit im Wege der Auslegung zu ermitteln.[636]

---

632 Zum Begriff der Trias, Schwark in: Schwark § 31 WpHG Rn. 4.

633 Verwendung des Begriffs der „Interessenwahrungspflicht" u. a. bei Lang, Informationspflichten, S. 145.

634 BT-Drucks. 12/7918, S. 103.

635 Koller, in: Assmann/Schneider, § 31 Rn. 2, führt in Auswertung des Berichtes des Finanzausschusses diese Tatsache auf eine „erhebliche Hektik" im Gesetzgebungsverfahren zurück, die den gesamten „Aussagewert der Materialien und des Wortlauts" der Vorschrift negativ bestimmt.

636 Schön, S. 33.

a. Trias der „Sachkenntnis, Sorgfalt und Gewissenhaftigkeit“

Ausweislich der Beschlussempfehlung und des Berichtes des Finanzausschusses[637] soll die Regelung des § 31 Abs. 1 Nr. 1 WpHG der Funktion dienen, Verhaltensmaßstäbe bei Wertpapierdienstleistungen, unabhängig von der jeweiligen Anlage, zu kodifizieren. Es wird somit ein grundsätzlicher Sorgfaltsmaßstab für die Erbringung von Wertpapierdienstleistungen postuliert.[638]

Aus nationalem Blickwinkel kann die Vorschrift dahingehend verstanden werden, dass sie einen Sorgfaltsmaßstab bei Wertpapierdienstleistungen festlegt, der dem eines ordentlichen Kaufmanns entspricht.[639] Dies ist darauf zurückzuführen, dass der § 31 Abs. 1 Nr. 1 WpHG gewisse Ähnlichkeiten mit den Pflichten des Kommissionärs aus § 384 Abs. 1 HGB aufweist.[640] Danach hat dieser das übernommene Geschäft mit der Sorgfalt eines ordentlichen Kaufmanns auszuführen und dabei das Interesse des Kommittenten wahrzunehmen und dessen Weisungen zu befolgen hat.[641] Anerkanntermaßen sollen die Vorschriften des Kommissions- und Geschäftsbesorgungsrechts auch auf Wertpapiergeschäfte außerhalb des originären Kommissionsgeschäfts Anwendung finden. Darin dokumentiert sich eine Bedeutung als rechtsgeschäftsunabhängiger Pflichtenstandard.[642] So sind sämtliche Geschäfte in uneingeschränkter Loyalität zum Kunden, ordnungsgemäß und zu den bestmöglichen Bedingungen abzuwickeln.[643] Daraus ergibt sich wiederum eine dogmatische Nähe zum § 31 Abs. 1 Nr. 1 WpHG, der seinerseits als Grundlage sämtlicher Wertpapier- und Wertpapiernebendienstleistungen dienen soll.

Dennoch würde eine derartige, rein nationale Auslegung der Vorschrift zu kurz greifen. Vielmehr bedingt die wörtliche Übernahme der Vorgaben aus der EG-Wertpapierdienstleistungsrichtinie, dass es bei der Auslegung der Begriffe insbesondere die Merkmale der richtlinienkonformen Auslegung zu berücksichtigen gilt.[644] Während das Fehlen des Adjektivs „bestmöglich“ nach allgemeiner Ansicht nicht von Relevanz sein soll[645], ist jedoch dem Art 11 Abs. 1 S. 4 1. Spiegelstrich Beachtung zu schenken. So gilt es, die Anforderungen, nach denen die Tätigkeiten „recht und billig“, im „bestmöglichen Interesse der Kunden“ zu erbringen sind, in den § 31 Abs. 1 Nr. 1

---

637 BT-Drucks. 12/7918, S. 103.

638 Schäfer, in: Schäfer/Geibel/Hamann, § 31 Rn. 4.

639 Balzer, ZBB 1997, S. 264; Schäfer, in: Schäfer/Geibel/Hamann, § 31 Rn. 4.

640 Kümpel, in: Kümpel/Ott, Nr. 065, S. 106; ders. Kapitalmarktrecht, Rn. 8.239 mit weiteren Nachweisen.

641 Bliesener, S. 34, mit Ausführungen zur begrifflichen und inhaltlichen Nähe zur Regelung des § 384 Abs. 1 HGB.

642 Bliesener, S. 33.

643 Fischer/Klanten, Rn. 7.18.

644 Bliesener, S. 33.

645 BGHZ 147, S. 343 ff.; Richtlinie gemäß § 35 Abs. 6 des Gesetzes über den Wertpapierhandel, BAnz Nr. 165 vom 4. September 2001, S. 19217; Schäfer, in: Schäfer/Geibel/Hamann, § 31 Rn. 4.

WpHG hineinzuinterpretieren.[646] Wird im Englischen von „honestly and fairly" bzw. im Französischen von „loyalement et équitablement" gesprochen, dokumentiert sich darin die Pflicht des Wertpapierdienstleisters, sich als tatsächlicher Interessenwahrer des Kunden bei der Dienstleistung zu begreifen.[647] Überdies schwingt in der Formulierung „recht und billig" der Gedanke des vernünftigen Ausgleich sowie der Ehrenhaftigkeit und Aufrichtigkeit mit.[648] Es ist jedenfalls festzustellen, dass im Vergleich zur nationalen Umsetzung der Wertpapierdienstleister im Rahmen der Richtlinie deutlich „fremdnütziger" an die Interessenpositionen des Kunden herangezogen wird. In diesem Sinne ist auch das Grundverständnis der englischen („with due, care and diligence") sowie französischen („avec la compétence, le soin et la diligence") Fassung der EG-Wertpapierdienstleistungsrichtlinie zu sehen. In den Begriffen „care" bzw. „soin" wird dem Gedanke der Fürsorge viel deutlicher Rechnung getragen als innerhalb des Terminus der „Sorgfalt".[649]

Hinsichtlich der zu fordernden „Sachkenntnis" ist auf den Kenntnisstand des konkreten Dienstleistungserbringers abzustellen. Hierbei wird der Gedanke des „Know your merchandise" aufgegriffen, der gemeinhin im anglo-amerikanischen Rechtskreis verwurzelt ist. Gemeint ist in diesem Zusammenhang neben einer umfassenden Produktkenntnis[650] das Wissen um den Markt[651] und sein relevantes Umfeld.[652] Als Maßstab ist hierbei, in Ermangelung von Marktstandards, auf einen durchschnittlichen Mitarbeiter des Wertpapierdienstleisters mit ordentlichen theoretischen Kenntnissen und einer durchschnittlichen Erfahrung abzustellen.[653] Fehlt diese Sachkenntnis, so ist diese Kenntnislücke durch Nachforschungen und Erkundigungen zu schließen,[654] wobei der Umfang dieser Nachforschungspflichten streitig ist.[655] Letztlich ist die Pflicht zur Nachforschung und Erkundigung spiegelbildlich zur Informationspflicht des § 31 Abs. 2. Nr. 2 zu begreifen, so dass der Umfang der notwendigen Information letztlich die Reichweite notwendiger Erkundigungen determiniert.

Zusammenfassend beinhaltet die Maßstabstrias des § 31 Abs. 1 Nr. 1 WpHG vor dem Hintergrund einer richtlinienkonformen Auslegung ein Mehr an Anforderungen als je-

---

646 Möllers/Ganten, ZGR 1998, S. 797.

647 Lang, Informationspflichten, § 7 Rn. 1 ff.

648 Koller, in: Assmann/Schneider, § 31 Rn. 7, mit Verweisen auf Blair, Financial Services.

649 Koller, in: Assmann/Schneider, § 31 Rn. 5.

650 Beispielhaft: die speziellen Charakteristika der einzelnen Wertpapiere (OLG Nürnberg, ZIP 2002, S. 611), allgemeine Merkmale der Wertpapierkategorien, denen ein Wertpapier zuzuordnen ist (OLG Düsseldorf, ZIP 2002, S. 1583), Aspekte des Emittenten des Wertpapiers und seiner wirtschaftlichen Situation (OLG Köln, ZIP 1997, S. 1372).

651 BGH, WM 2002, S. 913 sowie Schäfer, in: Schwintowski/Schäfer, § 18 Rn. 13 mit weiteren Nachweisen.

652 Schäfer, in: Schwintowski/Schäfer, § 11 Rn. 71 ff.

653 Schäfer, in: Schwintowski/Schäfer, § 11 Rn. 71 ff., der im Zusammenhang mit der Anlageberatung davon spricht, dass es Schwerpunkt der Entwicklung des Rechts der Anlageberatung sein wird, zukünftige Standards festzulegen.

654 Restriktiver in diesem Zusammenhang Heinsius ZBB, 52 ff.; ders. ZHR 145 (1981), 189 ff.

655 Vergleiche dazu im Überblick Lang, Informationspflichten, § 10 Rn. 88 ff.

ne, die sich über den Sorgfaltsmaßstab eines ordentlichen Kaufmanns vermitteln.[656] Letztlich manifestiert sich in diesem Auslegungsaspekt die bereits aufgezeigte Divergenz innerhalb der gesetzgeberischen Intention zwischen europäischem Richtliniengesetzgeber und nationalem Umsetzungsgesetzgeber.[657] Will der Gesetzgeber der EG-Wertpapierdienstleistungsrichtlinie die Funktionsfähigkeit der Kapitalmärkte und den Schutz der Anleger als gleichberechtigte Ziele verfolgt wissen, liegt der Fokus des Wertpapierhandelsgesetzes evident auf den verschiedenen Gesichtspunkten der Funktionsfähigkeit und der Wettbewerbsfähigkeit des Kapitalmarktes.[658]

b. Interessen des Kunden

Weiterhin sind sämtliche Dienstleistungen im Interesse des Kunden zu erbringen, wobei dieses Kundeninteresse im Zusammenhang mit der Durchführung der jeweiligen Wertpapier- oder Wertpapiernebendienstleistung zu stehen hat.[659] Problematisch ist, welcher Interessenbegriff hierbei zugrunde zu legen ist. Obgleich bisweilen vertreten wird, das absolute Interesse in Gestalt des „wohlverstandenen" Interesses des Kunden als Maßstab aufzugreifen[660], ist vielmehr auf das erkennbare individuelle Interesse des Kunden abzustellen.[661] Eine derartige Auslegung ergibt sich insbesondere aus dem Zusammenspiel mit § 31 Abs. 2 Nr. 1 WpHG, nach dessen „Explorationspflicht" die für die „Interessenwahrungspflicht" maßgeblichen Interessen des Kunden zu ermitteln sind.[662] Die Ermittlung des Kundeninteresses ist somit dynamisch am Informationsbedarf des Kunden auszurichten und damit gerade kein statischer Faktor.[663] Überdies liefe eine objektive Bestimmung des Pflichtenmaßstabes auf eine Bevormundung des Kunden hinaus.[664] Ausgehend von dem konkreten, individuellen Interesse des Kunden kann es damit nicht Aufgabe des Wertpapierdienstleisters sein, den Kunden vor sich selbst zu schützen.[665] Liegt im Abgleich zwischen erkennbarer Interessenlage des Kunden und der beabsichtigten Wertpapierdienstleistung jedoch ein offensichtliches Fehlverhältnis, nach dem der Kundenauftrag an dessen vernünftigen Interessen vorbeigeht, ist jedenfalls eine entsprechende Information geboten.[666]

---

[656] Anderer Ansicht Balzer, ZBB 1997, S. 260 ff., der im Wesentlichen auf die Pflichten des ordentlichen Kaufmanns abstellt; Schäfer, in: Schäfer/Geibel/Hamann, § 31 Rn. 4.
[657] Dazu in 3. Teil, § 1 I 3 im Zusammenhang mit den Regelungszielen des § 31 WpHG.
[658] Buhk, S. 36.
[659] Schwark, in: Schwark vor § 31, Rn. 7.
[660] Köndgen, ZBB 1996, S.361 ff.; Cahn, ZHR 162 (1998), 1, 39 f.
[661] Schwark, in: Schwark vor § 31, Rn. 7.
[662] Koller, in: Assmann/Schneider, § 31 Rn. 8.
[663] Rümker, in: Bankrechtstag 1992, S. 29 ff.
[664] Wieneke, S. 115 f.
[665] BGH, Urt. v. 14. Oktober 2003, Az: XI ZR 21/03, ZIP 2003, 2295-2297; BGH, 9. Mai 2001, XI ZR 192/00, BGHZ 147, 343, 359.
[666] NR. B 3.3 I der Richtlinie gemäß § 35 Abs. 6 des Gesetzes über den Wertpapierhandel, BAnz Nr. 165 v. 4. September 2001.

c. Steuerliche Gesichtspunkte innerhalb des § 31 Abs. 1 S. 1 WpHG

Vor dem Hintergrund der dargelegten Vorgaben des § 31 Abs. 1 S. 1 WpHG im Lichte der EG-Wertpapierdienstleistungsrichtlinie ist fraglich, in welcher Form steuerliche Gesichtspunkte Bestandteil dieser „Interessenwahrungspflicht" sein könnten.

Die Vorschrift postuliert die eindeutige Anforderung an den Wertpapierdienstleister, seine Dienstleistung im Interesse des Kunden zu erbringen. Dieses Kundeninteresse ist innerhalb eines dynamischen Systems über die Einholung von Angaben über Verhältnisse und Anlageziele des Kunden nach § 31 Abs. 2 Nr. 1 WpHG als konkret individueller Maßstab zu ermitteln. Diesem Kundeninteresse ist sodann im Rahmen der einzelnen Finanzdienstleistung Rechnung zu tragen. Rechtsprechung und Literatur konstatieren die unterschiedlichsten Anknüpfungspunkte, deren Berücksichtigung die Pflicht der Interessenwahrung des § 31 Abs. 2 Nr. 1 WpHG gebietet. Exemplarisch sind in diesem Zusammenhang Gestaltungen bei der Ausführungsart der jeweiligen Wertpapierdienstleistung[667] sowie Preiskonditionen[668] und Schnelligkeit der Wertpapierdienstleistung zu nennen.[669]

Mit Blick auf steuerliche Gesichtpunkte ist nach dem Wortlaut der Vorschrift nicht ersichtlich, warum diese nicht gleichermaßen Berücksichtigung innerhalb der zu wahrenden Interessen zu finden haben.

aa. Steuerliche Gesichtspunkte als „Interesse des Kunden"

Maßstab der Interessenwahrungspflicht ist das konkret individuelle Interesse des Kunden. Somit gilt es zunächst zu ermitteln, ob und gegebenenfalls welche Bedeutung steuerliche Gesichtspunkte innerhalb dieser Interessensphäre des Kunden i. S. v. § 31 Abs. 1 Nr. 1 WpHG haben. Grundsätzlich kann in diesem Zusammenhang zunächst festgestellt werden, dass der Kunde eine Wertpapier- oder Wertpapiernebendienstleistung regelmäßig zum Zwecke der Vermögensmehrung in Anspruch nimmt. Dabei gilt sein Interesse im Rahmen der gewählten Dienstleistung der effizientesten Form der Vermögensvermehrung. In diesem Sinne könnten steuerliche Gesichtspunkte vom individuellen Interesse des Kunden umfasst sein. Ein derartiger Ansatz könnte schon deswegen nahe liegen, da Besteuerungsaspekte zum Teil einen erheblichen Einfluss auf die Rendite und damit auch die Effizienz der Vermögensmehrung haben.

---

667 Insbesondere im Zusammenhang mit der Ausführung von Ordern.

668 Zur Vergütung der jeweiligen Wertpapierdienstleistung bei Möllers/Ganten, ZGR 1998, 773 ff.

669 Mit ausführlicher Gesamtschau zum gegenwärtigen Stand vom Rechtsprechung und Literatur bei Koller, in: Assmann/Schneider, § 31 Rn. 11 ff.

bb. Steuerliche Gesichtspunkte als Bestandteil der Sachkenntnis

Als Korrelat zur Informationspflicht ist hinsichtlich der Sachkenntnis grundsätzlich auf die Ausführungen zu § 31 Abs. 2 Nr. 2 WpHG zu verweisen. Der die Wertpapierdienstleistung erbringende Mitarbeiter muss notwendigerweise über Kenntnisse zur sachgemäßen Beurteilung des Produktes und zur Durchführung des infrage stehenden Geschäfts verfügen. Dabei sind die Anforderungen an den Kenntnismaßstab hoch anzusetzen.[670] So werden neben den unmittelbar das Produkt betreffenden Kenntnissen auch allgemeine Kenntnisse, d. h. solche des Marktes, des Wertpapierumfeldes und Ähnliches verlangt.[671]

Steuerliche Aspekte können zum Teil unmittelbar mit dem jeweiligen Finanzprodukt[672] verknüpft sein, durch die jeweilige Wertpapierdienstleistung ausgelöst werden[673] oder im Rahmen allgemeiner Besteuerungsgrundsätze[674] als Teil des Umfeldes der Wertpapierdienstleistung von maßgeblicher Bedeutung sein.

In Anwendung der aufgezeigten Ansätze könnten damit auch steuerliche Gesichtspunkte innerhalb des Pflichtengefüges des § 31 Abs. 1 Nr. 1 WpHG grundsätzlich zu berücksichtigen sein.

2. „Explorationspflicht" des § 31 Abs. 2 Nr. 1 WpHG

In Umsetzung der Vorgaben des Art. 11 Abs. 1 S. 4 4. Spiegelstrich verlangt die Vorschrift des § 31 Abs. 2 Nr. 1 WpHG, im Rahmen einer Erkundigungspflicht die Erfahrungen und Kenntnisse des Kunden im Wertpapiergeschäft, seine verfolgten Anlageziele und finanziellen Verhältnissen zu ermitteln. Ausweislich der Regelung des § 31 Abs. 2 letzter Halbsatz soll diese Verpflichtung so weit gehen, wie es zur Wahrung der Interessen des Kunden und im Hinblick auf Art und Umfang des beabsichtigten Geschäftes erforderlich ist. Die Vorgaben der „Explorationspflicht" sind somit im Regelungszusammenhang mit den weiteren Pflichten des § 31 WpHG, insbesondere der Informationspflicht, zu sehen. Inhalt und Umfang dieser Erkundigungspflicht gilt es im Wege der Auslegung unter Berücksichtigung der Anforderungen der Wertpapierdienstleistungsrichtlinie zu ermitteln.

Mit der Regelung des § 31 Abs. 2 Nr. 1 WpHG greift der Richtliniengesetzgeber und damit auch der nationale Umsetzungsgesetzgeber das aus dem anglo-amerikanischen

---

670 Schwark, in: Schwark vor § 31, Rn. 5.

671 Ausdrücklich wird dabei betont, dass die Produktkenntnis auch die Kenntnis von dem Markt und dem sonstigen Umfeld für das Produkt erfasse, da andernfalls die Reagibilität auf Änderungen von Umweltfaktoren wie z. B. der Besteuerung nicht beurteilt werden könne, Schäfer, in: Schäfer/Geibel/Hamann, § 31 Rn. 4.

672 Quellenbesteuerung etc.

673 Spekulationssteuer etc.

674 Änderung der Steuergesetzgebung etc.

Kapitalmarktrecht bekannte Prinzip des „know your customer“ auf.[675] Danach setzt eine interessengerechte Beratung das Wissen des Wertpapierdienstleisters um die Kenntnisse und Erfahrungen, finanziellen Verhältnisse und Anlageziele des Kunden voraus.[676] In diesem Zusammenhang ist festzustellen, dass derartige Ansätze bereits über das zivilrechtliche Bankrecht Eingang in das deutsche Kapitalmarktrecht gefunden haben. So ist nicht zuletzt in der „Bond-Rechtsprechung“[677] auch höchstrichterlich der Begriff der „anlegergerechten“ Beratung geprägt worden.[678] Entscheidend ist jedoch, dass die Explorationspflicht keineswegs mit der zivilrechtlich begründeten „anlegergerechten Beratung“ gleichzusetzen ist.[679] Vielmehr handelt es sich um eine Vorfeldpflicht, die der Informationspflicht nach § 31 Abs. 2 Nr. 2 WpHG notwendigerweise vorauszugehen hat. Sie besteht völlig unabhängig davon, ob zwischen dem Intermediär und dem Kunden letztlich ein Beratungsvertrag zustande kommt oder der Pflichtenkreis auf den aufsichtsrechtlichen Rahmen des § 31 WpHG beschränkt bleibt.[680]

Im Gegensatz zu anderen Ansätzen in der Literatur[681] ist hinsichtlich des Regelungszweckes[682] der Vorschrift ein „subjektivierendes“ Normenverständnis[683] zugrunde zu legen. Teleologischer Kern der Vorschrift bildet weniger der Ansatz, den Kunden vor einer objektiv ungeeigneten Anlage zu schützen[684]. Zweck ist vielmehr, den Wertpapierdienstleister in die Lage zu versetzen, dem Kunden die Informationen zu erteilen, die ihm letztlich ermöglichen, selbst eine adäquate eigenständige Entscheidung zu treffen.[685] Für diese Lesart spricht vor allem das Grundmodell des Verbraucherschutzes, nach dem ein Kunde gerade nicht mit Unmengen von Material „überfrachtet“, sondern vielmehr mit den zweckdienlichen Informationen ausgestattet werden soll[686]. In dieses Modell reiht sich die Vorgabe des § 31 Abs. 2 Nr. 2 WpHG als typisches Element entsprechender Verbraucherinformation ein. Ein weiteres diesbezügliches Argument findet sich auch im europäischen Verständnis des Verbraucherrechts, das sich gerade nicht an einer „Bevormundungkonzeption“, sondern vielmehr am Leitbild des „homo

---

675 Dabei wird dieses Prinzip als notwendige Voraussetzung gesehen, dem Kunden eine adäquate Anlageempfehlung geben zu können („ Suitability doctrin“). Ausführlich und instruktiv dazu Schön, S. 51 f.

676 Schwark, in: Bankrechtstag 1995, S. 114 ff.

677 BGHZ 123, 126, zu den Inhalten und Konsequenzen dieses Urteils ausführlich in 4. Teil, § 2 II 1.

678 Schäfer, in: Schäfer/Geibel/Hamann, § 31 Rn. 30.

679 In diesem Sinne deutlich Frisch, in: Derleder/Konps/Bamberger, § 46 Rn. 99.

680 Horn, in: Horn/Schimansky, Bankrecht 1998, 235 ff.

681 Köndgen, ZBB 1996, S. 361 ff., der ein *„wohlverstandenes Kundeninteresse“* zugrunde legen will; Kübler, in: FS-Coing, Bd. II, S. 193, 205 ff.

682 Mit umfangreicher Darstellung zum Streitstand und mit weiteren Nachweisen Koller, in: Assmann/Schneider, § 31 Rn. 80.

683 So auch Bliesener, S. 212 f.; Koller, in: Assmann/Schneider, § 31 Rn. 22.

684 Etwas polemisch Koller, der einen derartigen Zweck überspitzt beschreibt, als den „Schutz des unmündigen Anlegers, der mit Informationen wenig anzufangen weiß, dessen kognitive Fähigkeiten eher schwach entwickelt sind und der eher emotional und gewohnheitsmäßig reagiert“, Koller, in: Assmann/Schneider, § 31 Rn. 22.

685 BGH, NJW-RR 2000, S. 998 f.

oeconomicus" orientiert.[687] Letztlich gilt es im Wege der „Exploration" anhand „typisierter Parameter" die Aufklärungs- und Informationsbedürftigkeit des Kunden zu ermitteln.

Den wesentlichen Anknüpfungspunkt der Auslegung der Vorgaben des § 31 Abs. 2 Nr. 1 WpHG bilden die Regelungen der „Wohlverhaltensrichtlinie"[688], die in Teil B Nr. 2 und 2.1. a), b), c), als Verwaltungsrichtlinie Vorgaben zu den jeweiligen Anforderungen an Inhalt und Umfang der Erkundigungspflicht postulieren. So ergänzen, erläutern und konkretisieren die Vorgaben der Richtlinie die Vorschriften des § 31 WpHG.[689]

a. „Anlageziele" des Kunden

Die Vorschrift des § 31 Abs. 2 Nr. 1 WpHG gibt dem Wertpapierdienstleister zunächst auf, im Wege der Erkundigung die vom Kunden mit dem Geschäft verfolgten Ziele zu ermitteln. In diesen Anforderungen verdeutlicht sich der Charakter der Exploration als Vorfeldpflicht späterer Information. So ist der konkrete Informationsbedarf wesentlich vom individuellen Anlageziel und dem damit verbundenen Risikoverhältnis des Kunden bestimmt.[690]

Konkretisierend werden über die Verhaltensrichtlinie[691] das Kundeninteresse an lang- und kurzfristigen Anlagen, an einmaligen oder wiederkehrenden Ausschüttungen und der Umfang der Risikobereitschaft des Kunden als zielprägende Merkmale eingeführt. Exemplarisch werden zwei Zwecke der Inanspruchnahme von Wertpapierdienstleistungen, die Altersversorgung sowie die Ausbildung, herausgehoben.

Vor diesem Hintergrund erklärt sich der strukturelle Ansatz der Vorschrift, nach dem zum einen über den vom jeweiligen Kunden verfolgten Zweck auf das entsprechend maßgebliche Ziel zu schließen sei.[692] Neben den bereits ausdrücklich benannten Zwecken der Altersversorgung und Ausbildung werden eine Vielzahl weiterer Zwecke dentifiziert, die zum Teil in „typisierenden Motivgruppen[693]" zusammengefasst werden. In diesem Zusammenhang werden insbesondere die Motive „Vermögenserhö-

---

686 Brandt, S. 198.

687 Kritisch zur Figur des „homo oeconomicus", Koller, in: Assmann/Schneider, Vor § 31 Rn. 12.

688 Richtlinie gemäß § 35 Abs. 6 WpHG zur Konkretisierung der §§ 31 und 32 WpHG für das Kommissionsgeschäft, den Eigenhandel für andere und das Vermittlungsgeschäft der Wertpapierdienstleistungsunternehmen.

689 Bamberger, in: Derleder/Knops/Bamberger, § 44 Rn. 54.

690 Balzer, WM 2000, S. 441 ff.; Lang, Informationspflichten, S. 169.

691 Teil B Nr. 2 und 2.1. a).

692 Schwark, in: Schwark § 31 WpHG Rn. 45; differenzierend Koller, in: Assmann/Schneider, § 31 Rn. 84, der zwischen einem Zweckmerkmal und einem Risikomerkmal unterscheidet.

693 Schön, S. 54, der aus dem Blickwinkel der Kreditwirtschaft drei Grundtypen der Anlagestrategie identifiziert. Ausführliche Darstellung bei Oehler, zur Erklärung des Verhaltens privater Anleger, S. 154.

hung", „eigene Vorsorge", „Einkommenserhöhung", „Familienvorsorge" und „Anschaffungen" benannt.[694] Zum anderen gilt es, im Rahmen der Zielexploration das „Risikoverhältnis" des jeweiligen Kunden, d. h. seine Risikofähigkeit und Risikobereitschaft, auszuloten.[695] Kernziel der spezifischen Pflichtenvorgabe ist es somit, sicherzustellen, dass Anlageziele, Risikofähigkeit und Risikobereitschaft miteinander vereinbar sind.[696]

b. „Erfahrungen oder Kenntnisse" des Kunden

Nach der herrschenden Auffassung[697] ist die Vorgabe, auf die sich die Erkundigungspflicht auf Erfahrungen „oder" Kenntnisse des Kunden bezieht, im Lichte des entgegenstehenden Wortlautes der Wertpapierdienstleistungsrichtlinie richtlinienkonform auszulegen. Der Art. 11 Abs. 1 a. benutzt ausschließlich den Begriff der Erfahrung. Somit hat sich die Erkundigung auf Kenntnisse und Erfahrungen zu erstrecken.[698] Insofern soll gewährleistet werden, dass das Wertpapierunternehmen nicht nur auf theoretische Kenntnisse des Kunden vertraut.

Die Voraussetzung der zu ermittelnden „Erfahrungen „oder" (und) Kenntnisse" wird in der Richtlinie dahingehend konkretisiert, dass der Kunde darüber zu befragen ist, in welchen Anlageformen er über Wissen verfügt oder welche Anlageformen er in der Vergangenheit bereits selbst genutzt hat[699]. Als Anlageformen werden exemplarisch neben Schuldverschreibungen und Aktien Investmentanteilscheine und Derivate genannt. Hinsichtlich der Anlageerfahrung sind Umfang, Häufigkeit und Zeiträume der Geschäfte zu hinterfragen. Hierbei ist sicherzustellen, dass vorbenannte Gesichtspunkte detailliert und gründlich „exploriert" werden.[700]

c. „Finanzielle Verhältnisse" des Kunden

Abschließend bilden die „finanziellen Verhältnisse" des Kunden Anknüpfung notwendiger Befragung durch den Wertpapierdienstleister innerhalb des § 31 Abs. 2 Nr. 1

---

694 Oehler, S. 154 ff.

695 OLG Frankfurt am Main, ZIP 1998, 2148; Lang, Informationspflichten, S. 169, mit weiteren Nachweisen.

696 Lang, Informationspflichten, S. 169.

697 Koller, in: Assmann/Schneider, § 31 Rn. 83, mit weiteren Nachweisen. Anders Bliesener, 350 ff., mit Blick auf die Grenzen richtlinienkonformer Auslegung.

698 Beleg für diesen Ansatz ist insbesondere die sprachliche Fassung der Richtlinie im französischen bzw. englischen Text. Danach wird von „experience" und „expertise" bzw. „expérience" gesprochen, d. h. Begriffen, die im Deutschen sowohl mit „Erfahrung" als auch mit „Kenntnisse" zu übersetzen wären. Dazu Koller, in: Assmann/Schneider, § 31 Rn. 83.

699 Richtlinie gemäß § 35 Abs. 2 WpHG vom 26. Juli 1994 (BGBl. I, S. 1748), dann geändert durch Gesetz vom 18. Dezember 1995 (BGBl. I, S. 1959).

700 Balzer, DB 1997, 2311 f., ein bloßer Hinweis darauf, *„man habe sich lange mit bestimmten Wertpapieren länger beschäftigt"*, kann nicht als hinreichend angesehen werden.

WpHG. Grundsätzlich sind danach unter der Prämisse des Anlegerschutzes[701] die Vermögensverhältnisse des jeweiligen Anlegers zu erforschen.[702] Mittels dieser Angaben soll das Wertpapierdienstleistungsunternehmen in die Lage versetzt werden zu ermitteln, ob die vom Kunden gewählte Kapitalanlage tatsächlich geeignet ist, die angegebenen Ziele zu erreichen, d. h. letztlich die gewählte Anlagestrategie mit der Finanzkraft übereinstimmt.[703]

Im Wege der Auslegung – unter Berücksichtigung der konkretisierenden Richtlinie sowie unter Berücksichtigung der europarechtlichen Vorgaben – ist zu untersuchen, welche konkreten Angaben des Kunden Bestandteil der „finanziellen Verhältnisse" sind. Insofern als auch die „finanziellen Verhältnissen" nach Maßgabe der Erforderlichkeit zu hinterfragen sind, bestimmen sich notwendiger Umfang und Reichweite jeweiliger Angaben entscheidend in Abhängigkeit von der beabsichtigten Geschäftsart. In diesem Sinne stellt die konkretisierende Richtlinie[704] beispielhafte Parameter auf, die darauf abstellen, ob der Kunde die avisierten Geschäfte aus eigenen Mitteln oder über Kredite finanziert und welche Verlust-, Nachschuss- oder andere Risiken dem Geschäft immanent sind. Daraus ergibt sich, dass sich der Informationsbedarf über die finanziellen Verhältnisse des Kunden proportional zum Geschäftsrisiko verhält und gegebenenfalls anhand zu erfragender differenzierter Kundenangaben zu befriedigen ist.[705] Im Wesentlichen sind damit Angaben über die Art und Struktur der Einkommens- und Vermögensverhältnisse sowie gegebenenfalls solche zur Ausgabensituation des Kunden einzuholen.[706]

d. „Erforderlichkeit" als tatbestandsimmanente Schranke

Nach § 31 Abs. 2, 2. Hs. WpHG besteht die Explorationspflicht des Wertpapierdienstleisters nur so weit sie zur Wahrung des Kundeninteresses und hinsichtlich des avisierten Geschäfts „erforderlich" ist. Damit ist die Erforderlichkeit konkret-objektiv, d. h. bezogen auf den jeweiligen Kunden und mit Blick auf dessen Versorgung mit zweckdienlichen Informationen nach § 31 Abs. 2 Nr. 2 WpHG zu verstehen. Zweckdienlich sind dabei alle jene Kundeninformationen, die dem Kunden eine optimale Umsetzung seiner jeweiligen Anlageziele garantieren.

---

701 Damit dient eine derartige Erkundigungspflicht gerade nicht dem Schutz des Unternehmens vor insolventen Kunden, Schwark, in: Schwark § 31 WpHG Rn. 46; Anders Koller, in: Assmann/Schneider, § 31 Rn. 85.

702 Claussen, Bank- und Börsenrecht, § 6 Rn. 37.

703 Schön, S. 55.

704 Ausdrücklich werden Anlagen in Wertpapieren des Bundes, der Sondervermögen des Bundes, der Bundesländer sowie in vergleichbaren Papieren der Staaten des Europäischen Wirtschaftsraumes auf Guthabenbasis nach Teil B Nr. 2 und 2.1. c) letzter Satz der Richtlinie von derartigen Angaben freigestellt.

705 Raeschke-Kessler, WM 1996, S. 1764 ff.

706 Schön, S. 56.

Im Lichte der Wertpapierdienstleistungsrichtlinie bedeutet das für das Wertpapierdienstleistungsunternehmen, Kundenangaben insoweit einzuholen, wie es notwendig ist, um die Geschäfte im *„bestmöglichen Interesse ihrer Kunden“* (Art. 11 Abs. 1 S. 4, 1. Spiegelstrich) auszuführen.[707] Ausdrücklich wird vorgegeben, der Professionalität des Kunden Rechnung zu tragen. Dies kann unter Umständen dazu führen, dass ein erkennbarer, von Berufs wegen oder qua Ausbildung ausreichend erfahrener Kunde gegebenenfalls gar nicht zu befragen ist.[708]

e. „Explorationsverhalten“ des Kunden

Grundsätzlich trifft das Wertpapierunternehmen die Verpflichtung, vom Kunden die notwendigen Angaben in mündlicher oder schriftlicher Form zu verlangen.[709] § 31 Abs. 2 Nr. 2 WpHG stellt nunmehr ausdrücklich klar, dass der Kunde letztlich nicht verpflichtet ist, entsprechende Angaben zu machen. Dennoch ist der Wertpapierdienstleister jedenfalls gehalten, Widerstände beim Kunden hinsichtlich der Preisgabe entsprechender Daten abzubauen[710].

f. „Steuerliche Gesichtspunkte“ als Gegenstand der „Explorationspflicht“

Der Wortlaut des § 31 Abs. 2 Nr. 1 WpHG stellt mit den „Erfahrungen oder Kenntnissen“, den „Anlagezielen“ und den „finanziellen Verhältnissen“ im Wesentlichen auf drei „Erkundigungsfelder“ ab. Insofern, als der Bereich steuerlicher Gesichtspunkte nicht ausdrücklich aufgegriffen wird, ist im Wege der Auslegung zu ermitteln, ob und in welcher Form sie an aufgezeigte Merkmale anzuknüpfen sind.

In Hinblick auf das Merkmal des „Anlegerzieles“ erscheint es grundsätzlich möglich, beim Kunden das Ziel – wenn nicht des „Steuersparens“ – so doch einer steueroptimierten Vermögensvorsorge im Rahmen von Wertpapierdienstleistungen zu identifizieren. Unter Berücksichtung der von Gesetzgeber und Literatur entwickelten Grundsätze abstrakter Anlegermotivgruppen griffe ein derartiger Ansatz möglicherweise zu kurz. Eine derartige Einordnung würde den Charakter der zu erfragenden Anlageziele als „typisierte Interessenmerkmale“ verkennen.

Anknüpfungspunkt könnte vielmehr ein sämtliche Motivgruppen vereinendes Zielmerkmal bilden. Dieses übergreifende Merkmal ist das bereits eingeführte Kernziel der Vermögensvermehrung bzw. Vermögenserhaltung. Ist das Kernziel des Kunden, die Vermögensmehrung oder der Vermögenserhaltes identifiziert, könnte es – in Ab-

---

[707] Damit besteht für eine „Interessenabwägung“ im Sinne einer Mittel-Zweck-Abwägung beim Wertpapierdienstleistungsunternehmen (Aufwand und Vergütung etc.), wie vom Finanzausschuss ursprünglich vorgesehen, kein Raum, BT-Drucks. 12/7918, S. 104.
[708] Köndgen, ZBB 1996, S. 363 ff.
[709] Lang, Informationspflichten S. 203.
[710] Kümpel, WpHG, S. 178.

hängigkeit vom konkreten Geschäft – erforderlich sein, gewisse steuerliche Angaben des Kunden zu erfragen, um diesem Ziel adäquat Rechnung zu tragen.[711]

Weiterhin könnten steuerliche Gesichtspunkte als ein Bestandteil der finanziellen Verhältnisse eines Kunden qualifiziert werden. Grundsätzlich werden in diesem Sinne die Einkommens- und die Vermögenssituation des Kunden verstanden. Danach erschien es denkbar, die steuerliche Belastung als Reflex der Vermögenssituation und damit als notwendigen Bestandteil der finanziellen Verhältnisse des Kunden zu begreifen.[712]

Dementsprechend könnten steuerliche Gesichtspunkte als Bestandteil der Explorationspflicht nach § 31 Abs. 2 Nr. 1 WpHG einzuordnen sein.

3. Die „Informationspflicht" des § 31 Abs. 2 Nr. 2 WpHG

Den zentralen Bestandteil der Verhaltenspflichten des § 31 WpHG bildet – neben den allgemeinen Verhaltensgrundsätzen – die spezielle Informationspflicht des Wertpapierdienstleistungsunternehmens nach § 31 Abs. 2 Nr. 2. Danach hat das Unternehmen seinem Kunden alle zweckdienlichen Informationen mitzuteilen, soweit dies zur Wahrung der Interessen des Kunden und im Hinblick auf Art und Umfang der beabsichtigten Geschäfte erforderlich ist. In diesem Zusammenhang ist zunächst problematisch, wie der Begriff der „Information" im Gefüge der Vorschrift auszulegen ist und welcher Umfang dieser Verhaltenspflicht somit zukommt.

Entscheidend ist hierbei insbesondere das begriffliche Verständnis der Informationspflicht im Sinne einer Aufklärungspflicht einerseits, einer Beratungspflicht andererseits oder als spezielle informationelle Verhaltenspflicht sui generis. Welche Bedeutung einer derartigen, klaren Einordnung der Pflicht des § 31 Abs. 2 Nr. 2 WpHG zukommt, ergibt sich aus dem daraus resultierenden unterschiedlichen Umfang und der Reichweite entsprechender Pflichten. Ferner lässt sich die Bedeutung einer klaren Abgrenzung mit Blick auf die Norm des § 33 WpHG dokumentieren.[713] Diese Vorschrift verpflichtet ein Wertpapierdienstleistungsunternehmen, interne Kontrollverfahren zu installieren, nach denen gewährleistet wird, Verstößen gegen das Wertpapierhandelsgesetz entgegenzuwirken. Um sicherzustellen, dass diesen Vorgaben adäquat Rechnung getragen wird, kommt es notwendig darauf an, die Pflichtenvorgaben des WpHG eindeutig zu determinieren. Einzig in dem Fall, dass eine begriffliche Abgrenzung von Aufklärung und Beratung vorgenommen wird, ist es dem Wertpapierdienst-

---

[711] So kann es für dieses Ziel beispielsweise darauf ankommen, ob und gegebenenfalls inwieweit der Kunde bereits seinen Sparer-Freibetrag nach § 20 Abs. 4 EStG vollständig ausgeschöpft hat. Ebenso könnte bedeutsam sein, ob der Kunde bereits über ausländische Kapitalerträge verfügt.

[712] So auch Brandt, S. 98, jedoch in Zusammenhang mit den Pflichten des Anlagerberaters.

[713] Hadding, FS-Schimansky, S. 67 ff.

leistungsunternehmen möglich, effektive Kontrollmechanismen zu etablieren und damit dem Regelungszweck des § 33 Abs. 1 Nr. 3 WpHG zur Wirkung zu verhelfen.[714]

a. Abgrenzung zur „Beratungspflicht"

Zum Teil wird in der Literatur die Informationspflicht des § 31 Abs. 2 Nr. 2 WpHG im Sinne einer generellen „Beratungspflicht" verstanden. Danach sei der Wertpapierdienstleister verpflichtet, zunächst alle kunden- und geschäftsrelevanten Umstände abzuwägen, um sodann eine individuelle Anlageempfehlung auszusprechen.[715] So sei die ausdrücklichen Bezugnahme der Wertpapierdienstleistungsrichtlinie auf die jeweilige Professionalität des Kunden – Art. 11 Abs. 1 S. 2 – im Sinne eines pflichtensteigernden Kriteriums zu verstehen, nach dem eine umfassende, über eine Grundinformation hinausgehende Beratung zu erfolgen habe.[716]

Überdies wird die Vorschrift des § 31 Abs. 2 Nr. 2 WpHG mitunter als gesetzliche Transformation zur anlage- und anlegergerechten Beratung gesehen.[717] Nach anderen Ansätzen in der Literatur sind Aufklärung, Warnung und Beratung ohnehin so eng miteinander verwoben, dass eine klare Trennung von Aufklärung und Beratung innerhalb des § 31 WpHG ohnehin nicht zu gewährleisten sei.[718]

Differenzierend wird vertreten, dass innerhalb des § 31 Abs. 2 Nr. 2 WpHG so genannte Minimalberatungspflichten oder zumindest Warnpflichten verankert seien.[719] Diese müssten jedenfalls dann greifen, wenn ein Kunde zu einer zutreffenden Risikoeinschätzung nicht in der Lage sei oder Anlageziel und Risikobereitschaft nicht zusammenpassten.[720]

Derartige Ansätze können nicht überzeugen. Gegenstand der Informationspflicht nach § 31 Abs. 2 Nr. 2 WpHG ist einzig die Pflicht zur Mitteilung aller geschäftsrelevanten Tatsachen, die den Kunden in die Lage versetzt, eine sachgerechte Geschäftsentscheidung zu treffen, d. h. die Pflicht zur Aufklärung.[721]

Zunächst spricht der Wortlaut der Vorschrift eindeutig von einer Pflicht zur Mitteilung „zweckdienlicher Information" und verwendet gerade nicht den Begriff der Beratung. Gleichermaßen hat der Gesetzgeber in Hinblick auf § 31 Abs. 2 Nr. 2 WpHG sehr

---

714 Stafflage, S. 77 ff.

715 Arendts, S. 6, Roth, in: Assmann/Schütze, § 12, Rn. 13 f.; Cahn, ZHR 162 (1998), 37 f.; Reich, WM 1997, S. 1601 ff.

716 Metz, VuR 1996, S. 183 ff.; Wienecke, S. 173 f.

717 Reich, WM 1997, S. 1601ff.; Arendts, S. 6.

718 Kessler, VuR 1998, S. 11; Lang, Informationspflichten, S. 190 f.; ders. WM 2000, S. 454.

719 Horn, in: FS-Schimansky, S. 661 mit weiteren Nachweisen.

720 Mit dem Hinweis, dass eine derartige Pflicht bis hin zur Ablehnung des avisierten Geschäfts als äußerster Grenze reichen könnte, Rümker, in: Bankrechtstag 1992, 29 ff.

721 Schwark, in: Schwark § 31, Rn. 52, mit weiteren Nachweisen.

deutlich zwischen Anlageberatung und Aufklärung unterschieden.[722] Danach soll dem Wertpapierdienstleister über die gesetzlichen Regelungen ein Mindestmaß an allgemeinen Schutz- und Informationspflichten auferlegt werden. Dabei legt die historische Auslegung der Vorschrift ebenfalls ein restriktives Verständnis nahe.[723] Weiterhin liefert die Qualifizierung der Anlageberatung als eigenständige Wertpapiernebendienstleistung gemäß § 2 Abs. 3a Nr. 3 WpHG einen systematischen Anhaltspunkt dafür, dass der Informationspflicht des § 31 Abs. 2 Nr. 2 WpHG die Beratung nicht immanent ist.[724] Eine derartige Auslegung ist auch im Sinne der Wertpapierdienstleistungsrichtlinie geboten, deren Gesetzgeber im Interesse der Niederlassungsfreiheit und des freien Dienstleistungsverkehrs lediglich ein allgemeines Mindestniveau des Anlegerschutzes schaffen möchte.[725]

Stützen lässt sich ein derartiger aufklärungsreduzierter Ansatz ferner mit der Sichtweise der Bundesanstalt für Finanzdienstleistungsaufsicht. Diese verlangt weder eine individuelle Beurteilung der in Betracht kommenden Anlageformen noch eine persönliche Anlageempfehlung.[726] Vielmehr wird eine abstrakt-pauschale Information über die typischen Merkmale und Risiken der jeweiligen Geschäftsart anhand vorformulierter Informationsbroschüren als hinreichend erachtet.[727]

Im Ergebnis kann von einem „zweistufigen Informationsmodell" ausgegangen werden[728]. Danach werden über § 31 Abs. 2 Nr. 2 WpHG grundlegende Mindeststandards[729] einer Aufklärungspflicht als abstrakte Grundaufklärung der „ersten Stufe" festgelegt. Primärer Fokus dieser Pflicht liegt auf der Schaffung eines Mindestmaßes an Markttransparenz, die der Funktionsfähigkeit des Kapitalmarktes als solchem Rechnung tragen soll.[730] Dagegen hat sich eine Beratungspflicht, als mögliche „zweite Stufe", mit der Beurteilung und Abgabe einer Empfehlung, deutlich weitreichender an den Umständen des Einzelfalls und der konkreten Situation des Kunden zu orientieren. Damit zielt die Beratung primär auf den Schutz und das Interesse des individuellen Anlegers ab.

Die Informationspflicht des § 31 Abs. 2 Nr. 2 WpHG ist im Sinne einer „bloßen" Aufklärungspflicht d.h zur Mitteilung von Tatsachen, zu verstehen. Damit beinhaltet die Regelung keine Pflicht zur Bewertung, Beratung oder Empfehlung im Sinne einer Beratungspflicht.[731]

---

722 Beschlussempfehlung und Bericht des Finanzausschusses, BT-Drucks. 12/7918, S. 103 f.
723 Brandt, S. 201.
724 Bliesener, S. 304 ff.
725 Erwägungsgrund der WpDRiL, ABl. EG Nr. L 141/27; dazu ausführlich Brandt, S. 196 f.
726 Dazu erläuternd Bliesener, S. 350 ff.
727 Ziff. 3.2 der Richtlinie, BAnz., Nr. 98, S. 6587.
728 So auch Brandt, S. 202, mit umfassender Darstellung.
729 Lang, Informationspflichten, § 10, Rn. 24.
730 Brandt, S. 202.
731 Die gilt in Hinblick auf sämtliche Wertpapier- und Wertpapiernebendienstleistungen, d. h. auch für die Anlageberatung.

b. Abgrenzung zur „Aufklärungspflicht“

Rost[732] hingegen grenzt die Informationspflicht nach § 31 Abs. 2 Nr. 2 WpHG ihrerseits gegen die allgemeine Aufklärungspflicht ab. So beinhalte die „Mitteilung zweckdienlicher Information“ i. S. d. WpHG ein inhaltliches „Mehr“ gegenüber der bloßen Aufklärung. Der inhaltliche Unterschied ergebe sich aus dem Merkmal der „Zweckmäßigkeit“. Ausgehend davon müsse der Kunde quasi „qualifiziert“ aufgeklärt werden. Beispielsweise müsse er zusätzlich nicht nur darauf hingewiesen werden, welche Anlageformen im Allgemeinen für welche Anlageziele geeignet sind, sondern überdies, ob diese Anlageform auch mit seinen Anlagezielen und finanziellen Verhältnissen korrespondiert.

Für einen derartigen Ansatz spricht die vom Tatbestand des § 31 WpHG vorgegebene Informationsstruktur. Diese gibt dem Wertpapierdienstleister verschiedene informationelle Handlungspflichten vor. Die Handlungspflichten ihrerseits sind in einem zeitlich gestuften Verhältnis zueinander angeordnet. Dem Informationsprozess hat zunächst eine Explorationsphase vorauszugehen, in der die individuelle Kundensituation zu ermitteln ist. Diese Vorgabe trägt dem Ansatz Rechnung, nach dem die folgenden Informationspflichten an dieser „explorierten“ Kundensituation auszurichten sind. Damit sind dem Kunden im Sinne der Vorschrift des § 31 WpHG nicht sämtliche potenziell relevanten Tatsachen mitzuteilen. Vielmehr ist durch den Informationsschuldner eine qualifizierte Auswahl der als kundengerecht einzuordnenden Tatsachen vorzunehmen. Diese gilt es dann im Rahmen einer Aufklärung zu übermitteln. Der Informationsbegriff des § 31 Abs. 2 Nr. 2 WpHG ist damit quasi als Informationsbegriff „sui generis“ ausgestaltet. Damit kann man letztlich von einer so genannten qualifizierten Aufklärungspflicht sprechen. Bei der Informationspflicht des § 31 Abs. 2 Nr. 2 WpHG handelt es sich demnach um eine informationelle Handlungspflicht „sui generis“.

c. Inhalt und Reichweite der Informationspflicht

Ausgehend vom Wortlaut bietet der § 31 Abs. 2 Nr. 2 WpHG in Hinblick auf die konkrete Ausgestaltung der Pflicht zur Information zunächst wenig Anhaltspunkte. Ausweislich des Willens des Gesetzgebers zielt die Vorschrift darauf ab, den Kunden in die Lage zu versetzen, die Tragweite seiner Anlageentscheidung überblicken zu können.[733] Die gesetzliche Informationspflicht – die damit gerade keine Empfehlungsabgabe- oder Beratungspflicht ist – bezieht sich somit auf alle Umstände, soweit diese für das konkrete Wertpapiergeschäft notwendig sind.[734] Abstrakten Kern der Informationsschuld des Werptpapierdienstleisters bilden somit Maßstäbe, mit deren Hilfe der Kunde in der Lage ist, selbst zu bestimmen, welches Wertpapiergeschäft und welcher damit verbundene Wertpapier- oder Finanztitel insoweit mit seinen persönlichen Um-

732 Rost. S. 53.
733 Dazu erläuternd Schön, S. 59.
734 Frisch, in: Derleder/Knops/Bamberger, § 46 Rn. 100.

ständen korrespondiert.[735] Die entsprechenden Maßstäbe zweckdienlicher Information gibt der Gesetzgeber vor, wenn er postuliert, dass ein Wertpapierdienstleister gegenüber seinem Kunden zur kunden- und produktgerechten Information verpflichtet ist.[736] Vor diesem Hintergrund gilt es, dem Kunden alle für die jeweilige Geschäftsentscheidung wesentlichen Einzelheiten, insbesondere sämtliche allgemeine sowie spezielle mit dem Geschäft verbundenen Risiken mitzuteilen.[737]

aa. Kundengerechte Information

Inhalt und Reichweite der kundengerechten Information sind im Gesamtgefüge der Vorschrift des § 31 WpHG zu bestimmen. Den Ausgangspunkt einer kundengerechten Information bildet somit die Explorationspflicht, die als Vehikel die Perspektive des Kunden zum Wertpapierdienstleister transportiert und diesen in die Lage versetzt, pflichtenentsprechend zu agieren. Sind die Erfahrungen des Kunden im Wertpapiergeschäft, seine finanziellen Verhältnisse und Anlageziele ermittelt, ergibt sich der notwendige Bezugspunkt einer relativen Kundengerechtigkeit. In deren Sinne ist der Wertpapierdienstleister gehalten zu handeln, d. h., er hat die entsprechenden Informationen zu liefern. Kundengerecht sind somit all solche Informationen, die den Interessen des Kunden notwendig dienen, d. h. seinen Anlagezielen und finanziellen Verhältnisse entsprechen.[738]

bb. Produktgerechte Information

Um den Kunden in die Lage zu versetzen, die Tragweite eines Geschäft sowie die mit diesem verbundenen Risiken zu überblicken, ist der Kunde über die allgemeinen und speziellen Eigenschaften des Wertpapiergeschäftes zu informieren.[739] Was hierbei im Rahmen der Informationspflicht zu berücksichtigen ist, richtet sich nach den Risiken des jeweiligen Anlageprodukts. Dabei ist zwischen den allgemeinen und den speziellen Risiken, die sich aus den individuellen Gegebenheiten des Anlageobjektes ergeben, zu unterscheiden.[740] Zu den in diesem Zusammenhang zweckdienlichen produktspezifischen allgemeinen Risiken werden beispielsweise die Konjunkturlage, die Entwicklung der Kapitalmärkte und Ähnliches gezählt. Dagegen beinhalten die besonderen

---

735 Rost, S. 44.

736 Bliesener, S. 359 f.; Kümpel, WM 1995, S. 689; Horn ZBB 1997, S. 139; Rost, S. 44. In diesem Zusammenhang auch der Bericht des Finanzausschusses des Deutschen Bundestages, BT-Drucks. 12/7918, S. 104, wonach das Ziel der Aufklärung sein muss, dass diese sowohl anlage- als auch anlegergerecht sein soll. Obgleich der Finanzausschuss zu diesem Zeitpunkt noch davon ausgegangen ist, dass Gegenstand der Wohlverhaltensregeln ein entsprechende „Beratungspflicht" ist, müssen die aufgestellten Maßstäbe „anlage- und anlegergerecht" fortgelten, da jedenfalls die Aufklärung ausdrücklich benannt ist.

737 Bericht des Finanzausschusses des Deutschen Bundestages, BT-Drucks. 12/7918, S. 103.

738 Rost, S. 45.

739 Schwark, in: Schwark § 31 Rn. 58; Bericht des Finanzausschusses des Deutschen Bundestages, BT-Drucks. 12/7918, S. 106.

740 Arendts, S. 41.

produktspezifischen Risiken exemplarisch Umstände wie das Kurs-, Zins-, und Währungsrisiko.[741] Damit werden solche Gesichtspunkte von der Informationspflicht erfasst, die mit dem jeweiligen Geschäft oder Geschäftssubstrat unmittelbar verknüpft sind.[742]

d. Sorgfaltsmaßstab der Informationspflicht

In Konkretisierung der Informationspflicht des § 31 Abs. 2 Nr. 2 WpHG stellt die Richtlinie zu § 31 WpHG klar, dass die Information zutreffend, vollständig, unmissverständlich, gedanklich geordnet und in geeigneter Weise gestaltet sein soll.[743]

Hinsichtlich der Wahrheit ist ein objektiv-subjektives Begriffsverständnis zugrunde zu legen.[744] Danach muss eine Information nicht objektiv wahr sein, sondern vielmehr dem Kenntnisstand des Unternehmens entsprechen, der aufgrund sorgfältiger Ermittlung vorherrscht.[745] So ist der Wertpapierdienstleister verpflichtet, die allgemein zur Verfügung stehenden Informationsquellen auszuwerten und in Abhängigkeit von der Komplexität des jeweiligen Geschäfts weitere Informationen zu beschaffen und für den Kunden aufzubereiten und zu selektieren.[746]

Die Information hat vollständig zu sein, d. h. alle für die konkrete Geschäftsentscheidung wesentlichen Angaben zu umfassen.[747] Der Kunde ist über alle konkret geschäftsrelevanten Gesichtspunkte detailliert[748] zu informieren, unabhängig davon, ob diese für den Informationsschuldner positiver oder negativer Natur sind.[749] In diesem Zusammenhang enthält die Verhaltensrichtlinie zu §§ 31, 32 WpHG detaillierte Vorgaben.[750]

Überdies hat die Information dem Postulat der Verständlichkeit zu genügen, nach dem sie klar, verständlich und gedanklich geordnet zu erteilen ist.[751] Maßgeblich ist, dass

---

[741] Arendts, S. 41.

[742] Koller, in: Assmann/Schneider, § 31 Rn. 104, der den Umfang der Informationspflicht innerhalb des Merkmals der „Vollständigkeit" der Information verortet.

[743] Teil B Nr. 2.2 Abs. 3 S. 1.

[744] OLG Frankfurt, Urt. vom 26.6.1997 – 7 U 154/95 = ZIP 1997, S.1372 f., Koller, in: Assmann/Schneider, § 31 Rn. 99 f.

[745] Schwark, in: Schwark § 31 Rn. 57, der auf die Sorgfalt eines gewissenhaften Kaufmanns nach § 347 HGB abstellt.

[746] Mit ausführlicher Darstellung und weiteren Nachweisen Lang, Informationspflichten, S. 199, § 10 Rn. 15.

[747] Koller, .in: Assmann/Schneider, § 31 Rn. 104 mit umfassender Aufbereitung von Literatur und Rechtsprechung.

[748] Bericht des Finanzausschusses des deutschen Bundestages, BT-Drucks. 12/7918, S. 103.

[749] BGH, Urt. vom 31.Mai1990 – VII ZR 341/88 = WM 1990, S. 1658 ff.; Koller, in: Assmann/Schneider, § 31 Rn. 104.

[750] Vgl. a. a. O.

[751] Bericht des Finanzausschusses des deutschen Bundestages, BT-Drucks. 12/7918, S. 103; Schwintowski/Schäfer, § 11 Rn. 71 mit weiteren Ausführungen und Nachweisen.

der Kunde die Bedeutung und Tragweite der Information unter Berücksichtigung der jeweiligen Auffassungsgabe und des konkreten Basiswissens hinreichend erfassen kann.[752] Unabhängig von der Ausgestaltung des avisierten Geschäfts kann dieser Informationspflicht mündlich nachgekommen werden.[753]

Weiterhin besteht für den Wertpapierdienstleister die Möglichkeit, den Kunden auf eine fehlende oder mangelnde Sachkunde hinzuweisen, sofern er sich außerstande sieht, die Risiken eines ihm vom Kunden angetragenen Geschäfts abschließend zu beurteilen.[754]

e. Schutzbedürftigkeit des Kunden

Eine wesentliche Einschränkung der Informationspflicht bilden das Erfahrungs- und Kenntnisniveau des jeweiligen Kunden. In gleichem Maße wie bei die Explorationspflicht steht auch die Pflicht zur Information nach § 31 Abs. 2 Nr. 2 WpHG unter dem Vorbehalt der Erforderlichkeit. Danach ist hinsichtlich des Umfangs der konkreten Informationsschuld den unterschiedlichen fachlichen Erfahrungen und Schutzbedürfnissen des jeweiligen Kunden Rechnung zu tragen.[755] Ist der Kunde bereits aufgeklärt oder verfügt er über die geschäftsrelevanten „zweckdienlichen" Informationen, kann die Informationspflicht mangels individueller Schutzbedürftigkeit entfallen.[756] Damit sind solche Informationen nicht zu geben, die der Kunde bereits besitzt oder bei denen das Wertpapierdienstleistungsunternehmen davon ausgehen kann, dass der Kunde bereits über sie verfügt.[757]

f. Abdingbarkeit der „Informationspflicht"

Obgleich die Möglichkeit der rechtsgeschäftlichen Abdingbarkeit der Informationspflicht umstritten ist, muss sie mit Blick auf den öffentlich-rechtlichen Charakter der Norm als Teil des Aufsichtsrechts sowie vor dem Hintergrund der Wertpapierdienstleistungsrichtlinie abgelehnt werden.[758] Nur auf diesem Wege ist die praktische Wirksamkeit der europäischen Vorgaben als Mindeststandards im nationalen Recht zu gewährleisten und damit dem „effet utile" der Richtlinie hinreichend Rechnung zu

---

752 Lang, Informationspflichten, § 10 Rn. 36, S. 208

753 BGH Urt. vom 19.5.1998 = BGH ZIP 1998, S. 1220 = WM 1998, S. 1391; dazu WuB I G 7.-6.98 (Einsele).

754 BGH, BKR 2002 S 394 mit Anmerkung Assies; vergleiche Reiner, ZBB 2002, S. 211 ff., Mit umfangreichem Darstellung dieses Problemfeldes und weiteren Nachweisen, Lang, Informationspflichten, S. 212 ff.

755 Kümpel, Wertpapierhandelsgesetz, S. 174.

756 Ellenberger, WM-Sonderbeilage 1/2001, S. 4 ff.

757 BGH v. 9.5.2000 –XI ZR 88/90, BGHZ 114, 177 ff. = AG 1991, S. 319; Koller, in: Assmann/Schneider, § 31 Rn. 120 mit weiteren Nachweisen.

758 So auch Köndgen, ZBB 1996, 361 ff.; Reich, WM 1997, 1607; Wieneke, S. 164; Koller, in: Assmann/Schneider, § 31 Rn. 126 f.; anderer Ansicht Kümpel, WM 1995, 691 ff.

tragen.[759] Mithin müssen gleichermaßen Abdingungen der Informationspflicht über Allgemeine Geschäftsbedingungen sowie einseitige Erklärung des Wertpapierdienstleisters ausscheiden.[760]

g. „Steuerliche Gesichtspunkte“ als Gegenstand der „Informationspflicht“

Ausweislich der Vorschrift des § 31 Abs. 2 Nr. 2 WpHG ist der Wertpapierdienstleister verpflichtet, dem Kunden alle geschäftsrelevanten, zweckdienlichen Umstände mitzuteilen. Als Maßstab sind hierbei die Kriterien der „Kundengerechtigkeit“ und der „Objektgerechtigkeit“ heranzuziehen. Sowohl hinsichtlich der persönlichen Sphäre des Kunden als auch mit Blick auf das spezifische Finanzprodukt und die Umstände der Wertpapierdienstleistung erscheint es denkbar, steuerliche Gesichtspunkte als Bestandteil der Informationspflicht anzusehen.[761]

§ 2 Steuerrechtsbezogene Informationspflichten innerhalb des WpHG

I. Systematisierung steuerrechtsbezogener Informationspflichten

Auf Grundlage der untersuchten Pflichtengrundsätze des § 31 WpHG ist nunmehr zu bestimmen, ob steuerrechtliche Gesichtspunkte innerhalb des Pflichtenkanons des § 31 WpHG zu berücksichtigen sind und in welchen der unterschiedlichen Handlungspflichten steuerrechtliche Gesichtspunkte als relevant anzuknüpfen sind.

Sodann sind Umfang und Reichweite steuerlicher Informationspflichten im Rahmen des § 31 WpHG anhand anerkannter Maßstäbe zu ermitteln. Abschließend ist mittels der erarbeiteten Systematik zu untersuchen, welche konkreten steuerrechtlichen Tatbestände Gegenstand einer informatorischen Handlungspflicht nach dem Wertpapierhandelsgesetz sein können.

1. Steuerrechtliche Informationspflichten als Bestandteil des § 31 WpHG

Entgegen vereinzelten Stimmen in der Literatur gilt es zunächst festzustellen, dass steuerliche Gesichtspunkte notwendiger inhaltlicher Bestandteil des Pflichtenkanons des § 31 WpHG sein müssen. Für diesen Ansatz sind eine Vielzahl unterschiedlicher Argumente anzuführen. Diese Argumente beziehen sich zum einen auf den Wortlaut und die Systematik der Norm des § 31 WpHG. Zum anderen entspringen sie der historischen Entwicklung und den gesetzgeberischen Hintergründen der Vorschriften des Wertpapierhandelsgesetzes. Überdies sind verwandte Regelungen des Aufsichtsrecht,

---

[759] Schwark, in: Schwark § 31 Rn. 64.

[760] LG Köln, ZIP 1997, 1328, Schwark, in: Schwark § 31 Rn. 64. Dem entgegen ist ein freiwilliger, tatsächlicher Informationsverzicht durch den Kunden, der verdeutlicht, keine Information zu begehren, grundsätzlich möglich.

sowie relevante Aspekte des Steuerrechts zur Begründung einer Einbeziehung steuerlicher Gesichtspunkte in die Vorschrift heranzuziehen.

a. Steuerrechtliche Gesichtspunkte als Teil der „Kundengerechtigkeit“

Einen relevanten Maßstab hinsichtlich des Inhaltes und des Umfanges der Informationspflicht des § 31 WpHG bildet das – gegebenenfalls durch Befragung zu ermittelnde – individuelle Interesse des Kunden. Der Pflicht zur Information ist demnach „kundengerecht“ nachzukommen. In diesem Sinne sind die individuellen Ziele, persönlichen Verhältnisse und Erfahrungen des jeweiligen Kunden dem Informationsprozess zugrunde zu legen. Anknüpfend an die Ziele des Kunden kann dabei festgestellt werden, dass das vorrangige Ziel der Inanspruchnahme von Wertpapierdienstleistungen die Vermögensvorsorge im weitesten Sinne ist. Den Zweck der Vermögensvorsorge bildet regelmäßig die Vermögensmehrung oder jedenfalls der Vermögenserhalt. Gradmesser der Vermögensmehrung respektive des Vermögenserhaltes bildet, wiederum wirtschaftlich gesehen, die Rendite. Steuerliche Gesichtspunkte stehen mit dem Kernzweck der Vermögensvorsorge in einem erheblichen Spannungsfeld. Dies liegt vor allem darin begründet, dass steuerrechtliche Vorgaben regelmäßig einen unmittelbaren oder mittelbaren Einfluss auf die Rendite als Gradmesser der Vermögensmehrung haben. Anknüpfend daran sind steuerliche Gesichtspunkte regelmäßig als immanenter Bestandteil der Zielsetzung eines jeden Wertpapierdienstleistungskunden zu identifizieren.

b. Steuerrechtliche Gesichtspunkte als Teil der „Objektgerechtigkeit“

Weiteren relevanten Maßstab hinsichtlich des Inhaltes und des Umfanges der Informationspflicht des § 31 WpHG bildet das Objekt der Wertpapierdienstleistung. Grundlage der Pflicht zur Information nach § 31 Abs. 2 Nr. 2 WpHG ist somit die hinreichende Kenntnis des jeweiligen Finanzproduktes durch den jeweiligen Wertpapierdienstleister. Nur auf diesem Weg ist eine objektgerechte Information sicherzustellen. Notwendiges Fundament objektgerechter Information ist hierbei in der Maxime des „know your merchandise“ plakativ zusammenzufassen. So ist festzustellen, dass steuerliche Gesichtspunkte zum Teil eine erhebliche Bedeutung in der Konzeption und Ausgestaltung von Finanzinstrumenten des WpHG haben. Dabei werden insbesondere im Bereich der Finanzinnovationen steuerrechtliche Gestaltungen gewählt, aufgrund derer das jeweilige Finanzprodukt erst seine vollständige Rentabilität entfaltet. Sind nunmehr Finanzprodukte mit solch spezifischen (atypischen) steuerrechtlichen Gesichtspunkten Bestandteil einer Wertpapier- oder Wertpapiernebendienstleistung, so müssen auch diese Umstände Gegenstand der Informationspflicht des § 31 Abs. 2 Nr. 2 WpHG sein. Dies ergibt sich aus der unmittelbaren Anwendung der allgemeinen Grundsätze informationeller Handlungspflichten im Rahmen des § 31

---

[761] Zu der konkreten Berücksichtigung steuerrechtlicher Gesichtspunkte innerhalb der Informationspflicht vgl. 4. Teil § 2 I 1.

WpHG. Danach ist der Kunde jedenfalls über sämtliche relevanten Umstände der avisierten Wertpapierdienstleistung zu informieren. Mit Blick auf das „know your merchandise" – Prinzip überzeugt eine solche Lesart insbesondere in den Fällen, in denen der Wertpapierdienstleister seinerseits Wertpapierdienstleistungen im Zusammenhang mit entsprechenden Finanzprodukten selbständig offeriert.

c. Steuerrechtliche Gesichtspunkte als Bestandteil „explorierter" Kundenangaben

Für die Einbeziehung steuerrechtlicher Gesichtspunkte in den Pflichtenkanon des § 31 WpHG spricht insbesondere, dass der Wertpapierdienstleister seine informationellen Handlungspflichten an den Interessen des Kunden auszurichten, d. h. auf Grundlage der explorierten Kundendaten zu erfüllen hat. Insofern erscheint es jedenfalls in solchen Konstellationen für den Wertpapierdienstleister zwingend, steuerliche Aspekte zu berücksichtigen, in denen sich aus den formulierten Zielen des Kunden ein entsprechendes ausdrücklicher oder evidentes steuerliches Interesse ergibt.

d. Werbung mit steuerlichen Gesichtspunkten

Ein weiteres Argument dafür, steuerliche Gesichtspunkte im Rahmen des § 31 WpHG zu berücksichtigen, findet sich in Fällen, in denen der Wertpapierdienstleister ausdrücklich mit steuerlichen Aspekten eines bestimmten angebotenen Finanzinstruments wirbt. Über eine derartige Werbung werden steuerliche Gesichtspunkte durch den Wertpapierdienstleister selbst in das Verhältnis mit dem Kunden einbezogen. In einer solchen Konstellation erschiene es nunmehr widersinnig, wenn nicht der durch die steuerrechtsbezogene Werbung gewonnene Kunden, auch notwendigerweise über die spezifischen steuerrechtlichen Umstände des beabsichtigten Geschäfts zu informieren wäre.

e. Steuerrechtliche Mitwirkungspflichten

Das deutsche Steuerrecht kennt sowohl im Bereich der steuerlichen Sachverhaltsaufklärung als auch im Rahmen der Steuererhebung eine Vielzahl von steuerrechtsbezogenen Mitwirkungspflichten.[762] Diese verpflichten einen Dritten, in einem für ihn fremden Besteuerungsverfahren seinerseits tätig zu werden. Von besonderer Bedeutung im Bereich der Wertpapierdienstleistungen sind dabei die steuererhebungsbezogenen Mitwirkungspflichten. Diese Mitwirkungspflichten können zum Teil auch Wertpapierdienstleistungsunternehmen im Sinne des Wertpapierhandelsgesetzes treffen. Dabei können die im Kern öffentlich-rechtlichen Pflichten des Steuerrechts zum Teil unmittelbar in das privatrechtliche Verhältnis zwischen Wertpapierdienstleister

---

[762] Ausführliche Untersuchungen zum Bereich der steuerrechtsbezogenen Mitwirkungspflichten im deutschen Steuerrecht, 1. Teil, § 3.

und Kunden hineinwirken. Exemplarisch ist dieses Spannungsverhältnis im Bereich der Quellenbesteuerungsverfahren zu erkennen.[763]

Aus diesen Mitwirkungspflichten kann sich ein nicht unerhebliches Informationsbedürfnis des betroffenen Kunden einer Wertpapierdienstleistung ergeben. § 31 Abs. 2 Nr. 2 WpHG verpflichtet den Wertpapierdienstleister, seinem Kunden alle zweckdienlichen Informationen hinsichtlich der begehrten Wertpapierdienst- oder Wertpapiernebendienstleistung mitzuteilen. In diesem Sinne kann die Existenz steuerrechtsbezogener Mitwirkungspflichten, die unmittelbar das Geschäftsverhältnis zwischen Wertpapierdienstleister und Kunden berühren, jedenfalls ein Indiz für eine Notwendigkeit der Einbeziehung steuerlicher Gesichtspunkte in die informationellen Handlungspflichten des § 31 WpHG sein.

f. Regelungen innerhalb des § 10 a Versicherungsaufsichtsgesetz

Bemerkenswert im Zusammenhang mit dem Problemkomplex steuerlicher Informationspflichten bei Wertpapierdienstleistungen sind die modifizierten Regelungen des Gesetzes über die Beaufsichtigung der Versicherungsunternehmen (Versicherungsaufsichtsgesetz – VAG).[764] Ähnlich dem Wertpapierhandelsgesetz wird über das Versicherungsaufsichtsgesetz ein aufsichtsrechtlicher Rahmen für die Erbringung bestimmter Dienstleistungen – hier gemäß § 1 Abs. 1 VAG der Betrieb von Versicherungsgeschäften – statuiert. Vergleichbar der Vorschrift des § 31 Abs. 2 Nr. 2 WpHG für den Bereich der Wertpapierdienstleistungen, enthält der § 10 a VAG Regelungen zur Information des Versicherungskunden durch das Versicherungsunternehmen. Danach ist zu gewährleisten, dass der Versicherungsnehmer in einer Verbraucherinformation über die für das Versicherungsverhältnis maßgeblichen Tatsachen und Rechte vor Geschäftsabschluss zu unterrichten ist. In einer Anlage zum Gesetz werden dabei die genauen Anforderungen an den konkreten Inhalt der Verbraucherinformation nach § 10 a VAG präzisiert. Ausweislich der Regelungen des Abschnitt I Nr. 2 f und des Abschnitts III Nr. 1 d der Anlage D des VAG können auch steuerrechtliche Umstände den notwendigen Bestandteil einer entsprechenden Verbraucherinformation bilden. So ist der Kunde im Bereich der Lebens- und Unfallversicherungen[765] mit allgemeinen Angaben über die für diese Versicherungsart geltenden Steuerregelungen zu versorgen. Überdies sind Versorgungsanwärtern und Versorgungsempfängern in adäquater Form allgemeine Informationen über die für die jeweilige Versorgungsart geltenden Steuerregelungen zu erteilen.

---

[763] Zu den Bedingungen der Einbeziehung von Wertpapierdienstleistern im Rahmen von Quellenbesteuerungsverfahren, vgl. 1. Teil, § 3 III.

[764] Gesetz über die Beaufsichtigung der Versicherungsunternehmen (Versicherungsaufsichtsgesetz-VAG), in der Fassung der Bekanntmachung vom 17. Dezember 1992 (BGBl. 1993 I S. 2, zuletzt geändert durch Art. 11 des Gesetzes vom 5. Juli 2004, BGBl. S. 1427).

[765] Betroffen sind nur Unfallversicherungen mit Prämienrückgewähr.

Für den Bereich des Wertpapieraufsichtsrechts könnten sich aus den Vorgaben des Versicherungsaufsichtsgesetzes verschiedene Folgerungen ableiten lassen. Bedeutsam erscheint hierbei zunächst, dass im Bereich aufsichtsrechtlicher Verhaltensregeln im weiteren Sinne ausdrücklich steuerrechtsbezogene Informationspflichten verankert sind. Dies ist vor allem deswegen bemerkenswert, als die Einbeziehung steuerrechtlicher Umstände in den Informationspflichtenkanon des VAG durch den Gesetzgeber erst Ende des Jahres 2003 erfolgt ist.[766] Damit liegt diese gesetzgeberische Wertentscheidung zeitlich deutlich später als die Fassung der verhaltensrechtlichen Vorgaben des Wertpapierhandelsgesetzes. So könnte sich die Überlegung aufdrängen, dass aus aufsichtsrechtlicher Sicht bei einer heutigen Fassung der Vorschriften des Wertpapierhandelsgesetzes entsprechende Informationspflichten verankert würden. Entscheidend ist jedoch, dass sich aus den Vorgaben des Versicherungsaufsichtsgesetzes keine Rückschlüsse auf die Pflichtenausgestaltung des Wertpapierhandelsgesetzes ziehen lassen. Dies liegt insbesondere darin begründet, dass der Gesetzgeber mit der Neugestaltung der Anforderungen an die Verbraucherinformation auf Modifikationen in der einkommensteuerrechtlichen Behandlung von Versicherungsprodukten reagiert hat. Dabei ist die einkommensteuerrechtliche Privilegierung von Kapitallebensversicherungen für Verträge, die nach dem 31. Dezember 2004 abgeschlossen werden, aufgehoben worden.[767]

g. Europarechtskonforme Auslegung des § 31 WpHG

Der Gesetzgeber des Wertpapierhandelsgesetzes hatte im Wesentlichen das Regelungsziel einer Stärkung der umfassenden Funktionsfähigkeit des Kapitalmarktes und in diesem Zusammenhang als Teilschritt den Anlegerschutz im Auge. Dabei hebt der nationale Gesetzgeber den Institutionsschutz zu Lasten des individuellen Anlegerschutzes innerhalb des § 31 WpHG heraus. Dem entgegen verfolgt der europäische Richtliniengesetzgeber mit der Stärkung der Funktionsfähigkeit der Kapitalmärkte einerseits und dem Schutz der Anleger andererseits zwei gleichberechtigte Normzwecke.

In der Grundausrichtung mag ein derartig divergierender Ansatz von den nationalen Umsetzungsspielräumen gedeckt sein. In der Auslegung konkreter Pflichtenkreise im Wohlverhaltenskanon des § 31 WpHG gebietet eine richtlinienkonforme Auslegung jedoch im Sinne eines adäquaten Anlegerschutzes den europäischen Vorgaben hinreichend Rechnung zu tragen. So werden im Rahmen der Vorschrift des Art. 11 der Wertpapierdienstleistungsrichtlinie weniger konkrete Pflichten als vielmehr Verhaltensmaßstäbe postuliert. Diese sollen eine Ausrichtung der Erbringung von Wertpapierdienstleistungen nach Maßgabe aufgezeigter Regelungsziele sicherstellen. Ob-

766 Art. 1 Nr. 59 des Gesetzes über die Umsetzung aufsichtsrechtlicher Bestimmungen zur Sanierung und Liquidation von Versicherungsunternehmen und Kreditinstituten vom 10. Dezember 2003, BGBl. Teil I, S. 2478 ff.

gleich den nationalen Gesetzgebern damit bezüglich der konkreten Ausgestaltung einzelner Handlungspflichten ein gewisser Umsetzungsspielraum gelassen worden ist, muss dieser letztlich stets im Lichte der Richtlinie hinterfragt werden.

Für steuerrechtliche Gesichtspunkte kann dabei nichts anderes gelten als für sonstige allgemeine oder besondere Aspekte im Zusammenhang mit der Wertpapierdienstleistung. Damit muss innerhalb der einzelnen Handlungspflichten angenommen werden, dass steuerliche Gesichtspunkte – wie alle anderen wertpapiergeschäftsrelevanten Aspekte – dem Kunden auseinander gesetzt werden. Dies ist der Vorgabe eines notwendigen Anlegerschutzes, im Sinne der Richtlinie, geschuldet.

h. Europäische Interessen zwischen Verbraucherschutz und Steuerrecht

Ein weiteres Argument dahingehend, steuerliche Gesichtspunkte als Bestandteil notwendiger Information im Rahmen der Wertpapierdienstleistungen zu betrachten, findet sich auf europäischer Ebene. Dabei ist das Spannungsfeld von hinreichender Verbraucherinformation einerseits und den Vorgaben nationalen Steuerrechts als Hindernis eines funktionierenden Finanzdienstleistungsbinnenmarktes zu beleuchten. Hierbei ist zu vergegenwärtigen, dass die Vorschriften des Wertpapierhandelsgesetzes – wie vorangehend herausgearbeitet – im Lichte ihrer europarechtlichen Vorgaben zu betrachten sind.[768]

Bereits in ihrem Aktionsplan zur Umsetzung des Finanzmarktrahmens hat die Europäische Kommission im Jahre 1999 eine wesentliche Handlungsmaxime formuliert, nach der es sicherzustellen gilt, dass Nutzer und Anbieter von Finanzdienstleistungen *„die Geschäftsmöglichkeiten, die ein einheitlicher Finanzmarkt bietet, unbeschränkt nutzen können und gleichzeitig von einem hohen Maß an Konsumentenschutz profitieren"*.[769] In diesem Sinne werden klare und verständliche Verbraucherinformationen als unerlässlich insbesondere dann identifiziert, wenn es um die Anlage von Ersparnissen im Ausland geht. Dabei bräuchten die Verbraucher vielschichtige Informationen, um die besonderen Merkmale des Vertrags, des Dienstleistungsanbieters und der angebotenen Anlageform beurteilen zu können.

Auf europäischer Ebene wird jedoch in gleichem Maße die enge Verknüpfung steuerrechtlicher Probleme und der Effizienz und Funktionsfähigkeit eines einheitlichen Fi-

---

767 Diese Neuregelung basiert im Wesentlichen auf einer Abschaffung der Kapitalertragsteuerfreistellung nach § 20 Abs. 1 Nr. 6 S. 2 EStG a. F. von Zinsen aus bestimmten Versicherungsprodukten i. S. v. § 10 Abs. 2b EStG a. F.

768 Zu den Voraussetzungen einer europarechtskonformen Auslegung 3. Teil, § 1 I 2 b.

769 Mitteilung der Kommission, Finanzdienstleistungen: Umsetzung des Finanzmarktrahmens: Aktionsplan, KOM (1999) 232, 11.05.99.

nanz- und Kapitalmarktes erkannt.[770] Ausdrücklich betont die Europäische Kommission in ihrem Aktionsplan am Beispiel der Versicherungsbranche, dass die unterschiedliche Besteuerung von Versicherungsprämien ein ernsthaftes Hindernis für einen Versicherungsbinnenmarkt darstellt. In diesem Sinne formuliert die Europäische Kommission ihre Handlungsprämisse dahingehend, ihre Anstrengungen zur Beseitigung steuerlicher Hemmnisse für einen reibungslos funktionierenden Binnenmarkt fortsetzen zu wollen. Im Rahmen allgemeiner Zielvorgaben regt die Kommission eine Reihe von Maßnahmen und Aktivitäten auf dem Gebiet des Steuerrechts an, die der Verbesserung der Rahmenbedingungen eines funktionierenden Marktes im Bereich der Finanzdienstleistungen dienen sollen.[771]

Dabei wird das Spannungsfeld von nationalen Steuerrechtsbedingungen und grenzüberschreitenden Finanzdienstleistungen aus Sicht des Verbrauchers von der Europäischen Kommission in ihrem Grünbuch[772] zur Wahrung der Verbraucherinteressen bei Finanzdienstleistungen wie folgt zusammengefasst:

> *„(...) Die Verbraucher beklagen sich häufig über die Tatsache, daß die Vorteile grenzüberschreitender „Einkäufe" (Preis und Vertragsbedingungen) mitunter dadurch wieder aufgehoben werden, daß nach wie vor die Steuerregelung des Wohnsitzlandes gilt. Unterschreibt ein Verbraucher z. B. aufgrund des günstigen Preises und der vorteilhaften Vertragsgestaltung einen Lebensversicherungsvertrag im Ausland, unterliegt er immer noch dem Steuersystem seines Wohnsitzlandes. Das Geschäft kann folglich stark an Attraktivität verlieren." (Grünbuch der Kommission, S. 11)*

In diesem Zusammenhang ist unter anderem auch die Richtlinie über den Fernabsatz von Finanzdienstleistungen aus dem Jahre 2002 zu beachten.[773] Auf die Regelungen dieser Richtlinie soll im weiteren Verlauf der Untersuchung noch eingegangen werden.[774]

---

770 Steuerrechtliche Gesichtspunkte als Hindernisse der Niederlassungsfreiheit und des freien Dienstleistungsverkehrs, grundsätzlich Erwägungsgrund der WpDRiL, ABl. EG Nr. L 141/27; Brandt, S. 196 f.

771 Dabei geht es insbesondere um Maßnahmen zur Koordination und Beseitigung unterschiedlicher nationaler Besteuerungsregelungen im Bereich der Finanzdienstleistungen, KOM (1999) 232, 11.05.1999, S. 30.

772 Europäische Kommission, Finanzdienstleistungen: Wahrung der Verbraucherinteressen, Grünbuch der Kommission, Mai 1996.

773 Richtlinie über den Fernabsatz von Finanzdienstleistungen 2002/65/EG, Abl. EG L 271/16.

774 Vgl. dazu, 3. Teil, § 2 I 1 g.

Bemerkenswert ist in diesem Zusammenhang, dass der Leitgedanke des Verbraucherschutzes keineswegs gleichzusetzen ist mit einem Kapitalanlegerschutzgedanken.[775] Nicht jeder Kapitalanleger im Sinne des Wertpapierhandelsgesetzes ist seinerseits als Verbraucher zu qualifizieren, der eines privilegierten Schutzes bedarf. Vielmehr ist im Einzelfall zu untersuchen, ob der auf europäischer Ebene als Vehikel zur Harmonisierung des Binnenmarktes verstandene Verbraucherschutz ausnahmsweise auch die spezifische Beziehung zwischen einem Wertpapierdienstleister und seinem Kunden berührt.

Aus diesen Grundvorgaben lassen sich zwei wesentliche Schlüsse ziehen: zum einen, dass Fragen der Besteuerung im Bereich der Finanzdienstleistungen ein bedeutsames Hindernis im Rahmen einer effizienten Harmonisierung der europäischen Finanzmärkte darstellen. Insoweit wird die Bedeutung steuerlicher Gesichtspunkte auch bei grenzüberschreitenden Finanzdienstleistungen erkannt. Die zweite Schlussfolgerung wird aus einer Zusammenführung der zwei Effizienzparameter von hinreichender Verbraucherinformation einerseits und steuerrechtlichen Hindernissen in der Binnenmarktverwirklichung andererseits genährt. Ein funktionsfähiger Finanzdienstleistungsbinnenmarkt, der zu einer effizienten Ressourcenallokation in der gesamten Europäischen Union beiträgt, lässt sich nur mit zumindest „rudimentär" steuerrechtlich informierten Verbrauchern realisieren. Insofern berührt der Gedanke des Verbraucherschutzes als Harmonisierungsinstrument das Verhältnis zwischen einem Wertpapierdienstleister und seinem Kunden bei grenzüberschreitenden Transaktionen in Hinblick auf die steuerrechtsbezogene Information. Dies gilt insbesondere im Bereich der Kleinanleger. So muss jedenfalls der Verbraucher als Nachfrager grenzüberschreitender Finanzdienstleistungen notwendigerweise über die grundlegenden steuerlichen Umstände einer solchen Transaktion informiert sein, um einen funktionierenden Binnenhandel zu gewährleisten.

i. Richtlinie über den Fernabsatz von Finanzdienstleistungen

Unter Änderung der Richtlinien 90/616/EWG, 97/7/EG und 98/27/EG hat der europäische Gesetzgeber am 23. September 2002 eine Richtlinie über den Fernabsatz von Finanzdienstleistungen (im Folgenden: FFARL)[776] erlassen. Diese Richtlinie zielt darauf ab, einen einheitlichen rechtlichen Rahmen für den Fernabsatz von Finanzdienstleistungen zur weiteren Festigung des gemeinsamen Binnenmarktes zu schaffen. Ausweislich der Erwägungsgründe werden in diesem Zusammenhang zwei wesentliche Regelungszwecke verfolgt. Zum einen soll über die Regelungen der Richtlinie ein hohes Verbraucherschutzniveau geschaffen werden. Dieses Schutzniveau sei mit Blick auf

---

775 Vgl. dazu 1. Teil § 1 I 3. Vertiefend zum Spannungsfeld von Verbraucherschutz und Kapitalanlegerschutz im Europarecht, Armbrüster, ZIP 2006, S. 406 ff.

776 ABl. EG L 271/16. Ausführlich zur Richtlinie Reich, in: Reich/Micklitz, Europäisches Verbraucherrecht, § 24 Rn. 24.14 ff.

ein Vertrauen der Verbraucher in den Fernabsatz notwendig.[777] Zum anderen sollen die Vorgaben der Richtlinie der Funktionsfähigkeit des Marktes der Finanzdienstleistungen dienen. Dabei sei es für das reibungslose Funktionieren der Märkte eine wesentliche Stärkung, dass der Verbraucher grenzüberschreitend Verträge im Bereich der Finanzdienstleistungen aushandeln und schließen könne und dabei einem einheitlichen europäischen Rechtsrahmen unterworfen sei.[778] Auffallend ist, dass die FFARL in Hinblick auf ihre zwei Grundansätze – Verbraucherschutz und Funktionsfähigkeit des Marktes – große Ähnlichkeiten mit der EG-Wertpapierdienstleistungsrichtlinie aufweist.[779]

Die FFARL soll vor allem dazu beitragen, eine weitgehende Konvergenz insbesondere im Bereich der Verhaltensregeln bei Investitionsdienstleistungen herzustellen.[780] In Konkretisierung dieser gesetzgeberischen Prämissen statuieren die Artt. 3 bis 5 der FFARL umfangreiche Informations- und Mitteilungspflichten für den jeweiligen Anbieter von Finanzdienstleistungen. Wie *Felke/Jordan* darlegen, manifestiert sich in diesem Vorgehen der „zentrale Regelungsansatz des europäischen Gesetzgebers, Verbraucherschutz durch Information zu gewährleisten“.[781] Bemerkenswert ist, dass die einzelnen Bestandteile der Informationspflichten zum Teil sehr konkret vorgegeben werden.

Für den vorliegend untersuchten Problemkreis steuerlicher Informationspflichten bietet die Richtlinie ihrerseits zwei beachtliche Anknüpfungspunkte. So verlangt Art. 3 Nr. 2 b) FFARL, dass der Finanzdienstleister dem Verbraucher:

> *„den Gesamtpreis, den der Verbraucher dem Anbieter für die Finanzdienstleistung schuldet, einschließlich aller damit verbundenen Provisionen, Gebühren und Abgaben, sowie aller über den Anbieter abgeführten Steuern (...)“*

rechtzeitig vor Vertragsschluss mitgeteilt wird. Darüber hinaus haben die Verbraucherinformationen nach Art. 3 Nr. 2 d) FFARL:

> *„einen Hinweis auf mögliche weitere Steuern und/oder Kosten, die nicht über den Anbieter abgeführt oder von ihm in Rechnung gestellt werden (...)*

zu enthalten.

---

777 3. Erwägungsgrund der EG-Richtlinie 2002/65/EG.
778 4. Erwägungsgrund der EG-Richtlinie 2002/65/EG.
779 Zu den Regelungszielen der EG-Wertpapierdienstleistungsrichtlinie, 3. Teil, § 1 I 2.
780 9. Erwägungsgrund der EG-Richtlinie 2002/65/EG.
781 Felke/Jordans, WM 2004, S. 167.

In diesen Anforderungen an den Inhalt der jeweiligen Informationsleistung des Finanzdienstleisters werden ausdrücklich steuerliche Gesichtspunkte aufgegriffen. Offensichtlich begreift der europäische Gesetzgeber diese steuerlichen Aspekte als notwendige Bestandteile einer adäquaten Verbraucherinformation im Bereich der Finanzdienstleistungen. So werden – viel substantiierter als in der Wertpapierdienstleistungsrichtlinie – die konkreten Anforderungen an eine notwendige Verbraucherinformation im Lichte der Schutzzwecke des Verbraucherschutzes und des funktionsfähigen Finanzdienstleistungsmarktes postuliert.

In diesem Sinne ist anzunehmen, dass aus europarechtlicher Sicht – mit dem aufgezeigten Konkretisierungsmaßstab der FFARL – auch innerhalb der entsprechenden Verhaltensregeln der Wertpapierdienstleistungsrichtlinie steuerliche Gesichtspunkte als notwendiger Bestandteil der Informationspflicht aufgegriffen werden müssten.

2. Umfang steuerrechtsbezogener Informationspflichten im § 31 WpHG

Weiterhin gilt es zu untersuchen, anhand welcher Maßstäbe die jeweiligen steuerrechtsbezogenen informationellen Handlungspflichten innerhalb des § 31 WpHG zu bestimmen sind. Überdies ist zu klären, welche konkreten steuerlichen Aspekte im Einzellfall Gegenstand entsprechender Informationspflichten sein können.

a. Eingeschränkte steuerliche „Exploration", § 31 Abs. 2 Nr. 1 WpHG

Ausweislich der Vorschrift des § 31 Abs. 2 Nr. 1 WpHG ist der Wertpapierdienstleister zunächst verpflichtet, von seinen Kunden Angaben über Erfahrungen und Kenntnisse sowie Anlageziele und finanzielle Verhältnisse zu ermitteln. Fraglich erscheint hierbei, in welcher Form steuerliche Gesichtspunkte im Rahmen dieser „Exploration" zu berücksichtigen sind. Denkbar wäre einerseits, steuerliche Gesichtspunkte vollumfänglich als Gegenstand sämtlicher informationeller Handlungspflichten des § 31 WpHG zu betrachten. Unter dieser Prämisse könnten steuerliche Gesichtspunkte des Kunden als Teil seiner „finanziellen Verhältnisse" i. S. v. § 31 Abs. 2 Nr. 1 WpHG notwendiger Bestandteil der Kundenbefragung sein.

Eine derartige Ausweitung der Berücksichtigung steuerlicher Gesichtspunkte ist jedoch abzulehnen. So würde eine Pflicht des Wertpapierdienstleisters, die Steuersituation eines Kunden zu ermitteln, um daran das avisierte Geschäft auszurichten, die Anforderungen der Explorationspflicht überdehnen und den Charakter der Vorschrift des § 31 WpHG verkennen. Regelungsansatz der Wohlverhaltensregeln des WpHG ist es im Wesentlichen, einen informationellen Mindeststandard für den Bereich der Wertpapierdienstleistungen und Wertpapiernebendienstleistungen zu schaffen. Einem Wertpapierdienstleister ist es nicht zumutbar, im Rahmen einer informationellen Mindestversorgung die subjektive Steuersphäre seiner Kunden zu beleuchten, um auf dieser Grundlage ein für diese Situation maßgeschneidertes steuerliches Geschäft zu gewährleisten. Dennoch können im Einzelfall allgemeine steuerrechtliche Aspekte wie die Ausschöpfung des über § 20 Abs. 4 EStG eingeräumten Sparer-Freibetrags durch den Kunden Bestandteil der Befragung sein.

b. Keine steuerrechtsbezogene „Beratungspflicht“ nach § 31 WpHG

Hervorzuheben ist, dass – in Anwendung der herausgearbeiteten Grundsätze – die in § 31 Abs. 2 Nr. 2 WpHG verankerte Informationspflicht gerade keine Beratungspflicht statuiert. Somit sind im Sinne einer Beratung die kunden- und geschäftsrelevanten Umstände abzuwägen, um auf dieser Grundlage eine individuelle Anlageempfehlung auszusprechen. Dieser Grundsatz muss für den Bereich steuerlicher Gesichtspunkte ebenfalls Beachtung finden. Wesentlicher Gegenstand der Informationspflicht nach § 31 Abs. 2 Nr. 2 WpHG ist somit die Pflicht zur Mitteilung aller geschäftsrelevanten Tatsachen im Sinne einer qualifizierten Aufklärung. Diese soll den Kunden in die Lage versetzen, eine eigene sachgerechte Geschäftsentscheidung zu treffen.

c. Maßstab der Kundenbezogenheit und Objektbezogenheit

Zentralen Maßstab zur Bestimmung von Umfang und Reichweite der Informationspflichten des § 31 Abs. 2 Nr. 2 WpHG bilden, innerhalb eines beweglichen Systems, die bereits aufgezeigten Kriterien der Kundenbezogenheit und der Objektbezogenheit. Die Information hat zunächst kundengerecht zu erfolgen. Kundengerecht sind alle solche Informationen, die den Interessen des Kunden notwendig dienen, d. h. seinen Anlagezielen und finanziellen Verhältnisse entsprechen. Anknüpfungspunkt bilden hierbei die im Vorfeld explorierten Interessen des Kunden. Ferner hat die Information produktgerecht zu erfolgen. Zu diesem Zweck ist der Kunde über alle speziellen und sonstigen besonderen Risiken des Anlageprodukts zu informieren. In diesem Zusammenhang ist zwischen den allgemeinen und den speziellen Risiken, die sich aus den individuellen Gegebenheiten des Anlageobjektes ergeben, zu unterscheiden.

Fraglich erscheint insoweit, ob die entwickelten Maßstäbe der Kunden- und Objektgerechtigkeit von Informationen auf den Bereich steuerlicher Gesichtspunkte zu übertragen sind. Relativ unproblematisch stellt sich die Anwendung derartiger Maßstäbe hinsichtlich der Objektgerechtigkeit der Information dar. Danach wäre der Kunde über alle die steuerlichen Gegebenheiten zu informieren, die sich spezifisch aus dem jeweiligen Anlageobjekt ergeben.

Schwieriger gestaltet sich indes die unmittelbare Übertragung des Kriteriums der Kundengerechtigkeit. Nimmt der Kunde eine Wertpapierdienstleistung unter der – im Rahmen der Exploration mitgeteilten – Prämisse in Anspruch, seine Vermögensvorsorge steuerlich zu optimieren, hätte dies weitreichende Konsequenzen für den Werptpapierdienstleister. Zunächst müsste sich dieser im Rahmen der Explorationspflicht ein zumindest grobes Bild von der Vermögenslage und von der steuerlichen Situation des

Kunden machen. Ferner wäre er gezwungen, den Kunden wahr, klar und vollständig mit den diesbezüglich steuerlich relevanten Informationen in Hinblick auf die beabsichtigten Wertpapierdiensleistungen zu versorgen. Anders als bei den produktgerechten Informationen, die steuerliche Aspekte des Anlageproduktes als solches treffen, wären hierbei gegebenenfalls auch solche steuerrechtlichen Gesichtspunkte zu übermitteln, die grundsätzlich in der Sphäre des Kunden liegen. Exemplarisch ist in diesem Zusammenhang auf entsprechende Freibeträge und Ähnliches zu verweisen. Obgleich sich daraus eine erhebliche Ausweitung der Anforderungen an die Informationspflicht in Hinblick auf steuerliche Merkmale im Einzelfall ergeben kann, erscheint es jedoch auch der systematischen Konsequenz geschuldet, die entwickelten Maßstäbe beizubehalten. In diesem Sinne ist die Struktur des Tatbestandes des § 31 WpHG anzuführen. Diese Struktur spiegelt die Notwendigkeit wider, informationelle Handlungspflichten an der Person des Kunden auszurichten. Dementsprechend muss auch qualifizierteren Kundenforderungen unter Berücksichtigung des jeweiligen Kundenprofils nachgekommen werden.[782]

Für diesen Ansatz sprechen überdies zwei weitere Argumente. Zunächst bewahrt das Korrektivkriterium der Schutzbedürftigkeit des Kunden den Wertpapierdienstleister davor, allgemeine Informationen in Steuerangelegenheiten leisten zu müssen. So können gewisse steuerrechtliche Grundzusammenhänge gegebenenfalls als bekannt vorausgesetzt werden. Daneben bestimmt der Wertpapierdienstleister den Umfang seiner notwendig zu erbringenden steuerbezogenen Informationspflicht mittelbar selbst. Letztlich steht es ihm frei, steuerrechtlich differenziert ausgestaltete Finanzprodukte, die gegebenenfalls auch auf Seiten des Kunden diesbezüglichen Informationsbedarf schaffen, in sein Dienstleistungsportfolio aufzunehmen.

3. Grenzen der steuerrechtsbezogenen Informationspflichten

Die informationellen Handlungspflichten des § 31 WpHG unterliegen einer Reihe von Grenzen. Diese Grenzen könnten sich zum einen aus der Vorschrift selbst, zum anderen jedoch aus den anderen gesetzlichen oder vertraglichen Regelungen ergeben.

a. Schutzbedürftigkeit des Kunden i. S. d. § 31 WpHG

In Hinblick auf den Umfang der Informationspflicht des § 31 Abs. 2 Nr. 2 WpHG ist dem Einschränkungsvorbehalt der Schutzbedürftigkeit[783] Beachtung zu schenken. Mangelt es an der konkreten Schutzbedürftigkeit, soll die Informationsschuld aufgrund fehlender Erforderlichkeit entfallen. Dies ergibt sich daraus, dass der Kunde entsprechend seinem Erfahrungs- und Kenntnisniveau zu informieren ist. In diesem Sinne müssen solche Informationen nicht gegeben werden, die der Kunde bereits besitzt oder

---

782 Zu den konkreten steuerrechtsbezogenen Informationspflichten im Zusammenhang mit Finanzinstrumenten des geregelten Kapitalmarktes 5. Teil § 1.

783 § 31 Abs. 2 Nr. 2, 2. Halbsatz.

bei denen der Wertpapierdienstleister davon ausgehen kann, dass er über sie bereits verfügt.[784]

Dieser einschränkende Vorbehalt der Schutzbedürftigkeit muss in gleicher Weise auch hinsichtlich der informationellen Handlungspflichten im Bereich des Steuerrechts gelten. Damit ist zunächst festzustellen, dass auch gewisse steuerrechtsbezogene Informationen aus dem Pflichtenkatalog des § 31 WpHG herauszunehmen sind: zum einen solche, die – aus subjektiver Sicht des Kunden – diesem bereits bekannt sind, zum anderen solche, die – aus objektiver Sicht – allgemein als bekannt vorauszusetzen sind. Übertragen auf die konkreten steuerlichen Informationspflichten ist somit festzustellen, dass insbesondere allgemeine Grundsätze der Besteuerung – als allgemein bekannt – nicht Gegenstand der Pflichten des § 31 WpHG sein müssen. Als allgemeine Grundsätze der Besteuerung sind hierbei exemplarisch verschiedene Einkunftsarten, die generelle Abzugsfähigkeit von Werbungs- bzw. Betriebskosten sowie die grundsätzliche Existenz von Freibeträgen zu nennen. Derartige Mechanismen des Steuerrechts betreffen die gesamte Breite der persönlichen und sachlichen Steuerpflicht. Sie sind gerade nicht Spezifikum der Besteuerungseffekte von Wertpapierdienstleistungen. In Abgrenzung dazu sind jedoch atypische Besteuerungsaspekte als wertpapierdienstleistungsspezifische Risiken von einer Informationspflicht umfasst. In diesem Sinne sind steuerliche Gesichtspunkte, die sich bei Freistellungsaufträgen im Rahmen der Besteuerung von Finanzinnovation oder im Bereich der Besteuerung privater Veräußerungsgeschäfte ergeben, beispielhaft herauszugreifen. Darüber hinaus ist jedoch – unabhängig von den vorangehenden Ausführungen – stets auf die individuelle Situation des Kunden einzugehen. Dementsprechend kann im Einzelfall gegebenenfalls die Schutzbedürftigkeit des Kunden auch hinsichtlich komplexerer steuerlicher Gesichtspunkte bei Wertpapierdienstleistungen zu negieren sein, wenn der Kunde bereits aufgeklärt ist oder über hinreichende diesbezügliche Kenntnisse verfügt.

b. Vertraglicher Ausschluss der Informationspflichten

Nach allgemeiner Ansicht[785] kann die Pflicht zur Information nach § 31 WpHG nicht durch den Wertpapierdienstleister abbedungen werden. Ein Ausschluss ist weder durch allgemeine Geschäftsbedingungen (§ 307 Abs. 2 Nr. 1 BGB) noch durch Individualabrede möglich.[786] Dies ergibt sich aus dem Charakter der Norm als Teil zwingenden Aufsichtsrechts und wesentlichem Bestandteil des Verbraucherschutzrechts. Für den Bereich steuerlicher Informationspflichten kann vorliegend nicht anderes gelten.

c. Mangelnde steuerrechtliche Sachkunde

---

784 Ekkenga, in: MünchKomm, HGB, Band V, Effektengeschäft, Rn 176.

785 Schwintowski, ZBB 1999, S. 385; Koller, in. Assmann/Schneider, § 31 Rn. 126 mit zahlreichen weiteren Nachweisen. In diesem Sinne auch Nr. B 2 I 4 der Richtlinie der Bundesanstalt.

786 Bamberger, in: Derleder/Knops/Bamberger, § 44 Rn. 61.

Grundsätzlich wird von der Rechtsprechung[787] und Teilen der Literatur[788] anerkannt, dass sich ein Wertpapierdienstleister durch Hinweis auf seine mangelnde Sachkunde seiner Informationspflicht weitgehend entziehen kann. Dies soll ihm dann möglich sein, wenn er mangels hinreichender Informationen nicht in der Lage ist, die Risiken eines vom Kunden angestrebten Geschäftes zu beurteilen.[789] Entscheidend ist jedoch, dass eine derartige „Exkulpation" allenfalls in den Konstellationen greifen kann, in denen die konkrete Geschäftsinitiative vom Kunden selber ausgeht. So kann sich der Wertpapierdienstleister jedenfalls dann nicht der Informationspflicht entziehen, wenn er das entsprechende Produkt als Bestandteil seines Anlageprogramms führt. Es muss von dem Wertpapierdienstleister erwartet werden, dass er hinsichtlich der von ihm angebotenen Produkte über eine umfassende Sach- und Rechtskenntnis verfügt.[790] Eine solche Betrachtung ist insofern geboten, als sich ein Wertpapierdienstleister ansonsten über einen generellen „Unkenntnishinweis" per se den von § 31 WpHG vorgegebenen Pflichten entziehen könnte. Dieser Maßstab ist auch für den Bereich steuerlicher Informationspflichten anzulegen. In dem Moment, in dem ein Wertpapierdienstleister Anlageprodukte in sein Programm aufnimmt, denen komplexere steuerrechtliche Gesichtpunkte anhaften, müssen auch diese zwingend Bestandteil notwendiger Information sein.

d. Rechtliche Grenzen des Steuerberatungsgesetzes

Gegenstand der Vorschrift des § 31 Abs. 2 Nr. 2 WpHG ist die Pflicht zur qualifizierten Aufklärung.[791] Dementsprechend hat ein Wertpapierdienstleister regelmäßig über erforderliche geschäftsrelevante Umstände unter Berücksichtigung der individuellen Situation des Kunden aufzuklären. Kern der informationellen Handlungspflicht liegt damit auf der Mitteilung von Tatsachen. Gegenstand des § 31 WpHG ist gerade keine Pflicht zur Beratung im Sinne einer individuellen Bewertung und Beurteilung. Dieser informationelle Handlungsmaßstab ist auch auf den Bereich der steuerlichen Gesichtspunkte zu übertragen.

Grundsätzlich ist die bloße Aufklärung über steuerrechtliche Tatbestände jedoch nicht vom Regelungsbereich des Steuerberatungsgesetzes erfasst.[792] Damit kollidieren die Pflichtenvorgaben des WpHG auch bei ausdrücklicher Einbeziehung steuerrechtlicher Gesichtspunkte jedenfalls nicht mit den Vorgaben des Steuerberatungsgesetzes. Nur zur Vollständigkeit sei an dieser Stelle nochmals auf die ausdrückliche Öffnungsklau-

---

787 BGH, ZIP 1999, S. 1915 ff.; BGH, ZIP 1998, S. 1220 f.; OLG Nürnberg, BKR 2002, S. 741 f.

788 Schäfer, EWiR 1998, S. 681; Lang, Informationspflichten, § 10 Rn. 47, mit weiteren Nachweisen. Dagegen Koller, in: Assmann/Schneider, § 31 Rn. 129, der ausdrücklich die Position des BGH mit dem Argument ablehnt, dass sie die europarechtlich vorgegebene Bedeutung des Verbraucherschutzes innerhalb des § 31 WpHG außer Acht lasse.

789 Lang, Informationspflichten, § 10 Rn. 47.

790 Balzer, Anm. zu OLG Stuttgart, EWiR 1999, S. 775 f.

791 Vergleiche 3. Teil, § 1 III 4.

792 Zu den Anwendungsvoraussetzungen des Steuerberatungsgesetzes, vgl. Teil 1, § 2.

sel des § 4 StBerG hingewiesen. Diese gestattet für eine qualifizierte Zielgruppe die beschränkte Hilfeleistung in Steuersachen. Häufig sind die von den Vorschriften des WpHG erfassten Wertpapierdienstleistungs- und Wertpapiernebendienstleistungen gleichzeitig auch Teil der qualifizierten Gruppen der beschränkt Steuerberatungsberechtigten des § 4 StBerG.[793]

II. Resümee

Im Ergebnis spricht eine Reihe guter Argumente dafür, steuerrechtliche Gesichtspunkte als Bezugspunkt des Kanons informationeller Handlungspflichten des § 31 WpHG zu betrachten, die damit in der Anlagevermittlung als Teil des Effektengeschäfts sowie unter qualifizierten Umständen auch im Rahmen der Wertpapiernebendienstleistung der Anlageberatung zu berücksichtigen sind.

So bietet die teleologische Ausgestaltung des § 31 WpHG ihrerseits bereits verschiedene Anknüpfungspunkte, aufgrund derer es geboten scheint, auch steuerrechtliche Gesichtpunkte im Pflichtengefüge der Vorschrift zu verorten. Hervorzuheben ist in diesem Zusammenhang vor allem die Maßgabe einer Zweckdienlichkeit der Informationserbringung im Lichte der explorierten Kundenperspektive. Überdies erscheint es insbesondere vor dem europarechtlichen Hintergrund der Wertpapierdienstleistungsrichtlinie nicht vertretbar, das durch sie verfolgte und vorgegebene Anlegerschutzniveau durch eine Herausnahme steuerrechtsbezogener Informationspflichten abzusenken.

Bemerkenswert ist, dass sich eine Systematisierung steuerrechtsbezogener informationeller Handlungspflichten an den wesentlichen – von Literatur und Rechtsprechung entwickelten – Grundsätzen zum Pflichtengefüge des § 31 WpHG orientieren kann. Maßgeblich ist insoweit, dass den Wertpapierdienstleister eine qualifizierte steuerrechtsbezogene Aufklärungspflicht treffen kann. Hierbei kann unter steuerrechtlichen Prämissen regelmäßig auf die anerkannten Handlungsmaßstäbe der Kundenbezogenheit und der Objektbezogenheit abgestellt werden. Die herausgearbeiteten konkreten steuerrechtsbezogenen Anknüpfungen sollen abschließend – mit Blick auf die permanenten Veränderungen in der Steuergesetzgebung – eine Orientierungshilfe hinsichtlich etwaiger steuerrechtsbezogener Informationspflichten innerhalb des Wertpapierhandelsgesetzes bilden.

---

[793] Zu den Vorgaben des Steuerberatungsgesetzes im Anwendungsspektrum der Wertpapierdienstleistungen vgl. Teil 1, § 2. Überlegenswert erscheint in diesem Zusammenhang den Katalog der beschränkt Hilfeleistungsberechtigten i. S. v. § 4 StBerG um Wertpapierdienstleistungsunternehmen i. S. d. WpHG zu erweitern.

5. Teil
Katalog steuerrechtsbezogener Informationspflichten bei Anlageberatung und Anlagevermittlung

Im Lichte der entwickelten Maßstäbe gilt es nunmehr, konkrete steuerliche Informationspflichten im Zusammenhang mit ausgewählten Finanzinstrumenten des geregelten und des „grauen" Kapitalmarktes herauszuarbeiten, die in einem beweglichen System der Pflichten Gegenstand informationeller Handlungspflichten in den Finanzdienstleistungsverhältnissen der Anlageberatung und Anlagevermittlung sein können. Grundsätzlich ist mit Blick auf die Maßstäbe der „Kunden- und Objektgerechtigkeit" festzuhalten, dass solche steuerlichen Effekte, die sich aus den Zielen des Kunden, der Art des beabsichtigten Geschäfts oder dem zugrunde liegenden Finanzprodukt ergeben, erforderlicher Bestandteil einer Informationspflicht sein können.

§ 1 Steuerrechtsbezogene Informationspflichten am geregelten Kapitalmarkt

Bezugspunkt der nachfolgenden Untersuchung sind solche Finanzinstrumente, die in den Anwendungsbereich des Wertpapierhandelsgesetzes fallen. Dies sind insbesondere Wertpapiere, Geldmarktinstrumente und Derivate.

I. Kundenbezogene steuerliche Informationspflichten

1. „Sparer-Freibetrag" gemäß § 20 Abs. 4 EStG

Für den Kunden von Wertpapierdienst- und Wertpapiernebendienstleistungen ist der durch den Gesetzgeber über § 20 Abs. 4 EStG eingeräumte Sparer-Freibetrag von wesentlicher Bedeutung. Danach ist bei der Ermittlung von Einkünften aus Kapitalvermögen nach Abzug der Werbungskosten ein Freibetrag in Höhe von 1.370,00 Euro bzw. 2.740,00 Euro für gemeinsam veranlagte Ehegatten abzuziehen. Einschränkend wird über § 20 Abs. 4 S. 4 EStG klargestellt, dass dieser Freibetrag nicht höher sein darf als die um die Werbungskosten einschließlich einer abzuziehenden ausländischen Steuer geminderten Kapitalerträge.

Grundsätzlich ist der Kunde – sofern es von Relevanz ist – über die Existenz und entsprechende Durchführungsmöglichkeiten des Freistellungsverfahrens aufzuklären.[794] Mit Blick auf die Schutzbedürftigkeit als Bestandteil der tatbestandsmäßigen Erforderlichkeit ist festzustellen, dass zwar die Kenntnis über Steuerfreibeträge, als Strukturbestandteil des deutschen Einkommensteuerrechts, beim Kunden von Finanzdienstleistungen als vorhanden vorausgesetzt werden kann. In diesem Zusammenhang kann es nicht gewollt sein, dem Finanzdienstleister die Pflicht aufzuerlegen, eine „allgemeine Steuerkunde" im Rahmen seiner Dienstleistung zu leisten. Aufgrund der permanenten

---

[794] So im Rahmen der Pflicht zur Information über den Steuerabzug vom Kapitalertrag gemäß §§ 43, 43a EStG.

Änderungen der Steuerrechtslage stellt jedoch die jeweils geltende konkrete Höhe derartiger Freibeträge einen aufklärungsbedürftigen steuerrechtsbezogenen Umstand dar.

2. Pauschbetrag für Werbungskosten gemäß § 9a S. 1 Nr. 2 EStG

In Bezug auf den Pauschbetrag für Werbungskosten hinsichtlich der Einnahmen aus Kapitalvermögen in Höhe von 51,00 Euro bzw. 102 Euro für gemeinsam veranlagte Ehegatten nach § 9 a S. 1 Nr. 2 EStG gilt es, den gleichen Maßstab wie im Bereich des Sparer-Freibetrages anzulegen. In diesem Sinne stellen sich Werbungskostenpauschbeträge nach § 9a S. 1 Nr. 2 EStG gegebenenfalls als Gegenstand der Informationspflicht des § 31 Abs. 2 Nr. 2 WpHG dar.

3. „Spekulations-Freibetrag" gemäß § 23 Abs. 3 S. 6 EStG

Ausweislich der Vorschrift des § 23 Abs. 3 S. 6 EStG bleiben Gewinne dann steuerfrei, wenn der aus dem privaten Veräußerungsgeschäft erzielte Gesamtgewinn im Kalenderjahr unter Berücksichtigung des Verlustausgleichs weniger als 512,00 Euro betragen hat. Grundsätzlich erhalten auch zusammenveranlagte Ehegatten je ihre eigene Freigrenze, wobei der jeweilige Grenzbetrag für jeden Veranlagungszeitraum neu gewährt wird.[795] Als steuerliches Merkmal aus der Sphäre des Kunden ist der Freibetrag nach § 23 Abs. 3 S. 6 EStG als kundenbezogenes steuerrechtliches Merkmal ausnahmsweise dann notwendiger Gegenstand der qualifizierten Aufklärungspflicht des § 31 Abs. 2 Nr. 2 WpHG, wenn sich aus den explorierten Kundenangaben explizit auf ein entsprechendes Kundenverlangen schließen lässt.

4. Erbschaft- und Schenkungsteuer

Im Rahmen der steuerrechtsbezogenen informationellen Handlungspflichten ist ferner über einige Besonderheiten des Erbschaft- und Schenkungssteuerrecht[796] aufzuklären. Insbesondere ist darauf hinzuweisen, dass für die Ermittlung der Steuerbemessungsgrundlage nach § 19 Abs. 1 ErbStG der Wert des Vermögensanfalls dient. Der Wert des Vermögensanfall ist dabei nach §§ 1 Abs. 1 i. V. m. § 9 ErbStG die Bereicherung des Erwerbers im Zeitpunkt der Steuerentstehung. Dabei richtet sich die Bewertung grundsätzlich nach den Vorschriften des Bewertungsgesetzes. Entscheidend ist – und lediglich über diesen Umstand ist Aufklärung geschuldet –, dass Wirtschaftgüter unter Berücksichtigung der allgemeinen Vorschriften des Bewertungsgesetzes und den spezifischen Bewertungsvorgaben des Erbschaft- und Schenkungsteuerrechts sehr unterschiedlich bewertet werden. Ist beispielsweise für Wertpapiere der Kurswert maßgebend (§ 11 BewG), für Geldvermögen der Nennwert (§ 12 Abs. 1-3 BewG), ist für Grundbesitz mit dem Grundbesitzwert anzusetzen, der sich am so genannten Ertrags-

---

795 Zur Nutzbarmachung von Freigrenzen Walter/Stümper DStR 2002, S. 204 ff.

796 Zum Erbschaft- und Schenkungsteuerrecht bei Seer, in: Tipke/Lang, S. 462 ff.; Birk, S. 375 ff.

wert orientiert (§ 12 Abs. 3 ErbStG i. V. m. §§ 138 ff. BewG)[797]. Dagegen ist Betriebsvermögen nach § 12 Abs. 5 i. V. m. § 109 Abs. 1 und 2 BewG mit den Steuerbilanzwerten bzw. den ertragsteuerlichen Werten im Besteuerungszeitpunkt anzusetzen. Aufklärungsdürftig ist dieser Umstand insbesondere deshalb, weil sich durch die unterschiedlichen Bewertungsmethoden zum Teil erhebliche Abweichungen in der Steuerbelastung von Vermögen ergeben können. In diesem Zusammenhang ist jedoch keine Beratung des Kunden darüber geschuldet, welche Vermögensdispositionen für ihn aus erbschaft- und schenkungsteuerlicher Sicht am günstigsten sind. Diesbezüglich ist ein Verweis auf einen steuerrechtlich qualifizierten Berater geboten.

II. Allgemeine objektbezogene steuerliche Informationspflichten

1. Halbeinkünfteverfahren, § 3 Nr. 40 EStG

Im Rahmen des Steuersenkungsgesetzes 2000 sind die steuerlichen Auswirkungen der Ausschüttungen von Körperschaften nachhaltig verändert worden. Grundsätzlich bildet gemäß § 8 Abs. 1 KStG der Gewinn einer Kapitalgesellschaft auch ihr zu versteuerndes Einkommen. Das Einkommen der Kapitalgesellschaft wird mit einer Körperschaftsteuer von 25 % belastet. Diese Steuerbelastung ist definitiv und lässt, auch wenn die Gewinne tatsächlich ausgeschüttet werden, die Körperschaftsteuer unberührt. Ebenso wenig wird diese Steuerlast auf die Einkommensteuer des begünstigten Anteileigners angerechnet.[798] Fließen dem Anteileigner Gewinne zu, sind diese in voller Höhe als Kapitalerträge nach § 20 Abs. 1 Nr. 1 EStG zu versteuern.[799] Im Ergebnis ist der ausgeschüttete Gewinn damit steuerlich doppelt belastet.

Bis einschließlich des Veranlagungszeitraumes 2001 wurde dieser Doppelbelastung ausgeschütteter Gewinne mit Körperschaftsteuer einerseits und Einkommensteuer andererseits, mittels des so genannten Anrechnungsverfahrens begegnet. Nunmehr wird[800] – um eine derartige steuerliche Doppelbelastung abzumildern – im Rahmen des so genannten Halbeinkünfteverfahrens der ausgeschüttete Gewinn beim Anteilseigner nach § 3 Nr. 40 EStG zur Hälfte steuerfreigestellt. Im Gegenzug sind Aufwendungen, die mit den Einkünften in Zusammenhang stehen, nach § 3c Abs. 2 EStG ihrerseits nur zur Hälfte abzugsfähig. Damit wird das so genannte einkünfterelevante

797 Diese werden nur bei Bedarf festgestellt, wobei sich die Wertermittlung an den tatsächlichen Verhältnissen im Besteuerungszeitpunkt sowie nach den Wertverhältnissen zum 01.01.1996 orientiert. Bemerkenswert in diesem Zusammenhang die Entscheidung des vom 22. Juni 1995 zur Bewertung von Grundbesitz, BVerGE 93, 121 ff. Zu dem Problemfeld vertiefend, Birk, S. 381 ff.

798 Jakob, Rn. 1084 f.

799 Zu etwaig im Rahmen einer Quellenbesteuerung einzubehaltenden Abzügen vom Kapitalertrag i. S. d. §§ 43 ff. EStG vgl. 1 Tel, § 3 III.

800 Zu der zeitlichen Anwendung des alten bzw. neuen Verfahrens OFD Koblenz vom 15. Mai 2001, GmbHR 2001, S. 593 ff.

Nettoergebnis, wie es sich aus dem Saldo von Erlösen – § 3 Nr. 40 EStG – und Aufwendungen – § 3 c Abs. 2 EStG – ergibt, durch das Gesetz zur Hälfte eliminiert.[801]

Die spezifischen steuerrechtlichen Eigenarten des Halbeinkünfteverfahrens hängen im Regelfall unmittelbar mit dem jeweiligen Finanzprodukt zusammen. Dabei ist die steuerrechtliche Behandlung als objektbezogenes Merkmal für den betroffenen Kunden von Bedeutung und somit Gegenstand einer entsprechenden Aufklärungspflicht.

2. Steuerabzug vom Kapitalertrag, §§ 43, 43 a EStG

Ausweislich der Regelungen der §§ 43 ff. EStG wird die Einkommen- bzw. Körperschaftsteuer auf bestimmte Kapitalerträge i. S. v. § 20 EStG vorab als so genannte Kapitalertragsteuer erhoben. Zentrales Merkmal dieser Besteuerung ist der so genannte Kapitalertragsteuerabzug bzw. Zinsabschlag nach § 44 EStG an der „Quelle", d. h. beim Schuldner respektive der Auszahlungsstelle der Kapitalerträge.[802] Von praktischer Relevanz für den Kunden von Finanzdienstleistungen ist in diesem Zusammenhang die Vorschrift des § 44 a Abs. 1 Nr. 1 EStG. Danach ist der Steuerabzug in dem Fall nicht vorzunehmen, in dem die Kapitalerträge den Sparer-Freibetrag nach § 20 Abs. 4 EStG und den Werbungskosten-Pauschbetrag nach § 9 a S. 1 Nr. 2 EStG nicht übersteigen. Maßgeblich ist dabei, dass nach § 44 a Abs. 2 S. 1 Nr. 2 ein so genannter Freistellungsauftrag des Gläubigers (Kunden) der Kapitalerträge nach amtlich vorgeschriebenem Vordruck vorliegt. Ein Freistellungsauftrag ist der privatschriftliche Auftrag des Gläubigers der Kapitalerträge an den Auszahlungs- und Abzugspflichtigen bis zum steuerfreien Höchstbetrag, mithin 1.421,00 Euro bzw. 2.842,00 Euro für gemeinsam veranlagte Ehegatten, keine Kapitalertragsteuer abzuziehen.[803] Ein derartiger Freistellungsauftrag ist für den Kunden kostenneutral zu gestalten.[804]

Grundsätzlich ist im Rahmen des § 31 Abs. 2 Nr. 2 WpHG gegebenenfalls eine Pflicht zur Information in Hinblick auf das Freistellungsverfahren innerhalb der Kapitalertragsteuererhebung geschuldet. Der Finanzdienstleister kann sich hierbei auf eine bloße Aufklärung hinsichtlich der Möglichkeiten des Verfahrens sowie entsprechende Durchführungsmöglichkeiten beschränken. Nicht mehr von der Informationspflicht umfasst wird regelmäßig die gestaltende Beratung des Kunden mit dem Ziel einer optimalen Ausnutzung etwaiger Freibeträge in der Vermögensvorsorge.

3. Einkünfte aus privaten Veräußerungsgeschäften, § 23 EStG

Als private Veräußerungsgeschäfte i. S. v. § 23 EStG werden solche Veräußerungsgeschäfte verstanden, bei denen der Zeitraum zwischen Anschaffung und Veräußerung

801 Jakob, Rn. 1084 f.
802 Weber-Grellet, in: Schmidt, § 43 Rn. 1.
803 Weber-Grellet, in: Schmidt, § 44a Rn. 20.
804 BVerfG, 1 BvR 1821/97 = DB 2000, S. 2113.

eines Wirtschaftsgutes des Privatvermögens nicht mehr als die jeweils maßgebliche Veräußerungsfrist beträgt. Der Zweck der Vorschrift liegt darin, Werterhöhungen oder Wertminderungen, die innerhalb bestimmter gesetzlicher Fristen realisiert worden sind, d. h. aus verhältnismäßig kurzfristigen Wertdurchgängen eines bestimmten Wirtschaftsgutes im Privatvermögen herrühren, steuerlich zu erfassen.[805] Eine Spekulationsabsicht ist hierbei nicht erforderlich.[806] Im Rahmen des Steuerentlastungsgesetzes (StEntlG) 1999/2000/2002[807] hat der Gesetzgeber den Tatbestand des § 23 EStG erweitert und unter anderem die Veräußerungsfristen („Spekulationsfrist") deutlich verlängert. Betrug die Spekulationsfrist für Wertpapiere, deren Veräußerung bis zum 31. Dezember 1998 rechtswirksam abgeschlossen war, nach alter Rechtslage sechs Monate, ist sie nach der Gesetzesänderung mit heute einem Jahr genau doppelt so lang (§ 23 Abs. 1 Nr. 2 EStG). Eine für den Bereich der Finanzdienstleistungen maßgebliche Erweiterung der Vorschrift stellte die Einbeziehung von Termin- bzw. Differenzgeschäften über § 23 Abs. 1 Nr. 4 EStG dar.[808]

Im Ergebnis wird damit ein bei der Veräußerung von Wertpapieren, Forderungen, Gold oder sonstigen Rechten anfallender Gewinn nur dann über § 23 Abs. 1 Nr. 2, 3 EStG besteuert, wenn zwischen Anschaffung und Veräußerung höchstens ein Jahr liegt oder die Veräußerung früher als der Erwerb erfolgt. Als „Anschaffung" wird hierbei der entgeltliche Erwerb eines bereits vorhandenen Wirtschaftsgutes verstanden.[809] Eine derartige Anschaffung ist auch in der Überführung von Wertpapieren oder anderen Wirtschaftsgütern aus dem Betriebsvermögen in das Privatvermögen des Steuerpflichtigen durch Entnahme oder Betriebsaufgabe zu sehen.[810] „Veräußerung" hingegen ist die entgeltliche Übertragung eines Wirtschaftsgutes auf eine andere Person aufgrund einer Lieferverpflichtung.[811] In diesem Sinne soll auch bei einem Tausch eines Wirtschaftsgutes gegen ein anderes eine „Veräußerung" gegeben sein.[812]

In Hinblick auf die Berechnung der gesetzlichen Jahresfrist des § 23 Abs. 1 Nr. 2, 3 EStG ist auf das obligatorische Rechtsgeschäft abzustellen, d. h. beispielsweise Vertragschluss, Ausübung eines Vorkaufsrechts, Abgabe des Meistgebotes. Der dingliche Vollzug des Rechtsgeschäftes muss sodann – nicht notwendig innerhalb der Spekulationsfrist – nachfolgen.[813]

---

805 Fischer, in: Kirchhof, § 23 Rn. 2.

806 BVerfG, HFR 1975, S. 581; BT-Drucks. 14/443, S. 62 f.

807 Umfangreicher Überblick über die Gesetzesänderungen im Zuge des StEntlG ab dem Veranlagungszeitraum 1999.

808 In diesem Zusammenhang ausführlich BMF, BStBl. I 01, 986 zu § 23 S. 1 Abs. 1 Nr. 4, mit diversen Beispielen zu den verschiedenen Kauf- und Verkaufsoptionen, Kombigeschäften und Optionsanleihen und ihren steuerlichen Auswirkungen bei Ausübung, Verkauf oder Verfall.

809 BFH, BStBl., II 88, 250; H 169 EStH 2001; keine Anschaffung ist demnach der Erwerb im Wege der Erbschaft, Vermächtnis oder Schenkung.

810 Philipkowski, in: Derleder/Knops/Bamberger, § 58 Rn. 27.

811 BFH, BStBl., II 00, 614.

812 Philipkowski, in: Derleder/Knops/Bamberger, § 58 Rn. 27.

813 FG Münster, EFG 2001, S. 751 mit Anmerkung Furni, BStBl. 1976, II S. 64.

Der Veräußerungsgewinn bzw. –verlust ist die im Zeitpunkt der Veräußerung zu ermittelnde Differenz aus den Anschaffungskosten und dem Veräußerungspreis.[814] Hierbei beschreiben die Anschaffungskosten alle Aufwendungen, die beim entgeltlichen Erwerb einschließlich der Anschaffungsnebenkosten anfallen.[815] Der Veräußerungspreis schließt alle Güter (Geld und Sachwerte) ein, die der Veräußerer nach der Vereinbarung mit dem Erwerber vereinnahmt.[816] Im Rahmen der Einkünfteermittlung sind die in einem Kalenderjahr erzielten Gewinne und Verluste aus privaten Veräußerungsgeschäften i. S. v. § 23 EStG zu saldieren, wobei die Ergebnisse aus der Veräußerung von Aktien nur zur Hälfte angesetzt werden.[817]

Die tatbestandlichen Merkmale der privaten Veräußerungsgeschäfte des § 23 EStG sind als Bestandteil zweckdienlicher Information in den Pflichtenkanon des § 31 Abs. 2 Nr. 2 WpHG einzubeziehen. Dabei kann sich der Finanzdienstleister auf die Aufklärung über die Existenz des Steuertatbestandes sowie dessen Voraussetzungen und Fristen beschränken.

4. Ausländische Quellensteuerverfahren

Beim Erwerb ausländischer Wertpapiere können sich im Einzelfall spezifische steuerrechtliche Probleme ergeben. Diese hängen häufig damit zusammen, dass in vielen ausländischen Staaten eine Quellenbesteuerung im Bereich von Kapitalerträgen vorgenommen wird. Danach sind im Ausland ansässige Emittenten teilweise verpflichtet, bei der Auszahlung von Kapitalerträgen eine Kapitalertragsteuer einzubehalten. Dabei sind Quellensteuersätze von 0 % bis 35 % für Dividenden und von 0 % bis 30 % für Zinsen üblich.[818]

Grundsätzlich unterliegen ausländische Kapitalerträge in Deutschland unbeschränkt Steuerpflichtiger mit ihrem Bruttobetrag, d. h. vor Abzug der ausländischen Quellensteuer, der deutschen Einkommensteuer.[819] Dementsprechend kann sich hieraus eine Doppelbesteuerungssituation ergeben. Ausweislich der Regelung des § 34c Abs. 1 S. 1 EStG ist es dem Steuerpflichtigen möglich, sich eine im Ausland festgesetzte und gezahlte Steuer (regelmäßig Quellensteuer) auf seine Einkommensteuerschuld anrechnen zu lassen. Ein derartiger Anrechnungsanspruch beschränkt sich jedoch auf den

814 BFH, BStBl. II 98, 215.
815 Philipkowski, in: Derleder/Knops/Bamberger, § 58 Rn. 27, dementsprechend tritt bei der Überführung eines Wirtschaftsgutes aus dem Betriebs- ins Privatvermögen der angesetzte Entnahmewert (§ 23 Abs.3 S: 3 EStG) an die Stelle der ursprünglichen Anschaffungskosten.
816 BFH, BStBl. II 94, 687.
817 Vergleiche § 3 Nr. 40 Buchstabe j EStG mit § 3 c Abs. 2 S. 1 EStG.
818 Philipkowski, in: Derleder/Knops/Bamberger, § 58 Rn. 110 ff.
819 Philipkowski, in: Derleder/Knops/Bamberger, § 58 Rn. 112.

Teil der deutschen Einkommensteuer, der auf die gegenständlichen ausländischen Einkünfte entfällt. Somit ergibt sich de facto eine Anrechnungshöchstgrenze.[820]

Maßgeblich ist, dass es neben dem allgemeinen Anrechnungsverfahren nach § 34 c Abs. 1 S. 1 EStG häufig spezielle Regelungen zur Behandlung ausländischer Quellenbesteuerung im Rahmen entsprechender Doppelbesteuerungsabkommen gibt. Danach verzichtet der Quellenstaat gegenüber den in Deutschland ansässigen Kunden ganz oder in Höhe eines bestimmten Prozentsatzes auf die nach dem nationalen Steuerrecht zu erhebende Quellensteuer.[821] Die Regelungen der jeweiligen Doppelbesteuerungsabkommen sehen hierbei entweder eine Quellensteuerbefreiung/Quellensteuerermäßigung oder ein entsprechendes Quellensteuererstattungsverfahren vor. Im Erstattungsverfahren wird die ausländische Quellensteuer zunächst vollständig einbehalten. Auf Antrag des Steuerpflichtigen wird dann die überzahlte Steuer zurückerstattet.[822]

Überdies bestehen zwischen der Bundesrepublik Deutschland und verschiedenen Quellenstaaten spezielle Vereinbarungen. Nach diesen Vereinbarungen behält ein ausländischer Emittent zwar keine Quellensteuer ein, die in Deutschland ansässigen Bezieher von Dividenden und Zinsen dürfen jedoch eine fiktive Quellensteuer auf ihre Einkommensschuld anrechnen.[823] Bedeutsam bei diesem Verfahren ist, dass sich die Rendite der jeweiligen ausländischen Kapitalanlage für den Kunden erhöhen kann. Daneben ist die inzwischen in Kraft getretene EU-Zinsbesteuerungsrichtlinie[824] für die Staaten der Europäischen Gemeinschaft von besonderer Bedeutung.

Die steuerrechtlichen Bedingungen ausländischer Quellenbesteuerung sind als „zweckdienliche Information" im Einzelfall Gegenstand der steuerlichen informationellen Handlungspflichten des § 31 Abs. 2 Nr. 2 WpHG. Danach ist der Kunde über alle relevanten steuerrechtlichen Umstände zu informieren, die mit dem Geschäft mit Auslandsbezug in Zusammenhang stehen. Dies kann insbesondere die Aufklärung über eine etwaige Quellenbesteuerung ausländischer Kapitalerträge und deren Höhe, die Vorgaben internationaler Abkommen (z. B. DBA) und die Möglichkeiten der Anrechung oder Erstattung gezahlter ausländischer Quellensteuer betreffen.

---

820 Faustformel zur Ermittlung dieser Anrechnungshöchstgrenze ist hierbei: gesamter Einkommensteuerbetrag multipliziert mit den ausländischen Einkünften, geteilt durch die Summer aller Einkünfte. Dazu sehr anschaulich bei Philipkowski, in: Derleder/Knops/Bamberger, § 58 Rn. 112.

821 Philipkowski, in: Derleder/Knops/Bamberger, § 58 Rn. 111.

822 Für das Erstattungsverfahren hat der Kunde eine Wohnsitzbescheinigung seines Finanzamtes beizubringen und bestimmte Fristen zu beachten, vergleiche Philipkowski, in: Derleder/Knops/Bamberger, § 58 Rn. 113.

823 Zu den genauen Anwendungsvoraussetzungen BMF, BStBl. 1998 I 1554; Philipkowski, in: Derleder/Knops/Bamberger, § 58 Rn. 115.

824 Richtlinie 2003/48/EG des Rates vom 3. Juni 2003 im Bereich der Besteuerung von Zinserträgen, ABl. 157/2003/38. Dazu sehr ausführlich Hofrath, StW 2005, S. 151 ff.

III. Besondere objektbezogene steuerliche Informationspflichten

Zu klären gilt es nunmehr, welche konkreten, objektbezogenen steuerlichen Merkmale sich an das jeweilige Wertpapier, Geldmarktinstrument oder Derivat knüpfen und im Einzelfall Gegenstand diesbezüglicher Informationspflichten sein können.

1. Aktien

In Hinblick auf die steuerrechtliche Behandlung von Aktien ist neben der Besteuerung von Gewinnanteilen und sonstigen Erträgen aus diesem verbrieften Gesellschaftserrecht insbesondere die steuerliche Behandlung von Veräußerungsvorgängen von Bedeutung. Daneben ist regelmäßig das Halbeinkünfteverfahren nach § 3 Nr. 40 S. 1 EStG bei der Vermögensanlage in Aktien einschlägig.

Grundsätzlich unterliegen Aktienerträge in Gestalt von Gewinnanteilen (Dividenden), Ausbeuten und sonstigen Bezügen als Einkünfte aus Kapitalvermögen nach § 20 Abs. 1 Nr. 1 EStG der Einkommensteuer. Dabei ist bei inländischen Beteiligungserträgen dieser Art ein Steuerabzug vom Kapitalertrag nach § 43 Abs. 1 S. 1 Nr. 1 EStG vorzunehmen. Nach dem System des Halbeinkünfteverfahrens werden die nunmehr zufließenden Beteiligungserträge nur zur Hälfte steuerlich erfasst. Hintergrund dieser Regelung ist, dass bei Körperschaften regelmäßig eine entsprechende steuerliche Vorbelastung vorliegt. Dieser tatsächlichen oder fiktiven Vorbelastung wird zur Vermeidung einer Überbesteuerung durch das Halbeinkünfteverfahren Rechnung getragen. Entsprechend der hälftigen Besteuerung von Beteilungserträgen ist auch die steuerliche Abzugsfähigkeit von Werbungskosten auf die Hälfte begrenzt. Veräußerungsvorgänge von Aktien durch Privatpersonen werden nach § 23 Abs. 1 Nr. 2 EStG als Einkünfte aus privaten Veräußerungsgeschäften erfasst.[825]

Grundsätzlich ergeben sich somit hinsichtlich der Besteuerungssituation von Aktien keine atypischen steuerrechtlichen Umstände. Dagegen können im Bereich der Aktien für spezielle Ausgestaltungsformen und besondere Rechte dieser Beteiligungsform steuerrechtliche Besonderheiten entstehen. In diesem Sinne ergeben sich spezifische – ansonsten bei Aktien regelmäßig eingeschränkte – steuerliche Informationspflichten.

a. Bezugsrechte

Im Rahmen von Kapitalerhöhungen werden den Altaktionären regelmäßig so genannte Bezugsrechte gewährt. Im Sinne von § 186 AktG berechtigen diese Bezugsrechte, gegen Zahlung eines festgelegten Betrages, zum Bezug der jungen Aktien. Dabei wird der Wert von Bezugsrechten beim Altaktionär nicht als Einkünfte aus Kapitalvermögen erfasst. So stellen Bezugsrechte keinen Ertrag im Sinne von § 20 Abs. 1 Nr. 1

---

[825] Zu den Einkünften aus privaten Veräußerungsgeschäften im Rahmen des § 23 EStG als „Spekulationssteuer", 3. Teil, § 2 I 4 b cc.

EStG dar. Sie bedeuten lediglich eine Abspaltung des Stammrechts.[826] Ein Bezugsrecht stellt dabei ein Sonderrecht dar, das selbständig veräußerbar und auch selbständig verwertbar ist.[827] Maßgeblich ist jedoch, dass sich nunmehr die auf die Altaktien aufgewendeten Anschaffungskosten auf die Aktie und auf das Bezugsrecht verteilen.[828]

Hinsichtlich der isolierten Veräußerung eines Bezugsrechts greift die Regelung des § 23 Abs. 1 S. 1 Nr. 2 EStG. Danach wird ein Veräußerungstatbestand als privates Veräußerungsgeschäft betrachtet. Entscheidend ist, dass die relevante Sechsmonatsfrist beim Altaktionär nicht mit Zuteilung des Bezugsrechts, sondern schon mit dem Erwerbszeitpunkt der Altaktie beginnt.[829] Bei Bezugsrechten ist dieser atypische Fristenlauf im Rahmen der Spekulationssteuer gegebenenfalls Gegenstand der qualifizierten Aufklärungspflicht.

b. Gratis- bzw. Bonusaktien

Spezifische steuerrechtliche Probleme können sich im Bereich so genannter Gratis- oder Bonusaktien ergeben.[830] Besondere Aktualität hat dieses Problemfeld durch die so genannten „Treuaktienprogramme" im Rahmen einiger publikumsträchtiger Börsengänge, wie beispielsweise dem der Deutsche Telekom AG, gewonnen.[831] Diese betreffen zum einen die Besteuerung der Wertpapiere im Rahmen der Einkünfte aus Kapitalvermögen nach § 20 EStG. Zum anderen kann sich eine spezielle steuerrechtliche Behandlung im Bereich der privaten Veräußerungsgeschäfte i. S. d. § 23 EStG ergeben. Zunächst ist im Bereich der Gratis- oder Bonusaktien zwischen zwei unterschiedlichen gesellschaftsrechtlichen Vorgängen zu differenzieren.

---

826 Rick/Gierschmann/Gunsenheimer/Martin/Schneider, Rn. 1887, mit dem Hinweis, dass es bei Altaktien regelmäßig zu einem Bezugsrechtsabschlag bei der Börsennotierung kommt.

827 Dazu Rick/Gierschmann/Gunsenheimer/Martin/Schneider, Rn. 1887 mit einem Verweis auf § 1 des Gesetzes über steuerrechtliche Maßnahmen bei Erhöhung des Nennkapitals aus Gesellschaftsmitteln vom 10. Dezember 1967, BGBl. I 1967.

828 Zur Ermittlung ist dabei die Gesamtwertmethode anzuwenden, d. h. Anschaffungskosten des Bezugsrechts = Anschaffungskosten Altaktie mal Börsenkurs Bezugsrecht geteilt durch Börsenkurs Altaktie vor Kapitalerhöhung. In diesem Sinne Philipkowski, in: Derleder/Knops/Bamberger, § 58 Rn. 38 und BFH, BStBl. 1969 II 105; BFH BStBl. 1999 II 638 ff.

829 Philipkowski, in: Derleder/Knops/Bamberger, § 58 Rn. 38.

830 Zum Teil wird hierbei auch von so genannten Freiaktien oder Treuaktien gesprochen. Zu der steuerrechtlichen Beurteilung derartiger Wertpapiere ausführlich bei Singer, FR 2000, S. 229 ff.

831 Beim Börsengang der Deutsche Telekom AG im Rahmen der Privatisierung der Deutschen Bundespost wurde Privatanlegern ein wesentlicher Vorteil gewährt. Dabei erhielten sie aus dem Bestand des Bundes unentgeltlich weitere Aktien, wenn sie ihre bei der Emission bezogenen Aktien bis zu einem bestimmten Termin im Depot gehalten haben. Diese Aktien wurden als „Bonus- oder Treuaktien" bezeichnet. Umstritten war dabei zum einen, ob der Bezug solcher Aktien einkommensteuerpflichtig ist und zum anderen, wie es sich mit der Besteuerung etwaiger Veräußerungsgewinne verhält. Das Problemfeld im Überblick bei Becker, FR 2001, S. 231 ff.. Zu der Position der Finanzverwaltung sehr anschaulich bei BMF, Schr. V. 10. Dezember 1999 – IV C 6 – S 1900 – 228/991, BStBl. I 1999, 1129 = FR 2000, 228.

Denkbar ist zunächst der Vorgang, in dem einem Anteilseigner durch die Gesellschaft statt einer Bardividende Aktien gewährt werden. Diese werden ihm von seiner depotführenden Stelle gutgeschrieben. So bieten insbesondere ausländische Aktiengesellschaften ihren Aktionären gelegentlich ein Wahlrecht zwischen einer Bar- oder „Aktiendividende“. In einem solchen Fall handelt es sich bei den gewährten Aktien im Kern um ein Sachdividende. Bei dieser Sachdividende handelt es sich um ein besonderes Entgelt oder einen Vorteil i. S. v. § 20 Abs. 2 S. 1 Nr. 1 EStG. Unter besondere Entgelte oder Vorteile werden sämtliche Vermögensmehrungen gefasst, die bei wirtschaftlicher Betrachtung einen Beteiligungsertrag darstellen.[832] Damit werden derartige Bonus- oder Gratisaktien – wie auch die Bardividende – einkommensteuerrechtlich als Einkünfte aus Kapitalvermögen behandelt.

Anders stellt sich dagegen der Vorgang dar, in dem eine Aktiengesellschaft Teile der Kapitalrücklage und der Gewinnrücklagen nach §§ 207 ff. AktG in Nennkapital umwandelt und ihren Aktionären Gratisaktien gewährt.[833] Der Erwerb dieser neuen Anteilsrechte unterliegt ausweislich § 1 KapErhStG nicht der Einkommensteuer.

Das zweite bereits angesprochene Problemfeld bildet die steuerliche Behandlung der Aktien in Hinblick auf die Vorschrift des § 23 Abs. 1 Nr. 2 EStG. Dabei wird der Verkauf derartiger Wertpapiere als privates Veräußerungsgeschäft steuerlich erfasst.[834] Problematisch erscheint in diesem Zusammenhang einerseits, auf welchen Anschaffungszeitpunkt zur Ermittlung der Einjahresfrist abzustellen ist, und andererseits, wie die Anschaffungskosten der Gratis- oder Bonusaktien zu bestimmen sind. Als fristenmaßgeblichem Anschaffungszeitpunkt ist dabei auf den Anschaffungszeitpunkt der Altaktien und damit gerade nicht auf die Zuteilung oder den Eintritt der aufschiebenden Bedingung abzustellen.[835]

Es können sich auch bei Finanzdienstleistungen im Zusammenhang mit Gratis- oder Bonusaktien spezifische steuerliche Informationspflichten ergeben. Danach ist jedenfalls eine Aufklärung über die Behandlung dieser Wertpapiere als Einkünfte aus Kapitalvermögen bzw. bei Veräußerung als Einkünfte aus privaten Veräußerungsgeschäften geschuldet. Entsprechende Pflichten liegen insbesondere in solchen Konstellationen nahe, in denen mit spezifischen Gratis- oder Bonusaktien gegenüber dem Kunden geworben wird. So kann die steuerliche Behandlung dieser Wertpapiere für den Kunden unter Umständen dahingehend von Bedeutung sein, als sie die Gesamtrenditekalkulation berührt.

---

832 BFH, BStBl. II 81, 464 f.

833 Philipkowski, in: Derleder/Knops/Bamberger, § 58 Rn. 38.

834 Hartmann, FR 2001, S. 577 ff.

835 FG München, EFG 2001, 1128, Revision IX R 36/01; Anmerkung Hoffmann, EFG 2001, S. 1131; Heinicke, in: Schmidt, § 23 Rn. 26.

2. Finanzinnovationen

Grundsätzlich in den Bereich der Schuldverschreibungen fallen auch so genannte Finanzinnovationen, d. h. solche Schuldverschreibungen, die mit Tausch- oder Erwerbsrechten oder Leistungsmerkmalen anderer Wertpapiere kombiniert werden.[836] Unter steuerlicher Betrachtung handelt es sich bei Finanzinnovationen um Kapitalanlagegestaltungen, bei denen durch Veräußerung ein verdeckter Zinsertrag realisiert wird oder realisiert werden kann.[837] Mit § 20 Abs. 2 S. 1 Nr. 4 EStG hat der Steuergesetzgeber eine Regelung geschaffen, um den gesamten realisierten Wertzuwachs einer Veräußerung zu erfassen. Die zentralen marktgängigen Innovationsprodukte sind gegenwärtig neben Null-Kupon-Anleihen Aktien-, Umtausch-, Doppelwährungs- und Floater-Anleihen.

Steuerrechtliches Charakteristikum dieser Produkte ist regelmäßig, dass dem Steuerschuldner bei ihrer Veräußerung ein Wahlrecht hinsichtlich der Besteuerung zusteht. Als Kapitalertrag kann entweder die Marktrendite oder die besitzzeitanteilige Emissionsrendite angesetzt werden. Gemäß § 20 Abs. 2 S. 1 Nr. 4 S. 2 EStG bezeichnet die Markrendite als Kapitalertrag die Differenz aus dem „Entgelt für den Erwerb" und den „Einnahmen aus der Veräußerung". Bezugspunkt der Emissionsrendite i. S. v. § 20 Abs. 2 S. 1 Nr. 4 S. 3 EStG bildet die – regelmäßig im Emissionsprospekt ausgewiesene – Gesamtrendite von Emission bis Fälligkeit. Dabei ist als Rendite der Teil der Gesamtrendite abzüglich bereits zugeflossener Zinsen anzusetzen, der auf den Zeitraum des Besitzes des Papiers entfällt.[838] Maßgeblich ist, dass der Steuerpflichtige die Emissionsrendite nachzuweisen hat, da ansonsten die Marktrendite als Besteuerungsgrundlage herangezogen wird, was im Einzelfall die Rendite der Wertpapiertransaktion zu beinträchtigen geeignet ist. Problematisch erscheint in Hinblick auf die besondere steuerliche Behandlung von Finanzinnovationen, ob und gegebenenfalls in welcher Form derartige Gesichtspunkte Gegenstand der Informationspflicht des § 31 Abs. 2 Nr. 2 WpHG sein können.

Auch in Hinblick auf die Besteuerung von Finanzinnovationen ist den entwickelten Grundsätzen steuerlicher Informationspflichten zu folgen. Danach ist jedenfalls eine Hinweispflicht auf die steuerliche Besonderheit in Gestalt des Wahlrechtes nach § 20 Abs. 2 S. 1 Nr. 4 EStG gegeben. Als Element einer produktgerechten Information ist dieser steuerrechtliche Umstand als atypisches steuerliches Merkmal Bestandteil zweckdienlicher Information.

In diesem Zusammenhang könnte es zunächst bedenklich erscheinen, dass dem Finanzdienstleister Pflichten im steuerrechtsbezogenen Informationsbereich auferlegt werden, die von ihrer Komplexität über die gemeinen Grundsätze der Besteuerung hi-

[836] Assmann, in: Assmann/Schneider, § 2 Rn. 14.
[837] Philipkowski, in: Derleder/Knops/Bamberger, § 58 Rn. 17.
[838] Philipkowski, in: Derleder/Knops/Bamberger, § 58 Rn. 45.

nausgehen. Hierbei gilt es jedoch, mit Blick auf den Gesichtspunkt einer objektgerechten Information im Sinne des „know your merchandise" zu argumentieren. Danach hat ein Unternehmen, das Finanzdienstleistungen im Zusammenhang mit derartigen Finanzinnovationen offeriert, über ein hinreichendes, dem Kunden notwendig zu vermittelndes Mindestmaß an Informationen zu verfügen. Dabei sind auch komplexe steuerliche Aspekte Teil dieses Mindestmaßes an steuerrechtsbezogener Information in Gestalt der qualifizierten Aufklärung.

Abzulehnen ist hingegen eine darüber hinausgehende Verpflichtung des Finanzdienstleisters, den Kunden hinsichtlich einer für ihn günstigeren Wahlrechtsausübung zu beraten.

3. Investmentanteile an inländischen Investmentfonds

Investmentanteile, die von einer Kapitalanlagegesellschaft ausgegeben werden, sind nach § 2 Abs. 1 Nr. 2 WpHG ausdrücklich als Wertpapiere von den Vorschriften des Wertpapierhandelsgesetzes erfasst. Der steuerrechtliche Rahmen für derartige Kapitalanlagegesellschaften wurde ursprünglich durch das Gesetz über Kapitalanlagegesellschaften (KAGG) statuiert und ist seit dem 1. Januar 2004 im Investmentsteuergesetz (InvStG) verankert.[839] Grundsätzlich bezeichnet der Begriff Investmentfonds ein Vermögen, das eine Anlagegesellschaft mit dem Geldkapital von Anlegern nach dem Grundsatz der Risikomischung in Form von Aktien, festverzinslichen Wertpapieren, Immobilien und Ähnlichem begründet und verwaltet.[840] § 1 Abs. 1 Nr. 1 InvStG schafft die Möglichkeit, dass inländische Investmentvermögen entweder als Publikums- oder Spezial-Sondervermögen ausgestaltet werden, d. h., eingelegte Gelder von Anlegern werden im eigenen Namen und gesondert vom eigenen Vermögen der Gesellschaft in so genannten Sondervermögen angelegt. Zum anderen können Investmentfonds auch als so genannte Investmentaktiengesellschaften konzipiert sein.[841] Dabei erhält der Anleger seiner Einlage entsprechende Anteilsscheine am Sondervermögen. Die als Investmentanteil zu bezeichnenden Anteilsscheine stellen Urkunden dar, die die Ansprüche gegenüber dem Sondervermögen oder Mitgliedschaftsrechte an der Investmentgesellschaft verbriefen.[842]

Steuerrechtlich galten Wertpapier-Sondervermögen und Geldmarktsondervermögen nach § 38 Abs. 1 KAGG als Zweckvermögen im Sinne des § 1 Abs. 1 Nr. 5 KStG.

---

[839] BGBl. I 03, 2676. Zu den Neuregelungen des Investmentsteuergesetzes bei Wassermeyer, DB 2003, S. 2085 ff. Sehr instruktiv zum Recht der Kapitalanlagegesellschaften nach dem KAGG, Thorn/Otto/Geese, S. 1 ff.

[840] Von Beckerath, in: Kirchhof § 20 Rn. 141 f.

[841] Dies stellt eine wesentliche Änderung zum KAGG dar, das bislang nur die Anlage in Sondervermögen vorsah.

[842] Die Partizipation der Investmentanleger am Sondervermögen kann im Wege einer sog. Treuhandlösung oder einer sog. Miteigentumslösung erfolgen, dazu von Beckerath, in: Kirchhof § 20 Rn. 141 f.

Damit waren sie zwar als selbständige Steuersubjekte im Sinne des Körperschaft- und Gewerbesteuerrechts zu betrachten. Entscheidend war jedoch, dass diese Zweckvermögen gemäß § 38 Abs. 1 S. 2 KAGG sachlich ausdrücklich von der Körperschaft- und Gewerbesteuer befreit waren. Nunmehr erstreckt sich ausweislich der Regelung des § 11 Abs. 1 S. 3 InvStG diese steuerliche Befreiung auf Fondsebene sowohl auf Investment-Sondervermögen als auch auf Investmentaktiengesellschaften. Damit findet eine materielle Besteuerung der erzielten Erträge auf Fondsebene nicht statt.

Die originäre Bedeutung von Zweckvermögen als eigenständige Steuersubjekte ist vielmehr eine gesetzliche Fiktion, die ihren Grund im steuerverfahrensrechtlichen Bereich hat.[843] So ist es einer Kapitalanlagegesellschaft unter anderen möglich, bestimmte Rechte, wie beispielsweise solche im Rahmen der Antragstellung auf Erstattung oder Vergütung von Quellensteuern, in ihrem Namen geltend zu machen.[844]

Bemerkenswert ist, dass der Gesetzgeber darauf abgezielt hat, dass der Anteilseigner steuerlich weitestgehend so gestellt wird, als hätte er einen entsprechenden Teil der Vermögensgegenstände in eigener Person erworben.[845] Damit folgt das Investmentsteuergesetz dem Grundsatz der Transparenz. Eine Besteuerung – auch in Hinblick auf die Sondervermögen – findet letztlich erst auf Ebene des Anlegers statt. Der Anleger hat Erträge, sofern diese an ihn ausgeschüttet oder für ihn thesauriert werden, zu versteuern. Überdies ist gegebenenfalls beim Anteilseigner auch das Halbeinkünfteverfahren[846] angewendet, wenn innerhalb des Sondervermögens Dividenden vereinnahmt werden.

Einen steuerlichen Vorteil hingegen bietet die Beteiligung an einem Investmentfonds hinsichtlich etwaiger Spekulationsgewinne. Grundsätzlich werden Veräußerungsgewinne, die ein Direktanleger innerhalb der Sechsmonatsfrist generiert, als so genannte private Veräußerungsgeschäfte nach § 23 EStG einkommensteuerlich erfasst. Werden entsprechende Gewinne jedoch auf Ebene des Sondervermögens erwirtschaftet, wird beim jeweiligen Anteilseigner der auf ihn entfallende Veräußerungsgewinn nicht steuerlich erfasst.[847] Dabei ist die Freistellung der Gewinne im Falle der Ausschüttung ausdrücklich über § 2 Abs. 3 InvStG klargestellt. Wird jedoch der Anteilsschein an der Investmentgesellschaft selbst innerhalb eines Jahres zurückgegeben oder veräußert, so ist darin wieder ein nach § 23 EStG zu behandelndes privates Veräußerungsgeschäft zu sehen.

---

843 Einerseits wird damit die Notwendigkeit einer gesonderten Feststellung der Einkünfte nach § 180 AO vermieden. Andererseits werden den Kapitalanlagegesellschaften für das Sondervermögen im Besteuerungsverfahren bestimmte Pflichten wie beispielsweise Mitwirkungspflichten (§ 90 AO) und Aufzeichnungspflichten (§ 140 AO) zugewiesen, Thorn/Otto/Geese, S. 5.

844 In diesem Sinne insbesondere die §§ 37a ff. KAGG.

845 Philipkowski, in: Derleder/Knops/Bamberger, § 58 Rn. 100.

846 § 3 Nr. 40 EStG i. V. m. §§ 39 Abs. 1 S. 1, 40 Abs. 2 KAGG.

847 Philipkowski, in: Derleder/Knops/Bamberger, § 58 Rn. 102.

Trotz komplexer rechtlicher und steuerrechtlicher Gestaltung inländischer Investmentfonds bedeuten Investmentanteile für einen Anteilseigner so gut wie keine atypischen steuerrechtlichen Umstände. In diesem Sinne treffen einen Finanzdienstleister regelmäßig keine besonderen steuerlichen Informationspflichten im Zusammenhang mit Investmentanteilen an inländischen Kapitalanlagegesellschaften.[848]

4. Investmentanteile an ausländischen Investmentfonds

Anders als inländische Investmentfonds erfuhren die ausländischen Investmentfonds ursprünglich eine spezifische rechtliche Behandlung über das Auslandsinvestmentgesetz (AuslInvstmG). Seit dem 1. Januar 2004 sind die Vorschriften für inländische und ausländische Investmentfonds im Investmentgesetz weitgehend vereinheitlicht.[849] Dadurch ergeben sich hinsichtlich der steuerlichen Informationspflichten keine Besonderheiten gegenüber den inländischen Investmentfonds.

§ 2 Steuerrechtsbezogene Informationspflichten am „grauen" Kapitalmarkt

Ebenso wie im Zusammenhang mit den Finanzprodukten des geregelten Kapitalmarktes sind den Finanzprodukten des „grauen" Kapitalmarktes sowohl aus produktbezogener als auch aus kundenbezogener Sicht sehr spezifische „eigene" steuerrechtliche Gesichtspunkte immanent. Bemerkenswert ist, dass sich das Gesamtbild spezifischer Finanzprodukte am „grauen" Kapitalmarkt außerordentlich vielschichtig darstellt.[850] Dennoch können mit den Immobilien-, Schiffs-, Film- und Windenergiefonds typisierend einige „steuerliche Standardprodukte" am grauen Kapitalmarkt identifiziert werden. Bemerkenswert ist insbesondere, dass vor dem Hintergrund permanenter Änderung des Steuerrechts eine stetige Fort- und Neuentwicklung entsprechender Finanzprodukte erfolgt. Damit stellt sich die Erarbeitung spezifischer Standards steuerrechtsbezogener informationeller Handlungspflichten schwierig dar.

Finanzinstrumente am grauen Kapitalmarkt

Unter Berücksichtigung der angedeuteten Vielschichtigkeit des Produktangebotes am „grauen" Kapitalmarkt gilt es zunächst einen Überblick über die Besonderheiten dieses

---

848 Den Finanzdienstleister trifft jedoch grundsätzlich – im Rahmen seiner steuerlichen Mitwirkungspflichten – die Pflicht, dem Kunden eine Jahressteuerbescheinigung auszustellen.

849 Damit ist der Gesetzgeber insbesondere europarechtlichen Bedenken entgegengetreten, die gegen die unterschiedliche steuerliche Behandlung inländischer und ausländischer Investmentfonds bestanden. Dazu von Beckerath, in: Kirchhof, § 20 Rn. 146. Sehr instruktiv zur steuerlichen Behandlung von ausländischen Investmentfonds nach dem AuslInvestmG und der diesbezüglichen Unterscheidung zwischen so genannten „weißen", „grauen" und „schwarzen" Fonds und der diesbezüglichen europarechtlichen Problemfelder, FG Berlin, IStR 2005, S. 343 ff.; Eicker, IStR 2005, S. 346.

850 Selbst die als typisierte Standardmodelle vorgestellten Fondskonzepte können sich in ihrer spezifischen steuerrechtlichen Ausgestaltung unterscheiden.

Marktsegmentes zu vermitteln.[851] In diesem Zusammenhang erscheint es insbesondere notwendig, die im Wesentlichen am „grauen" Markt angebotenen Finanzprodukte typisierend zu beleuchten.

1. „Geschlossene Fonds" als Finanzinstrumente des grauen Kapitalmarkts

Im Zentrum der am grauen Kapitalmarkt angebotenen Finanzprodukte stehen personengesellschaftsrechtlich strukturierte Beteiligungsgesellschaften in Gestalt so genannter geschlossener Fonds. Dabei ist der Begriff „Fonds" eine dem französischen Sprachgebrauch entliehene Bezeichnung für eine bestimmte Vermögensmasse, die allgemein auch als Sondervermögen bezeichnet werden könnte.[852] Von so genannten „geschlossenen" Fonds ist dann zu sprechen, wenn nach Platzierung der Gesellschaftsanteile keine weiteren Anteile mehr ausgegeben werden und die ausgegebenen Anteile auch nicht mehr zurückgenommen werden.[853] Im öffentlichen Verständnis sind diese Fondsprodukte zum Teil als steuerbegünstigte Kapitalanlagen verhaftet. Dabei liegt ein Begriffsverständnis zugrunde, nach dem es sich bei diesen Finanzprodukten um unternehmerische Beteiligungen am wirtschaftlichen Verkehr handelt, bei denen der Eigenkapitaleinsatz ganz oder größtenteils aus ersparten Steuern finanziert werden kann.[854] Mit Blick auf die gegenwärtig überwiegend am Markt platzierten geschlossenen Fondsbeteiligungen ist jedoch mit dem „Mythos" des reinen Steuersparmodells aufzuräumen. Obgleich steuerliche Gesichtspunkte in der Gesamtkalkulation von Fondsprodukten immer noch eine nicht unerhebliche Bedeutung spielen, ist – nicht zuletzt aufgrund massiver Schritte des Gesetzgebers[855] – ein deutliche Entwicklung zu einer Aktivrenditeausrichtung geschlossener Beteiligungskonzepte zu erkennen.

Wie *Heisterhagen/Kleinert* herausarbeiten, ist dennoch das Wachstum des Marktes für geschlossene Fonds ungebrochen. Dabei sei davon auszugehen, dass unter Einbeziehung des Fremdkapitals jährlich rund 20 Milliarden Euro in derartige Fondskonzepte

---

[851] Übersicht des Marktes für steuerbegünstigte Kapitalanlagen bei Duchardt/Gillitzer, DStR 2001, S. 1624 ff. Angesicht der Vielfalt derartiger Modelle und aus Gründen der Übersichtlichkeit und wirtschaftlichen Bedeutung dieser Anlageinstrumente soll auf andere Finanzprodukte des grauen Kapitalmarktes allenfalls am Rande eingegangen werden. In diesem Sinne sollen Versicherungsprodukte, Finanzinnovationen und andere unternehmerische oder kapitalistische Beteiligungen der unterschiedlichsten Arten in den folgenden Ausführungen unberücksichtigt bleiben. Der Markt der „Fonds-Finanzprodukte" wird wegen des Fehlens spezifischer aufsichtsrechtlicher, anlegerschützender Regelungen und der Intransparenz der unterschiedlichen Produktangebote als „grauer" bzw. „ungeregelter" Kapitalmarkt bezeichnet.

[852] Klumpe/Nastold, Immobilienfonds, S. 1.

[853] Klumpe/Nastold, Immobilienfonds, S. 4.

[854] Fleischmann, in: Fleischmann, S. 29 ff. Dieses Begriffsverständnis findet sich im Kern auch in der Vorschrift § 2 b EStG wieder. Darin wird jedenfalls aus einkommensteuerrechtlicher Sicht entsprechenden Beteiligungsformen ihre steuerliche Anerkennung verweigert.

[855] So verschiedene Maßnahmen des Gesetzgebers z. B. §§ 2 b, 15 a, 15 b EStG sowie zahlreiche Erlasse der Finanzverwaltung..

investiert werden.[856] Abhängig von ihrem jeweiligen Gesellschaftszweck handelt es sich bei den Fondsgesellschaften regelmäßig um geschlossene Immobilienfonds, Schiffsfonds, Filmfonds, und Windenergiefonds. Daneben gibt es eine Reihe von Nischenprodukten wie beispielsweise Leasingsfonds[857], Venture-Capital-Fonds[858] und Lebensversicherungsfonds[859]. Aufgrund der ständigen Veränderungen im Markt derartiger Fondsbeteiligungen sollen im Folgenden die rechtlichen Ausgestaltungen gängiger Erscheinungsformen im Überblick skizziert werden, um die Relevanz für die vorliegende Untersuchung besser würdigen zu können.

a. Überblick zur rechtlichen Ausgestaltung

Wie *Lüdicke/Arndt/Götz* in der Neuauflage ihres Standardwerkes für geschlossene Fonds herausarbeiten, kann man geschlossene Fonds als Vehikel zu Investitionen in hochpreisige Wirtschaftsgüter bezeichnen. Dabei erfolgt eine Bündelung von Investoren, ihres Kapitals und ihrer Interessen in einem Publikumsfonds.[860]

Geschlossene Fondskonzepte sind stets personengesellschaftsrechtlich ausgestaltet. In diesem Sinne sind gegenwärtig neben Gesellschaften bürgerlichen Rechts i. S. d. §§ 705 ff. BGB und offenen Handelsgesellschaften i. S. d. §§ 104 ff. OHG insbesondere Fondskonzepte in Form von Kommanditgesellschaften anzutreffen.[861] Im Bereich öffentlich platzierter Fonds ist die wohl gängigste Erscheinungsform die GmbH & Co. KG in Gestalt der so genannten Publikumskommanditgesellschaft.[862] Unter dem Begriff der Publikumskommanditgesellschaft ist dabei eine Kommanditgesellschaft zu verstehen, die auf den Beitritt zahlreicher Kapitalanleger ausgerichtet ist.[863] Nach ständiger Rechtsprechung des Bundesgerichtshofes zeichnet sich eine solche Publikumskommanditgesellschaft dadurch aus, dass sie von ihren Gründern (Initiatoren) darauf angelegt ist, eine unbestimmte Vielzahl von interessierten, noch zu werbenden Kapitalanlegern als Kommanditisten an sich zu binden.[864] Charakteristisch ist hierbei, dass die Gesellschaft – anders als eine herkömmliche Kommanditgesellschaft – nicht von einem geschlossenen Gesellschafterkreis ausgeht, sondern die beteiligten Gesellschafter mehr oder weniger zufällig zusammengeführt werden. Dabei werden die Gesellschafter als Kommanditisten wirtschaftlich gesehen nur kapitalistisch an der Gesellschaft beteiligt.[865] Besonderheiten in der rechtlichen Ausgestaltung ergeben sich

856 Heisterhagen/Kleinert, DStR 2004, S. 507 ff.
857 Rehm/Lindauer, zu den veränderten steuerlichen Rahmenbedingungen für die Leasingbranche, BB 2000, S. 21 ff.
858 Pfeifer, BB 1999, S. 1665 ff.
859 Zu den Besonderheiten dieses Fondsproduktes, Heisterhagen/Kleinert, DStR 2004, S. 507 ff.
860 Lüdicke/Arndt/Götz, S. 5 f.
861 Ein Überblick über die verschiedenen rechtlichen Gestaltungsmöglichkeiten, Lüdicke/Arndt/Götz, S. 6 ff.
862 Wagner/von Heymann, WM 2003, S. 2225; Lüdicke/Arndt/Götz, S. 14 f.
863 K. Schmidt, Gesellschaftsrecht, § 57 I 1 a.
864 BGH, Urteil vom 23. März 1988, II ZR 135/87, BGHZ 104, 50 = NJW 1988, S. 1904.
865 Heisterhagen/Kleinert, DStR 2004, S. 507 ff.

regelmäßig bei ausländischen geschlossenen Fondskonzepten, wie beispielsweise US-amerikanischen Immobilienfonds. Diese Fonds sind naturgemäß stets der jeweils einschlägigen Rechtsordnung angepasst.

Auf die spezifische rechtliche Ausgestaltung der jeweiligen Beteiligungsformen des Investors als unmittelbare Beteiligung, mittelbare Beteiligung in Form der Unterbeteiligung, der Treuhandkommanditistensbeteiligung und der Stillen Gesellschaft, sowie die so genannten Doppelstockmodelle, soll an dieser Stelle nicht näher eingegangen werden.[866]

b. Überblick zur steuerrechtlichen Ausgestaltung

Die rechtliche und die steuerrechtliche Ausgestaltung geschlossener Fonds hängt regelmäßig eng miteinander zusammen. So erfolgt die rechtliche Konzeption als Personengesellschaft stets mit Blick auf die steuerrechtliche Behandlung von Personengesellschaften. Anders als Kapitalgesellschaften, die als Körperschaften gemäß § 1 KStG Körperschaftsteuerpflichtig und ihrerseits bereits eigenständiges Steuersubjekt sind, ist die Personengesellschaft als solche weder Einkommens- noch Körperschaftsteuersubjekt.[867] Die Personengesellschaft ist als „partielles Steuersubjekt" lediglich Subjekt der Gewinnerzielung, der Gewinnermittlung und der Einkünftequalifikation.[868] Bei Personengesellschaften unterliegen damit ausschließlich die Gesellschafter der Einkommen- bzw. Körperschaftsteuer. Ihnen werden die Einkünfte der Gesellschaft im Wege der einheitlichen und gesonderten Gewinnfeststellung i. S. d. §§ 179 ff. AO zugerechnet.[869] Mithin erfolgt die eigentliche Besteuerung erst auf Ebene des Gesellschafters. Die Personengesellschaft entfaltet somit im Gegensatz zur Kapitalgesellschaft keine Abschirmwirkung gegenüber ihren Gesellschaftern. Vielmehr gilt wegen der unmittelbaren anteiligen Zurechnung des Gewinns ein so genanntes Transparenzprinzip.[870] Für den Bereich der geschlossenen Fonds hat diese steuerliche Transparenz zur Folge, dass die mit der jeweiligen Investition als Nebenfolge verbundenen steuerlichen Effekte an den einzelnen Gesellschafter als Investor weitergegeben werden können.[871] Neben diesen allgemeinen steuerrechtlichen Gesichtspunkten, die im Wesentlichen in der steuerlichen Behandlung von Mitunternehmerschaften liegen, können im Bereich der Beteiligungskonzepte noch fondsspezifische steuerrechtliche Aspekte von besonderer

---

[866] Die spezifische rechtliche Gestaltung von geschlossenen Beteiligungskonzepten gestaltet sich sehr vielschichtig und kann in dieser Untersuchung im Überblick dargestellt werden. Zur Vertiefung Lüdicke/Arndt/Götz, S. 19 ff.

[867] Montag, in: Tipke/Lang, § 17 Rn. 13.

[868] BFH, GrS. BStBl. II 84, 751; GrS. BStBl. II 91, 691, GrS BStBl. II 95, 617; BStBl. II 98, 328; Reiß, in: Kirchhof, § 15 Rn. 202.

[869] Montag, in: Tipke/Lang, § 17 Rn. 13.

[870] Reiß, in: Kirchhof, § 15 Rn. 201. Zum Transparenzprinzip im Zusammenhang mit Mitunternehmerschaft, Mitunternehmer, Mitunternehmeranteil – aus der Sicht des BFH, Kempermannm, GmbHR, 2002, S. 200 ff.

[871] Exemplarisch sei hier auf Anfangsverluste durch Abschreibungen und Fremdfinanzierungskosten hingewiesen, Lüdicke/Arndt/Götz, S. 6.

Bedeutung sein.[872] Hierbei werden regelmäßig steuerrechtliche Regelungen insbesondere des Einkommensteuerrechts[873] oder spezifische Sondersteuergesetze[874] ausgenutzt. Diese spezifischen steuerrechtlichen Gesichtspunkte bilden zum Teil den entscheidenden Bestandteil in der Renditekalkulation für den einzelnen Anleger. Der steuerrechtliche Grundansatz liegt im Regelfall darin, den an dem Fonds beteiligten Privatpersonen die Möglichkeit zu eröffnen, über die Geltendmachung von Aufwand, in Gestalt von Abschreibungen und Kosten (z. B. Werbungs- oder Betriebskosten) auf Ebene der Gesellschaft, negative Einkünfte zu generieren.[875] Diese negativen Einkünfte sind dann gegebenenfalls mit positiven Einkünften im Wege des horizontalen bzw. vertikalen Verlustausgleiches zu verrechnen.

c. Überblick über die marktgängigsten Fondstypen

Der Markt der geschlossenen Fondsprodukte am grauen Kapitalmarkt unterliegt einem ständigen Wandel. In Anpassung an die wirtschaftlichen und vor allem steuerrechtlichen Rahmenbedingungen stehen dabei sehr unterschiedliche Investitionsobjekte im Fokus entsprechender Beteiligungsgesellschaften. Im Jahre 2003 investierten Anleger einen Gesamtbetrag in Höhe von rund 23,19 Milliarden Euro in geschlossenen Fonds. Die bedeutendsten Fondstypen waren mit einem Marktanteil von rund 23 % Schiffsbeteiligungen, gefolgt von deutschen Immobilienfonds (23 %), Filmfonds (insgesamt 17 %) amerikanischen Immobilienfonds (16 %) und so genannten New Energie Fonds – im Wesentlichen Windenergiefonds – (3 %).[876]

In diesem Sinne soll nachfolgend typisierend auf die marktgängigsten Fondsprodukte geschlossener Immobilienfonds, Schiffsfonds, Filmfonds und Windenergiefonds eingegangen werden.

aa. Geschlossene Immobilienfonds

Als geschlossene Immobilienfonds werden solche Fonds bezeichnet, die zur Finanzierung bestimmter Baumaßnahmen errichtet werden und deren Zertifikatskapital von vornherein auf das für die Anschaffung und Bebauung eines Grundstückes erforderliche Eigenkapital beschränkt ist.[877] Gegenstand der Gesellschaft bildet beim Betrei-

---

872 Zu den steuerrechtlichen Besonderheiten einzelner Fondsprodukte, 4. Teil, § 3 III 2 c.

873 Nur exemplarisch sei an dieser Stelle auf die Regelungen der §§ 5 Abs. 2, 5 a, 6 b EStG hinzuweisen.

874 Die Bedeutung steuerlicher Sondergesetze hat insbesondere durch Auslaufen der Zuschussregelungen für Investitionen in förderungswürdigen Gebieten nach § 1 Abs. 2 InvZulG 1996 an Bedeutung verloren. Als bedeutsam sind heute im Bereich der ausländischen Fonds – wenn als steuerliche Sondergesetze einzuordnen – die Sonderregelungen verschiedener Doppelbesteuerungsabkommen einzuordnen.

875 Zu den Grundprinzipien, Klumpe, S. 19 ff.

876 Loipfinger, S. 2 ff.

877 Apitz/Bruschke, Rn. 1009 f.

bermodell[878] der Erwerb eines Grundstückes, seine Bebauung und Vermietung sowie die spätere Veräußerung. Zu diesem Zweck schließt sich eine begrenzte Zahl von Anlegern regelmäßig in der Rechtsform einer Gesellschaft bürgerlichen Rechts oder einer Kommanditgesellschaft zusammen.[879] Das Gesamtinvestitionsvolumen in derartige inländische Immobilienfonds belief sich im Jahre 2003 auf rund 5,5 Milliarden Euro, wobei sich das Fondsangebot im Wesentlichen auf gewerblich genutzte Objekte fokussiert.[880]

Neben den inländischen Immobilienfonds werden auch ausländische Immobilienfonds am deutschen Markt angeboten. Die wirtschaftliche Konzeption ist dabei grundsätzlich der inländischen Struktur ähnlich, wobei die rechtlichen und steuerrechtlichen Bedingungen den jeweiligen Bestimmungen angepasst werden. Den größten Anteil am Markt ausländischer Immobilienfonds haben gegenwärtig US-amerikanische und Hollandimmobilienfonds. Von besonderer Bedeutung im Bereich ausländischer Immobilienfonds sind dabei häufig spezifische steuerrechtliche Besonderheiten, die steuerlich Vorteile für den einzelnen Anleger mit sich bringen können. Auf Grund geltender Doppelbesteuerungsabkommen gelangt für in Deutschland unbeschränkt steuerpflichtige Gesellschafter regelmäßig ausländisches Steuerrecht mit – im Vergleich zum deutschen Einkommensteuerrecht – niedrigen Steuersätzen zur Anwendung.

bb.Schiffsfonds

Von jeher zählen Schiffsbeteiligungen zu den gefragtesten Investitionszielen im Bereich geschlossener Fondsprodukte.[881] Mit einem platzierten Eigenkapital von 2,33 Milliarden Euro und einem Gesamtinvestitionsvolumen von ca. 5,96 Milliarden Euro waren Schiffsbeteiligungen dabei im Jahre 2003 erstmals das bedeutendste Fondsprodukt am grauen Kapitalmarkt.

Im Rahmen eines Schiffsfonds erwirbt die Fondsgesellschaft in der Regel ein Schiff[882] direkt von der Bauwerft. Danach wird das Schiff verchartert. Häufig wird hierbei nicht nur das Schiff als solches, sondern ein vom Fonds selbst betriebenes Schiff zur Nutzung (Charter) überlassen.[883] Damit liegt die technisch-nautische Führung des Schiffes

---

878 Idealtypische wird hierbei ein Immobilienfonds in Form eines Betreibermodells zugrunde gelegt. Anders dagegen ist die rechtliche und steuerrechtliche Gestaltung so genannter Immobilien-Leasingfonds. Bei Immobilien-Leasingfonds wird die Immobilie – anders als beim Betreibermodell – nicht vermietet, sondern an einen Nutzer „verleast". Zu der Abgrenzung sehr anschaulich, Lüdicke/Arndt/Götz, S. 145 f.

879 Apitz/Bruschke, Rn. 1009 f.

880 Loipfinger, S. 13 ff.; Loipfinger, Geschlossene Immobilienfonds, S. 21 f. Danach liegt der Schwerpunkt im Bereich der Gewerbeimmobilien auf Einkaufszentren und Büroimmobilien.

881 In 2003 lag das platzierte Eigenkapital bei rund 2,3 Milliarden Euro. Mit aufschlussreichen Ausführungen zu den gegenwärtigen Beteiligungskonzepten bei Schiffsfonds, Dobert, HANSA 2004, S. 12; Lüdicke/Arndt/Götz, 207 f.

882 Zu den unterschiedlichen möglichen Schiffstypen, Duchardt/Gilitzer, DStR 2001, S. 1628 f.

883 Lüdicke/Arndt/Götz, 210.

weiterhin beim Fonds. Dieser beauftragt wiederum einen so genannten Vertragsreeder mit der Ausführung diesbezüglicher Führungsaufgaben. Zu einem späteren Zeitpunkt kann das Schiff dann überdies veräußert werden. Der Anleger profitiert dabei zum einen von den Charterentgelten, die dem Fonds zufließen, andererseits kann er an einem etwaigen Verkaufserlös teilhaben.[884]

Von besonderer Bedeutung ist die Tatsache, dass die Beteiligung an Schiffsfonds dem Gesellschafter spezifische steuerliche Vorteile bringen kann.[885] Diese steuerlichen Vorteile liegen inzwischen nicht mehr in der Gewährung von Sonderabschreibungsmöglichkeiten.[886] Vielmehr können sich positive steuerliche Effekte für den Anleger aus den speziellen Gewinnermittlungsvorschriften im Rahmen der laufenden Tonnagebesteuerung ergeben.[887]

cc. Filmfonds

Seit Mitte der neunziger Jahre haben sich so genannte Filmfonds oder Medienfonds als Beteiligungsmodelle am grauen Kapitalmarkt etabliert. Mit einem Gesamtinvestitionsvolumen von rund 4 Milliarden Euro nehmen Filmfonds gegenwärtig eine nicht unbedeutende Stellung im Bereich geschlossener Fonds ein. Der rechtlichen und wirtschaftlichen Konzeption derartiger Filmfonds liegen zwei Bestandteile zugrunde.[888] Regelmäßig erwirbt der Anleger einen Kommanditanteil an einer Beteiligungsgesellschaft, die in die Produktion von Filmen investiert.[889] Dabei partizipiert der Anleger an den Verwertungserlösen der von der Beteiligungsgesellschaft hergestellten Filmproduktionen. Daneben können sich fondsspezifische Steuervorteile ergeben. Diese liegen im Wesentlichen in der möglichen sofortigen Ergebniswirksamkeit von (negativen) Produktionskosten auf Grundlage des Umkehrschluss zu § 5 Abs. 2 EStG begründet.[890] Steuerrechtlich entscheidend ist hierbei, dass der Filmfonds als „Hersteller" von Filmen agiert.[891] Auf Grund der steuerlichen Transparenz der Fondsgesellschaft können aus negativen Produktionskosten in der Anlaufphase Verlustverrechnungspotenziale für den einzelnen Anleger entstehen. Von besonderer Bedeutung

---

884 Hey, BB 1998, 1444 ff.

885 Bruton, DStR 1997, S. 1998; Marx, Löffler, DStR 1999, S. 1957 ff.

886 Durch das Jahressteuergesetz 1997, BGBl. I S. 2049, sind die gesetzlichen Sonderabschreibungsmöglichkeiten von § 82 f EStDV a. F. i. V. m. § 51 Abs. 1 Nr. 2 w EStG abgeschafft worden. Dazu kritisch jedoch Marx/Löffler, der § 2b als so genanntes „Renditeparadoxon" und „misslungenen Versuch", eine wirksame Verlustverrechnungsbeschränkung zu normieren, bezeichnet, DStR 1999, S. 1957.

887 Die Tonnagesteuer wurde im Rahmen des Seeschifffahrtsanpassungsgesetzes zum 1. Januar 1999 über § 5 a EStG in das deutsche Einkommensteuerrecht eingeführt. Dazu Marx/Löffler, DStR 1999, S. 1957 ff.

888 Auszugehen ist hierbei von einem so genannten Herstellermodell und nicht von leasingähnlich strukturierten Fonds.

889 Duchardt/Gillitzer, DStR 2001, S. 1627 f.

890 Lüdicke/Arndt/Götz, S. 168.

891 Radau/Dümichen in der Aufbereitung der neuen Vorschriften des Medienerlasses zur Herstellereigenschaft von Film- und Fernsehfonds, BB 2003, 2261.

hinsichtlich der steuerrechtlichen Behandlung derartiger Fondsprodukte sind dabei die so genannten Medienerlasse.[892]

dd. Windenergiefonds

Wie Lüdicke/Arndt/Götz darlegen, haben sich Windenergiefonds von einem „Nischenprodukt“ für Umweltschützer zu einer anerkannten Anlageform mit einem erheblichen Investitionsvolumen entwickelt.[893] Die Grundidee eines Windenergiefonds liegt in dem Erwerb von Nutzungsrechten an einem Grundstück mit dem Ziel der Errichtung einer Windkraftanlage zum Zwecke der Stromerzeugung. Dabei wird der erzeugte Strom gegen Entgelt in das Stromnetz eingespeist.[894] Zur Steigerung der Effizienz werden regelmäßig so genannte Windparks errichtet, die aus einer Vielzahl einzelner Windenergieanlagen bestehen. Von maßgeblicher Bedeutung für die wirtschaftliche Konzeption derartiger Windenergiebeteiligungen sind hierbei die rechtlichen Rahmenbedingungen des „Erneuerbare-Energien-Gesetz“ (EEG) [895] in seiner – durch das „Gesetz zur Neuregelung des Rechts der Erneuerbaren Energien im Strombereich“[896] – geänderten Fassung. Mit der Zielsetzung der Förderung regenerativer Energien garantiert das EEG dabei einen festen Abnahmepreis für Strom aus entsprechenden Gewinnungsprozessen wie beispielsweise Windenergie. Überdies können sich aufgrund der Regelung von § 7 g Abs. 1 EStG spezifische Abschreibungsmöglichkeiten ergeben.

2. Steuergesetzliche Neuerungen für „geschlossene Fonds“?

Das Bundeskabinett hat am 4. Mai 2005 dem Entwurf eines Gesetzes zur Verbesserung der steuerlichen Standortbedingungen zugestimmt.[897] Darin ist eine Beschränkung der Abzugsmöglichkeiten von Verlusten aus mitunternehmerschaftlichen Kapitalanlagen – dort als so genannte Steuerstundungsmodelle bezeichnet – geplant.[898] Ein

---

892 Von Wallis/Schumacher, DStR 2003, S. 1857 ff. Zu den Inhalten und der Bedeutung der verschiedenen Medienerlasse als rechtliche Rahmenvorgaben einer solchen steuerlichen Behandlung, vgl. 4. Teil, § 3 III b c ff.

893 Lüdicke/Arndt/Götz, S. 5, 257, danach betrug das platzierte Eigenkapital in Windenergieanlagen im Jahre 2003 rund 343 Millionen Euro bei einem Fondsvolumen von rund 1,1 Milliarden Euro.

894 Unter Hinweis auf andersartige Gestaltungen bei Windenergieanlage, Lüdicke/Arndt/Götz, 258. Zu den Grundstrukturen und den rechtlichen Hintergründen von Windenergieanlagen, Oschmann, NVwZ 2004, S. 910 f.

895 BGBl. I 2000, S. 305 f. Das EEG hat dabei hinsichtlich der gesetzlichen Festschreibung der Vergütungen für erzeugten Strom das Stromeinspeisungsgesetz abgelöst.

896 BGBl. I 2004, S. 1918 f.

897 Gesetzentwurf der Bundesregierung „Gesetze zur Verbesserung der steuerlichen Standortbedingungen“ vom 4. Mai 2005. Dazu mit näheren Informationen unter der Überschrift „Ära der Steuersparfonds beendet“, DIE WELT, vom 6. Mai 2005, S. 17.

898 Als Steuerstundungsmodelle werden dabei ausdrücklich Medienfonds, Schiffsbeteiligungen (soweit sie noch Verluste vermitteln), New Energy Fonds, Leasingfonds, Wertpapierhandelsfonds und Videogamefonds genannt. Dagegen sollen ausdrücklich Private Equity und Venture Capital Fonds sowie Lebensversicherungsfonds, die in gebrauchte Lebensversicherungen investieren, von den Neuregelungen ausgenommen werden, da diese ihre Rendite regelmäßig aus nicht steuerbaren Erträgen erzielen.

derartiges Steuerstundungsmodell soll stets dann vorliegen, wenn dem Steuerpflichtigen auf Grund eines vorgefertigten Konzepts die Möglichkeit geboten wird, zumindest in der Anfangsphase der Investition von vornherein prognostizierte Verluste mit übrigen, positiven Einkünften zu verrechnen.

Wie vorangehend bereits erläutert, haben Anleger bisher die Möglichkeit, im Rahmen vorgefertigter Fondskonzepte prognostizierte Verluste in der Anfangsphase der Investition sofort mit sonstigen positiven Einkünften zu verrechnen. Mit dem Ziel, die Attraktivität derartiger Anlagemodelle einzuschränken, soll es zukünftig nur noch möglich sein, entsprechende Verluste mit späteren positiven Einkünften aus derselben Einkunftsquelle (d. h. regelmäßig dem Fondsmodell) verrechnen zu können. Diese Neuregelung ist auf Grundlage eines neu einzuführenden § 15 b EStG vorgesehen.

Wie das Bundesfinanzministerium ausführt, sollen damit ein Anreiz für Anleger gesetzt werden, bei Kapitalanlagen verstärkt auf Rentabilität zu achten, und die Förderung eines volkswirtschaftlich fragwürdigen Steuersparens beendet werden. Vielmehr soll die Neuregelung zu einer größeren Steuergerechtigkeit beitragen.[899] Verluste aus einer auf den wirtschaftlichen Erfolg gerichteten unternehmerischen Betätigung sollen dagegen nicht von der Neuregelung betroffen sein.

Die vorgesehene Verlustabzugsbeschränkung von gewerblichen Steuerstundungsmodellen soll dabei – zur Vermeidung von Umgehungsgestaltungen – auch auf Verluste aus selbständiger Arbeit, auf Verluste aus typisch stillen Gesellschaften, auf Verluste bei den Einkünften aus Vermietung und Verpachtung (insbesondere geschlossene Immobilienfonds) und auf Verluste bei den sonstigen Einkünften (insbesondere sog. Renten-/ Lebensversicherungsmodelle gegen fremdfinanzierten Einmalbetrag) ausgedehnt werden. Durch klare Kriterien und Anwendungsregelungen ist sichergestellt, dass sich die Neuregelung ausschließlich auf Steuersparmodelle bezieht, während eine auf den wirtschaftlichen Erfolg gerichtete unternehmerische Betätigung unberührt bleibt.

Dabei soll für die Beschränkung der Abzugsfähigkeit von Verlusten aus den enumerierten Beteiligungskonzepten für alle Einkunftsarten eine Übergangsregelung gelten. Nach dieser sollen Steuerpflichtige, die vor dem 5. Mai 2005 einem „Steuerstundungsmodell" beigetreten sind und dessen Außenvertrieb bereits vor dem 18. März 2005 begonnen hat, Vertrauensschutz genießen.

III. Kundenbezogene steuerliche Informationspflichten

Die steuerrechtsbezogene Information hat zunächst kundengerecht zu erfolgen, so dass insbesondere solche Gesichtspunkte mitzuteilen sind, die den explorierten Kundeninteressen entsprechen.

---

[899] http://www.bundesfinanzministerium.de./cln_03/nn_216/DE/Aktuelles.de, Abgerufen am 30. Mai 2005.

1. Veranlagungsverfahren, § 180 Abs. 1 Nr. 2 AO

Grundsätzlich werden Steuern gemäß § 155 Abs. 1 S. 1 AO vom Finanzamt durch Steuerbescheid festgesetzt. Von Bedeutung ist jedoch, dass Einkünfte aus Mitunternehmerschaften regelmäßig nach § 180 Abs. 1 Nr. 2 AO einheitlich und gesondert festgestellt werden.[900] Dabei ist die einheitliche Feststellung auf Ebene der Gesellschaft für die Einkommensteuerveranlagung des Gesellschafters nach § 182 Abs. 1 AO unmittelbar maßgebend. Grundsätzlich werden dem Gesellschafter die jährlich vom Finanzamt festgestellten steuerlichen Ergebnisanteile mitgeteilt.[901] Gleichzeitig erfolgt eine entsprechende Mitteilung durch das Betriebsstättenfinanzamt der Gesellschaft an das Wohnsitzfinanzamt des Gesellschafters.[902] Die Besonderheiten des Steuerveranlagungsverfahrens von Mitunternehmerschaften i. S. v. § 180 Abs. 1 Nr. 2 AO sind als spezifische steuerliche Umstände in die Aufklärung durch den Finanzdienstleister mit aufzunehmen. Sie stellen unmittelbar mit dem Anlageobjekt verhaftete steuerrechtsbezogene Eigenarten dar, die insbesondere im Bereich der Sonderbetriebsausgaben von Gesellschaftern von grundlegender Bedeutung sind.

2. Sonderausgaben

Bedeutsam im Zusammenhang mit der Beteiligung an einem mitunternehmerschaftlichen Fondskonzept ist die Behandlung so genannter Sonderausgaben.[903] So sind persönlich getragene Kosten des Anteilseigners[904] als Betriebs- bzw. Werbungskosten abzugsfähig. Entscheidend ist hierbei, dass sie jedoch lediglich im Rahmen der gesonderten und einheitlichen Feststellung bei der Fondsgesellschaft berücksichtigt werden. Damit können sie nicht in der Einkommensteuererklärung des Gesellschafters geltend gemacht werden. Regelmäßig sind derartige Sonderausgaben des Gesellschafters dem persönlich haftenden Gesellschafter, d. h. damit der Gesellschaft, zeitnah nachzuweisen. Nicht fristgerecht nachgewiesene Sonderausgaben können gegebenenfalls bei der Erstattung der entstehenden Aufwendungen unberücksichtigt bleiben.[905]

---

900 Zu der gesonderten und einheitlichen Gewinnfeststellung Wilke, NWB F. 2, S. 5721 ff.; Wedelstädt, BuW 2000, S. 575 ff. (Teil I); ders. BuW 2000, S. 627 ff. (Teil II).

901 Von Wedelstädt, in: Lange, Rn. 4956 ff.

902 Zum Problembereich der Berücksichtigung vorläufiger Verluste im Einkommensteuervorauszahlungsverfahren, BMF-Erlass v. 13. Juli 1992, BStBl. I 1992, S. 404 ff. unter Ergänzung durch BMF-Schreiben v. 28. Juni 1994, BStBl. I 1994, S. 402 ff.

903 Dabei handelt es sich um Aufwendungen eines Gesellschafters, die zwar durch das gemeinschaftliche Unternehmen veranlasst sind, aber nicht in der Bilanz der Gesellschaft erfasst werden. Damit liegen Betriebsausgaben vor, die nur den Gewinnanteil des betroffenen Gesellschafters und nicht die Gewinnanteile der übrigen Gesellschafter mindern dürfen, Rick, in: Rick/Gunseheimer, Rn. 1384 f.

904 Insbesondere Zinsen der Anteilsfinanzierung, Agio, Beratungskosten im Zusammenhang mit der Beteiligung.

905 Es sei denn, eine Berücksichtigung ist verfahrensrechtlich noch möglich.

Der Anleger ist gegebenenfalls durch den Finanzdienstleister darüber aufzuklären, dass etwaige im Zusammenhang mit der Beteiligung anfallende Kosten des Gesellschafters als Sonderbetriebsausgaben in die einheitliche und gesonderte Gewinnfeststellung der Gesellschaft mit aufzunehmen und dementsprechend der Gesellschaft rechtzeitig anzuzeigen sind. In diesem Zusammenhang ist der Anleger überdies darauf hinzuweisen, dass eine Berücksichtigung derartiger Kosten direkt in seiner Einkommensteuererklärung nicht möglich ist und eine verspätete Anzeige einen Rechtsverlust zur Folge haben könnte.

IV. Allgemeine objektbezogene steuerliche Informationspflichten

Auch im Bereich der geschlossenen Fondsprodukte am grauen Kapitalmarkt können neben spezifischen ebenso übergreifende steuerrechtliche Gesichtspunkte für die jeweilige Kapitalanlage von Bedeutung sein. Dabei kann eine Reihe unterschiedlicher allgemeiner objektbezogener steuerlicher Informationspflichten im Rahmen informationeller Handlungspflichten zu berücksichtigen sein.

1. Änderung der Steuerrechtslage

Grundsätzlich können im Rahmen steuerrechtsbezogener Informationspflichten Änderungen der Steuerrechtslage zu berücksichtigen sein.[906] Im Rahmen einer derartigen Pflicht zur Aufklärung über die Veränderung der Steuerrechtslage ist jedoch im Einzelfall der Unüberschaubarkeit und Unsicherheit der steuerrechtlichen Situation Rechnung zu tragen. Exemplarisch sei in diesem Zusammenhang auf den Beschluss des Bundesverfassungsgerichts vom 3. Dezember 1997 verwiesen, in dem es die rückwirkende Abschaffung der Sonderabschreibung auf Schiffsbeteiligungen als verfassungsmäßig betrachtet.[907] Diesem Beschluss des Bundesverfassungsgerichts lag ein Sachverhalt zugrunde, nach dem die Bundesregierung hatte verlautbaren lassen, die Abschreibungsbegünstigungen für Schiffsbeteiligungen ab dem Stichtag 30. April 1996 abzuschaffen. Tatsächlich wurde diese Abschaffung jedoch – um so genannte Torschlussverträge zu vermeiden – auf den 25. April 1996 vorverlagert. Wie *Hey* in diesem Zusammenhang bemerkt, entwertet dieser Beschluss das geltende Gesetz als Planungsgrundlage.[908] Für den Bereich steuerlicher Informationspflichten bedeutet dieser Beschluss insbesondere, dass eine Änderung der Steuerrechtslage zwar grundsätzlich Gegenstand entsprechender Aufklärungspflichten sein muss, die konkreten Umstände des Einzelfalls im Rahmen dieser Pflicht jedoch zu berücksichtigen sind.

---

[906] So auch Helmschrott-Waßmer, WM 1999, S. 1860.
[907] BVerfG, Beschluss vom 3. Dezember 1997 – 2 BvR 882/97 = BB 1998, S. 1454.
[908] Hey, BB 1998, S. 1444 ff.

2. Einschätzung der Finanzverwaltung und der Finanzgerichte

Wie *Arendts* herausarbeitet, kann es für einen Anleger im Vorfeld seiner Beteiligung von wesentlicher Bedeutung sein, wie das angebotene Finanzprodukt durch die Finanzverwaltung[909] oder die Finanzgerichte beurteilt wird. In diesem Zusammenhang sind vor allem steuerliche Anerkennungsrisiken von Bedeutung.[910] So sei der Anleger im Rahmen der Aufklärung darüber in Kenntnis zu setzen, wenn bereits hinsichtlich eines („Vorgänger"-) Beteiligungskonzepts diesbezügliche finanzgerichtliche Verfahren liefen.[911] Überdies können – wie auch vom OLG Düsseldorf[912] festgestellt – Bedenken der Finanzverwaltung gegen die steuerrechtliche Konzeption einer Anlage Gegenstand steuerrechtsbezogener Informationspflichten sein. Im Ergebnis ist der Anleger sowohl über etwaig laufende finanzgerichtliche Verfahren als auch über ihm bekannte Anerkennungsrisiken des Beteiligungsmodells auf Seiten der Finanzverwaltung aufzuklären.

3. Horizontaler und vertikaler Verlustausgleich

Ausweislich der Regelung des § 2 Abs. 1, 3 EStG ergibt sich nach Ermittlung der Einkünfte der sieben Einkunftsarten durch deren Addition die Summe der Einkünfte. Einkünfte im steuerlichen Sinne sind dabei sowohl positive wie auch negative Ergebnisse, die sich bei der Gegenüberstellung von Betriebseinnahmen und Betriebsausgaben bzw. Einnahmen und Werbungskosten ergeben. Hierbei werden negative Ergebnisse als Verluste bezeichnet.[913] Grundsätzlich können innerhalb eines Veranlagungszeitraumes nunmehr im Rahmen eines so genannten „horizontalen Verlustausgleichs" positive und negative Ergebnisse innerhalb derselben Einkunftsart miteinander verrechnet werden. In Abgrenzung dazu besteht für den Steuerpflichtigen regelmäßig die Möglichkeit, positive Einkünfte einer Einkunftsart mit negativen Einkünften einer anderen Einkunftsart zu verrechnen. Bei diesem Verfahren wird von einem so genannten „vertikalen Verlustausgleich" gesprochen. Diese Arten des horizontalen und des vertikalen Verlustausgleichs bilden Grundprinzipien des regelmäßigen Besteuerungsverfahrens. Daher sind sie nicht als Gegenstand einer spezifischen Aufklärungspflicht des Finanzdienstleisters zu begreifen.

Von besonderer Bedeutung im Bereich der Finanzdienstleistungen sind jedoch spezifische einkommensteuerrechtliche Regelungen, die diese allgemeinen Verlustausgleichsmöglichkeiten ausnahmsweise beschränken. Diese Verlustausgleichsbeschrän-

---

909 Regelmäßig werden verbindliche Auskünfte im Zusammenhang mit geschlossenen Fondskonzepten durch die Finanzverwaltung nicht erteilt, BMF-Schreiben vom 24. Juni 1987, BStBl. 1987 I S. 474 f., geändert durch BMF-Schreiben vom 21. Februar 1990, BStBl. 1990 I S. 146 f.

910 Arendts, DStR 1997, S. 1650 f.

911 In einem solchen Fall sieht Arendts eine spezifische Erkundigungspflicht des Finanzdienstleisters hinsichtlich des laufenden Verfahrens vor, Arendts, DStR 1997, S. 1650.

912 OLG Düsseldorf, Urteil v. 21. Dezember 1995, 6 U 194/94.

913 Martin, in: Rick/Gunsenheimer, Rn. 151.

kungen können für den jeweiligen Anleger insbesondere im Zusammenhang mit mitunternehmerischen Beteiligungsmodellen von wesentlicher Bedeutung sein. Diese spezifische Bedeutung kann sich vor allem daraus ergeben, dass Beteiligungskonzeptionen zum Teil auf einer „Verlustausgleichsidee" aufgebaut sind. Dabei sollen einem Anleger im Rahmen einer Mitunternehmerschaft negative Einkünfte mit dem Ziel entstehen, diese in einem bestimmten Veranlagungszeitraum steuermindernd mit positiven Einkünften derselben oder einer anderen Art verrechnen zu können.[914]

a. Verlustzuweisungsgesellschaft, § 2 b EStG

In Abkehr vom objektiven Nettoprinzip und zur Gewährleistung einer Mindestbesteuerung hat der Gesetzgeber im Rahmen des Steuerentlastungsgesetzes 99/00/02[915] über § 2 b EStG ausdrücklich negative Einkünfte aus Beteiligungen an so genannten Verlustzuweisungsmodellen von jeglicher Art des Verlustausgleiches ausgenommen. Grundsätzlich handelt es sich bei derartigen Modellen um solche Gesellschaften oder Gemeinschaften, die vorrangig mit dem Ziel der Erlangung eines steuerlichen Vorteils begründet worden sind.[916] Ein steuerlicher Vorteil in diesem Sinne soll nach der Legaldefinition des § 2 b S. 3 EStG stets dann im Vordergrund stehen, wenn nach dem Betriebskonzept die Rendite auf das einzusetzende Kapital nach Steuern mehr als das Doppelte dieser Rendite vor Steuern beträgt und die Betriebsführung überwiegend auf diesem Umstand beruht oder wenn dem Kapitalanleger Steuerminderungen durch Verlustzuweisungen in Aussicht gestellt werden. Schwierigkeiten bereiten hierbei die konkrete Auslegung und Anwendung des § 2 b EStG. Die Anwendungsvoraussetzungen dieser Vorschrift – insbesondere über eine Konkretisierung der unbestimmten Rechtsbegriffe – werden in einem aktuellen Anwendungserlass näher dargelegt.[917] Gegenstand informationeller Handlungspflichten eines Finanzdienstleisters können im Einzelfall die Anwendungsvoraussetzungen der Vorschrift des § 2 b EStG in Hinblick auf das zugrunde liegende Beteiligungsmodell – unter Berücksichtigung des aktuellen Anwendungserlasses – bilden. Dieser steuerliche Umstand stellt eine produktspezifische steuerrechtsbezogene Besonderheit dar. Insofern ist der Anleger gegebenenfalls über die möglichen Rechtsfolgen der Einschlägigkeit des § 2 b EStG vor allem in Gestalt einer Versagung des horizontalen und vertikalen Verlustausgleiches aufzuklären.

---

914 Auf diese Weise entsteht für den Anleger zunächst ein unmittelbarer „Steuerstundungseffekt".

915 BGBl. I 99, 402. In diesem Zusammenhang ist auch die Regelung zur periodenübergreifenden Beschränkung des Verlustabzuges nach § 10 d EStG sowie die – inzwischen wieder abgeschaffte – Beschränkung des vertikalen Verlustausgleiches i. S. v. § 2 Abs. 3 EStG eingeführt worden. Von Beckenrath, in: Kirchhof, § 2 b, Rn. 9 f.

916 Zu § 2 b EStG als „Symbol der Verfassungsferne des geltenden Steuerrechts" Elicker, FR 2002, S. 1041 ff.

917 Aktueller Anwendungserlass der Finanzverwaltung zu § 2 b EStG vom 22. August 2001, BStBl. I 2001, S. 588 ff. Dazu Horlemann, BB 2001, S. 650 ff.

b. Negative Einkünfte mit Auslandsbezug, § 2 a EStG

Aus wirtschaftspolitischen Erwägungen hat der Steuergesetzgeber über § 2 a EStG den Abzug bestimmter Auslandsverluste von positiven inländischen Einkünften beschränkt. Ausweislich der Regelung des § 2 a Abs. 1 S. 1 EStG dürfen bestimmte negative Einkünfte mit Auslandsbezug nur mit positiven Einkünften aus dem jeweils selben Staat ausgeglichen werden.[918] Ergeben sich aus der jeweiligen Kapitalanlage Berührungen mit den Vorgaben des § 2 a EStG, folgt daraus eine spezifische Aufklärungspflicht des Finanzdienstleisters. So Derartige Regelungen stellen einen objektbezogenen steuerlichen Gesichtspunkt insofern dar, als sich die Verlustausgleichsbeschränkung aus der Kapitalanlage selbst ergibt.

c. Verlustausgleichsbeschränkung, § 15 a EStG

Grundsätzlich werden die auf die Gesellschafter entfallenden Anteile am Gewinn und Verlust einer Gesellschaft/Mitunternehmerschaft den einzelnen Gesellschaftern zugerechnet und stellen regelmäßig Einkünfte aus Gewerbetrieb dar. Diese können prinzipiell mit anderen Einkünften aus Gewerbetrieb oder mit Einkünften aus anderen Einkunftsarten verrechnet werden. Über § 15 a EStG wird der Ausgleich von Verlusten aus Beteiligungen mit beschränkter Haftung – im Wesentlichen Mitunternehmerschaften, bei denen ein Mitunternehmer nur beschränkt haftet – jedoch eingeschränkt. Grundsätzlich dürfen entsprechende Verluste nach § 15 a EStG nur dann mit anderen Einkünften ausgeglichen werden, wenn sie zu einem Kapitalverzehr führen oder wegen einer ausnahmsweise bestehenden Haftung einen gegenwärtigen Vermögensverzehr bedeuten.[919] Verluste, die dem beschränkt haftenden Mitunternehmer zuzurechnen sind, dürfen bei diesem nicht zu einem negativen Kapitalkonto führen, d. h., geht der zuzurechnende Verlust über ein vorhandenes Kapitalkonto hinaus, kann der darüber hinausgehende Anteil nicht mit anderen Einkünften aus derselben oder einer anderen Einkunftsart ausgeglichen werden.[920] Über diesen Umstand ist der Anleger gegebenenfalls aufzuklären.

d. Verlustausgleichsbeschränkung, § 2 Abs. 3 EStG a. F.

Die ab dem Veranlagungszeitraum 1999 eingeführten Verlustausgleichsbeschränkungen – insbesondere in Hinblick auf den „vertikalen Verlustausgleich" – sind durch Streichung der Regelungen des § 2 Abs. 3 S. 2-8 EStG a. F. zum 1. Januar 2004 wie-

---

[918] Zu der Funktionsweise des § 2 a EStG Gosch, in: Kirchhof, § 2 a, Rn.1 ff. Obgleich das Bundesverfassungsgericht die Regelung des § 2 a EStG für verfassungsgemäß hält – BVerfGE 78, 214 ff. –, bestehen in der Literatur erhebliche Bedenken gegen die Vereinbarkeit dieser Vorschrift mit Gemeinschaftsrecht. Dazu Dautzenberg, FR 2001, S. 809 f.

[919] Von Beckerath, in: Kirchhof, § 15 a, Rn. 1 f.

[920] Martin, in: Rick/Gunsenheimer, Rn. 155.

der aufgehoben worden.[921] Somit ist ein Verlustausgleich zwischen den verschiedenen Einkunftsarten innerhalb eines Veranlagungszeitraumes wieder uneingeschränkt möglich.[922] Obgleich sich diese Steuerrechtsänderung im Regelfall positiv für den einzelnen Anleger auswirken wird, ist eine diesbezügliche Aufklärung durch den Finanzdienstleister im Einzelfall geboten, handelt es sich doch um eine nicht unwesentliche, produktbezogene Änderung der Steuerrechtslage.

e. Ausblick: Ein „neuer“ § 15 b EStG

Wie bereits vorangehend kurz dargestellt,[923] könnten sich wesentliche Veränderungen der einkommensteuerrechtlichen Behandlung negativer Einkünfte aus mitunternehmerschaftlichen Beteiligungen aufgrund geplanter gesetzlicher Neuregelungen ergeben. Grundsätzlich ist die Einführung eines § 15 b EStG geplant, nach dem die steuerrechtlichen Verluste aus bestimmten Beteiligungsmodellen nur noch eingeschränkt einkommensteuerrechtlich zu verrechnen wären.[924] Aller Voraussicht nach soll dabei eine Verlustausgleichsbeschränkung auf zehn Prozent des Beteiligungskapitals eingeführt werden.

4. Gewinnerzielungsabsicht

Grundsätzlich kann eine Personengesellschaft nur dann einkommensteuerrechtlich relevante Einkünfte erzielen, wenn sie in Gewinnerzielungsabsicht nach § 15 Abs. 2 S. 1 EStG tätig wird.[925] Gewinnerzielungsabsicht beschreibt dabei die Absicht, positive Einkünfte zu erzielen und hat die Funktion, einkommensteuerlich relevante Tätigkeiten als Grundlage positiver oder negativer Einkünfte von einkommensteuerrechtlich irrelevanten Betätigungen – insbesondere der so genannten „Liebhaberei“ – abzugrenzen.[926] Nach ständiger Rechtsprechung des Bundesfinanzgerichtshofs muss einkommensteuerrechtlich eine Gewinnerzielungsabsicht sowohl bei der Gesellschaft als auch beim Gesellschafter gegeben sein.[927] Grundsätzlich muss die Gewinnerzielungsabsicht auf die Mehrung des Betriebsvermögens der Gesellschaft gerichtet sein.[928] Erforderlich ist dabei regelmäßig das Streben nach einer Mehrung des Betriebsvermögens in der Form eines so genannten „Totalgewinns“ in der „Totalperio-

---

921 Zu den ab 1999 geänderten Verlustverrechnungsmodalitäten auf Grundlage des § 2 Abs. 3 EStG a. F., Boudré, NWB 2000, S. 11015 ff.; Hüsing, DB 2000, 1149 ff.

922 Zu beachten sind jedoch die Vorgaben zur Höhe eines Verlustvortrages.

923 Zu den gesetzgeberischen Aktivitäten im Zusammenhang mit der steuerlichen Behandlung geschlossener Fonds, vgl. insbesondere 4. Teil, § 3 I 3.

924 Dazu der Entwurf eines Gesetzes zur Verbesserung der steuerlichen Standortbedingungen vom 4. Mai 2005.

925 Zur Gewinnerzielungsabsicht bei Personengesellschaften, Grützner, in: Lange, Rn. 249 ff.

926 Weber-Grellet, in: Schmidt, § 15 Rn. 26 f.

927 BFH GrS BStBl. 1984, S. 751 ff.; BFH BStBl. 1999, S. 468 ff.; kritisch dazu: Reiß, Stbg. 1999, S. 356 ff.

928 Einschließlich des Sonderbetriebsvermögens der Gesellschafter.

de“, d. h. eines positiven Gesamtergebnisses des Betriebes in der Zeit von der Gründung bis zur Veräußerung oder Aufgabe.[929]

Die Gewinnerzielungsabsicht der Fondsgesellschaft stellt eine produktspezifische steuerrechtsbezogene Eigenart einer Kapitalanlage dar und kann von daher Gegenstand einer entsprechenden Informationspflicht sein. Dabei obliegt es weniger dem Anleger, das sämtlichen Einkunftsarten des Einkommensteuerrechts immanente Tatbestandsmerkmal der „Einkünfteerzielungsabsicht“ – hier in Gestalt der Gewinnerzielungsabsicht – auseinander zu setzen. Vielmehr ist eine Aufklärung über die spezifischen Besonderheiten hinsichtlich der Gewinnerzielungsabsicht mit Blick auf das angebotene Anlageprodukt geschuldet.

V. Besondere objektbezogene steuerliche Informationspflichten

Weiterhin gilt es zu untersuchen, welche konkreten, objektbezogenen steuerlichen Merkmale sich an das jeweilige Fondskonzept knüpfen und im Einzelfall Gegenstand diesbezüglicher Informationspflichten sein können.

1. Geschlossene Immobilienfonds (Inländisch)

Die Nutzbarmachung steuerrechtlicher Regelungen für das wirtschaftliche Gesamtkonzept im Bereich der geschlossenen inländischen Immobilienfonds[930] ist in den letzten Jahren – insbesondere aufgrund restriktiver Einschätzungen durch die Finanzverwaltungen und die Finanzgerichte – zunehmend in den Hintergrund getreten. Wurde in den vergangenen Jahren beispielsweise noch heftig darüber gestritten, ob es sich bei Vertriebsgebühren um sofort abzugsfähige Werbungskosten bzw. Betriebsausgaben oder vielmehr um aktivierungsfähige – und damit abzuschreibende – Anschaffungs- und Herstellungskosten handele, dürfte auf Grundlage der Urteile der neueren Rechtsprechung des Bundesfinanzhofs auch eines der letzten fondsspezifischen Steuerrechtsprobleme endgültig geklärt sein.[931] Als Anschaffungskosten der Immobilie sind derartige Kosten demnach nicht mehr sofort abzugsfähig.

An diese steuerrechtlichen Vorgaben angepasst, ergeben sich im Bereich der heute marktgängigen Immobilienfonds auch nur noch in beschränktem Maße spezifische produktbezogene steuerrechtliche Gesichtspunkte, die – derartigen Fondsprodukten unmittelbar anhaftend – im Einzelfall Gegenstand konkreter informationeller Handlungspflichten des Finanzdienstleisters sein können. Damit kann im Regelfall auf die

---

929 Weber-Grellet, in: Schmidt, § 15 Rn. 30; BFH GrS 4/82, BStBl. II 1984, S. 751 ff.

930 Vorliegend wird auf das Konzept eines geschlossenen Immobilienfonds in Gestalt eines Betreibermodells und nicht in Form eines Leasing-Fonds abgestellt. Vgl. dazu, 4. Teil, § 3 I 2 c aa.

931 BFH vom 8. Mai 2001 (BFH, BStBl. II 2001 S. 720 = DStRE 2001, S. 1056 ff.) und vom 28. Juni 2001 (BFH, BStBl. II 2001, S. 717 = DStRE 2001, S. 1381 ff.) Über den so genannten 5. Bauherrenerlass vom 20. Oktober 2003 (IV C 3 – S 2253a – 48/03) hat nunmehr auch die Finanzverwaltung ihre Vorgaben an diese Rechtsprechung angepasst.

allgemeinen produktbezogenen steuerrechtlichen Informationspflichten rekurriert werden. Von spezifischer Bedeutung können dagegen grunderwerbsteuerrechtliche Regelungen sein. Über eine besondere Vertragsgestaltung wird häufig versucht, eine Reduzierung der Grunderwerbsteuer zu erreichen.[932] In diesem Sinne ist der Anleger darüber aufzuklären, ob und in welcher Form sich grunderwerbsteuerrechtliche Risiken – die einen erheblichen Kostenfaktor darstellen können – in dem Fondsprodukt verbergen.

2. Geschlossene Immobilienfonds (ausländisch)

Wie bereits dargestellt, hängt die wirtschaftliche Gesamtkonzeption ausländischer geschlossener Immobilienfonds eng mit deren steuerrechtlicher Behandlung zusammen.[933] Auf Grundlage bestehender Doppelbesteuerungsabkommen ist – anders als bei inländischen geschlossenen Immobilienfonds – bei ausländischen Immobilienfonds eine Steuerwirksamkeit im Inland regelmäßig nicht gegeben.[934] So unterwerfen bestehende Doppelbesteuerungsabkommen derartige Fonds zumeist der Besteuerung des jeweiligen Belegenheitsortes der Fondsimmobilie. Damit werden die maßgeblichen objektbezogenen steuerlichen Gesichtspunkte im Zusammenhang mit ausländischen Immobilienfonds durch die entsprechenden ausländischen steuerrechtlichen Vorschriften des Belegenheitsortes bestimmt.[935] Eine wesentliche Bedeutung für den inländischen Anleger kann jedoch dem Progressionsvorbehalt i. S. v. § 32 b EStG zukommen.[936]

Eine divergierende inländische steuerrechtliche Besteuerungssituation kann sich für den Anleger daraus ergeben, dass entweder kein einschlägiges Doppelbesteuerungsabkommen existiert oder ein einschlägiges Abkommen keine entsprechende Freistellung vorsieht. In einem solchen Fall richtet sich die Besteuerung regelmäßig nach dem deutschen Steuerrecht.[937] Besondere Bedeutung kann dabei jedoch der Verlustausgleichbeschränkung des § 2 a EStG zukommen.[938]

Die vorbenannten steuerrechtlichen Gesichtspunkte im Zusammenhang mit geschlossenen ausländischen Immobilienfonds bilden regelmäßig wesentlichen Bestandteil die-

---

932 Dies geschieht im Regelfall über ein so genanntes einheitliches Vertragswerk, dazu sehr instruktiv bei Hofmann, § 8 Rn. 12 ff.

933 Zu der Konzeption ausländischer Immobilienfonds, vgl. 4. Teil, § 3 I 2 c aa.

934 Lüdicke/Arndt/Götz, S. 162.

935 Auf die spezifischen steuerrechtlichen Vorgaben ausländischer Rechtsordnungen kann an vorliegender Stelle – aufgrund der internationalen Vielschichtigkeit entsprechender Fondskonzepte – nicht näher eingegangen werden.

936 Werden Erträge aus Auslandsimmobilienfonds über ein Doppelbesteuerungsabkommen von der inländischen Besteuerung freigestellt, werden entsprechende Gewinne regelmäßig im Rahmen des Progressionsvorbehaltes angesetzt.

937 In diesem Sinne ist auf die Grundsätze zu den inländischen geschlossenen Immobilienfonds zu verweisen, vgl. 4. Teil, § 3 III 2 c aa.

938 Vgl. dazu, 4. Teil, § 3 III 2 b ee.

ses Anlageprodukts. Damit trifft den Finanzdienstleister gegebenenfalls eine diesbezügliche steuerrechtsbezogene Aufklärungspflicht gegenüber dem Anleger.

3. Windenergiefonds

Hinsichtlich der steuerrechtlichen Behandlung von Windenergiefonds ergeben sich regelmäßig keine spezifischen objektbezogenen Besonderheiten, die Gegenstand steuerrechtsbezogener informationeller Handlungspflichten sein können.[939]

4. Schiffsfonds

Wesentliche objektbezogene steuerrechtliche Besonderheit im Zusammenhang mit geschlossenen Schiffsfonds bildet – wie bereits angedeutet – die so genannte Tonnagesteuer nach § 5 a EStG.[940] Bei dieser Vorschrift, die *Gosch* als einen „weiteren Beleg für den Niedergang der Gesetzgebungskultur und für die Denaturierung von Steuerrecht als kaschiertes Wirtschaftsrecht" bezeichnet, handelt es sich um eine pauschale Gewinnermittlungsart für Schifffahrtsunternehmen.[941] Dabei wird der Gewinn auf Grundlage der in Nettotonnen ausgedrückten Nettoraumzahl des im internationalen Verkehr eingesetzten Schiffes ermittelt. Nach einem so genannten Staffeltarif wird dann die Anzahl der Nettotonnen mit den Betriebstagen eines Schiffes multipliziert.[942] Entscheidend ist, dass ein Schifffahrtsunternehmen – regelmäßig auf Grundlage eines Gesellschafterbeschlusses – zur Tonnagesteuer optieren muss. Als atypischer objektbezogener, steuerrechtlicher Gesichtspunkt ist die Tonnagebesteuerung notwendiger Bestandteil einer finanzdienstleisterseitigen Aufklärungspflicht.

5. Filmfonds

Die zentralen objektbezogenen steuerrechtlichen Umstände bei Filmfonds sind in der steuerrechtlichen Grundkonzeption dieses Anlageproduktes zu suchen.[943] Diese beruht regelmäßig auf einer bilanziellen Sonderbehandlung bestimmter immaterieller Wirtschaftsgüter.[944] So bilden die im Zusammenhang mit einer Filmproduktion geschaffenen Rechte ein von der Fondsgesellschaft selbst geschaffenes, immaterielles Wirtschaftsgut des Anlagevermögens. Ausweislich der Regelung der §§ 5 Abs. 2 EStG i. V. m. 248 Abs. 2 HGB gilt für Kosten, die im Zusammenhang mit der Herstellung ent-

---

[939] Zu der wirtschaftlichen Konzeption geschlossener Windenergiefonds, 4. Teil, § 3 I 2 c aa.

[940] Zur Einführung der Tonnagesteuer im Rahmen des Seeschifffahrtsanpassungsgesetz zum 1. Januar 1999 über § 5 a EStG in das deutsche Einkommensteuerrecht, Marx, Löffler, DStR 1999, S. 1957 ff.; Schultze, Zweifelsfrage zur Besteuerung von Seeschiffen im internationalen Verkehr („Tonnagesteuer"), FR 1999, S. 977 ff. Zur Anwendung des § 5 a EStG, BMF-Schreiben vom 12. Juni 2002, BStBl. I 2002, S. 614 ff.

[941] So stelle der § 5a EStG letztlich eine Subventionsvorschrift dar, Gosch, in: Kirchhof, § 5 a, Rn. 1,5.

[942] Zu den steuerrechtlichen Besonderheiten der Tonnagesteuer, Lüdicke/Arndt/Götz, 226 ff.

[943] Radau/Dümichen, BB 2003, S. 2261 ff.

[944] Lamprecht, in: Kirchhof, § 7 Rn. 76.

standen sind, ein so genanntes Aktivierungsverbot. Insofern, als die Herstellungskosten ihrerseits steuerbilanziell nicht aktivierbar sind, sind sie dem Grunde nach als sofort abziehbare Betriebsausgaben zu behandeln. Entscheidend ist bei dieser Konzeption, dass die Fondsgesellschaft als „Hersteller" der Filmrechte einzuordnen ist. Hierbei hat das Bundesministerium der Finanzen im Rahmen so genannter „Medienerlasse"[945] bestimmte Vorgaben postuliert, aufgrund derer eine Herstellerqualifikation vorzunehmen ist. Hervorzuheben ist dabei, dass in diesem Zusammenhang insbesondere auf die tatsächliche und rechtliche Situation der einzelnen Fondsgesellschafter abgestellt wird. Damit muss die Herstellereigenschaft sowohl auf Ebene der Gesellschaft als auch auf Ebene des einzelnen Gesellschafters vorliegen.[946] In diesem Sinne ist eine Fondsgesellschaft regelmäßig dann als „Hersteller" zu qualifizieren, wenn die jeweiligen Gesellschafter auf das der Fondsgesellschaft zugrunde liegende Vertragswerk wesentliche Einflussnahmemöglichkeiten haben. Diese Einflussnahmemöglichkeiten müssen dabei unmittelbare Auswirkungen auf den gesamten Herstellungsprozess zulassen und sich über den gesamten Herstellungszeitraum erstrecken. So ist zu gewährleisten, dass die Gesellschafter auf wesentliche Konzeptbestandteile – Drehbuchauswahl, Besetzung, Kostenkalkulation, Finanzierung – Einfluss nehmen können. Als nicht ausreichende Einflussnahmemöglichkeit ist die bloße Zustimmung der Gesellschafter zu einem bereits bestehenden – durch den Initiator entwickelten – Konzept zu sehen.

Diese Herstellereigenschaft ist insbesondere deswegen von fundamentaler Bedeutung, da die Fondsgesellschaft bzw. die Gesellschafter andernfalls lediglich als Erwerber der Rechte der Filmproduktion zu qualifizieren wäre. In diesem Fall würden sämtliche Aufwendungen im Zusammenhang mit den Herstellungskosten als Anschaffungskosten zu aktivieren und über 50 Jahre abzuschreiben sein. Dies würde die Gesamtkonzeption der Fondsgesellschaft vollständig unterminieren und damit nicht zuletzt dem Anlageinteresse der Gesellschafter zuwiderlaufen.

Die aufgezeigten steuerrechtlichen Besonderheiten stellen ein bedeutsames Merkmal dar, das diesem Fondsprodukt als erfolgsnotwendiges Charakteristikum anhaftet. In diesem Sinne kann den Finanzdienstleister im Einzelfall eine entsprechende Aufklärungspflicht über diese „atypischen" steuerrechtlichen Gesichtspunkte gegenüber dem Anleger treffen.

---

945 BMF-Erlass vom 5. August 2003, BStBl. I 2003, S. 406 unter Abänderung des Erlasses vom 23. Februar 2001, BStBl. I, S. 175 ff.; Duchardt/Gillitzer, DStR 2001, S. 1627 f.

946 Von Wallis/Schumacher, DStR 2003, S. 1857 ff.

Zusammenfassung

Zusammenfassend kann festgestellt werden, dass finanzdienstleistungsbezogene Informationspflichten in ihren unterschiedlichen Erscheinungsformen ungebrochen einen kontroversen Bestandteil der gegenwärtigen rechtswissenschaftlichen Literatur zum Bank- und Kapitalmarktrecht bilden. Dieser Stellenwert ist zum einen darauf zurückzuführen, dass immer breitere Teile der Bevölkerung Finanzdienstleistungen im Rahmen ihrer privaten Vermögensvorsorge in Anspruch nehmen. Zum anderen ist festzustellen, dass sich die Angebote der Finanzdienstleistungswirtschaft in ihren spezifischen wirtschaftlichen und rechtlichen Ausgestaltungen zunehmend komplexer darstellen. Dabei ist von der Rechtsprechung und von der Literatur vor allem im Zusammenhang mit den Finanzdienstleistungen der Anlageberatung und der Anlagevermittlung inzwischen ein komplexes Gefüge informationeller Handlungspflichten entwickelt worden.

Trotz verschiedener gesetzlicher Neuregelungen auf dem Gebiet des Steuerrechts spielen steuerrechtliche Aspekte auch weiterhin eine bedeutende Rolle bei der Kapitalanlage und damit für das Tätigkeitsfeld von Anlageberatern und Anlagevermittlern. Dies gilt nicht zuletzt für den Bereich personengesellschaftsrechtlich ausgestalteter Beteiligungsmodelle in Gestalt geschlossener Fonds am grauen Kapitalmarkt. Über eine spezifische steuerrechtsbezogene Gestaltung können dabei steuerrechtliche Vorgaben renditeoptimierend und steuerstundend für den jeweiligen Anleger nutzbar gemacht werden.

1.

Eine nicht oder nicht ordnungsgemäße Erfüllung von Informationspflichten stellt regelmäßig eine Pflichtverletzung i. S. v. § 280 Abs. 1 BGB dar, die entsprechende Haftungsfolgen auslöst. Die Verletzung informationeller Handlungspflichten kann darüber hinaus eine deliktische Sorgfaltspflichtverletzung i. S. d. § 823 ff. BGB darstellen. Diesbezüglich kommt als Anspruchsgrundlage insbesondere § 823 Abs. 2 BGB i. V. m. § 31 WpHG in Betracht. Schließlich kann die Nicht- oder nicht ordnungsgemäße Erfüllung von Informationspflichten durch den Finanzdienstleister Prospekthaftungsansprüche gegenüber dem Anleger begründen.

2.

Grundsätzlich entstehen steuerliche Pflichten kraft objektiven öffentlichen Rechts durch Verwirklichung eines Tatbestandes, an den der Gesetzgeber nach §§ 3, 38 AO eine Steuerpflicht knüpft. Entsprechende Abgabenlasten entstehen damit generell nicht, weil ein Rechtsträger diese will oder sich diese zurechnen lassen will. Somit können auch Steuerrechtsfolgen als solche nicht Bestandteil spezifischer vertraglicher Verpflichtungen sein. Grundsätzlich sind damit steuerliche Belange in der spezifischen Risikosphäre einer jeden Vertragspartei selbst zu verorten. Insofern ist mit Blick auf schuldrechtliche Verhältnisse festzustellen, dass sich eine Vertragspartei grundsätzlich nicht um die steuerlichen Belange ihres Vertragspartners zu kümmern hat. Ausnahmsweise können Vertragsparteien jedoch steuerliche Informationspflichten in Gestalt vorvertraglicher und vertraglicher informationeller Handlungspflichten treffen.

3.

Steuerliche Informationspflichten können als Gegenstand entsprechender Vereinbarungen grundsätzlich Bestandteil vertraglicher Hauptleistungspflichten sein. Auch ohne eine ausdrückliche Vereinbarung kann eine Vertragspartei jedoch steuerrechtsbezogene Informationspflichten als vorvertragliche und/oder vertragliche informationelle Nebenpflichten treffen. Als rechtliche Grundlage derartiger Pflichten ist – so auch der Bundesgerichtshof im Zusammenhang mit sehr unterschiedlichen Rechtsverhältnissen – auf die Regelung des § 242 BGB zu rekurrieren. Diese bietet über ihre Generalklausel von „Treu und Glauben" Anknüpfung für verschiedene informationelle Nebenpflichten.

4.

Steuerrechtsbezogene informationelle Handlungspflichten in Finanzdienstleistungsverhältnissen sind anhand eines „Zwei-Stufen-Modells" zu bestimmen. Dabei ist auf einer 1. Stufe („ob") zu ermitteln, ob den Anlageberater bzw. den Anlagevermittler ausnahmsweise steuerrechtsbezogene Informationspflichten treffen. Sodann sind auf einer 2. Stufe („wie") der konkrete Inhalt und die konkrete Reichweite derartiger Informationspflichten zu bestimmen.

5.

Die von der Rechtsprechung erfassten Konstellationen steuerrechtsbezogener informationeller Handlungspflichten in vertraglichen Beziehungen lassen sich zum Zwecke der transparenten und praktikablen Bestimmung entsprechender Pflichten in Vertragsverhältnissen in typisierende Fallgruppen systematisieren. Grundsätzlich sind danach fünf Fallgruppen zu identifizieren: 1. Steuerrechtliche Tatbestände mit so genannter Doppelwirkung; 2. Überlegene (steuerrechtliche) Sach- und Rechtskenntnis; 3. Werbung mit steuerrechtlichen Gesichtspunkten; 4. Zivilrechtliche Ausstrahlung öffentlich-rechtlicher Normen; 5. Evidente oder ausdrückliche Einbeziehung steuerrechtlicher Gesichtspunkte. Anhand dieser Fallgruppen kann für ein konkretes Vertragsverhältnis im Einzelfall ermittelt werden, ob steuerliche Gesichtspunkte ausnahmsweise Gegenstand spezifischer informationeller Nebenhandlungspflichten sein können.

6.

Der konkrete Inhalt sowie die konkrete Reichweite steuerrechtsbezogener informationeller Handlungspflichten – das „wie" – sind für das jeweilige Finanzdienstleistungsverhältnis auf Grundlage der spezifischen Maßstäbe der Kunden- und Objektgerechtigkeit im Sinne eines beweglichen Systems der Pflichten für den Einzelfall zu bestimmen.

7.

Die spezifischen von Rechtsprechung und Literatur entwickelten Grundsätze zu den informationellen Handlungspflichten des Anlageberaters lassen sich nicht uneingeschränkt auf den Bereich steuerlicher Gesichtspunkte übertragen. Vielmehr ist unter Berücksichtigung der Eigenarten des „Informationsfeldes Steuerrecht" auch hier anhand einer Zwei-Stufen-Methodik vorzugehen. Auf einer ersten Stufe ist anhand der im 2. Teil herausgearbeiteten fünf Fallgruppen zu ermitteln, ob steuerliche Gesichtspunkte überhaupt informationeller Bestandteil des jeweiligen Anlageberatungsverhältnisses sind. Sodann ist auf Grundlage der bekannten Maßstäbe der Kunden- und Objektgerechtigkeit innerhalb eines beweglichen Systems der konkrete Umfang der steuerrechtsbezogenen Informationspflichten zu bestimmen.

8.

Vor dem Hintergrund berufsrechtlicher, haftungsrechtlicher, rechtlich normativer und ökonomischer Gesichtspunkte ist dabei der Umfang der steuerrechtsbezogenen informationellen Handlungspflichten des Anlageberaters – abweichend von den allgemeinen Pflichtengrundsätzen in der Anlageberatung – spezifisch zu modifizieren. Danach trifft den Anlageberater in Hinblick auf steuerrechtliche Gesichtspunkte lediglich eine qualifizierte Aufklärungspflicht und gerade keine steuerrechtsbezogene Beratungspflicht. Abzulehnen ist damit eine weitergehende steuerrechtsbezogene Beratungspflicht, die ihrerseits eine Bewertung und Beurteilung im Sinne einer anleger- und anlagegerechten Beratung sowie gegebenenfalls die Abgabe einer Empfehlung auf dem Gebiet des Steuerrechts beinhaltet. Ungeachtet dessen, trifft den Anlageberater – wie herausgearbeitet – neben dieser Aufklärungspflicht eine steuerrechtsbezogene Warnpflicht, die teilweise beratende Elemente beinhalten kann. Entscheidend ist jedoch, dass es sich dabei gerade nicht um eine steuerrechtsbezogene „Beratung" im engeren Sinne handelt.

9.

In der Anlagevermittlung sind dagegen die von Rechtsprechung und Literatur entwickelten Pflichtengrundsätze dem Grunde nach auf den Bereich steuerrechtsbezogener Informationspflichten zu übertragen. Wiederum ist zunächst auf Grundlage des Zwei-Stufen-Modells auf der ersten Stufe – Fallgruppen – zu bestimmen, ob steuerliche Gesichtpunkte informationeller Bestandteil des Anlagevermittlungsverhältnisses sind. Danach ist auf der zweiten Stufe mittels der Maßstäbe der Kunden- und Objektgerechtigkeit der Umfang der konkreten steuerrechtsbezogenen Informationspflichten zu bestimmen. Dabei können in der Anlagevermittlung die allgemein anerkannten Pflichtengrundsätze übertragen werden, so dass den Anlagevermittler letztlich eine qualifizierte steuerrechtsbezogene Aufklärungspflicht trifft.

10.

Die Untersuchung zeigt, dass im Bereich der zivilrechtlichen steuerrechtsbezogenen Informationspflichten ein weitgehender Pflichtengleichlauf bei den Finanzdienstleistungsverhältnissen der Anlageberatung und der Anlagevermittlung vorliegt. Sowohl den Anlageberater als auch den Anlagevermittler trifft eine aus Explorationspflicht und Aufklärungspflicht zusammengesetzte steuerrechtsbezogene Informationspflicht.

11.

Mit Blick auf die Prospekthaftung lassen sich für den Bereich steuerrechtsbezogener informationeller Handlungspflichten in der Anlageberatung und der Anlagevermittlung verschiedene Schlüsse ziehen. Grundsätzlich haben beide Finanzdienstleister die Möglichkeit, sich zur Erfüllung ihrer qualifizierten steuerrechtsbezogenen Aufklärungspflicht eines Verkaufsprospektes zu bedienen. In einem solchen Fall machen sie sich – die anerkannten Grundsätze der Prospekthaftung im weiteren Sinne zugrunde gelegt – die im Prospekt enthaltenen (steuerrechtlichen) Angaben zu Eigen. Vorausgesetzt, die im Prospekt enthaltenen steuerrechtlichen Angaben sind richtig und vollständig, stellen sie eine taugliche Aufklärungsgrundlage dar. Insofern trifft den Anlageberater bzw. den Anlagevermittler die Pflicht, den Prospekt zu übergeben und die steuerrechtlichen Angaben mit Blick auf die explorierten Kundendaten („Kundenbezogenheit der Aufklärungspflicht“) zu erläutern.

12.

Die wertpapieraufsichtsrechtliche Vorschrift des § 31 WpHG bildet die zentrale gesetzliche Anknüpfung informationeller Handlungspflichten im Bank- und Kapitalmarktrecht. Dabei sprechen verschiedene – teleologische, systematische und europarechtliche – Argumente dafür, auch steuerrechtliche Gesichtspunkte als Bezugspunkt des Pflichtenkanons des § 31 WpHG zu betrachten. Entscheidend ist somit, dass ein Wertpapierdienstleistungsunternehmen aufsichtsrechtlich grundsätzlich zu einer qualifizierten steuerrechtsbezogenen Aufklärung gegenüber dem Kunden verpflichtet sein kann.

13.

Bei dem § 31 WpHG handelt es sich um eine Norm mit so genannter zivilrechtlicher Ausstrahlungswirkung, die ihrerseits Anknüpfung steuerrechtlicher Informationspflichten sein kann. Die Norm „wirkt“ aufgrund ihrer rechtlichen Natur in bestimmte Vertragsverhältnisse hinein. In diesem Sinne können damit die konkreten Vorgaben des Pflichtenkanons des § 31 WpHG über die zivilrechtlichen „Einfallstore“ der § 242, 241 Abs. 2, 311 Abs. 1 BGB spezifischer Bestandteil eines Vertragsverhältnisses werden. Entscheidend ist hierbei, dass eine derartige Ausstrahlung nur hinsichtlich solcher Vertragsverhältnisse in Betracht kommt, die aufsichtsrechtlich als Wertpapierdienstleistung oder Wertpapiernebendienstleistung zu qualifizieren sind und vom Anwendungsspektrum des Wertpapierhandelgesetzes erfasst werden.

14.

Bemerkenswert ist, dass sich über die §§ 241 Abs. 2, 242, 311 Abs. 2 BGB auch steuerrechtsbezogene Informationspflichten im Sinne von § 31 WpHG als vorvertragliche und nebenvertragliche Handlungspflichten in solchen Sonderbeziehungen ergeben können, die wertpapieraufsichtsrechtlich als Wertpapierdienstleistungen oder Wertpapiernebendienstleistungen zu qualifizieren sind. Unter Berücksichtigung der herausgearbeiteten Fallgruppen steuerrechtsbezogener Handlungspflichten im Vertragsrecht liegt dabei grundsätzlich die Fallgruppe „der zivilrechtlichen Ausstrahlung öffentlich-rechtlicher Normen" vor. Im Ergebnis kann damit auch innerhalb derartiger Finanzdienstleistungsvertragsverhältnisse mittelbar auf das entwickelte aufsichtsrechtliche System steuerlicher Informationspflichten des § 31 WpHG zurückgegriffen werden.

15.

Eine unmittelbare Anwendung des Pflichtenkanons des § 31 WpHG auf Finanzdienstleistungen am grauen Kapitalmarkt, d. h. außerhalb des Anwendungsbereiches des Wertpapierhandelsgesetzes, ist grundsätzlich abzulehnen. Ebenso kann mangels einer planwidrigen Regelungslücke auch eine analoge Anwendung dieser Verhaltensregeln nicht angenommen werden. Somit können die im Zusammenhang mit dem § 31 WpHG entwickelten Grundsätze steuerrechtsbezogener Handlungspflichten nicht für den Bereich der Finanzdienstleistungen am grauen Kapitalmarkt nutzbar gemacht werden.

16.

Unter Zugrundelegung der Untersuchungsergebnisse der zivilrechtlichen steuerrechtsbezogener Informationspflichten in Anlageberatung und Anlagevermittlung und den entsprechenden informationellen Handlungspflichten nach § 31 WpHG kann eine Art Pflichtengleichlauf festgestellt werden. Sowohl unter zivilrechtlichen als auch unter wertpapieraufsichtsrechtlichen Gesichtspunkten trifft den jeweiligen Finanzdienstleister eine qualifizierte steuerrechtsbezogene Aufklärungspflicht. Der konkrete Inhalt und konkrete Reichweite dieser qualifizierten Aufklärungspflicht sind jeweils anhand der Maßstäbe der Kunden- und Objektgerechtigkeit in einem beweglichen System der Pflichten für den Einzelfall zu bestimmen.

17.

Grundsätzlich behält das Steuerberatungsgesetz, ausgehend von dem Begriff der „Hilfeleistung in Steuersachen", das Recht, bestimmte steuerberatende Tätigkeiten für einen anderen auszuüben, einem diesbezüglich qualifizierten Personenkreis vor. Der Begriff der Hilfeleistung wird dabei grundsätzlich weit ausgelegt und schließt regelmäßig die Beratung in Form einer Unterrichtung von Ratsuchenden über die Steuerrechtslage im Einzelfall sowie über etwaig zu ergreifenden Maßnahmen ein. Damit ergeben sich aus den Regelungen des Steuerberatungsgesetzes gesetzliche Schranken auf dem Gebiet finanzdienstleistungsbezogener Informationspflichten.

18.

Im Kreis derer, die nach § 4 StBerG zur beschränkten Hilfeleistung in Steuersachen befugt sind, befinden sich unter anderem Personen und Vereinigungen, die typischerweise als Anlageberater bzw. Anlagevermittler tätig werden. In diesem Zusammenhang sind exemplarisch Kreditinstitute i. S. v. § 4 Abs. 12 StBerG und die Unternehmer i. S. v. § 4 Abs. 5 StBerG zu nennen. Dabei ist festzustellen, dass das Steuerberatungsgesetz dem diesbezüglich qualifizierten Finanzdienstleister einen beachtlichen Raum zur Steuerberatung einräumt. Insofern bleiben deutliche rechtliche Spielräume für eine „Steuerberatung" auch außerhalb der steuerberatenden Berufe. Grundsätzlich ist der Rahmen der eingeschränkten Befugnis zur Hilfeleistung in Steuersachen somit zwar „horizontal" – hinsichtlich des befugten Personenkreises – stark eingeschränkt, eröffnet im Einzelfall jedoch „vertikal" – d. h. in inhaltlicher Hinsicht – weitreichende Beratungsbefugnisse.

19.

Steuerrechtsbezogene Mitwirkungspflichten von Finanzdienstleistern im Rahmen der Steuererhebung können das privatrechtliche Geschäftsverhältnis des jeweils betroffenen Kunden unter dem Regime steuerrechtlicher Vorgaben nachhaltig berühren. Mit Blick auf die gesetzgeberische Intention erhebungsbezogener Mitwirkungspflichten erscheint es denkbar, eigenständige steuerrechtliche Informationspflichten des Verpflichteten als „annexartige" Begleitpflichten derartiger Mitwirkungstatbestände abzuleiten. Auf Grundlage gesetzlicher Regelungen des öffentlichen Steuerrechts könnten den mitwirkungsverpflichteten Finanzdienstleister damit spezifische informationelle Handlungspflichten gegenüber dem betroffenen Kunden treffen. Eine derartige Pflicht ist jedoch aus den an der entsprechenden Stelle dargelegten Gründen abzulehnen.

Literaturverzeichnis

APITZ, Wilfried / BRUSCHKE, Gerhard: Kapitalanlagen und ihre steuerlichen Auswirkungen Ein Handbuch für Kapitalanleger und Berater, 2. Auflage, Neuwied 1993.

ARENDTS, Martin: Die Haftung für fehlerhafte Anlageberatung, München 1998.

ARENDTS, Martin: Betrügerisches Verhalten bei der Anlageberatung und der Vermögensverwaltung, ÖBA 1996, S. 775 f.

ARENDTS, Martin: Aufklärungs- und Beratungspflichten bei der Anlageberatung. DZWiR 1994, S. 185 ff.

ARENDTS, Martin: Die Haftung der Banken für fehlerhafte Anlageberatung nach der neueren deutschen Rechtsprechung, ÖBA 1994, S. 251 ff.

ARENDTS, Martin: Die Haftung für fehlerhafte Anlageberatung (BHG, NJW 1993, 2433 – Bond) JuS 1994, S. 915 ff.

ARENDTS, Martin: Schriftliche Anlegeraufklärung bei modernen Finanzprodukten, DStR 1994, S. 1350 ff.

ARMBRÜSTER, Christian: Kapitalanleger als Verbraucher? Zur Reichweite des europäischen Verbraucherschutzrecht, ZIP 2006, S. 406 ff.

ASSMANN, Heinz-Dieter: Harmonisierung des Kapitalmarkt- und Börsenrechts, in: Deutsches und europäisches Bank- und Börsenrecht, Bankenrechtstag 1993 (hrsg. von Walther Hadding, Klaus J.Hopt und Herbert Schimansky), Berlin – New York 1994, S. 61 ff. (zit.: Assmann, in: Bankenrechtstag 1993).

ASSMANN, Heinz-Dieter: Konzeptionelle Grundlagen des Anlegerschutzes, ZBB 1989, S. 49 ff.

ASSMANN, Heinz-Dieter / SCHNEIDER, Uwe H.: Wertpapierhandelsgesetz, 3. Auflage, Köln 2003 (zit.: Bearbeiter, in: Assmann/Schneider).

ASSMANN, Heinz-Dieter / SCHÜTZE, Rolf A.: Handbuch des Kapitalanlagerechts, 2. Auflage, München 1997 (zit.: Bearbeiter, in: Assmann/Schütze).

BALTZER, Corinna / WEBER-REY, Daniela: Aufsichtsrechtliche Regelungen für Vermittler von Finanzanlagen und Vermögensverwalter nach der 6 KWG-Novelle, WM 1997, S. 2288 ff.

BALZER, Peter: Der Vorschlag der EG-Kommission für eine neue Wertpapierdienstleistungsrichtlinie, ZBB 2003, S. 177 ff.

BALZER, Peter: Haftung von Direktbanken bei Nichterreichbarkeit, ZBB 2000, S. 258 ff.

BALZER, Peter: Aufklärungs- und Beratungspflichten bei der Vermögensverwaltung, WM 2000, S. 441 ff.

BALZER, Peter: Vermögensverwaltung durch Kreditinstitute, München 1999.

BALZER, Peter: Aktuelle Rechtsprechung zur Vermögensverwaltung, Die Bank 1998, S. 584 ff.

BALZER, Peter: Anlegerschutz bei Verstößen gegen die Verhaltenspflichten nach §§ 31 ff. Wertpapierhandelsgesetz (WpHG), ZBB 1997, S. 260 ff.

BALZER, Peter: Haftung der Kreditinstitute für fehlerhafte Anlageberatung, NWB 1997, S. 1489 ff.

BALZER, Peter: Rechtsfragen der Verwaltung von Wertpapiervermögen durch Kreditinstitute, NWB 1996, S. 1841 ff.

BANKRECHTSTAG, 1992 (Bonn): Aufklärungs- und Beratungspflichten der Kreditinstitute – Der moderne Schuldturm? / Bankrechtstag 1992, Berlin 1993 (zit.: Verfasser, in: Bankrechtstag 1992).

BARKAN, Detlev: Informations- und Prospektpflicht sowie Prospektprüfung bei Anlagen auf dem grauen Kapitalmarkt, Bochum 1992.

BAUR, Georg: Die Wohlverhaltensrichtlinie des BAWe, Die Bank 1997, S. 485 ff.

BECHTEL, Marcus Michael: Anlageberatung der Kreditinstitute im Wandel: Aufklärungs-, Beratungs- und Informationspflichten am Beispiel von Optionsgeschäften mit Privatkunden, Köln – Berlin – Bonn 1999.

BECKER, Joachim: Das neue Wertpapierhandelsgesetz, Berlin 1995.

BECKER, Joachim: Einkommensbesteuerung staatlicher Leistungen?, FR 2001, 231 ff.

BECKER, Wolfgang / WICKE, Jan M.: Rechtsfragen der Vermögensverwaltung, Bamberg 1995.

BENEDICT, Jörg: Die rechtliche Einordnung des Anlagevermittlers, AcP 204, 697 ff. (2004).

BERGER, Klaus Peter: Haftung für unrichtige Bankauskunft, ZBB 2001, S. 238 ff.

BEYER, Hans-Joachim: Zur Aufhebung der Steuerfreiheit für Sozialpfandbriefe, WM 1994, S. 489 ff.

BIHR, Dietrich: Zum Berufsrecht und zur Haftung der Steuerberater im Zusammenhang mit deren Beteiligung am Bauherrenmodell, DStR 1984, S. 229 ff.

BIRK, DIETER Steuerrecht, 7. Auflage, Heidelberg 2004.

BLIESENER, Dirk H.: Aufsichtsrechtliche Verhaltenspflichten beim Wertpapierhandel, Schriftenreihe der Bankrechtlichen Vereinigung (hrsg. V. Walther Hadding, Klaus J.Hopt und Herbert Schimansky), Band 12, Berlin – New York 1998.

BÖCKHOFF, Michael/STRACKE: Der Finanzplaner. Handbuch der privaten Finanzplanung und individuellen Finanz-beratung, 2. Auflage, 2004.

BRANDT, Markus: Aufklärungs- und Beratungspflichten der Kreditinstitute bei der Kapitalanlage. Wertpapiergeschäftliche Informationspflichten im

Spiegel kapitalmarktrechtlicher Effizienz, Baden-Baden 2001.

BREIDENBACH, Stephan: Die Voraussetzungen von Informationspflichten beim Vertragsschluss, München 1989.

BRODERSEN, Rupprecht: Vemögensverwaltung – jüngster Geschäftszweig des deutschen Bankgewerbes, Bank-Betrieb, 1968. S. 95 ff.

BRUTON, James: Die steuerliche Begünstigung von Schiffahrtseinkünften, DStR 1997, S. 1998 ff.

BÜSCHGEN, Hans E.: Das kleine Börsen-Lexikon, 22. Auflage, Düsseldorf 2001.

BUHK, Matthias: Die Haftung eines Wertpapierdienstleistungsunternehmens bei der Anlagevermittlung und der Anlageberatung, Frankfurt am Main 1999.

BYDLINSKY, Franz: Juristische Methodenlehre und Rechtsbegriff, 2. Auflage, Berlin – Wien – New York 1991.

CAHN, Andreas: Grenzen des Markt- und Anlegerschutzes durch das WpHG, ZHR 162 (1998), S. 1 ff.

CANARIS, Claus-Wilhelm; Bankvertragsrecht, 3. Auflage, Berlin - New York 1988.

CANARIS, Claus-Wilhelm: Die Vertrauenshaftung im deutschen Privatrecht, München 1971.

CHEMNITZ, Jürgen / JOHNIGK, Frank: Rechtsberatungsgesetz, Kommentar, 11. Auflage, Münster 2003 (zit.: Bearbeiter, in: Chemnitz).

CLAUSSEN, Carsten Peter: Bank- und Börsenrecht, 3. Auflage, München 2003.

CLAUSSEN, Carsten Peter: Dem Neuen Markt eine zweite Chance, BB 2002, 105 ff.

CLOUTH, Peter: Rechtsfragen der außerbörslichen Finanz-Derivate. Produktstrukturen und Verlustrisiken. Beratung und Information durch Kreditinstitute, München 2001.

CRAMER, Jörg-E. / RUDOLPH, Bernd: Handbuch für Anlageberatung und Vermögensverwaltung, Methoden und Instrumente des Portfoliomanagements, Frankfurt/Main 1995 (zit.: Bearbeiter, in: Cramer/Rudolph).

CREZELIUS, Georg: Grauer Kapitalmarkt und Rechtsordnung, BB 1985, S. 209 ff.

DEUTSCHES AKTIENINSTITUT E.V.: Kurzstudie zur Entwicklung der Wertpapiermärkte, Leven, Franz-Josef (Hrsg.), Frankfurt am Main, 2005.

DAUNER-LIEB, Barbara: Verbraucherschutz durch Ausbildung eines Sonderprivatrechts für Verbraucher, Berlin 1983.

DERLEDER, Peter / KNOPS, Kai-Oliver / BAMBERGER, Heinz Georg (Hrsg.): Handbuch zum deutschen und europäischen Bankrecht, 1. Auflage, 2004 (zit.: Verfasser, in: Derleder/Knops/Bamberger).

DRYGALA, Tim: Gesetzliches Schriftformerfordernis bei der Anlegeraufklärung?, WM 1992, S. 1213 ff.

DUCHARDT, Uwe: Aktuelle Übersicht des Marktes für steuerbe-, begünstigte Kapitalanlagen 2001, Wirtschaftliche Sinnfragen im Hinblick auf die Möglichkeit eines Vermögensaufbaus, in: DStR 2001, S. 1624 ff.

DÜMICHEN, Tim / RADAU, Hans: Die neuen Vorschriften des Medienerlasses zur Herstellereigenschaft von Film- und Fernsehfonds, BB 2003, S. 2261 ff.

DUHNKRACK, Stefan /: HASCHE, Daniela: Das neue Anlegerschutzverbesserungsgesetz und seine Auswirkungen auf Emissionshäuser und geschlossene Fonds, DB 2004, 1351 ff.

EICKER, KLAUS: Urteilsanmerkung zu FG Berlin, Urt. v. 08.02.2005, 7 K 7396/02, IStR 2005, S. 346.

EISENDICK, Susanne: Der Freistellungsauftrag - gesetzliches Niemandsland, FR 1998, S. 49 ff.

EISENHARDT, Ulrich: Kapitalanlegerschutz und Schadensersatz nach geltendem Recht, Heidelberg, Karlsruhe 1978.

ELIKER, Michael: § 2b EStG - Symbol der Verfassungsferne des geltenden Steuerrechts, FR 2002, 1041 ff.

ELLENBERGER, Jürgen: Prospekthaftung im Wertpapierhandel, Berlin – New York 2001.

ELLENBERGER, Jürgen: Die neuere Rechtsprechung des BGH zu Aufklärungs- und Beratungspflichten bei der Anlageberatung, WM-Sonderbeilage 2/1999.

ENGEL, Markus: Die Haftung der Kreditinstitute bei Finanzierung von Anteilen an geschlossenen Immobilienfonds, Frankfurt am Main 2003.

ERMAN, Walter: Handkommentar zum Bürgerlichen Gesetzbuch, 11. Auflage, Münster 2004 (zit.: Bearbeiter, in: Ermann).

FARKAS-RICHLING, Dirk / STAAB, Wolfgang: Finanzplanung und Steuerberatungsgesetz, StB 2004, S. 25 ff.

FEHRENBACHER, Oliver: Private Vermögensplanung und Steuerberatungsgesetz, DStR 2002, S. 1017 ff.

FELKE, Klaus / JORDANS, Roman: Der Referentenentwurf für die Umsetzung der Fernabsatzrichtlinie für Finanzdienstleistungen, WM 2004, 166 ff.

FISCHER, Reinfrid / KLANTEN, Thomas: Bankrecht, 3. Auflage, Köln 2000 (zit.: Verfasser, in: Fischer/Klanten).

FLEISCHER, Holger: Prospektpflicht und Prospekthaftung für Vermögensanlagen des Grauen Kapitalmarkts nach dem Anlegerschutzverbesserungsgesetz, BKR 2004, S. 339 ff.

FLEISCHER, Holger: Informationsasymmetrie im Vertragsrecht, München 2001.

FLEISCHMANN, Hans Gunnar / MEYER-SCHARENBERG, Dirk: Endlich veröffentlicht: Der neue Bauherren- und Fondserlass, DStR 2004, S. 20 ff.

FRISCH, Stefan: Haftung bei fremdfinanzierten Beteiligungen an geschlossenen Immobilienfonds, ZfIR 2001, S. 873 ff.

FRISCH, Stefan / MÜNSCHER,: Michael / FROST, Maria: Haftung bei Immobilienanlagen, Köln 2002. Michael / Frost, Maria: „Vorvertragliche" und „vertragliche" Schutzpflichten, Berlin 1991.

FROST, Maria: Verkehrsschutz im Vertragsrecht, Frankfurt am Main 1972.

GANTEN, Ted / MÖLLERS, Thomas: Die Wohlverhaltensrichtlinie des BAWe im Lichte der neuen Fassung des WpHG, ZGR 1998, S. 773 ff.

GEHRE, Horst: Steuerberatungsgesetz, Kommentar, 4. Aufl., München 1999 (zit.: Bearbeiter, in: Gehre).

GILOY, Jörg: Abwehrmaßnahmen des Arbeitnehmers bei unberechtigtem Steuerabzug vom Arbeitslohn, 1983.

GEMM, Stephan: Unternehmensberatung durch Sparkassen, Sparkasse 1979.

GRILL, Wolfgang [Hrsg.]: Gabler-Bank-Lexikon, 11. Aufl., Wiesbaden 1995 (zit.: Gramlich/Grill/Eller).

GRIMM, Sascha: Haftung der Kreditinstitute bei Vertrieb und Finanzierung von Immobilienkapitalanlagen, Berlin 2003.

GRIMM, Paul / MORITZ, Hans: Die künftige Prospektpflicht für geschlossene Fonds, BB 2004, S. 1801 ff.

GRIMME, Leoni / RITZ, Corinna: Die Novellierung verkaufsprospektrechtlicher Vorschriften durch das Dritte Finanzmarktförderungsgesetz, WM 1998, S. 2091 ff.

GROß, Wolfgang: Kapitalmarktrecht, 2. Auflage, Köln 2002.

GRUNDMANN, Stefan (Hrsg.): Systembildung und Systemlücken in Kerngebieten des Europäischen Privatrechts, Tübingen 2000, (zit.: Hopt, in: Grundmann).

HADDING, Walther: Zur Abgrenzung von Unterrichtung, Aufklärung, Auskunft, Beratung und Empfehlung als Inhalt bankrechtlicher Pflichten, in: Bankrecht – Schwerpunkte und Perspektiven, Festschrift für Herbert Schimansky, Köln 1999, S. 67-83. (zit.: Verfasser, in: FS-Schimansky).

HAPP, Wilhelm: Zum Regierungsentwurf eines Wertpapierhandelsgesetzes, JZ 1994, S. 234 ff.

HARTMANN, Georg: Praxisbeispiel zur Beurteilung der Ausgabe von Bonusaktien (T-Aktie und Aktie Gelb), FR 2001, 577 ff.

HEINSIUS, Theodor: Anlageberatung durch Kreditinstitute – ein Thema ohne Ende, in: Freundesgabe für Friedrich Kübler, München 1997, S. 405 ff.

HEINSIUS, Theodor: Anlageberatung durch Kreditinstitute, ZHR 145, (1981) S. 177 ff.

HEINSIUS, Theodor: Pflichten und Haftung der Kreditinstitute bei der Anlageberatung, ZBB 1994, S. 47 ff.

HEISTERHAGEN, Christoph / KLEINERT, Jens: Neueste Entwicklungen und aktuelle Problemkreise im Bereich geschlossener Fonds, DStR 2004, 507 ff.

HELMSCHROTT, Hans (Hrsg.): Abgabenordnung, 12. Auflage, Stuttgart 2003 (zit.: Bearbeiter, in: Helmschrott).

HELMSCHROTT, Harald /: WAßMER, Martin Paul: Aufklärungs-, Beratungs- und Verhaltenspflichten von Wertpapierdienstleistern nach §§ 31, 32

WpHG bei der Anlage in Aktien des Neuen Marktes, WM 1999, S. 1853 ff.

HENSSLER, Martin [Hrsg.]: Rechtsberatungsgesetz, Kommentar, 2. Auflage, München 2004 (zit: Bearbeiter, in: Henssler).

HERRLER, Hans: Mitwirkung der Banken bei der Besteuerung von Bankkunden, Köln 1984.

HERZIG, NORBERT / GÜNKEL, MANFRED / NIEMANN, URSULA: Steuerberater-Jahrbuch 2002/2003, Köln 2003 (zit.: Verfasser, in: StB).

HEY, Johanna: Die rückwirkende Abschaffung der Sonderabschreibung auf Schiffsbeteiligungen, BB 1998, 1444 ff.

HEYMANN, Ekkehardt von: Bankenhaftung bei Immobilienanlagen, 16. Auflage, Frankfurt a. M. 2006.

HEYMANN, Ekkehardt von: Die neuere Rechtsprechung zur Bankenhaftung bei Immobilien-Kapitalanlagen, NJW 1999, S. 1577 ff.

HEYMANN, Ekkehardt von: Zur Haftung bei Anlageberatung und Anlagevermittlung, DStR 1993, S. 1147 ff.

HEYMANN, Ekkehardt von / WAGNER, Klaus R.: Umgang mit Not leidenden geschlossenen Immobilienfonds - Neuere Entwicklungen - Teil 1, WM 2003, S. 2222 ff.

HEYMANN, Ekkehardt von / WAGNER, Klaus R.: Umgang mit Not leidenden geschlossenen Immobilienfonds - Neuere Entwicklungen - Teil 2, WM 2003, S. 2257 ff.

HOFFMANN, Jürgen: Wert eines Bezugsrechts auf GmbH-Anteile als Anschaffungskosten bei Ermittlung des Spekulationsgewinns, EFG 2001, 1130 ff.

HOFMANN, Ruth: Grunderwerbsteuergesetz, 8. Aufl., Berlin 2004.

HOFRATH, Hans-Jürgen Die Europäische Zinsrichtlinie, StW 2005. S. 151 ff.

HOPT, Klaus J.: Zum Begriff des geregelten Marktes nach der Wertpapierdienstleistungsrichtlinie – am Beispiel von Eurex, in: Bankrecht – Schwerpunkte und Perspektiven. Festschrift für Herbert Schimansky, Köln 1999, S. 631 ff. (zit.: Hopt, in: FS-Schimansky).

HOPT, Klaus J.: Funktion, Dogmatik und Reichweite der Aufklärungs-, Warn- und Beratungspflichten der Kreditinstitute, in: Aufklärungs- und Beratungspflichten der Kreditinstitute – Der modere Schuldturm?/ Bankrechtstag 1992, Schriftenreihe der Bankrechtlichen Vereinigung (hrsg. v. Walther Hadding, Klaus J.Hopt und Herbert Schimansky) Berlin – New York 1993, S.1 ff. und in: Festschrift für Joachim Gernhuber, Tübingen 1993, S. 169 ff. (zit. : Hopt, in: Bankrechtstag 1992).

HOPT, Klaus J.: Der Kapitalanlegerschutz im Recht der Banken: Gesellschafts-, bank- und börsenrechtliche Anforderungen an das Beratungs- und Verwaltungshandeln der Kreditinstitute, München 1975.

HOPT, Klaus J.: Zum neuen Wertpapierhandelsgesetz, Festschriftenbeitrag aus WM 1994, 29 ff. (Sonderheft).

HOPT, Klaus J.: Grundsatz- und Praxisprobleme nach dem Wertpapierhandelsgesetz – insbesondere Insidergeschäfte und Ad-hoc-Publizität, ZHR 159 (1995).

HORLEMANN, Heinz-Gerd: Das BMF-Schreiben zu Verlustzuweisungsmodellen i. S. des § 2 b EStG, insbesondere für fremdfinanzierte Renten- und Lebensversicherungen, BB 2001, 650 ff.

HORN, Norbert / BALZER, Peter: Zur Anwendbarkeit des Verbraucherkreditgesetzes auf Kreditvollmachten im Rahmen des Anlegerschutzrechts, WM 2000, S. 333 ff.

HORN, Norbert: Der Ausschluß von Aufklärung und Beratung im Anlegerschutz, in: Bankrecht – Schwerpunkte und Perspektiven. Festschrift für Herbert Schimansky, Köln 1999, S. 563 ff. (zit.: Horn, in: FS-Schimansky).

HORN, Norbert: Anlageberatung im Privatkundengeschäft der Banken, WM 1999, S. 1 ff.

HORN, Norbert: Zur Haftung der Bank bei der Kreditfinanzierung von Vermögensanlagen, in: Festschrift für Carsten Peter Claussen, Köln 1997, S. 469 ff. (zit.: Horn, in: FS-Claussen).

HORN, Norbert: Die Aufklärungs- und Beratungspflichten der Banken, ZBB 1997, S. 139 ff.

JAKOB, Wolfgang Einkommensteuer, 3. Auflage, München 2003.

JARASS, Hans D.: Richtlinienkomforme bzw. EG-rechtskonforme Auslegung nationalen Rechts, EuR 1992, S. 211 ff.

JUNG, Mathias: Die Auswirkungen der 6. KWG-Novelle auf Anlagevermittler, (Börsen-)Makler und Vermögensverwalter, BB 1998, S. 649 ff.

KAUNE, Clemens R. / OULDS, Mark K.: Das neue Investmentgesetz, ZBB 2004, 114 ff.

KESSLER, Klaus Ulrich: Zivilrechtliche Haftungsrisiken von Kreditinstituten beim Vertrieb von Immobilienanleihen, VuR 1998, S. 3 ff.

KIRCHHOF, Paul (Hrsg.): Kommentar zum Einkommensteuergesetz, 5. Auflage, Heidelberg 2005. (zit.: Bearbeiter, in: Kirchhof).

KLOEPFER, Michael : Informationsrecht, München 2002.

KLUMPE, Werner / NASTOLD, Ulrich: Immobilienfonds, offene und geschlossene Immobilienfonds, Grundlagen, Unterschiede, Besonderheiten, 2. Auflage, Bonn 1997.

KNOBL, Peter: Wohlverhaltensregeln und Anlageberatung - Zur Umsetzung der Wertpapierdienstleistungsrichtlinie, ÖBA 1995, S. 741 ff.

KOCH, Peer: Die Haftung des Anlagevermittlers beim Vertrieb von geschlossenen Fonds und anderen Finanzanlagen des Nebenkapitalmarktes, Frankfurt am Main 2003.

KÖNDGEN, Johannes: Bankgebühren – Ökonomie und Recht kreditwirtschaftlicher Entgeltgestaltung, ZBB 1997, S. 117 ff.

KÖNDGEN, Johannes: Wieviel Aufklärung braucht ein Wertpapierkunde? Bemerkungen zum Richtlinienentwurf des Bundesaufsichtsamts für den Wertpapierhandel zu § 35 Abs. 2 WpHG, ZBB 1996, S. 361 ff.

KÖNDGEN, Johannes: Die Entwicklung des privaten Bankrechts in den Jahren 1992-1995, NJW 1996, S. 558 ff.

KOLLER, Thomas: Steuerrechtsbezogene Nebenpflichten im Privatrecht, ZSchR 112/1 (1993), S. 157 ff.

KREIBICH, Roland: Der Grundsatz von Treu und Glauben im Steuerrecht, Heidelberg 1992.

KRIMPHOVE, Dieter: Anlageberatung – Das System der zivilrechtlichen Haftung von Kreditinstituten, Frankfurt am Main 1992.

KRUSE, Heinrich Wilhelm: Lehrbuch des Steuerrechts - Allgemeiner Teil, München 1991.

KÜBLER, Friedrich: Müssen Anlageempfehlungen anlegergerecht sein?: Zum Stellenwert der amerkanischen suitability-Doktrin im deutschen Recht, in: Horn, Norbert (Hrsg.), Europäisches Rechtsdenken in Geschichte und Gegenwart, Festschrift für Helmut Coing zum 70. Geburtstag, Bd. 2, München 1982, S. 193 ff.

KÜHNE, Andreas Otto: Ausgewählte Auswirkungen der Wertpapierdienstleistungsrichtlinie – MiFiD, BKR 2005, S. 275 ff.

KUHLS, Clemens: Steuerberatungsgesetz: Praktikerkommentar mit Schwerpunkten zum Berufsrecht der Steuerberater, 2. Aufl., Herne 2004.

KÜMPEL, Siegfried: Kapitalmarktrecht – Eine Einführung, 3. Auflage, Köln 2004.

KÜMPEL, Siegfried: Wertpapierhandelsgesetz – eine systematische Darstellung, Köln 1996.

KÜMPEL, Siegfried: Die allgemeinen Verhaltensregeln des Wertpapierhandelsgesetzes, WM 1995, S. 689 ff.

KÜMPEL, Siegfried: Bank- und Kapitalmarktrecht, 3. Auflage, Köln 2004.

KÜMPEL, Siegfried / OTT, Claus: Kapitalmarktrecht, Loseblatt, Berlin, (Stand Dezember 2000) (zit.: Kümpel/Ott).

KÜMPEL, Siegfried / HAMMEN, Horst / EKKENGA, Jens (Hrsg.): Kapitalmarktrecht, Handbuch für die Praxis, Loseblattausgabe 2003 (zit.: Verfasser, in: Kümpel/Hammen/Ekkenga).

KUßMAUL, Heinz: Investition eines Privatanlegers in Zero-Bonds und Stripped Bonds, BB 1998, 2083 ff.

LAMMER, Markus: Haftung im Financial Planning. Untersuchung der Rechte und Pflichten der Vertragsparteien sowie der Rechtsfolgen von Pflichtverstößen, Bad Soden/Ts. 2002.

LANG, Norbert: Das neue Investmentgesetz und das fehlende Anlegerleitbild des Gesetzgebers, VuR 2004, 201 ff.

LANG, Volker: Informationspflichten bei Wertpapierdienstleistungen, München 2003 (zit.: Lang, Informationspflichten).

LANG, Volker: Einmal mehr: Berufsrecht, Berufspflichten und Berufshaftung. Gedanken zu Inhalt und Dogmatik eines Berufsrechtes am Beispiel der bankrechtlichen Informationspflichten, AcP 201 (2001), S. 451 ff.

LANG, Volker: Aufklärungspflichten bei der Anlageberatung, Stuttgart 1995 (Lang, Anlageberatung).

LANGE, Markus: Informationspflichten von Finanzdienstleistern. Zivilrechtliche Vorfeldpflichten bei Anlagegeschäften an Finanz- und Terminmärkten unter Berücksichtigung der §§ 31, 32 WpHG, Berlin 2000.

LARENZ, Karl / CANARIS, Claus-W.: Methodenlehre der Rechtswissenschaft, 3. Auflage, Berlin 1995 (zit.: Larenz).

LAUER, Jörg: Bankenhaftung bei der Vermittlung und Finanzierung von Immobilien und Immobilienkapitalanlagen, ZAP 2004, Fach 8, S. 375 ff.

LEISCH, Franz Clemens: Informationspflichten nach § 31 WpHG, München 2004.

LINDAUER, Jürgen / REHM, Helmut Veränderte steuerliche Rahmenbedingungen für die Leasingbranche, BB 2000, Beilage, Nr. 5, 21 ff RIW 2000, Beilage, Nr. 1, 21 ff.

LITTMANN, Eberhard (Hrsg.): Das Einkommensteuerrecht – Kommentar, Lose-Blatt-Sammlung, (zit.: Bearbeiter, in: Littmann/Bitz/Pust).

LOIPFINGER, Stefan / NIKL, Ludwig / RICHTER, Uli: Geschlossene Immobilienfonds, 3. Auflage, Stuttgart 1997.

LOIPFINGER, Stefan: Marktanalyse der Beteiligungsmodelle, 2004.

LÜDICKE, Jochen /ARNDT, Jan-Holger /GÖTZ, Gero: Geschlossene Fonds - Rechtliche, steuerliche wirtschaftliche Fragen bei Immobilien-, Film-, Schiffs-, Flugzeug- und Windenergiefonds, 3. Auflage München 2005.

LUTTER, Marcus : Die Auslegung angeglichenen Rechts, JZ 1992, S. 593 ff.

MACHUNSKY, Jürgen: Immobilienfonds und Erwerbermodelle. Haftung bei steuerbegünstigten Kapitalanlagen, 3. Auflage, Neuwied – Berlin 1996.

MARTINEK, Michael [Hrsg.]: Handbuch des Vertriebsrechts, München 1996 (zit.: Bearbeiter, in: Martinek/Semmler).

MARX, Franz Jürgen / LÖFFLER, Christoph: Das Renditeparadoxon nach § 2b EStG – Der misslungene Versuch, eine wirksame Verlustverrechnungsbeschränkung zu normieren, DStR 1999, S. 1957 ff.

METZ, Rainer: Discount Broker: Bankgeschäfte und technologische Veränderungen, VuR 1996, S. 183 ff.

MITTELSTEINER, Karl-Heinz: Steuerberatungsgesetz: Handkommentar, Bonn 1973 (zit: Bearbeiter, in: Mittelsteiner/ Pausch/Kumpf).

MÜNCHENER KOMMENTAR zum Bürgerlichen Gesetzbuch: (hrsg. v. Kurt Rebmann, Franz Jürgen Säcker, Roland Rixeder), Band 1, Allgemeiner Teil (§§ 1-240), 4. Auflage, München 2001; Band 2, Schuldrecht, Allgemeiner Teil (§§ 241-432), 4. Auflage, München 2001; Band 2a (§§ 241 – 432), 4.Auflage, München 2003.

MÜNCHNER KOMMENTAR zum Handelsgesetzbuch: (hrsg. v. Karsten Schmidt), Band V, Viertes Buch, Handelsgeschäfte, München 2001 (zit.: Bearbeiter, in: MünchKomm HGB, Effektengeschäft).

NOBBE, Gerd: Aufklärungs- und Beratungspflichten bei Wertpapieranlagen, in: Bankrecht 1998 (hrsg. v. Norbert Horn und Herbert Schimansky), Köln 1998 (zit. Nobbe, in: Horn/Schimansky), Bankrecht 1998.

OEHLER, Andreas: Die Erklärung des Verhaltens privater Anleger - Theoretischer Ansatz und empirische Analysen, Stuttgart 1995.

OPPERMANN, Thomas: Europarecht, 3. Auflage, München 2005.

OSCHMANN, Volker: Die Novelle des Erneuerbare-Energien-Gesetzes, NVwZ 2004, 910 ff.

PALANDT, Otto: Bürgerliches Gesetzbuch, 64. Auflage, München 2005 (zit.: Bearbeiter, in: Palandt).

PAUSCH, Alfons: Die Herkunft der Berufsbezeichnungen "Steuerberater" und „Steuerbevollmächtigter", DStR 1978, S. 313 ff.

PFEIFER, Axel: Venture Capital als Finanzierungs- und Beteiligungsinstrument, BB 1999, S. 1665 ff.

PHILIPOWSKI, Rüdiger: Rechts- und Steuerberatung durch Banken, 1979.

PÖTZSCH, Thorsten: Der Diskussionsentwurf des Dritten Finanzmarktförderungsgesetzes, AG 1997, S. 193 ff.

RAESCHKE-KESSLER, Hilmar: Bankenhaftung bei der Anlageberatung über neue Finanzierungsprodukte, WM 1993, S. 1830 ff.

REHM, Gebhard M.: Aufklärungspflichten im Vertragsrecht, München 2003.

REICH, Norbert: Informations-, Aufklärungs- und Warnpflichten beim Anlagengeschäft unter besonderer Berücksichtigung des „execution-only-business“ (E-OB), WM 1997, S. 1601 ff.

REICH, Norbert / MICKLITZ, Hans-W.: Europäisches Verbraucherrecht, 4. Auflage, Baden-Baden 2003.

REIFNER, Udo: Rechtsprobleme des Lebensversicherungskredits, ZIP 1988, S. 817 ff.

RENNEN, Günter / CALIEBE, Gabriele: Rechtsberatungsgesetz, Kommentar, 3. Aufl., München 2001 (zit.: Bearbeiter, in: Rennen/ Caliebe).

RENNER, Oliver: Zu den Pflichten des Anlagevermittlers, VuR 2003, S. 192 ff.

RICK, Eberhard (Hrsg.): Lehrbuch der Einkommensteuer, 12. Auflage, Herne-Berlin 2004 (zit.: Verfasser, in: Rick/Gierschmann/Gunsenheimer/Martin).

RICHTER, Jörg: Grundsätze ordnungsmäßiger Finanzberatung: [Normensystem zur Gestaltung und Prüfung von Finanzberatungen], Bad Soden/Ts. 2001.

RÖSLER, Hannes: Europäische Integration durch Verbraucherschutz- Entwicklungsursachen und Beschränkungen, VuR 2003, S. 12 ff.

RÖßLER, Patrick: Risiken der Banken bei Finanzierung von Immobilienkapitalanlagen, DB 1999, S. 2297 ff.

ROLL, Hans-Achim: Vermögensverwaltung durch Kreditinstitute. Zur rechtssystematischen Erfassung anhand von standardisierten Vertragsmustern, Berlin 1983.

ROST, Stephan: Informationspflichten von Wertpapierdienstleistern ohne Beratungsangebot (Discount-Broker) gegenüber Privatkunden. Unter besonderer Berücksichtigung des § 31 Abs. 2 Nr. 2 Wertpapierhandelsgesetz (WpHG), Berlin 2001.

ROTH, Herbert: Beweismaß und Beweislast bei der Verletzung von bankvertraglichen Aufklärungs- und Beratungspflichten, ZHR 154 (1990), S. 513 ff.

RÜMKER, Dietrich: Aufklärungs- und Beratungspflichten der Kreditinstitute aus der Sicht der Praxis, in: Aufklärungs- und Beratungspflichten der Kreditinstitute – Der moderne Schuldturm?/Bankrechtstag 1992, Schriftenreihe der Bankrechtlichen Vereinigung (hrsg. v. Walther Hadding, Klaus J.Hopt und Herbert Schimansky), Band 3, Berlin - New York 1993, S. 29 ff. (zit.: Rümker, in: Bankrechtstag 1992).

SCHÄFER, Frank A. (Hrsg.): Wertpapierhandelsgesetz, Börsengesetz (mit BörsZulV), Verkaufsprospektgesetz (mit VerkProspV), Stuttgart – Berlin – Köln 1999 (zit.: Bearbeiter, in: Schäfer/Geibel/Hamann).

SCHÄFER, Frank A.: Allgemeine Aufklärungs-, Beratungs- und Warnpflichten der Bank, in: Bankrecht 1998 (hrsg. v. Norbert Horn und Herbert Schimansky), Köln 1998, S. 27 ff. (zit.: Schäfer, in: Horn/Schimansky, Bankrecht 1998).

SCHÄFER, Frank A.: Haftung für fehlerhafte Anlageberatung und Vermögensverwaltung, 2. Aufl., Köln 1995.

SCHÄFER, Frank A.: Pflichten von (Wertpapier-)Vermögensverwaltern, in: Handbuch für Anlageberatung und Vermögensverwaltung (hrsg. Jörg-E.Cramer und Bernd Rudolph), Frankfurt/Main 1995, S. 668 ff. (zit.: Schäfer, in: Cramer/Rudolph, Handbuch Anlageberatung).

SCHÄFER, Frank A.: Anlegerschutz und die Sorgfalt eines ordentlichen Kaufmanns bei der Anlage der Sondervermögen durch Kapitalanlagegesell-schaften, Baden-Baden 1987.

SCHÄFER, Frank A.: Materielle Aspekte der EG-Richtlinie über Wertpapierdienstleistungen, AG 1993, S. 389 ff.

SCHÄFER, Frank A. / MÜLLER, Jörg: Haftung für fehlerhafte Wertpapierdienstleistungen, Köln 1999 (zit.: Verfasser, in: Schäfer/Müller).

SCHÄFER, Hans-Bernd / OTT, Claus: Lehrbuch der ökonomischen Analyse des Zivilrechts, 2. Aufl., Berlin, 1995.

SCHAUB, Günter: Arbeitsrechts-Handbuch, 11. Auflage, München 2005.

SCHAUBACH, Peter: Family Office - Ein Beitrag zur Begriffsfindung, ÖBA 2003, S. 897 ff.

SCHNEIDER, Nicole: Uberrima Fides, Treu und Glauben und vorvertragliche Aufklärungspflichten im englischen Recht, Berlin 2004.

SCHMIDT, Karsten: Erlaubte Rechtsberatung und Steuerberatung durch Geschäftsbesorgungsunternehmer und ihre Grenzen, DB 1978, S. 1917 ff.

SCHIMANSKY, Herbert: Bankvertragsrecht und Privatautonomie, WM 1995, S. 461 ff.

SCHIMANSKY, Herbert / BUNTE, Hermann-Josef / LWOWSKI, Hans-Jürgen (Hrsg.): Bankrecht-Handbuch, 2. Auflage, München 2001 (zit.: Verfasser, in: Schimansky/Bunte/Lwowski).

SCHMIDT, Karsten: Handelsrecht, 5. Auflage, Köln - Berlin – Bonn – München 1999.

SCHMIDT, Ludwig: Einkommensteuergesetz, 24. Auflage, München 2005 (zit.: Bearbeiter, in: Schmidt).

SCHÖDERMEIER, Martin: Nachforschungspflichten einer Bank als Vermögensverwalterin zur Person ihres Kunden, WM 1995, S. 2053 ff.

SCHÖN, Michael: Verhaltensregeln für Wertpapierdienstleistungsunternehmen nach dem Zweiten Finanzmarktförderungsgesetz. Auswirkungen auf die Anlageberatung der Kreditinstitute, Hamburg 1998.

SCHORN, Hubert: Die Rechtsberatung, Darmstadt 1967.

SCHWARK, Eberhard: Kapitalmarktrecht-Kommentar, 3. Auflage, München 2004.

SCHWARK, Eberhard: Die Verhaltensnormen der §§ 31 ff. WpHG, in: Das Zweite Finanzmarktförderungsgesetz in der praktischen Umsetzung/Bankrechtstag 1995, Schriftenreihe der Bankrechtlichen Vereinigung (hrsg. v. Walther Hadding, Klaus J. Hopt und Herbert Schimansky), Band 7, Berlin – New York 1996, S. 109 ff. (zit.: Schwark, in: Bankrechtstag 1995).

SCHWARK, Eberhard: Börsengsetz, Kommentar zum Börsengesetz und zu den börsenrechtlichen Nebenbestimmungen, 2. Auflage, München 1994.

SCHWINTOWSKI, Hans-Peter: Anleger- und objektgerechte Beratung in der Lebensversicherung, ZfV 1997, S. 174 ff.

SCHWINTOWSKI, Hans-Peter: Anleger- und objektgerechte Beratung in der Lebensversicherung, VuR 1997, S.83 ff.

SCHWINTOWSKI, Hans-Peter / SCHÄFER, Frank A.: Bankrecht, Commercial Banking – Investment Banking, 2. Auflage, Köln - München 2004.

SELMER, Peter: Steuerrecht und Bankgeheimnis. Zur Stellung der Banken im steuerrechtlichen und steuerstrafrechtlichen Ermittlungsverfahren gegen Dritte (Grundlagen, verfassungsrechtliche Schranken, Rechtsschutz), Hamburg 1981.

SETHE, Rolf: Anlegerschutz im Recht der Vermögensverwaltung, Köln 2005.

SILLER, Christian: Rechtsfragen des Discount-Brocking. Bankrechtliche Sonderveröffentlichung des Instituts für Bankwirtschaft und Bankrecht an der Universität zu Köln, 53. Band, Köln 1999.

SINGER, Mark T.: Die Gratisaktien der Deutschen Telekom AG (DTAG) - auch ertragsteuerlich ein Geschenk?, FR 2000, S. 229 ff.

SOERGEL, Hans Theodor: Bürgerliches Gesetzbuch mit Einführungsgesetz und Nebengesetzen Band 2, Schuldrecht I (§§ 241-432), 12. Auflage, Stuttgart - Berlin – Köln – Mainz 1990 (zit.: Bearbeiter, in: Soergel).

SONTHEIMER, Jürgen: Vertragsgestaltung und Steuerrecht, München 2001.

STAFFLAGE, Axel: Die Anlageberatung der Banken – Das Kreditinstitut im Spannungsverhältnis zwischen Informationspflicht und Insiderhandelsverbot, Berlin 1996.

STAUDINGER, Julius von: Kommentar zum Bürgerlichen Gesetzbuch mit Einführungsgesetz und Nebengesetzen. Erstes Buch, Allgemeiner Teil, §§ 134-163, 13. Bearbeitung, Berlin 1996; Erstes Buch, Allgemeiner Teil, §§ 164-240, 13. Bearbeitung, Berlin 1995; Zweites Buch, Recht der Schuldverhältnisse, Einleitung zu §§ 241 ff.; §§ 241-243, 13. Bearbeitung, Berlin 1995; Zweites Buch, Recht der Schuldverhältnisse, Einleitung zu §§ 241 ff.; §§ 241, 242, Gesetz zur Regelung des Rechts der Allgemeinen Geschäfts-bedingungen (zit.: Bearbeiter, in: Staudinger).

STEUER, Stephan: Haftung für fehlerhafte Anlageberatung – eine unendliche Geschichte, in: Bankrecht – Schwerpunkte und Perspektiven. Festschrift für Herbert Schimansky, Köln 1999, S.793 ff.

STOLTERFOHT, Joachim N.: Einwirkungen des Lohnsteuerrechts auf das Arbeitsverhältnis, Grundfragen des Lohnsteuerrechts, DStJG Band 9 (1986), S. 175 ff.

STÖRERAU, Markus: Informationspflichten beim Wertpapierhandel nach § 31 Abs. 2 Nr. 2 WpHG, Frankfurt am Main 2003.

STÜMPER, Franz-Peter / WALTER, Wolfgang: Freigrenze für Gewinne aus privaten Veräußerungsgeschäften beim Verlustrücktrag als "steuerliches Schnäppchen"?, DStR 2002, S. 204 ff.

THORN, Arnd / OTTO, Lieselotte / mögen, GEESE, Thomas: Handbuch für die Besteuerung von Fondsver- 2. Auflage, Neuwied 2002.

TILMES, Rolf: Financial planning im private banking: Kundenorientierte Gestaltung einer Beratungsdienstleistung, 2. Aufl., Bad Soden/Ts 2001.

TIPKE, Klaus: Steuerliche Betriebsprüfung im Rechtsstaat, München 1968.

TIPKE, Klaus / Aufl., KRUSE, Heinrich Wilhelm: Abgabenordnung, Finanzgerichtsordnung, 16. Köln 1996 (zit.: Tipke/Kruse AO, §, Rn.).

TIPKE, Klaus / LANG, Joachim: Steuerrecht, 18. Auflage, Köln 2004 (zit.: Verfasser, in: Tipke/Lang).

TURIAUX, Andre: Sozialpfandbriefe - Aufhebung der Steuerfreiheit verstößt gegen Eigentumsgarantie des Artikels 14 Grundgesetz, BB 1993, S. 843-845.

VERBEEK, Eckhard: Steuerberatung außerhalb der steuerberatenden Berufe: Rechtliche Grenzen und praktische Erscheinungsformen des Steuerberatungs-angebots durch Träger beschränkter Steuerberatungsbefugnis, Bergisch Gladbach 1986.

VORTMANN, Jürgen (Hrsg.): Prospekthaftung und Anlageberatung, Stuttgart – Berlin – Köln 2000 (zit.: Bearbeiter, in: Vortmann, Prospekthaftung und Anlage-beratung).

VORTMANN, Jürgen: Aufklärungs- und Beratungspflichten der Banken, 8. Auflage, Köln 2005.

VORTMANN, Jürgen: Anlegergerechte Beratung und Maßnahmen zur Reduzierung des Haftungsrisikos, ÖBA 1994, S. 579 ff.

VORTMANN, Jürgen: Aktuelle Rechtsfragen zum Verbraucherkreditgesetz, Köln 1992.

VORTMANN, Jürgen: Die neuere Rechtsprechung zu den Aufklärungs- und Beratungspflichten der Banken, WM 1989, S. 1557 ff.

WAGNER, Klaus-R.: Neue Entwicklungen zur Anlagevermittler-/ Anlageberaterhaftung (Teil I), DStR 2004, S. 1836 ff.

WAGNER, Klaus-R.: Neue Entwicklungen zur Anlagevermittler-/ Anlageberaterhaftung (Teil II), DStR 2004, S. 1883 ff.

WALDECK, Werner Michael: Haftung in der Anlageberatung, in: Handbuch für Anlageberatung und Vermögensverwaltung (hrsg. Jörg-E. Cramer und Bernd Rudolph), Frankfurt/Main 1995, S. 647 ff., S. 668 ff. (zit.:

Waldeck, in: Cramer/Rudolph, Handbuch Anlageberatung).

WALLI, Georg von / SCHUMACHER, Christoph: Der neue Medienerlaß – Darstellung der Änderung des sog. Medienerlasses vom 21.2.2001, DStR 2003, S. 1857 ff.

WALZ, Rainer: Steuerrechtsbezogene Nebenpflichten im Recht der Leistungsstörungen, BB 1991, S. 880 ff.

WASSERMEYER, Wolf : Der zweite Entwurf des Investmentsteuergesetzes vom 20.8.2003, DB 2003, S. 2085 ff.

WEBER, Martin: Deutsches Kapitalmarktrecht im Umbruch – Das zweite Finanzmarktförderungsgesetz, NJW 1994, S. 2849 ff.

WEBER,Ulrich / EHRICH,Christian / MESTER, Antje: Handbuch der arbeitsrechtlichen BUR- Aufhebungsverträge, 4. Auflage, Köln 2004.

WEBER-REY, Daniela / BALTZER, Corinna: Neueste Entwicklungen zu den Verhaltensregeln für Wertpapierdienstleistungsunternehmen, WiB 1997, S. 1283 ff.

WEDELSTÄDT, Alexander: Gesonderte und einheitliche Feststellung von Besteuerungsgrundlagen, BuW 2000, S. 575 ff.; BuW 2000, S. 627 ff.

WELTER, Reinhard / LANG, Volker (Hrsg.): Handbuch der Informationspflichten im Bankverkehr, Köln 2005. (zit.: Verfasser, in: Welter/Lang).

WESTA, Rudolf: Prospekt- und Vertriebshaftung bei Steuerbegünstigten Kapitalanlagen, Frankfurt am Main – Bern – New York 1988.

WIENECKE, Laurenz: Discount-Broking und Anlegerschutz, Baden-Baden 1999.

WILBURG, Walter: Entwicklung eines beweglichen Systems im bürgerlichen Recht, Rede gehalten bei der Inauguration als Rector der Karl-Franzes-Universität am 22. November 1950, Graz 1950.

WILKE, Kay-Michael — Gesonderte Feststellung von Besteuerungsgrundlagen, NWB Fach 2, 5721 (39/1991).

ZIEGLER, Ole: — Die Prospekthaftung am nicht-organisierten Kapitalmarkt im Spannungsverhältnis zu personengesellschaftsrechtlichen Grundsätzen, DStR 2005, S. 30 ff.

Stefan Angsten

Die Besteuerung von Erträgen aus ausländischen Investmentfonds unter besonderer Berücksichtigung der Doppelbesteuerungsabkommen

Frankfurt am Main, Berlin, Bern, Bruxelles, New York, Oxford, Wien, 2005.
XXII, 251 S., Abb.
Europäische Hochschulschriften: Reihe 2, Rechtswissenschaft. Bd. 4235
ISBN 3-631-54164-3 · br. € 51.50*

Gegenstand der Arbeit ist die abkommensrechtliche Behandlung von Erträgen aus ausländischen Investmentfonds. Diese sind in steuerlich transparente Personengesellschaften, intransparente Kapitalgesellschaften sowie zivilrechtlich nichtrechtsfähige, aber steuersubjektfähige Sondervermögen zu gliedern. Ausgeschüttete Erträge von Kapitalgesellschaftsfonds gelten als Dividenden und können im deutschen Ansässigkeitsstaat besteuert werden. Die gleiche Rechtsfolge gilt für Sondervermögen. Abweichend hiervon kann die Investition in Personengesellschaftsfonds zu einer Steuerfreistellung führen. Inwieweit diese Einordnung in der deutschen Abkommenspraxis Bestand hat und welche Reformüberlegungen sich aus dieser Besteuerungssituation ergeben, ist eigener Untersuchungsgegenstand.

Aus dem Inhalt: Investmentsteuergesetz · Auslandinvestmentgesetz · Ausländische Investmentfonds · Transparenzprinzip · Personengesellschaften · Kapitalgesellschaften · Sondervermögen · Recht der Doppelbesteuerungsabkommen · OECD-Musterabkommen · Deutsche Abkommenspraxis

Kolibri 360 GmbH
Ferdinand-Jühlke-Straße 7
99095 Erfurt, Deutschland
produktsicherheit@kolibri360.de

Druck:
CPI Druckdienstleistungen GmbH
im Auftrag der
Kolibri 360 GmbH
Ferdinand-Jühlke-Str. 7
99095 Erfurt